移动图书馆用户信息交互行为中的情感体验研究

赵杨 ○ 著

中国社会科学出版社

图书在版编目（CIP）数据

移动图书馆用户信息交互行为中的情感体验研究／赵杨著. -- 北京：中国社会科学出版社，2025. 1.
ISBN 978-7-5227-4425-4

Ⅰ. G250.76

中国国家版本馆 CIP 数据核字第 2024S91T65 号

出 版 人	赵剑英
责任编辑	刘 艳
责任校对	陈 晨
责任印制	郝美娜

出　　版	中国社会科学出版社
社　　址	北京鼓楼西大街甲 158 号
邮　　编	100720
网　　址	http://www.csspw.cn
发 行 部	010-84083685
门 市 部	010-84029450
经　　销	新华书店及其他书店
印　　刷	北京君升印刷有限公司
装　　订	廊坊市广阳区广增装订厂
版　　次	2025 年 1 月第 1 版
印　　次	2025 年 1 月第 1 次印刷
开　　本	710×1000　1/16
印　　张	27.5
插　　页	2
字　　数	382 千字
定　　价	158.00 元

凡购买中国社会科学出版社图书，如有质量问题请与本社营销中心联系调换
电话：010-84083683
版权所有　侵权必究

前　　言

移动图书馆是数智化时代传统图书馆发展的重要方向，在推动图书馆服务生态体系建设、提升知识文化传播效能和促进社会信息资源利用等方面发挥着关键作用，也为图书馆实现数智化转型与高质量发展奠定了坚实基础。随着移动图书馆服务的日益普及，用户与移动图书馆的信息交互也愈加广泛和深入，不断推动面向用户交互需求的服务模式创新与变革，进一步深化了以用户为中心的服务理念。在政策引导和技术驱动下，移动图书馆的服务功能日臻完善，资源内容不断丰富，满足了读者信息获取与利用的基本需求，创造了良好的交互体验。但随着人们精神文化需求的不断增长，移动图书馆建设的重心正逐渐从满足用户的功能性、内容性需求上升到情感化需求层面，更加强调用户信息交互中的愉悦感与满足感，使情感体验逐渐成为评估移动图书馆建设成效与服务质量的重要依据。

情感体验反映了用户在信息交互过程中产生的情绪感受与体验状态，是用户体验的核心内容，对用户满意度、忠诚度具有重要影响，也是强化图书馆与用户之间关联的重要纽带。充分满足用户信息交互中的情感诉求、不断优化用户情感体验，是移动图书馆深入贯彻"以人为本"服务理念的必然选择。但情感具有与生俱来的复杂性，并在多元因素影响下随着信息交互进程的推进而不断演化，由此提出用户信息交互行为与情感体验的深层次研究问题。在这一背景下，明确移动图书馆用户信息交互行为中的情感体验影响因素，建立情感体验度量模型与方法体系，揭示交互过程中的情感体验形成机理及演化规律，厘清交互行为与情感体验之间的内在关联，对全面提升移动图书馆用户体验、推动图书馆高质量发展具有重要理论价值与现实意义。

  本书立足于数智化背景下的移动图书馆发展要求，从用户信息交互需求与行为分析出发，首先，基于用户信息交互过程中的情感体验形成机理，应用扎根理论明确用户情感体验影响因素；进而采用多元化度量方法实现情感体验量化评估，由此进一步揭示多元因素作用下的情感体验演化规律；在此基础上，通过探寻交互行为与情感体验之间的相互作用关系，建立合理的用户行为引导机制；最后，根据理论与实证研究结果，提出用户情感体验优化对策。全书共分为七章，主要内容如下：

  第一章：绪论。阐述了移动图书馆用户信息交互行为中的情感体验问题研究背景与意义，在系统梳理和总结国内外研究现状的基础上，提出整体研究思路与方法，为后续研究奠定理论基础。

  第二章：移动图书馆用户信息交互需求与行为分析。通过系统介绍移动图书馆的发展脉络，立足于发展前沿，明确用户信息交互需求特征、结构以及情感化趋势，分析用户交互行为要素、模式、表现和过程，并探寻从交互需求到交互行为的转化机理。

  第三章：用户信息交互行为中的情感体验形成机理与影响因素。在概述移动图书馆用户情感体验的基础上，综合多学科理论知识，阐释用户交互行为中的情感体验形成机理；应用扎根理论明确影响情感体验的关键因素，并结合定量分析进行交叉验证，进一步揭示不同影响因素对用户情感体验的作用机制。

  第四章：移动图书馆用户信息交互行为中的情感体验度量。通过系统介绍经典的情感分类模型，详细阐述情感量表、文本挖掘、表情识别、语音识别和认知神经科学方法在情感体验度量中的应用原理；在此基础上，分别采用 PAD 情感量表、在线评论主题挖掘、眼动实验和多模态情感计算方法，针对不同类型的移动图书馆服务进行情感体验度量实证研究，形成完整的方法体系。

第五章：移动图书馆用户信息交互行为中的情感体验演化。针对用户信息交互的时空情境变化，探寻情感体验演化的周期性规律，并引入用户体验地图从全局性视角对情感体验演化过程进行多维度观测与可视化呈现，由此揭示交互行为与情感体验之间的内在关联；在此基础上，通过构建情感体验演化监测模型预测情感变化趋势，有效实现移动图书馆服务策略调整与优化。

第六章：基于情感体验的移动图书馆用户信息交互行为引导。根据交互行为与情感体验之间的内在关联，构建融合情感体验要素的用户交互行为画像，深入挖掘用户行为偏好；同时，基于"S-O-R"理论，准确预测用户交互行为意图，并采用埋点技术采集用户交互行为轨迹数据，由此建立科学合理的用户行为引导机制。

第七章：移动图书馆用户信息交互行为中的情感体验优化。面向数智化时代的移动图书馆情感化设计趋势，结合前述研究结果，提出用户情感体验优化目标、原则与思路，构建整体优化框架，进而从感知反应、认知理解、行为交互、价值认同四个维度提出具体实现策略，并以课题组开发的移动图书馆 APP 为实践对象，对优化方案进行验证与完善。

目　　录

第一章　绪　论 ……………………………………………………… *1*
　第一节　研究背景与意义 ………………………………………… *1*
　第二节　国内外研究现状 ………………………………………… *7*
　第三节　研究思路与方法 ………………………………………… *24*

第二章　移动图书馆用户信息交互需求与行为分析 ………………… *29*
　第一节　移动图书馆概述 ………………………………………… *29*
　第二节　移动图书馆用户信息交互需求 ………………………… *43*
　第三节　移动图书馆用户信息交互行为 ………………………… *53*
　第四节　用户交互需求到交互行为的转化 ……………………… *67*

第三章　用户信息交互行为中的情感体验形成机理与影响因素 …… *77*
　第一节　移动图书馆用户情感体验概述 ………………………… *77*
　第二节　用户信息交互行为中的情感体验形成机理 …………… *84*
　第三节　用户信息交互行为中的情感体验影响因素 …………… *97*
　第四节　情感体验影响因素的作用机制 ………………………… *118*

第四章　移动图书馆用户信息交互行为中的情感体验度量 …………… 141
第一节　信息交互行为中的情感分类与度量方法 ………………… 141
第二节　基于 PAD 量表的用户情感体验度量 …………………… 160
第三节　基于在线评论挖掘的用户情感体验度量 ………………… 170
第四节　基于眼动实验的用户情感体验度量 ……………………… 195
第五节　基于多模态情感特征融合的用户情感体验度量 ………… 214

第五章　移动图书馆用户信息交互行为中的情感体验演化 …………… 230
第一节　用户信息交互行为中的情感体验周期性演化 …………… 230
第二节　基于用户体验地图的情感体验演化过程分析 …………… 245
第三节　移动图书馆用户情感体验演化监测模型构建 …………… 264

第六章　基于情感体验的移动图书馆用户信息交互行为引导 ………… 276
第一节　融合情感体验的用户信息交互行为偏好挖掘 …………… 276
第二节　基于情感体验的用户信息交互行为意图预测 …………… 295
第三节　情感体验驱动的用户信息交互行为路径设计 …………… 313

第七章　移动图书馆用户信息交互行为中的情感体验优化 …………… 332
第一节　移动图书馆用户情感体验优化目标与原则 ……………… 332
第二节　移动图书馆用户情感体验优化思路与框架 ……………… 339
第三节　移动图书馆用户情感体验优化对策 ……………………… 348
第四节　移动图书馆情感体验优化实践案例 ……………………… 367

参考文献 …………………………………………………………………… 401

后　　记 …………………………………………………………………… 427

第一章
绪 论

移动图书馆作为未来图书馆发展的重要形态之一，拓展了读者知识获取的时空范畴，促进了以文化传承和知识传播为核心的信息交互。随着技术架构和服务模式日臻完善，移动图书馆建设的重心正逐渐从满足用户的功能性、内容性需求转向给予用户积极的情感价值，更加关注用户信息交互过程的情感体验，进一步深化了图书馆服务演进与数智化转型中"以人为本"的理念。本章阐述了移动图书馆用户信息交互行为中情感体验问题的研究背景与意义，并在系统梳理和总结国内外研究现状的基础上，提出整体研究思路与研究方法，为后续深入研究的开展奠定必要基础。

第一节 研究背景与意义

一 研究背景

移动图书馆的创新发展和读者情感化需求的持续增长，推动了图书馆用户体验研究进一步向情感体验聚焦，使面向用户信息交互的情感体验理论与实践探索逐渐成为业界和学界共同关注的焦点。

（一）移动图书馆快速发展带动图书馆数智化转型

移动图书馆作为移动网络时代的新型图书馆服务模式，推动了传统图书馆服务的泛在化、个性化、便捷化发展，使广大读者可以随时随地获取图书馆的知识资源，拓展了读者与图书馆之间的时空交互边界，也为图书馆服务变革带来新的契机。在政策引导、技术驱动以及多方协作下，移动图书馆建设已从摸索前进阶段迈入成熟发展阶段，逐步拓展为包含APP、小程序、社交媒体公众号等多元化形式的综合服务体系；不仅集成了移动OPAC检索、移动阅读、文献下载、参考咨询、订阅服务等基本功能，还依托移动网络特性，为读者提供听书、短视频、基于位置服务、3D导览、AR/VR等创新型服务，满足了读者的多元化需求。

近年来，在国家文化强国战略和新基建战略引导下，以大数据、区块链、人工智能、5G、虚拟现实等为代表的新一代信息技术不断推动图书馆从信息化走向数智化[1]。与此同时，在政策层面，国家"十四五"规划提出："要积极发展智慧图书馆，推动公共文化的数字化建设"；文化和旅游部印发的《"十四五"公共文化服务体系建设规划》也明确提出："要推动实施智慧图书馆统一平台建设"；中国图书馆学会发布的《中国图书馆学会"十四五"发展规划纲要（2021—2025年）》则提到："要促进图书馆智慧化转型发展，不断提升图书馆服务水平。"移动图书馆作为传统图书馆向智慧图书馆演进的重要一环，在各类数字化和智能化技术驱动下不断迭代升级，有力推动了图书馆数智化转型，深刻改变着图书馆的服务生态，不断创新着图书馆的服务模式，并融入绿色发展和数字惠民理念，实现图书馆全方位智慧化飞速发展。

调查统计数据显示，我国约70%以上的高校图书馆和省级图书馆均推出了不同类型的移动图书馆服务平台；全国2740所高校中，有2622所高校拥有移动图书馆APP，约占高校总数量的95.7%；有1402所高校推出了图书馆微信公众号或小程序，约占高校总数量的51.2%[2]。可

---

[1] 陈传夫、陈一：《新时代图书馆发展的中国实践及其理论贡献》，《中国图书馆学报》2023年第1期。

[2] 明均仁等：《基于多维动态数据的移动图书馆用户使用行为研究》，武汉大学出版社2021年版。

见，移动图书馆已成为新兴技术环境下我国图书馆服务的重要方式之一。与此同时，各类移动阅读、听书、知识社区类 APP 及小程序层出不穷、百花齐放，进一步拓展了移动图书馆的表现形式，丰富了文献资源的内容类型，也促进了移动图书馆用户的信息交互。

(二) 移动图书馆用户信息交互行为中的情感化需求不断增长

移动信息服务的快速发展和智能化移动终端设备的广泛普及，也带动了移动网络用户的极速增长。《第 52 次中国互联网络发展状况统计报告》显示，截至 2023 年 6 月，我国手机网民规模达 10.76 亿人，较 2022 年 12 月增长 1109 万人。而我国移动阅读用户数量也在与日俱增，中国新闻出版研究院组织实施的"第二十次全国国民阅读调查"统计数据显示，2022 年成年国民数字化阅读倾向进一步增强，手机移动阅读成为主要形式，有 77.8% 的成年国民进行过手机阅读，较 2021 年增长了 0.4%。与此同时，人们对移动图书馆的采纳与持续使用比例持续增长，信息交互更加频繁，交互渠道日益多元，交互模式不断创新。

从本质上而言，移动图书馆的创新发展始终是以用户需求为导向的。当今时代，人们对美好生活的需求日益增长，而对美好生活的向往则包含了更多的文化期待。随着移动图书馆的技术架构和基本功能日臻完善，用户在多维信息交互中的实际需求逐渐从功能层面延展到情感层面，不仅需要便利地使用传统图书馆的各类基础性服务，更需要依托移动图书馆的特色与优势，获得更有"温度"的服务，从而在实现知识获取、利用、交流、共享的同时，进一步得到精神慰藉与情感共鸣，在知识学习与文化熏陶中实现个人价值，获得归属感与成就感，享受积极愉悦的情感体验。情感，是人对客观事物是否满足自身需要而产生的态度体验，而态度是个体对特定对象所持有的稳定的心理倾向，蕴含着个体的主观评价以及由此产生的行为倾向[1]。因此，深入分析并满足用户

---

[1] [美] 约翰·华生：《行为心理学》，倪彩译，中国纺织出版社 2019 年版。

的情感需求，是移动图书馆贯彻"以用户为中心"发展理念的核心任务，也是科学引导用户信息交互行为、提高用户交互效率的重要基础。

（三）移动图书馆用户体验研究进一步聚焦于情感体验领域

随着用户信息交互行为中情感化需求的持续增长，业界和学界对于移动图书馆用户体验的关注进一步聚焦于情感体验领域，并展开了相关探索与实践。用户体验一直是移动图书馆研究领域的热点与焦点，主要关注用户在使用移动图书馆的整个过程中，对其平台和服务不断积累形成的感性心理状态和理性价值认知，包括对移动图书馆的最初印象、使用过程中产生的各种情绪感受以及使用后做出的思考评价[①]。而情感体验作为用户体验的重要组成部分，侧重反映用户在移动图书馆的信息交互中所获得的情感满足程度，以及产生的各种情绪感受和表现出的情感状态，是影响用户使用意愿、交互行为和服务满意度的关键所在[②]。

从2007年在英国召开的首届"国际移动图书馆会议（The International M-Libraries Conference）"，到2022年在爱尔兰都柏林召开的国际图联第87届世界图书馆和信息大会（World Library and Information Congress），讨论议题由最初的"移动图书馆技术实现与功能设计"逐渐转向"如何依托新兴技术和服务理念更好地开展移动图书馆知识服务"。在学术研究领域，国家社科基金和教育部人文社科项目中关于移动图书馆用户研究和情感体验研究的课题逐渐增加，如"面向移动互联网的图书馆用户行为大数据分析与服务创新研究""基于多源数据融合的移动图书馆用户偏好挖掘研究""基于大数据深度融合的移动图书馆用户画像情境化推荐模型研究""移动图书馆情境化知识服务策略研究"等，推动了移动图书馆用户情感体验研究的持续发展。

在实践探索方面，图书馆作为知识与心灵交融的场所，具有提供情

[①] 沈军威、郑德俊：《移动图书馆服务质量优化模式的构建研究》，《图书情报工作》2019年第15期。

[②] 魏群义、许天才：《移动图书馆的用户体验模型与服务质量提升研究》，中央编译出版社2021年版。

感化服务的天然优势。目前，越来越多的移动图书馆开始积极应用大数据、人工智能、5G、虚拟现实等新兴技术从底层构建智慧服务体系，为用户提供智慧便捷的阅读、学习与交流平台；并及时采集用户行为数据，构建用户画像，结合以资源语义组织为核心的知识网络构建，精准洞察用户知识兴趣与情感需求，通过精深的知识组织形式、定制化的知识服务内容以及社交化的知识分享环境，带给用户更加智能、人性的服务体验[1]。同时，一些图书馆还依托先进技术与设计规范，面向老年群体和具有阅读障碍的特殊人群积极开展适老化设计与无障碍设计，不断弥合"数字鸿沟"，推动"数字包容"社会建设。在这一背景下，情感化设计理念也被逐渐引入移动图书馆服务优化过程，通过唤起用户积极情感，影响和改变用户认知，来科学引导用户信息交互行为，由此不断拓展和延伸移动图书馆的服务能力，整合并超越传统信息服务机构的力量，搭建起丰富用户精神文化、建立情感共鸣的桥梁。

(四) 理论与实践尚缺乏完整的系统性研究成果

图书馆是国家文化发展水平的重要标志，是滋养民族心灵、培育文化自信的重要场所，在国民素质提升与社会文明建设中发挥着不可替代的作用[2]。满足广大读者的知识文化需求、实现人们对美好生活的追求，始终是图书馆的责任担当与服务使命。移动图书馆作为未来图书馆发展的建设重点，在服务社会、优化体验、价值塑造等方面承担着更加艰巨的任务。尽管移动图书馆用户情感体验问题已引起业界和学界的广泛关注，围绕情感化需求、情感体验影响因素、情感演化机理、情感化设计的研究与实践正陆续开展，但整体工作尚处于起步阶段，缺乏完整的理论框架和成熟的解决方案，大部分研究依然局限于用户功能性需求分析，未能进一步深入到情感需求层面。虽然各类新兴技术在移动图书

---

[1] 夏立新、白阳、张心怡：《融合与重构：智慧图书馆发展新形态》，《中国图书馆学报》2018年第1期。
[2] 陈传夫、陈一：《新时代图书馆发展的中国实践及其理论贡献》，《中国图书馆学报》2023年第1期。

馆中的应用正日趋成熟并逐渐发挥出实质性效用，但如何将"冰冷"的技术与有"温度"的服务进行有机融合，依然是各大图书馆数智化转型中面临的难题。而支撑用户情感体验优化设计的标准规范、方法体系、实现路径、典型案例更是非常匮乏，导致移动图书馆情感体验研究尚未取得突破性进展，无法为实践工作的有效开展提供必要理论指导。因此，用户对移动图书馆服务的整体满意度依然较低，很大程度上制约了移动图书馆的品牌形象建设与普及应用。

在这一背景下，如何针对数智化时代的图书馆转型升级目标和用户追求美好生活而不断滋生的精神文化需求，在用户复杂的信息交互过程中聚焦于情感化诉求，创造深入人心、引发思考、美好愉悦的情感体验，是移动图书馆坚持贯彻"以人为本"服务理念的必然选择，更是其在高质量发展中凝练社会价值、发挥服务效益的必经之路。

二　研究意义

移动图书馆用户信息交互行为中的情感体验研究是图书馆数智化转型中的前沿课题，契合政策导向与技术驱动下的图书馆创新发展与用户需求变革方向，具有重要的基础性与前瞻性，其理论意义与应用价值在于：

（一）理论意义

本书立足于数智化环境下的移动图书馆发展目标，从用户信息交互行为中的情感需求出发，围绕用户交互行为特征以及情感体验的形成机理、影响因素、度量方法、演化规律、作用机制和优化对策等关键科学问题展开系统研究，构建起完整的理论体系，有助于图书馆及相关研究者深入挖掘并明确技术环境演进下的用户情感需求，厘清用户情感体验的形成、演化与信息交互行为之间的关联机制，掌握情感体验度量模型与方法的应用，制定切实可行的情感体验优化方案，从而为移动图书馆用户信息交互行为及情感体验研究奠定坚实的理论基础，同时也为实践工作的有效开展提供必要的理论指导与技术路线。在此基础上，有力推动移动图书馆服务研究、用户信息行为研究与情感体验研究的深度融合，促进图书馆学与情报学、心理学、管理科学、信息科学和交互设计科学领域知识的综合应用，为移动图书馆前沿问题研究与理论创新发挥积极作用。

（二）应用价值

课题研究成果能够从情感体验视角为图书馆高效开展面向用户的移动图书馆服务提供理论支撑与实践方案，对于移动图书馆用户体验优化、服务质量提升和数智化转型具有重要的现实意义和应用价值。同时，在建立积极情感体验的基础上有助于科学合理地引导用户开展多元化信息交互行为，形成良好的知识获取与学习习惯，进而带动全民阅读和文化素养提升，并通过情感体验赋能，积极响应时代发展和读者需求，提高移动图书馆对读者的吸引力和影响力，从而更好地发挥图书馆在文化传承、人文关怀和情感连接中的主体作用，为提升公共文化服务供给效能、保障公共文化服务均衡性与协调性提供有力支撑，由此积极推动图书馆高质量发展，更好地顺应数智化时代的转型升级要求。

第二节　国内外研究现状

随着情感体验问题逐渐得到移动图书馆研究领域的广泛关注，国内外学者在已有研究成果的基础上进一步围绕移动图书馆用户信息交互行为、用户体验、情感体验和情感化设计等关键科学问题展开了相关探索，取得了一系列成果，为移动图书馆用户信息交互行为中的情感体验理论研究奠定了坚实基础，同时也为情感体验优化设计实践提供了有益指导。

一　移动图书馆用户信息交互行为研究

本书采用系统性综述方法，首先在中国知网和 Web of Science 两个数据库中分别对国内外相关文献进行主题检索，检索词主要包括"移动图书馆（mobile library）""图书馆移动服务（library mobile servers）""图书馆APP（library APP）""信息交互行为（information interaction behavior）"等，同时在Google Scholar和ResearchGate中进行文献补充搜索，并采用珠型增长策略进一步获取与这些文献具有共被引关系的其他研究成果，经过去重、筛选后得到105篇相关文献（截至2023年3月31日），包括中文文献62篇、外文文献43篇。下面分别从研究模型和影响因素两个方面对文献进行梳理与分析。

（一）研究模型

在移动图书馆用户信息交互行为研究中，常用模型主要包括技术接受模型（TAM）、计划行为理论模型（TPB）、整合技术接受与使用模型（UTAUT）、创新扩散理论模型（DOI）、任务—技术适配理论模型（TTF）和信息系统持续使用模型（ECM-ISC）等。学者们大多将TAM模型、UTAUT模型与用户行为关系理论、理性行为理论、匹配理论、需求层次理论等相结合，引入多个相关变量进行用户行为意向、行为特征、影响因素等问题研究。例如，徐恺英等基于TAM模型分析了图书馆移动阅读用户的行为特征与影响因素，验证了感知易用性、感知有用性、信息有用性等因素对移动阅读用户采纳行为具有正向影响[1]；明均仁等基于UTAUT模型对移动图书馆用户交互行为进行了分析，发现绩效期望、感知趣味性、信息质量、促成因素和社会影响正向作用于移动图书馆用户行为[2]；Rafique等在TAM模型基础上引入感知移动性价值、系统可访问性和满意度等变量，构建了移动图书馆APP用户使用行为模型，探讨了用户行为规律[3]；范昊等以UTAUT模型为基础，探究了

---

[1] 徐恺英、崔伟、洪旭东、王晰巍：《图书馆移动阅读用户接纳行为影响因素研究》，《图书情报工作》2017年第15期。

[2] 明均仁、张俊、杨艳妮、陈康丽：《基于UTAUT的移动图书馆用户行为模型及实证研究》，《图书馆论坛》2017年第6期。

[3] Rafique Hamaad, Anwer Fozia, et al., "Factors Affecting Acceptance of Mobile Library Applications: Structural Equation Model", *Libri*, Vol. 68, No. 2, Jun. 2018, pp. 99-112.

智慧图书馆 AI 移动服务用户采纳行为的影响因素[①]。

此外，一些学者还将其他领域的经典理论应用于移动图书馆用户信息交互行为研究中。例如，曹琦佳基于教育领域的心流体验 PAT 模型，从用户、工具、任务三个维度研究了图书馆微信公众号平台用户持续使用意愿，发现心流体验与用户持续使用行为呈正相关关系[②]；梁兴堃和陈诺采用偏最小二乘结构方程模型（PLS-SEM）验证了图书馆用户信息素养量表结构的合理性，并以此探究了用户信息素养与移动借阅行为之间的关联[③]。随着研究方法的不断创新，学者们从单一研究模型深入到组合拓展模型，结合多种理论与方法，对移动图书馆用户信息交互行为展开了多维度研究。

（二）影响因素

通过文献归纳与总结，移动图书馆用户信息交互行为影响因素主要涉及技术维度、内容质量维度、体验设计维度、交互对象维度和个体特征维度五个方面，如表 1-1 所示。

表 1-1　　　　移动图书馆用户信息交互行为影响因素研究

影响因素维度	子维度	说明
技术维度	响应快捷性	移动图书馆服务平台响应是否迅速、耗时是否较短
	系统兼容性	移动图书馆是否适用于手机、平板、笔记本电脑等多种终端设备
	检索准确性	移动图书馆的检索系统是否有效准确、符合用户要求
内容质量维度	内容可获取性	移动图书馆信息内容是否便于用户获取
	内容完整性	移动图书馆信息内容是否丰富完整、满足用户需求

---

① 范昊、徐颖慧、曾子明：《智慧图书馆 AI 服务用户接受行为影响因素研究》，《图书馆学研究》2021 年第 2 期。
② 曹琦佳：《图书馆微信平台用户心流体验及其对阅读行为的影响——以 PAT 模型为视角》，《图书情报导刊》2020 年第 7 期。
③ 梁兴堃、陈诺：《图书馆用户的信息素养对借阅行为的影响机理研究》，《图书情报工作》2022 年第 21 期。

影响因素维度	子维度	说明
内容质量维度	内容及时性	移动图书馆信息内容是否更新及时、有助用户了解最新资讯
	定制与推荐性	移动图书馆是否能根据用户需求提供个性化信息内容
体验设计维度	界面友好性	移动图书馆是否界面美观、友好，可操作性强
	操作容错性	移动图书馆是否能够降低用户操作出错概率
	布局合理性	移动图书馆界面的排版布局是否合理、易于使用
	色彩协调性	移动图书馆界面配色是否协调统一、赏心悦目
交互对象维度	系统交互友好性	用户与移动图书馆服务平台进行信息交互是否便利
	馆员交互友好性	移动图书馆员工是否具备良好的服务态度和专业能力
	读者交互友好性	读者之间通过移动图书馆进行交流互动是否便利
个体特征维度	人口统计学特征	移动图书馆用户的性别、年龄、学历、职业等
	专业知识	移动图书馆用户具备的专业领域知识和技能等
	自我效能	用户对自己能否基于移动图书馆完成某项任务的判断

1. 技术维度。徐芳等通过实验研究和比较研究探究了系统响应快捷性对图书馆用户交互体验的影响，结果表明，采取一定措施提高系统的响应速度能够提升用户与系统交互体验的满意度；施国洪等基于专家访谈、小组讨论和实证研究，对移动图书馆交互质量和用户行为影响因素进行了探索，结果表明，移动图书馆网络连接稳定性、网络覆盖率、网速等技术因素是影响交互质量及交互效率的关键所在[1]；司娟通过构建移动图书馆 APP 读者行为画像，验证了移动图书馆 APP 系统功能、访问途径等技术因素与用户使用行为意图之间的正相关关系[2]。

2. 内容质量维度。魏群义等以重庆大学图书馆作为实证研究对象，提出增加移动图书馆资源容量、丰富资源类型、更新资源内容等手段，

---

[1] 施国洪、樊欣荣、夏前龙、赵庆：《移动图书馆交互质量影响因素研究》，《情报科学》2017 年第 2 期。

[2] 司娟：《移动图书馆 APP 读者使用意图及影响因素研究》，《图书馆研究与工作》2023 年第 4 期。

能够有效提升移动图书馆的服务能力,促进用户信息交互活动有序开展①;蒋知义等以广州图书馆语言学习馆作为研究对象展开实证调研,发现图书馆资源的齐全性、种类丰富性对促进用户交互行为有正向影响②。

3. 体验设计维度。Chow 等对美国 50 个州的公共图书馆设计布局进行了研究,提出移动图书馆主页设计、导航和信息架构是引导用户正确使用图书馆服务的关键因素③;Jiang 等通过对武汉大学图书馆搜索数据的系统分析,发现用户在与搜索结果交互时更习惯使用页面导航而非进一步的搜索细化;赵杨等通过绘制用户体验地图,探讨了用户使用移动图书馆位置预约服务过程的行为特征及影响因素④。

4. 交互对象维度。Popp 提出图书馆员应专注于人际交互以更好地了解读者需求,从而提高信息交互效率⑤;赵杨结合定性分析与定量分析,提出图书馆员在服务过程中应具备良好的服务态度和专业的服务技能,促进与用户之间的交流互动⑥;徐芳等通过分析图书馆交互式信息检索的 3 个经典模型,构建了基于用户体验的图书馆用户交互行为模型⑦;易明等采用结构方程模型对公共图书馆服务满意度影响因素进行了实证研究,揭示了图书馆品牌形象与用户满意度和交互行为之间的内

---

① 魏群义、李艺亭、姚媛:《移动图书馆用户体验评价指标体系研究——以重庆大学微信图书馆平台为例》,《国家图书馆学刊》2018 年第 5 期。

② 蒋知义、郑洁洵、邹凯:《主题图书馆服务用户满意度实证研究——以广州图书馆语言学习馆为例》,《图书馆杂志》2022 年第 1 期。

③ Chow Anthony S., Bridges Michelle, et al., "The Website Design and Usability of US Academic and Public Libraries: Findings from a Nationwide Study", *Reference & User Services Quarterly*, Vol. 53, No. 3, Apr. 2014, pp. 253-265.

④ 赵杨、班姣姣:《移动图书馆用户体验地图构建与服务优化研究》,《图书情报工作》2021 年第 24 期。

⑤ Popp Mary Pagliero, "An Imperative for Libraries", *Reference & User Services Quarterly*, Vol. 52, No. 4, Jun. 2013, pp. 276-278.

⑥ 赵杨:《数字图书馆移动服务交互质量控制机制研究——基于用户体验的视角》,《情报杂志》2014 年第 4 期。

⑦ 徐芳、金小璞:《基于用户体验的数字图书馆用户交互模型构建》,《情报理论与实践》2015 年第 8 期。

在关联①。

5. 个体特征维度。徐承欢通过问卷调查与结构方程模型探究了用户性别和学科背景对移动图书馆采纳行为的影响，结果表明，性别和学科背景对用户采纳行为具有调节作用②；Chen通过对本科生的调查与访谈探究了用户信息素养对移动图书馆使用行为的影响，结果表明，培养信息素养能够塑造用户信念，更好地鼓励用户与图书馆进行交互③；Ming等分析了性能预期、领域知识和社会影响等个体化差异对移动图书馆用户使用行为的影响作用④。

二 移动图书馆用户体验研究

为了更好地评估用户与移动图书馆之间的信息交互效果，更多学者开始从用户体验视角阐释用户交互行为特征与机制，以此设计更加契合用户需求的信息服务，提升用户满意度。移动图书馆用户体验是用户在使用移动图书馆提供的各类服务功能和信息资源时产生的所有主观感受，能够直观地反映移动图书馆的服务质量，并影响用户使用意愿及交互行为⑤。近年来，国内外学者围绕移动图书馆用户体验的内涵要素、模型构建、体验测评和优化等关键问题展开了系统研究。

（一）移动图书馆用户体验内涵与要素研究

在传统图书馆服务研究领域，张明霞等认为："图书馆用户体验是

---

① 易明、余非凡、冯翠翠：《文化自信视域下的公共图书馆服务满意度影响因素研究》，《图书馆论坛》2022年第3期。

② 徐承欢：《基于创新扩散理论的移动图书馆采纳实证研究——性别和学科背景的调节作用分析》，《图书馆学研究》2015年第7期。

③ Chen Yu-Hui, "Testing the Impact of an Information Literacy Course: Undergraduates' Perceptions and Use of the University Libraries' Web Portal", *Library & Information Science Research*, Vol. 37, No. 3, Jul. 2015, pp. 263-274.

④ Ming Junren, Chen Rong, Tu Ruide, "Factors Influencing User Behavior Intention to Use Mobile Library Application: A Theoretical and Empirical Research Based on Grounded Theory", *Data and Information Management*, Vol. 5, No. 1, Jan. 2021, pp. 131-146.

⑤ 王靖芸、魏群义：《移动图书馆用户体验影响因素 Meta 分析》，《国家图书馆学刊》2018年第5期。

用户对图书馆服务的体验，是图书馆使用过程中的全部印象和整体性感受，决定了图书馆的服务质量、用户满意度及忠诚度。"① 考虑到移动网络环境的特点，陈添源提出："移动图书馆用户体验是用户在使用移动图书信息资源与服务的过程中建立起来的心理感受，受到用户、信息资源、网站平台、使用环境和文化因素等众多方面的影响"②；沈军威等则认为："移动图书馆平台的用户体验是用户在使用移动图书馆平台的整个过程中，对移动图书馆平台及其服务不断积累形成的感性心理状态和理性价值认知，它包括对移动图书馆平台的最初印象、使用过程中和使用后产生的各种情感体验。"③

在阐释移动图书馆用户体验内涵的基础上，国内外学者进一步从设计要素和感知要素两个层面对移动图书馆用户体验包含的具体要素展开了探索，如表1-2所示。其中，在设计要素研究上，Vyas等提出了交互系统用户体验APEC设计框架，包括审美（Aesthetic）、实用（Practical）、情感（Emotional）和认知（Congnitive）四个方面，被成功用于移动图书馆体验设计；周瑛等则基于5G环境，将移动图书馆用户体验要素划分为资源、需求、环境、效能四个维度④。在感知要素研究上，学者们分别从服务质量感知和情感感知两个维度进行了探讨。服务质量感知的研究主要集中在服务功能、系统性能、交互环境等领域。例如，Choshaly等基于LibQUAL+TM模型，将移动图书馆服务质量细分为服务影响、信息控制和场所环境三个维度⑤；Chan等结合IS success模型和

---

① 张明霞、祁跃林、李丽卿、金美玲：《图书馆用户体验的内涵及提升策略》，《新世纪图书馆》2015年第7期。

② 陈添源：《基于用户体验的移动图书馆构建研究》，《新世纪图书馆》2013年第3期。

③ 沈军威、倪峰、郑德俊：《移动图书馆平台的用户体验测评》，《图书情报工作》2014年第23期。

④ 周瑛、李楠：《5G环境下移动图书馆信息服务质量评价研究》，《农业图书情报学报》2022年第3期。

⑤ Choshaly Sahar Hosseinikhah, Marva Mirabolghasemi, "Using SEM-PLS to Assess Users Satisfaction of Library Service Quality: Evidence from Malaysia", *Library Management*, Vol. 40, No. 3/4, Aug. 2018, pp. 240-250.

S-O-R 模型，分析了移动图书馆的系统质量、信息质量和服务质量与用户使用感知以及满意度的关系[1]。而在情感感知方面，相关研究则主要集中在用户情感需求、用户期望、情感反应等领域，强调感知有用性、易用性、感知享乐、感知价值等要素对用户情感体验的影响。

表 1-2　　移动图书馆用户体验要素研究成果

分类		具体内容	文献来源
设计要素		审美、实用、情感、认知	Vyas D. 等（2023）
		资源、需求、环境、效能	周瑛（2022）
		功能体验、技术体验、美学体验	胡昌平等（2006）
感知要素	服务质量感知	界面设计、资源质量、服务功能、系统性能	张俊芳（2020）
		系统质量、交互质量、内容质量、界面质量、功能质量	Jiang T. 等（2022）
		一般服务、资料搜索、图书馆馆藏、工作人员、环境	Afthanorhan 等（2019）
		服务影响、信息控制、场所环境	Choshaly S. H. 等（2019）
		系统质量、信息质量、服务质量	Chan V. H. Y. 等（2022）
		移动服务环境、服务平台、服务人员、用户交互	赵杨（2014）
	情感感知	有用性、易用性、享乐性、需求满足	彭柯等（2015）
		感知有用性、易用性、感知享乐、视觉吸引力	Mahlke S.（2002）
		感官体验、交互体验、技术体验、情感体验	袁静等（2021）
		可用性、情感、用户价值	Park J. 等（2013）
		感官体验、交互体验、情感体验	张明霞等（2015）

（二）移动图书馆用户体验模型研究

移动图书馆用户体验模型构建是进行用户体验设计与测评的基础。目前，国内外学者已构建的相关用户体验模型可以分为结构性模型和测

---

[1] Chan Vanessa Hiu Ying, Chiu Dickson K. W., et al. "Mediating Effects on the Relationship between Perceived Service Quality and Public Library App Loyalty during the COVID-19 Era.", *Journal of Retailing and Consumer Services*, Vol. 67, Jul. 2022, p. 102960.

评性模型两大类。其中，结构性模型是根据用户对移动图书馆不同属性特征的反馈，提炼关键要素所形成的模型架构，能够帮助研究人员增进对移动图书馆用户体验结构的了解；测评性模型则是通过提炼移动图书馆用户体验评价维度，进而形成的多维度多层次模型架构，是构建评价指标体系和指导测评实践的基础，有助于研究人员更全面、系统地了解用户体验测评内容。

1. 移动图书馆用户体验结构性模型研究。在结构性模型研究中，广泛应用了APEC框架、体验分层理论、结构解析式模型、用户行为理论等。例如，黄务兰等围绕移动图书馆系统的用户体验层次，通过结构方程模型验证了有效性、易用性、满意度和技术支持度对移动图书馆用户体验的显著影响，进而构建了移动图书馆用户体验模型[①]；乔红丽从使用者感知的角度，采用综合结构解析式模型分析了移动图书馆用户的感知因子，并基于感官认知、服务感知、策略感知、认知感知、情感感知、使用者感知等要素建立了用户体验模型[②]；姚媛等在用户行为相关理论的基础上，通过实证研究构建了包括功能体验、情感体验、交互体验和感官体验在内的用户体验模型[③]。

2. 移动图书馆用户体验测评性模型研究。在测评性模型研究中，学者们基于已有的经典用户体验测度模型，根据移动图书馆的属性特征，展开了专门研究。王灿荣等综合考虑移动用户和移动网络的特性，构建了移动图书馆用户体验质量评价模型（MUQoEE），并确立了相应的评价指标[④]；杨浘等从资源丰富性、功能完备性、界面使用性和性能安全性等维度，构建了移动图书馆用户体验测评模型，并采用层次分析

[①] 黄务兰、张涛：《基于结构方程模型的移动图书馆用户体验研究——以常州大学移动图书馆为例》，《图书馆杂志》2017年第4期。
[②] 乔红丽：《移动图书馆用户体验的结构方程模型分析》，《情报科学》2017年第2期。
[③] 姚媛、许天才：《移动图书馆用户体验评价结构模型研究》，《国家图书馆学刊》2018年第5期。
[④] 王灿荣、张兴旺：《移动图书馆中移动用户体验质量评价机制的构建分析》，《图书与情报》2014年第4期。

法赋予了各项指标相应权重①；赖璨等从可学习性、有效性、效率、错误、界面美观性和满意度六个维度构建了移动图书馆 APP 可用性测评模型②。

而在具体测评指标上，相关研究成果陆续产出，不断丰富着移动图书馆用户体验测评性模型的研究成果。表 1-3 对代表性的测评指标进行了汇总梳理。

表 1-3　　　　国内外移动图书馆用户体验测评指标

测评指标	文献来源
有效性、效率、满意度	Kous K. 等（2020）
可学习性、可控性、内容呈现、效率	ChanLin L. J. 等（2016）
信息质量、系统质量、系统满意度、系统效率	Pu Y. H. 等（2015）
功能体验、感官体验、情感体验、交互体验、社会影响	魏群义等（2018）
界面设计、信息内容、系统功能	金小璞等（2016）
服务效果、信息控制、网络环境、信息质量、用户体验	覃燕梅等（2021）
可学习性、有效性、效率、错误、界面美观性、满意度	赖璨等（2020）
资源丰富性、功能完备性、界面使用性、性能安全性	杨涔等（2021）
有效性、顾客满意度	Wang C. Y. 等（2012）
内容质量、环境质量、交互质量、结果质量	张春蕾（2019）
环境质量、交互质量、信息质量、检索质量	明均仁等（2019）
兼容性、一致性、灵活性、效率、美观性	Handayani P. 等（2021）
满意度、交互性	Hu X.（2018）

---

①　杨涔、邵波：《移动端图书馆系统评价指标体系构建》，《图书情报工作》2021 年第 12 期。

②　赖璨、欧石燕：《移动图书馆 App 可用性测评研究》，《图书馆学研究》2020 年第 10 期。

续表

测评指标	文献来源
易学性、效率、记忆性、错误、满意度	Ratnawati S. 等（2020）
有用性确认、绩效确认、感知愉悦感	甘春梅（2017）
用户界面、交互质量、服务环境	Zhao Y. 等（2022）
信息质量、环境质量、交互质量、结果质量	夏前龙等（2015）

（三）移动图书馆用户体验测评方法研究

与一般用户体验测评方法相似，移动图书馆用户体验测评也可以分为定性测评、定量测评和综合测评三大类。

1. 定性测评研究。主要通过邀请可用性评价专家对产品或服务进行评价。这种启发式测评方法成本相对较低，且易于操作。例如，Eidaroos 和 Abdullah 邀请专家对图书馆网站的可用性进行了评估，用以衡量用户体验效果，并从导航链接、用户帮助、输入表单、视觉设计和用户访问性等方面提出改进意见，为图书馆促进用户交互和提升用户满意度提供了有益参考[①]。但由于这种启发式定性测评方法缺乏来自用户层面的真实反馈，因此其结果往往具有较强主观性和片面性。

2. 定量测评研究。主要以问卷调查的形式对移动图书馆用户体验进行多维度评价，进而有针对性地推进服务优化。常赵鑫通过发放用户体验调查问卷，分析了移动图书馆在系统加载速度、运行流畅性、使用稳定性、UI 界面设计等方面存在的共性问题，并从功能设计、交互设计、内容呈现设计等方面提出具体优化建议。而除了针对某一特定研究对象进行评价之外，还可以通过对比评价寻求更佳的优化方案。例如，

[①] Eidaroos Abdulhadi, Abdullah Alkraiji, "Evaluating the Usability of Library Websites Using an Heuristic Analysis Approach on Smart Mobile Phones: Preliminary Findings of a Study in Saudi Universities", in Rocha Alvaro, Correia, Ana Maria, et al., eds., *New Contributions in Information Systems and Technologies*. Springer Cham, 2015, pp. 1141-1152.

Walton 等通过对比 EBSCO 和 Primo 移动图书馆的发现服务系统，探寻了影响用户体验的关键因素，进而有针对性地提出相应优化策略[1]。

3. 综合测评研究。综合评测方法结合了定性与定量测评的优势，主要应用于更为复杂的移动图书馆服务可用性测评上。按照测评场景可以分为实验室测评和现场测试两大类。其中，实验室测评是指邀请评价人员在实验室内对移动图书馆应用或服务进行测评，能够排除外界环境因素对测评结果的干扰，便于研究者对被试进行准确观察；现场测试则是邀请用户在日常使用场景下对产品进行使用评价，能够更加真实客观地反映用户使用状态与想法感受。

（四）移动图书馆用户体验优化研究

在对移动图书馆用户体验进行度量与评价的基础上，学者们进一步将研究视角延伸到用户体验优化领域。一方面，结合实证调研，从系统开发、资源建设、服务设计、渠道拓展等基础性层面，针对移动图书馆服务平台的可用性提出了相应优化建议。例如，黄超昱通过对地方高校移动图书馆进行实证分析，提出服务内容多元化、信息资源丰富化、宣传渠道多样化、资金技术加强化等优化对策；Anyaoku 等根据可用性评估结果，提出移动图书馆网站设计、信息架构、资源获取、访问可见性等优化建议[2]。另一方面，则是从用户需求满足、情感共鸣等精神化层面，对移动图书馆用户体验优化展开探索。例如，李宇佳等应用马斯洛需求层次理论，着重分析了移动图书馆用户的情感需求，并从情感化设计角度提出了移动图书馆服务优化建议[3]；沈军威等通过实证研究发现，移动图书馆用户情感体验会影响用户的价值认同，进而影响用户满

---

[1] Walton Kerry, Childs Gary M., et al., "Testing Two Discovery Systems：A Usability Study Comparing Student Perceptions of EDS and Primo", *Journal of Web Librarianship*, Vol. 16, No. 4, Sept. 2022, pp. 200–221.

[2] Anyaoku Ebele N., Lucky O. Akpojotor, "Usability evaluation of university library websites in south–South Nigeria", *Library Philosophy and Practice*, Jan. 2020, pp. 1–25.

[3] 李宇佳、张向先、张克永：《用户体验视角下的移动图书馆用户需求研究——基于系统动力学方法》，《图书情报工作》2015年第6期。

意度和持续使用意愿，由此提出用户体验优化策略[①]；袁静等通过构建高校图书馆情景感知移动服务用户体验模型，揭示了情感体验在用户体验中的重要地位，并深入探讨了体验优化问题[②]。

三 用户情感体验与情感化设计研究

情感体验是个体对于自己情感状态的意识，即产生的情绪反应，从生理和心理两个层面引导个体思维判断和行为方式。情感化设计立足于用户情感体验，旨在通过设计规范和方法的应用，抓住用户注意、诱发情绪反应（有意识的或无意识的），由此提高用户执行特定行为任务的可能性，是增强用户情感体验的一种重要手段。随着用户体验研究领域的不断细化，情感体验问题逐渐得到业界和学界的广泛关注。

（一）情感体验维度研究

情感体验更加强调用户心理和精神需求的满足，即通过功能体验、业务体验、视觉体验、内容体验、交互体验等不同体验维度促使用户产生某种积极的情绪感受。每种体验的变化都可能会影响用户的情感。其中，功能体验通过有效性、高效性、流畅性、完整性、统一性、差异性、整体与局部的关系等因素影响用户需求的满足程度，从而影响用户满意度，再进一步作用于用户情感体验；业务体验通过业务支持体系的组织结构、运行逻辑、价值理念等对用户情感体验产生影响；视觉体验和内容体验通过图形、文字、数字、色彩、标识等可视化元素，结合文化内涵与心理认知，对用户情感体验产生影响；而交互体验则通过用户与产品或服务的交互过程、方式、状态，影响情感体验。良好的交互设计能够提供愉悦和直观的用户体验，从而提升用户满意度和忠诚度，激

[①] 沈军威、郑德俊：《移动图书馆服务质量优化模式的构建研究》，《图书情报工作》2019年第15期。

[②] 袁静、杨娜：《高校图书馆情景感知移动服务用户体验模型构建及优化研究》，《河南图书馆学刊》2021年第1期。

发正面情感。

(二) 情感体验度量研究

用户情感体验度量是揭示情感体验演化机理、制定体验优化方案的必要基础，是情感体验与情感化设计研究的焦点。根据情感表征数据采集方式，可以分为生理度量、心理度量和融合度量三种方式。

1. 生理度量。生理度量是通过测量人们各项生理指标来反映其情感状态的一种度量方法，主要包括面部表情捕捉、声音表现性分析、眼动追踪、脑电波和心电图测量等。这种度量方法测量精度高、误差小，已被广泛应用于实验室研究中，但其难以准确测量指定的某种情感状态，因此无法对用户情感体验进行细粒度分析。同时，用户生理反应可能是由多种因素引起的，并不总是直接对应特定的情感状态，因此对生理数据分析结果进行全面阐释具有较大挑战性。

2. 心理度量。心理度量可以弥补生理度量方法的缺陷，且具有测量手段灵活、便捷、多元等特点，因而适用性更广。主要包括问卷法、访谈法、量表测量法（如 PANAS 量表、SAM 量表、PAD 量表等）。现代心理测量方法快速直观，能够有效避免语义认知差异，可用于不同文化背景下的情感体验度量，但被试在准确表达自身即时情绪时往往会存在一定难度。与此同时，问卷和访谈等自我报告方法更依赖于个人的主观感受和自我评估，容易受到个人偏见、当前情绪状态或社会期望的影响，导致度量结果与真实情况可能存在偏差。

3. 融合度量。通过结合生理数据和心理数据等多模态数据全面提取用户情感特征，进行融合性度量，正成为数智化环境下用户情感体验度量研究的主要方向。例如，Cimtay Y. 等通过结合用户自我报告、面部表情、脑电波和生理信号等多模态数据构建情感分析系统，判断用户情感极性，进而对产品功能进行针对性调整[1]；李敏嘉通过采集语义文

---

[1] Cimtay Yucel, Ekmekcioglu Erhan, et al., "Cross-Subject Multimodal Emotion Recognition Based on Hybrid Fusion", *IEEE Access*, Vol. 8, 2020, pp. 168865-168878.

字、表情和生理等多模态用户数据，模拟出不同偏好设置下的人类情感认知与行为决策过程，为用户情感体验优化提供了有效策略。

(三) 情感化设计研究

"情感化设计"理论是由美国行为心理学家唐纳德·诺曼于2015年最先提出的。该理论反映了用户在产品使用体验基础上衍生出的情绪反应[①]。近年来，情感化设计理论的发展不断融合生理学、人因学、心理学、工程学、管理学、设计学和社会学等学科的理论方法，逐渐成为一个交叉性研究领域，如表1-4所示。

在情感化设计研究领域，生理学将人的情绪反应分为生理唤醒、外部表现和主观体验三个组成部分；人因学主要探讨组织环境设计对人情感因素的影响；认知心理学通过研究人对情绪信息的认知加工方式来探索情绪的产生机理；工程学用理性的方式来衡量感性的情感体验问题；管理学关注产品竞争力，研究设计手段在提升顾客满意度方面的作用；设计学应用各种情感化理论指导设计实践；社会学则关注社会环境对人类情绪产生的影响。

表1-4　　　　　　　　情感化设计的多学科研究视角

基础学科	理论概述	研究重点
生理学	人的情绪反应由生理唤醒、外部表现和主观体验三部分组成。从生理角度研究用户情感产生的生理神经信号，通过测量用户脑电波、皮肤电、眼动轨迹等生理指标的变化，获取情感信息	基于用户生理信号变化进行情感体验研究，对产品进行针对性情感化设计
人因学	又称人类工程学或人体工程学，是一门研究人与其工作环境之间相互作用的学科，核心目的是提高人类的工作效率和舒适度，同时减少受伤和压力	构建实用性框架，为产品情感化设计提供结构化方法，并描述新的设计和评估技术可行性

---

① [美] 唐纳德·A.诺曼：《情感化设计》，张磊译，中信出版社2015年版。

续表

基础学科	理论概述	研究重点
心理学	从认知心理学角度，人的认知处理包括三个水平：本能水平、行为水平、反思水平	根据人的认知处理水平将情感化设计划分为三个设计层次：本能层、行为层和反思层
工程学	以用户为导向的新产品开发技术研究及应用，旨在将用户对于产品所产生的感觉或意象转化为相应设计要素	通过语义测量法掌握用户感性诉求，多结合神经网络、遗传算法、灰色关联度以及生理信号分析开展设计工作
管理学	从体验营销视角将顾客体验分为五种类型：感官体验、情感体验、创造性认知体验、身体及整个生活方式上的体验和某个群体或文化相关联的社会身份体验	以产品为载体，利用文化、艺术和科技等手段增强产品内涵与竞争力，满足顾客情感需求和审美多样性体验
设计学	不仅关注美学，还涵盖功能性、可用性、用户体验以及关注设计在社会、文化和经济环境中的角色，需要融合艺术、科学、技术和人文学科领域的相关知识	通过探索情感来源，阐释产品或服务引发的复杂情感体验，通过艺术、人文和科学的交叉融合进行情感化设计
社会学	探讨人类在社会群体中的行为、关系、互动方式，以及这些行为如何受到文化、制度、社会结构和历史的影响；关注社会环境、人际交往、社会形势等因素对人类情绪的作用机制	为情感化设计提供深入的用户和社会理解，并将这些理解转化为具体的设计实践，以创造更加贴合用户情感和社会需求的产品或服务

四 国内外研究现状评析

综观国内外研究现状，移动图书馆用户信息交互行为和情感体验问题已引起学者们的高度关注；相关研究正成为移动图书馆服务体系建设与完善中的热点与焦点。学者们围绕用户信息交互行为模型、影响因素以及用户体验内涵特征、测评方法、模型要素展开了广泛研究，取得了丰硕成果；并在此基础上，针对情感体验与情感化设计展开了相关探索，为移动图书馆用户信息交互行为中的情感体验深入研究奠定了理论基础。然而，面对新兴技术环境下移动图书馆服务模式的不断演进，以及用户交互行为特征和交互需求的不断变化，仍有诸多关键问题有待解决：

在研究视角上，当前研究侧重于对移动图书馆用户信息交互行为或情感体验的独立性研究，缺乏针对整个信息交互过程的情感体验形成机理、测度方法、演化规律的完整性研究，未能将情感体验变化与信息交互行为变化建立起因果逻辑关系，因而无法揭示两者之间的相互作用机理。与此同时，已有研究往往立足于移动网络环境下的图书馆服务发展与信息交互，未能面向数智时代的图书馆转型趋势，针对移动图书馆用户信息交互行为与情感体验中涌现的新问题、新特征展开前瞻性研究。

在研究内容上，目前，大部分研究仅将情感体验作为移动图书馆用户体验研究的一个子集，在较为宏观的理论框架下进行整体性研究，未能突出情感体验的特殊性与针对性；且研究内容大多围绕情感体验的概念特征、作用机制、影响因素等基本问题展开，缺乏针对移动图书馆用户情感体验形成与演化机理、度量方法、优化方案等关键问题的深层次探讨。同时，已有研究内容也非常分散，缺乏从概念阐释到机理揭示再到量化分析和优化验证的系统性研究，未能形成完整的理论框架与技术路线。

在研究方法上，已有研究大多采用质性分析、问卷量表、结构方程模型等图情领域传统方法对移动图书馆用户情感体验进行定性与定量分析，样本数据以用户主观态度数据为主，且数据量有限，难以客观、准确地反映用户真实情感状态及情绪变化；也未能针对用户交互行为情感体验问题的跨学科特性，结合大数据挖掘、自然语言处理、神经科学实验、服务设计等多元化研究手段进行综合分析，无法对多模态、细粒度的情感表征数据进行有效采集与深入挖掘。

由此可见，国内外研究现状的不足与空白构成了本书研究内容的重要切入点，明确了总体研究视角与内容框架。本书将以国内外已有研究成果为基础，面向数智时代的移动图书馆创新发展要求，针对用户信息交互行为中情感体验的关键性、前沿性问题展开系统深入的理论研究与实证分析，形成可应用、可推广的研究成果，为移动图书馆用户体验优化与数智化转型提供有价值的参考。

第三节 研究思路与方法

一 研究思路

本书立足于数智化背景下的移动图书馆发展前沿，按照"提出问题—分析问题—解决问题"的研究思路，从移动图书馆用户信息交互需求与行为分析出发，根据"刺激—有机体—反应（S-O-R）"理论框架，首先，基于用户信息交互过程中的情感体验形成机理，应用扎根理论与定量研究方法揭示影响移动图书馆用户情感体验的关键因素；进而探寻多元因素作用下的用户情感体验度量方法与演化规律，揭示情感体验与用户信息交互行为之间的内在关联；在此基础上，进一步深入分析基于情感体验的用户信息交互行为引导机制；最终，基于理论与实证研究结果，提出移动图书馆用户情感体验优化方案，并通过自主开发的移动图书馆服务系统验证优化方案的可用性与有效性，推进研究成果拓展应用。具体研究思路如图 1-1 所示。

二 研究方法

本书涉及图书馆与情报学、管理科学、信息科学、心理学与交互设计等多个学科的知识内容，强调多领域技术方法的综合应用，注重理论研究与实证分析紧密结合。具体而言，主要采用了以下研究方法：

（一）混合研究方法

混合研究方法（Mixed-method research，MMR）结合了定性和定量研究范式，可以避免使用单一研究手段产生的弊端，从而更有效地揭示问题本质、更全面地阐释研究结论并清晰解构差异性结论存在的具体原

第一章 绪 论

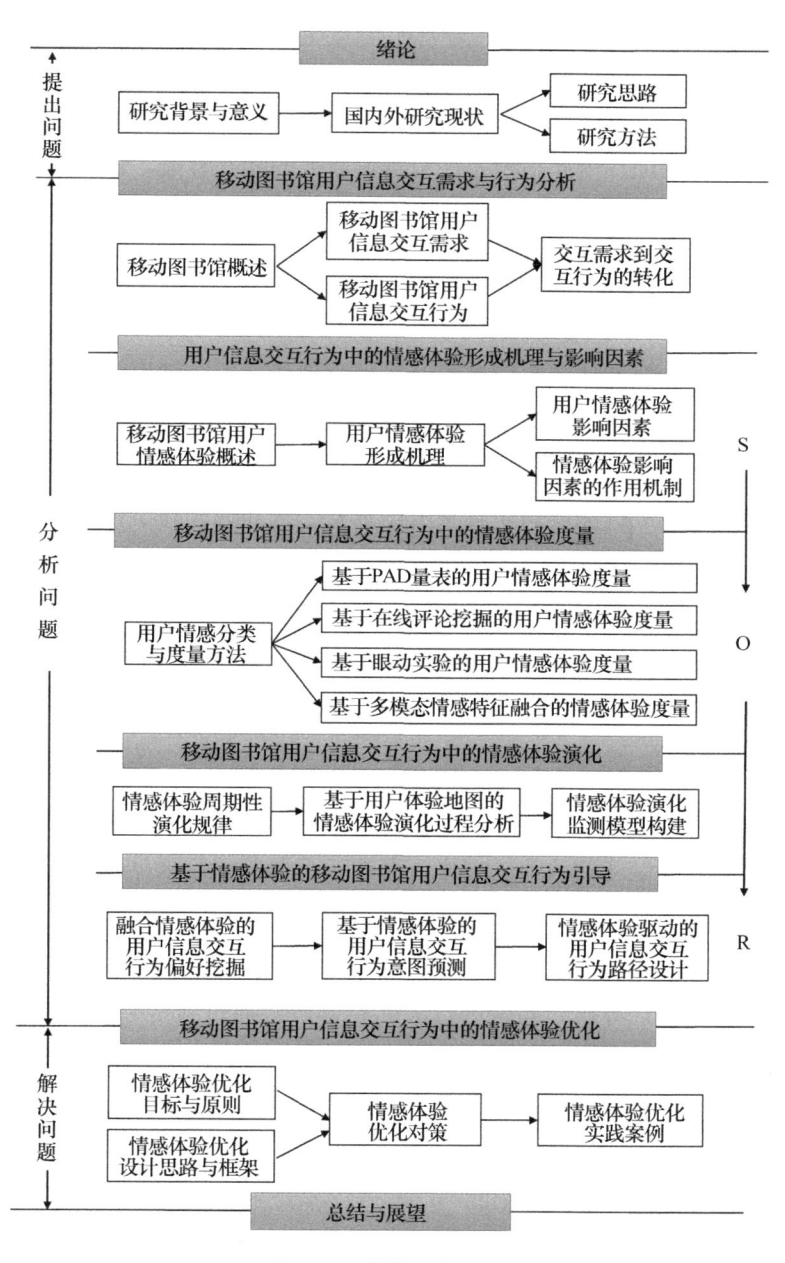

```
                              绪论
                               │
          ┌────────────────────┼────────────────────┐
研究背景与意义 ──→ 国内外研究现状 ──┬── 研究思路
提出问题                          └── 研究方法

          移动图书馆用户信息交互需求与行为分析
                               │
                    ┌── 移动图书馆用户
                    │   信息交互需求    ──┐
          移动图书馆概述 ──┤                  ├──→ 交互需求到交
                    │   移动图书馆用户    │     互行为的转化
                    └── 信息交互行为    ──┘

          用户信息交互行为中的情感体验形成机理与影响因素
                               │
                                          ┌── 用户情感体验
          移动图书馆用户 ──→ 用户情感体验 ──┤    影响因素
          情感体验概述       形成机理      │                  S
                                          └── 情感体验影响
                                              因素的作用机制

          移动图书馆用户信息交互行为中的情感体验度量
                               │
                    ┌── 基于PAD量表的用户情感体验度量
          用户情感分类 ──┤── 基于在线评论挖掘的用户情感体验度量
          与度量方法    ├── 基于眼动实验的用户情感体验度量      O
                    └── 基于多模态情感特征融合的情感体验度量

          移动图书馆用户信息交互行为中的情感体验演化
                               │
          情感体验周期性 ──→ 基于用户体验地图的 ──→ 情感体验演化
          演化规律           情感体验演化过程分析     监测模型构建

          基于情感体验的移动图书馆用户信息交互行为引导
                               │
          融合情感体验的 ──→ 基于情感体验的 ──→ 情感体验驱动的
          用户信息交互       用户信息交互       用户信息交互    R
          行为偏好挖掘       行为意图预测       行为路径设计

          移动图书馆用户信息交互行为中的情感体验优化
                               │
          情感体验优化
          目标与原则    ──┐
                          ├──→ 情感体验 ──→ 情感体验优化
          情感体验优化    │    优化对策      实践案例
          设计思路与框架──┘

                              总结与展望
```

图 1-1 整体研究思路

· 25 ·

因。针对当前移动图书馆用户情感体验研究缺乏成熟的体系框架这一问题，本书先从小规模样本出发对用户信息交互行为与情感体验关键问题的理论维度进行探索性挖掘；进而将探索性结论应用到规模化样本数据中进行定量验证，由此实现定性与定量研究的相互补充，提高整体结论的精准性与适用性，在此基础上形成较为完整的理论框架，进一步丰富和完善移动图书馆用户信息交互行为与情感体验的研究成果。

（二）扎根理论方法

扎根理论强调从经验数据中建构理论框架，以一种形成性的归纳方法从源数据中提炼核心概念、范畴及其之间的关联。本书在第三章中，针对移动图书馆用户情感体验影响因素的分析，采用扎根理论方法，通过对典型用户进行深度访谈收集数据资料，进而遵循科学研究规范逐一进行三级编码，提炼出基本概念、范畴、主范畴和核心范畴，并建立概念与范畴之间的逻辑关系。最后通过理论饱和度检验，形成移动图书馆用户信息交互行为中的情感体验影响因素理论模型，从而弥补已有研究成果对移动图书馆用户情感体验影响因素理论解释的不足。

（三）问卷调查方法

问卷调查是社会科学领域的重要实证研究方法之一，能够利用问卷广泛收集目标群体的认知、偏好、态度、行为等信息数据。本书在理论探索与假设研究基础上，分别针对移动图书馆用户情感化需求分析、情感体验影响因素挖掘、情感体验度量体系构建、用户体验地图绘制、情感体验优化设计等核心问题进行了问卷调研，通过线上+线下相结合的方式，面向目标群体发放问卷（量表），根据数据分析结果对理论假设、指标体系、优化方案进行实证检验，从而提高研究结论的准确性与可推广性。

（四）大数据建模与分析

大数据建模与分析旨在通过对海量真实数据的采集、预处理、挖掘、预测和可视化，发现规律、提炼知识，充分发挥数据资源的潜在价值。本书立足于大数据背景下的移动图书馆用户情感体验研究情境，一是针对移动图书馆 APP 用户信息交互行为中的情感体验度量问题，基于用户在线评论数据，采用深度学习方法进行评论主题挖掘，明确用户关注的 APP 属性要素，进而构建用户情感体验度量指标体系；在此基础上，利用 PAD 情感空间模型计算情感词的空间坐标值，由此判断用户情感倾向及强度，精准度量用户情感体验。二是针对移动图书馆用户信息交互行为偏好预测与路径设计，采用前端埋点技术采集用户信息交互行为轨迹数据，进而通过事件分析、归因分析、留存分析、路径分析等方法有效揭示用户交互行为特征及规律，并进行可视化呈现，为行为路径设计提供必要依据。

（五）神经科学实验

神经科学实验主要利用眼动仪、脑电、皮电等多种生理与神经成像工具客观地测量情感、认知、决策等引发或伴随的神经活动及行为表现，能够有效克服访谈、问卷等传统数据样本收集过程中的测量偏差[1]。本书针对移动图书馆小程序界面设计对用户情感体验的影响，采用眼动追踪神经科学实验方法，根据用户使用小程序时的交互行为特点，通过具体眼动指标对不同界面优化方案引发的用户情感变化进行比较分析，从而揭示用户信息交互过程的情感特征，清晰阐释交互行为背后的深层机理，为移动图书馆小程序设计开发提供有效思路与方法。

（六）原型设计与系统开发

为了更加准确地采集移动图书馆用户情感体验表征数据，并从全流程、细粒度层面观测和分析用户信息交互行为与情感变化，本书在理论研究基础上开展了移动图书馆原型设计与系统开发工作。一是以湖北省图书馆小程序为实证对象，根据研究需求复刻了其前端关键功能，并重

---

[1] 潘煜、万岩、陈国青、胡清、黄丽华、王刊良、王求真、王伟军、饶恒毅：《神经信息系统研究：现状与展望》，《管理科学学报》2018 年第 5 期。

建了部分后台数据库。同时，采用 Ant Design Pro 技术开发了后台监测系统，实现对埋点数据的实时监测与有效采集，为准确挖掘用户交互行为规律提供了技术支撑。二是自主开发了移动图书馆 APP 应用——"书航"，通过对该 APP 的用户信息交互行为分析与情感体验度量，实现对本书提出的用户情感体验优化方案的有效验证与完善。

第二章
移动图书馆用户信息交互需求与行为分析

  移动图书馆的兴起与蓬勃发展推动了传统图书馆服务的深刻变革，不仅拓展了图书馆的时空边界，也潜移默化地改变着用户知识信息获取与利用习惯。随着社会环境的不断演变与文化活动的日趋丰富，用户对移动图书馆的精神文化需求快速增长，促进了以知识传递、交流、创造为核心的信息交互行为产生与演化。

  本章在系统梳理移动图书馆发展脉络的基础上，立足于移动图书馆发展前沿，明确用户信息交互的需求特征、需求结构和情感化趋势，分析用户信息交互行为要素、模式、表现及过程，并探寻从交互需求到交互行为的转化机理，为后续研究提供理论依据。

第一节 移动图书馆概述

  随着移动图书馆不断发展成熟，其体系架构日臻完善，服务模式日趋多元，大力推动了移动网络环境下的图书馆服务模式变革与生态体系构建。

移动图书馆用户信息交互行为中的情感体验研究

一 移动图书馆发展历程

移动图书馆译自英文"Mobile Library"一词。早在1949年,美国图书馆协会的下设机构Country Libraries Group就将其定义为"通过设计、配备和运载相关资源,以提供比临时图书馆分馆更加合理实用的流动性服务"[1]。因此,移动图书馆早期也被称为汽车图书馆或流动书车[2]。起初,其作为公共图书馆的一个有机组成部分,主要作用是为偏远地区的读者提供知识信息服务,以弥补由于区域限制而造成的图书馆服务功能缺失[3]。但受到时间与空间限制,这种流动性的图书馆难以为读者提供全方位的知识服务。随着网络通信技术的快速发展,传统意义上的移动图书馆被赋予了新的内涵。1990年,美国圣路易斯公共图书馆专家Alloway提出了"电子流动图书"(Electronic Bookmobile)的概念,即通过数据传输的形式把图书馆的信息资源直接传递给读者,由此打破了馆藏资源的有形界限,在更大程度上拓展了图书馆的服务空间[3]。1993年,由美国南阿拉巴马大学图书馆牵头发起了"无屋顶图书馆"项目(The Library without a Roof),对通过手持PDA等移动设备访问图书馆电子资源的可行性进行了测试,被认为是移动情境下获取图书馆资源的一次突破性尝试[4]。直到2000年以后,随着移动通信技术的日趋成熟,读者才逐渐实现了在移动网络环境下有效访问图书馆资源。

在信息技术创新与服务理念变革的双重驱动下,基于移动网络与各类移动终端设备(如手机、平板电脑、掌上阅读器等)的移动图书馆

---

[1] Want Penny, "The History and Development of Mobile Libraries", *Library Management*, Vol. 11, No. 2, Feb. 1990, pp. 5–14.

[2] Siitonen Leena, "Mobile Library Services as a Functional Unit in Public Library Systems: The United States Context", *Resource Sharing & Information Networks*, Vol. 7, No. 1, 1992, pp. 33–65.

[3] Alloway, Catherine Suyak, "The Electronic Bookmobile", *Electronic Library*, Vol. 8, No. 2, 1990, pp. 100–106.

[4] Foster, Clifton Dale. "PDAs and the Library without a Roof", *Journal of Computing in Higher Education*, Vol. 7, No. 1, 1995, pp. 85–93.

服务快速崛起，延伸并拓展了传统图书馆和数字图书馆的时空边界，满足了人们随时随地使用图书馆服务的需求，真正实现了从流动实体图书馆向移动数字图书馆的演进，也由此产生了手机图书馆、掌上图书馆、无线图书馆等新兴概念[1]。在此基础上，各类移动图书馆服务相继开展，推动了现代图书馆服务体系的蓬勃发展。近年来，随着大数据、5G、物联网、人工智能、虚拟现实等数字化和智能化技术在图书馆领域不断深入应用，移动图书馆的构建与应用模式不断推陈出新，服务内容与服务功能更加丰富多元，促进了移动图书馆从概念普及到设施建设再到服务应用的全方位数智化转型（见图 2-1）。

汽车图书馆（流动书车）	电子流动图书馆	"无屋顶图书馆"项目	移动图书馆（手机图书馆/无线图书馆）	数智化移动图书馆
1949年，美国图书馆协会的下设机构Country Libraries Group提出"流动书车"的概念	1990年，美国圣路易斯公共图书馆专家Alloway提出了"电子流动图书"的概念	1993年，美国南阿拉巴马大学图书馆牵头发起了"无屋顶图书馆"项目	1993年后，手机图书馆、掌上图书馆、无线图书馆等新兴概念不断出现，各类移动图书馆建设相继开展	近年来，移动图书馆的构建方式、应用模式、服务功能等不断推陈出新，逐步开展数智化转型

图 2-1 移动图书馆发展历程

二 移动图书馆体系架构

总体而言，移动图书馆是在移动网络环境下以智能化移动终端设备为载体，为读者访问和获取图书馆资源、进行参考咨询和知识交流等文化活动提供有效途径的一种新型图书馆服务模式，是实体图书馆和数字图书馆在移动网络平台的展现与延伸[2][3]。经过持续建设和发展，各类图书馆在实践探索的基础上，结合自身业务特色，纷纷形成了较为完整的移动图书馆体系架构。尽管在技术标准、功能模块和资源内容等方面

---

[1] 施国洪、夏前龙：《移动图书馆研究回顾与展望》，《中国图书馆学报》2014 年第 2 期。
[2] 赵杨：《移动图书馆服务质量控制》，科学出版社 2017 年版。
[3] Hey Jonathan, Sandhu Jaspal S., et al., "Designing Mobile Digital Library Services for Pre-Engineering and Technology Literacy", International Journal of Engineering Education, Vol. 23, No. 3, 2007, pp. 1–13.

存在一定差异，但主体框架基本都包含了基础支撑层、数据资源层、服务功能层和交互应用层四个部分，如图2-2所示。

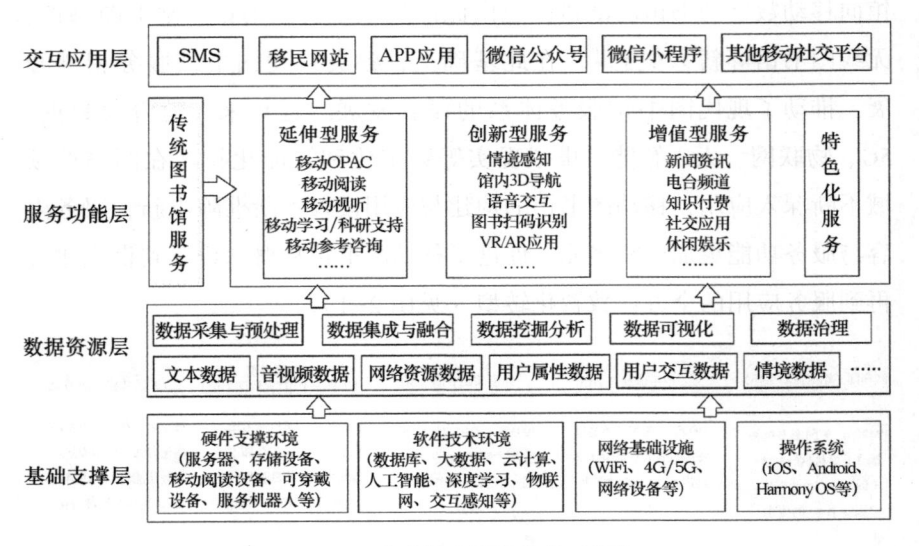

图 2-2 移动图书馆服务体系架构

（一）基础支撑层

基础支撑层是保障移动图书馆系统稳定运行的底层技术架构与网络环境，包括必要的软硬件、网络基础设施以及操作系统。

1. 硬件支撑环境。主要由服务器、数据资源存储设备、云存储设备、移动阅读设备、可穿戴设备、服务机器人等构成，既与图书馆已构建的数字服务平台和业务系统对接，又根据移动网络环境特点配备相应的硬件装置。

2. 软件技术环境。主要由与数据库、大数据、物联网、人工智能、深度学习、交互感知等信息技术相关的软件工具构成，对图书馆业务模式变革与技术架构演进具有重要影响。

3. 网络基础设施。包括移动通信技术、网络技术及配套设备，为移动图书馆系统运行提供必要的连接和通信能力，使系统内各个组成部分之间能够互联互通、协同工作，并确保数据高效、安全地在系统内进行传输。

4. 操作系统。主要指智能化移动终端设备的操作系统（如 iOS、Android、Harmony OS 等），其功能是为移动图书馆应用软件的安装、运行提供基本载体，并为移动图书馆服务平台的操作提供统一接口与友好界面[1]。

（二）数据资源层

大数据时代，数据资源建设是移动图书馆高效开展各项服务的必要基础。经过长期发展，图书馆已经形成庞大的数字文献资源体系，并通过开发和集成更多数据资源与网络资源不断丰富自身资源数量和类型。与此同时，读者信息交互行为的增加也为图书馆开展个性化移动服务提供了充足的数据支持。而依托基础支撑层的软硬件技术，图书馆可以对各类数据资源进行高效规划与管理，从而发挥出数据资源的最大效用。

1. 数据资源类型。移动图书馆不仅集成了传统图书馆的数字文献资源、海量网络资源，还通过移动终端设备累积了丰富的用户行为数据和情境数据，逐渐形成"大数据+小数据"的资源建设方式，即以海量的馆藏数据资源、网络资源等为核心，同时结合读者属性特性、使用习惯、服务偏好等细粒度数据，从而将图书馆多元化服务功能精准对接到移动网络环境下的具体应用场景，满足用户日益增长的个性化服务需求[2]。

2. 数据资源规划。移动图书馆的数据资源具有海量、多源、异构等特征，需要根据通用或自建的数据标准规范，通过多源数据采集、预处理、挖掘分析、可视化与安全治理等环节，实现数据资源的科学规划与有效利用：一是积极借助云计算、物联网、人工智能等新兴技术，实

---

[1] 陈尚书、李虹：《基于用户体验的主流智能手机操作系统比较研究》，《软件导刊》2017 年第 9 期。

[2] 冉从敬、何梦婷：《智慧图书馆资源服务模式及其实施策略》，《数字图书馆论坛》2018 年第 6 期。

现多源异构数据的自动采集与分布式云存储，提高资源更新与共享效率；二是从知识解构加工深入到知识建构加工，从数据资源中分解出知识单元，并融合词表工具和数据挖掘技术实现知识间的语义关联与融合，生成新的知识内容；三是采用"图书馆—读者共同体"数据治理模式，鼓励读者主动参与数据资源开发、维护和共享，不断优化资源质量[①]。

（三）服务功能层

服务功能层是移动图书馆体系架构的核心组成部分，在对接图书馆已有服务体系的基础上，可以进一步细分为延伸型服务、创新型服务、增值型服务和特色化服务。

1. 延伸型服务。该类服务是传统图书馆服务在移动网络平台的延伸应用，包括移动 OPAC、移动阅读、移动视听、移动学习/科研支持、移动参考咨询等，主要依托移动网络的泛在性、灵活性和便捷性等优势，满足读者随时随地获取图书馆资源的需求。

2. 创新型服务。该类服务是在移动网络环境下产生的新型图书馆服务，如情境感知服务、馆内 3D 导航服务、语音交互服务、图书扫码识别和 VR/AR 应用等，充分利用先进的移动通信技术和设备，创造出全新的"情境—资源"配置关系和信息交互方式。

3. 增值型服务。该类服务是图书馆整合网络知识资源与相关服务应用推出的额外服务，如新闻资讯、电台频道、知识付费、社交应用、休闲娱乐等，能够有效拓展图书馆在移动网络环境下的服务场景，进一步强化图书馆社会化知识服务主体的地位。

4. 特色化服务。该类服务是图书馆根据本馆的地域特色、文化特色、资源特色在移动网络平台上推出的相关服务，如国家图书馆在微信小程序上推出的"历届文津图书奖专题阅读""文津知多少答题活动"；

---

① 吴建中：《国内外图书馆转型与创新动态》，《大学图书情报学刊》2018 年第 1 期。

湖北省图书馆在小程序上推出的"艺术温润心灵"特色服务；武汉大学图书馆通过微信公众号推出的"新生开卡游戏——拯救小布"；等等，均塑造了图书馆良好的文化品牌形象。

（四）交互应用层

应用层是读者与移动图书馆服务平台直接交互的窗口。随着移动通信技术在图书馆服务中的深度应用，逐渐形成了以 SMS（短信息服务）、移动网站、APP 应用、微信公众号/小程序和其他社交平台（如微博、抖音等）为主要载体的多元化移动服务模式，拓展了读者与图书馆之间的交互渠道，也为广大读者之间的知识传递与资源共享提供了更多交流平台。

应用层依托移动网络平台的特色与优势，建立起图书馆空间、资源、技术、读者之间的多维度连接关系；并通过符合用户行为习惯和服务需求的交互设计、信息架构设计、系统界面设计不断优化用户体验，提高服务交互效率，为构建泛在互联、灵活智能、全面感知的移动图书馆服务体系提供了充分保障。

三 移动图书馆服务特点

移动图书馆作为移动网络环境下实体图书馆和数字图书馆变革与发展的主要方向，是图书馆生态化服务体系的重要组成部分。与传统图书馆相比，移动图书馆在服务平台、服务主体、服务功能、服务流程等方面都体现出明显的变化（见表 2-1），并呈现出服务主动性、多主体参与性、多维交互性、感知适应性和高度集成性等特点。

表 2-1　**移动图书馆、数字图书馆、实体图书馆的服务对比**

类别	移动图书馆服务	数字图书馆服务	实体图书馆服务
服务平台	短信平台、移动网站、APP、移动社交平台等	图书馆网站、云平台	实体图书馆

续表

类别	移动图书馆服务	数字图书馆服务	实体图书馆服务
服务主体	图书馆员、数据库服务提供商、移动网络运营商、移动应用开发商、移动系统集成商、移动设备生产商等	图书馆员、数据库服务提供商、网络运营商、网络服务提供商、数字平台开发商	以图书馆员为主
服务功能	延伸型服务（移动OPAC、移动阅听、移动视听、移动参考咨询等）、创新型服务（情境感知、馆内3D导航、语音交互、VR/AR应用等）、增值型服务（电台频道、知识付费、社交应用等）、特色化服务	OPAC、在线借阅服务、在线阅读、数据库服务、空间预约、文献传递、在线教学培训、在线参考咨询、在线学习支持、在线学术交流、网上展厅等	图书借阅、卡证服务、空间/设施使用、参考咨询、线下展览、知识讲座、其他线下文化活动
服务流程	多终端、多渠道、多维度交互性服务流程	以图书馆数字资源访问和获取为核心的服务流程	以图书借阅和线下空间使用为核心的服务流程

1. 服务主动性。移动图书馆不仅可以通过移动终端设备精准获取用户相关数据，还能实时采集服务情境数据，并基于数据关联挖掘，建立用户、服务情境、服务资源三者之间有意义的连接，从而根据用户需求与情境感知结果，实现个性化服务定制与推送。

2. 多主体参与性。移动图书馆建设，既需要图书馆员、数字平台开发商、数据库提供商等服务主体的积极投入，也需要吸纳移动网络运营商、移动应用开发商、移动系统集成商和移动终端设备生产商等主体的广泛参与，从而为移动图书馆服务平台的有机运作提供必要的技术支撑、网络环境与资源保障。

3. 多维交互性。移动图书馆拓展了用户与图书馆之间的交互渠道，使用户可以通过移动网站、APP应用、移动社交平台等多元化途径快速访问和获取图书馆资源。同时，借助先进的人机交互技术，实现语音、视觉、手势、体感、生物特征识别等全感官交互。

4. 感知适应性。移动图书馆服务平台能够通过传感设备获取用户情境信息，并进行分析挖掘和推理预测，从而获取用户实时需求与潜在需求,实现自适应情境服务[①]。在此基础上,随着情境变化和数据持续积累,通过机器学习和数据分析不断调整服务性能和内容。

5. 高度集成性。移动图书馆通过移动网络平台实现了传统图书馆服务和数字图书馆服务的高度集成,并通过有限的移动终端界面进行服务集成化展示。同时,依托云服务架构推进馆藏资源、馆际资源和网络资源的整合利用,通过统一接口提供灵活、便捷的集成化服务体验。

四 移动图书馆服务模式

随着移动图书馆服务体系建设的不断完善,其服务模式也日益多元,目前主要包括:SMS(短信息服务)、移动网站服务、APP应用服务、微信公众号/小程序服务和其他移动社交平台服务等多种模式。

(一) SMS(短信息服务)

SMS是图书馆最早推出的一种移动服务模式,其特点是迅速、高效、响应及时。从服务内容来看,可以分为信息推送服务(包括新书推介、借阅提醒、讲座通知、活动预告等)和移动咨询服务(包括个人借阅情况查询、文献借阅预约等)两大类[②]。由于SMS是移动通信服务中的基础业务,几乎可以覆盖所有移动网络用户,因此被作为"标配"在各类图书馆中广泛使用。但国内图书馆提供的短信息服务以信息提醒为主,如图书催还;而国外图书馆的短信息服务则以参考咨询为主,由图书馆员根据读者咨询问题进行短信回复。SMS服务主要依托移动网络运营商成熟的API接口和开发框架,运营和维护成本较低,对用户手机配置和网络速度没有过高要求,因此具备较强的灵活性、稳定性和可扩展性。

尽管移动图书馆SMS服务易于推广和使用,但其存在信息量有限、

[①] 张永彩、程超、凌征强:《基于情景化用户偏好的移动图书馆服务模式构建》,《数字图书馆论坛》2021年第8期。

[②] 魏群义、袁芳、贾欢、霍然、侯桂楠、杨新涯:《我国移动图书馆服务现状调查——以国家图书馆和省级公共图书馆为对象》,《中国图书馆学报》2014年第3期。

服务功能单一、操作过程烦琐等局限性。而且，随着QQ、微信等即时通信软件的普及应用，SMS在服务成本、服务效率和交互形式上的劣势愈加明显。因此，目前大多数图书馆仅将SMS服务作为其他移动服务模式的补充或备选方案。

（二）移动网站服务

移动网站服务是用户通过移动终端上的浏览器访问图书馆网站（数字图书馆平台）并使用相关功能的一种服务模式，在服务内容展现上更为直观、丰富，弥补了短信息服务的不足[①]。由于移动网站基本是在移动网络平台上对PC端网站的"移植"，因此基本涵盖了图书馆网站已有的服务内容。移动网站建设的技术方案主要分为WAP建站、HTML5和响应式Web设计三种[②]。其中，WAP建站是指用WML（无线标记语言）开发编写专门用于手机浏览的网站，通常以文字信息和简单的图片信息为主；HTML5是新的HTML标准，通过提供新的语义、图形、多媒体元素简化了Web应用的搭建，可以实现在个人电脑、手机、平板等不同硬件上的运行；响应式Web设计（RWD）则是一种灵活的网站开发方式，基于流动布局（Fluid Grid）技术智能地根据用户行为及设备环境（如操作系统、屏幕尺寸等）进行界面自适应调整，从而在不同终端上都能达到最佳显示效果（见图2-3）。目前，各类图书馆大多采用响应式Web设计模式进行移动图书馆网站建设，有效实现了用户对图书馆网站的跨平台流畅访问。

随着移动网站开发技术的不断演进，基于移动站点的图书馆服务模式已非常成熟，并作为数字图书馆网站的"移动版本"与图书馆已有服务系统实现无缝对接[③]。但由于其内容、功能基本与PC端网站一致，

[①] 岳立春：《全民阅读时代移动图书馆建设浅析——以天津市东丽区图书馆移动APP》，《图书馆工作与研究》2017年第S1期。

[②] 王金柱、绵绵的糖编著：《HTML5移动网站与App开发实战》，清华大学出版社2022年版。

[③] 江波、覃燕梅：《我国移动图书馆五种主要服务模式的比较研究》，《图书馆论坛》2014年第2期。

第二章 移动图书馆用户信息交互需求与行为分析

难以充分体现移动服务的特色与优势；并且，移动网站仍然以用户浏览、检索、订阅服务为主，无法有效开展个性化内容推送，在服务交互性和主动性上表现较差。

图 2-3　图书馆网站响应式 Web 设计效果

（三）APP 应用服务

APP（Application Program）是安装在移动终端设备上的一种应用程序，具有功能丰富、可定制、交互性强等特点。在我国高校图书馆中，清华大学图书馆于 2011 年年底率先推出基于安卓系统的 APP 应用，为读者提供馆藏目录查询、数据库检索、个人借阅记录查询等服务。随后，北京大学图书馆、浙江大学图书馆、人民大学图书馆等也纷纷推出自己的移动客户端应用，带动了高校图书馆 APP 的快速发展。在公共图书馆领域，国家图书馆于 2011 年 1 月推出基于 iOS 系统的"掌上国图"APP，上海图书馆、苏州图书馆等也相继推出了自己的 APP 应用，如图 2-4 所示。目前，苹果应用商店 APP Store 和我国主流安卓应用市场统计数据显示，我国 75% 以上的图书馆都通过自建或依托超星移动图书馆云共享服务平台推出了 APP 应用服务，功能涵盖移动 OPAC、移动阅读、移动视听、移动学习、扫描识别、位置服务、资源推荐等服务。与此同时，一些与图书馆相关的 APP 应用也大量涌现，如移动阅读类 APP、听书类 APP 等。

APP 界面直观、操作简便、拓展性强，并能根据用户使用习惯与需求偏好及时提供个性化服务，促进了用户与图书馆之间的良好交互，已成为目前最常用的移动图书馆服务模式之一。但相较于移动网站建设，高质量 APP 的设计开发和运营维护成本均较高，所以当前大部分图书馆都是采用"超星移动图书馆" APP 的统一架构开展移动服务，在功能、资源、界面设计上基本相同，难以体现其自身服务特色。

国家数字图书馆 APP 首页　　苏州图书馆 APP 首页　　上海图书馆 APP 首页

图 2-4　部分代表性图书馆 APP 界面展示（截至 2024 年 1 月）

（四）微信公众号/小程序服务

随着微信在人们日常生活、工作和学习中的广泛应用，越来越多的图书馆开始依托微信平台构建移动服务体系，为读者提供更具灵活性、集成性和智能性的知识服务。目前，基于微信平台的移动图书馆服务主要分为公众号和小程序两种模式。公众号侧重于信息推送，通过文字、图片、音视频等形式向其关注者发送馆情馆讯和相关信息，并通过功能菜单设置，为读者提供图书借阅、文献检索、空间预约、卡证办理等常规性服务[1]；小程序侧重于综合服务，基本包括了移动图书馆网站和 APP 的各项功能，并且具有"无须安装、触手可及、用完即走"的特点，而且整合了微信庞大的用户基础，能够触及更广泛的人群，可以为图书馆品牌建设与服务推广起到良好的宣传效果。

目前，各大公共图书馆和高校图书馆基本都开通了微信公众号服务，满足了读者及时获取图书馆最新资讯、使用常规服务的基本需求。但在小程序建设方面，由于微信小程序功能推出时间较晚，大部分图书馆在服务体系构建上仍处于起步阶段。与此同时，与 APP 开发现状相似，许多图书馆在小程序建设上均是采用宏长云图信息科技有限公司提供的统一模板，导致同质化现象较为严重。

（五）其他移动社交平台服务

除了微信平台之外，微博、抖音等移动社交平台也逐渐成为图书馆开展移动服务的重要渠道。移动社交平台具有信息传播速度快、用户覆盖面广、展现形式丰富、交互效率高等特点，便于图书馆及时发布馆情馆讯、提供参考咨询和推荐特色资源[2]。此外，移动社交平台庞大的社会网络体系能够实现图书馆热点信息、活动资讯、宣传内容的快速传播，有利于提高图书馆的社会公信力、影响力与服务价值。而以抖音为代表的短视频平台也契合了当下年轻读者群体的信息获取习惯，有助于移动图书馆面向年轻用户更好地开展品牌形象建设。

相较于其他移动服务模式，移动社交平台集成了社交互动、信息推广、知识社区等多重功能，能够更好地促进读者与图书馆、读者与读者之间的交流互动。与此同时，通过优质内容共创与快速传播，能够持续吸引关注，提高用户黏性。然而，受到移动社交平台自身功能限制，该

---

[1] 蒋丽平、郑红月、易安宁：《移动社交媒体环境下的图书馆信息服务研究——国内图书馆微信公众服务平台现状调查》，《现代情报》2014 年第 10 期。
[2] 赵杨、宋倩、高婷：《高校图书馆微博信息传播影响因素研究——基于新浪微博平台》，《图书馆论坛》2015 年第 1 期。

类服务大多只能帮助图书馆发挥宣传推广、维系读者关系的作用，难以成为主流服务模式，仍需与其他服务结合使用。

综上所述，移动通信技术的日新月异，推动了移动图书馆服务模式的多元化、精准化与智能化发展，为移动图书馆服务平台建设提供了更多选择，也为数智时代的图书馆生态体系建设发挥了积极作用。总体而言，以上各类移动服务模式在用户覆盖率、功能多样性、服务主动性、用户交互性和建设与维护成本等方面均有各自的优势与劣势（见表2-2），对于图书馆而言，应结合自身特色与资源条件，选择合适的服务模式开展移动服务，提高用户体验。

表 2-2　　　　　　　　　移动图书馆服务模式比较

服务模式	用户覆盖率	功能多样性	服务主动性	用户交互性	建设与维护成本
短信息服务	●	◐	◔	◔	◐
移动网站服务	◔	◐	◐	●	●
APP 应用服务	◐	●	●	●	●
微信公众号服务	●	●	●	●	◔
微信小程序服务	◔	◐	●	●	◐
微博、抖音等移动社交平台服务	◔	◐	●	●	◔

注：●表明程度最高；○表明程度最低。

第二节　移动图书馆用户信息交互需求

移动图书馆为用户与图书馆之间提供了更为便捷、多元的交互渠道，建立了彼此间更为紧密的信息连接，也带动了用户信息交互需求的快速增长。随着移动图书馆服务内容的不断迭代更新，以及社会环境的不断变化，用户信息交互需求也在持续演进中呈现出新特征、新结构，并逐渐从基本的功能性需求拓展到更丰富的情感化需求。

一　用户信息交互需求特征

信息交互的概念最早源自设计领域，由 IDEO 公司创始人比尔·摩格理吉（B. Moggridge）在 1984 年的一次设计领域会议上首次提出，强调从用户角度提高产品交互的易用性。在信息科学领域，信息交互通常指信息发出与接收的过程，一般包括信息源、信息、信息传递通道或网络、接收者、反馈和噪声六大要素[1]。对于用户而言，使用移动图书馆服务的主要目的是随时随地搜索和获取所需的知识资源，并进行知识交流与分享。而从广义层面来看，这些资源都属于信息的范畴，因此，在移动图书馆服务过程中存在广泛的用户信息交互需求。随着移动网络技术的快速发展和全民科学文化素质的不断提升，用户对移动图书馆的信息交互需求呈现出以下特征：

1. 动态化。"互联网+"时代，知识信息的快速更迭促进了人们信息交互需求的大幅增长。与此同时，文化教育的深化、科学研究的创新和职业结构的调整，不断对人们的知识丰富程度和知识体系结构提出新的要求，从而使移动图书馆用户的信息交互需求也呈现出明显的动态变化，需要图书馆具备与时俱进的资源建设与服务创新意识，及时根据用

---

[1] Fidel Raya, *Human Information Interaction: An Ecological Approach to Information Behavior*, MIT Press, 2019.

户需求变化做出相应调整。

2. 场景化。信息网络环境下，用户存在广泛的信息交互需求，并随着信息使用场景变化不断衍生新的需求。而用户线上、线下各类信息利用场景的不断融合，也进一步强化了用户信息交互的场景化需求，需要图书馆具备"场景化思维"，依托移动通信技术和终端设备的情境感知功能，根据用户的场景化需求与情境偏好提供个性化和特色化的信息交互服务。

3. 纵深化。首届全民阅读大会上发布的《2021年度中国数字阅读报告》数据显示：近年来，用户移动阅读的频次和时长持续增长，逐渐呈现出深度阅读的趋势①。而移动图书馆不仅具备基本的数字阅读和有声阅读功能，还能为用户的知识学习、科学研究和素养提升提供支持服务。因此，用户与移动图书馆之间存在更为紧密的信息交互关系，并随着学习、研究任务的综合性与复杂度提升不断呈现纵深化发展趋势，从而对服务的系统性和专业性都提出了更高要求。

4. 及时性。社会生活节奏的加快和数字化场景的高频转换，不断触发用户的实时性信息需求，使用户渴望随时随地获取图书馆的丰富资源和知识服务，并及时得到图书馆的响应反馈，从而为紧迫性任务提供有效的信息支持。因此，需要图书馆更好地依托移动网络的泛在性、便捷性、低延时等优点对用户信息交互需求作出快速反应，同时能准确挖掘用户潜在需求，提升服务的主动性②。

5. 多维多模性。移动图书馆服务模式的多元化发展为用户提供了多维交互渠道，使用户可以通过短信息平台、移动网站、APP应用、移动社交媒体及时访问和获取所需的知识信息，并通过信息连接与图书馆员、知识内容服务提供商、移动应用开发商等主体以及其他读者之间

---

① 红星新闻：《2021年度中国数字阅读报告》，https：//baijiahao.baidu.com/s? id = 1730899186315608792&wfr = spider&for = pc，2022年11月20日。

② 茆意宏：《面向用户需求的图书馆移动信息服务》，《中国图书馆学报》2012年第1期。

建立多维交互关系。与此同时，数智化技术在移动图书馆中的深度应用，进一步丰富了用户的信息交互模态，使用户可以通过文字、图像、语音、手势、生理信号与服务系统进行多模态感知交互。

二　用户信息交互需求结构

移动图书馆在政策引导、技术驱动和需求导向的多重作用下，已从体系框架构建和服务模式探索阶段迈入以先进技术为支撑、以用户需求为中心的个性化、精准化服务阶段。为了全面了解移动图书馆用户的需求，学者们采用多种方法从不同维度展开了广泛调研，为图书馆及时洞察用户需求、提高移动服务质量提供了重要依据。

表 2-3 对近十年来我国移动图书馆用户需求调查研究的部分代表性成果进行了汇总梳理。

表 2-3　近十年来我国移动图书馆用户需求调查研究成果（部分）

研究者	调查对象	样本量	调查结果
茆意宏（2012）	北京、南京、上海、杭州、深圳等地公共图书馆、高校图书馆和科研图书馆三大系统的用户	667 人	在信息内容需求方面，图书馆用户对专业性阅读和休闲性阅读都有需求，对专业性阅读需求程度高于休闲性阅读，内容载体形式以图书、期刊和报纸为主；在信息服务需求方面，用户最需要的移动终端是手机，对图书馆开展个性化服务的需求非常强烈
郑德俊、沈军威等（2014）	高校图书馆用户	482 人	用户对移动图书馆服务项目的重要性排序、服务使用偏好和不满意原因等方面均存在显著差异
施国洪等（2014）	南京大学师生	未提供	移动图书馆亟须得到改善的需求项包括：提供馆内座位实时信息、馆员对用户的问题快速有效地响应、获得属于本领域内的讨论板块、满足用户自由评价的需求
郭顺利等（2014）	曲阜师范大学信息技术与传播学院 2012 级拥有移动智能手机的研究生	20 人	基于情景感知构建的用户信息需求模型能够更好地帮助移动图书馆满足用户信息需求，提高移动图书馆的服务质量和水平

续表

研究者	调查对象	样本量	调查结果
李宇佳等（2015）	移动图书馆用户	未提供	基于用户体验视角分析移动图书馆的用户需求，体现了"以用户为中心"的理念；运用系统动力学方法构建移动图书馆用户需求模型，从系统的角度分析影响用户需求各要素之间的关系，为指导移动图书馆服务设计提供了可参考的模型
明均仁（2017）	国内各省、自治区、直辖市普通高等学校	2740所	微信公众号服务在高校图书馆的覆盖率处于中等水平，半数左右的高校图书馆开通了此项服务；微信小程序服务在高校图书馆的覆盖率较低，高校图书馆对其重视度不高，开通此类服务的高校图书馆数量及比例均处于较低水平，与微信公众号服务相比有一定差距
赵杨（2017）	我国10所大学的图书馆用户	355人	移动图书馆已有用户和潜在用户在服务功能、服务模式和信息内容需求上均存在显著差异
赵文军、刘耀等（2019）	高校图书馆移动阅读用户	185人	将41项移动阅读服务用户需求划分为3项必备型需求、18项期望型需求、6项魅力型需求以及14项无差异型需求
张莉曼、张向先等（2020）	超星移动图书馆APP用户	4522人	与传统图书馆"文献资料情报中心"的定位不同，移动图书馆APP用户在关注资源内容的同时，更关注平台系统的流畅性与功能完善性，这为移动图书馆APP的迭代优化提供了方向指引
郭财强、明均仁（2020）	2018—2019年度上学期开设文献检索课的固定班级学生	194人	在用户使用移动图书馆的初期，其持续使用意愿主要受任务—技术匹配度、感知有用性和期望确认的影响；使用约3个月后，用户的持续使用意愿主要受感知有用性、系统质量、信息质量和服务质量的影响；满意度是影响移动图书馆用户持续使用意愿的关键因素；服务质量是影响移动图书馆用户持续使用意愿的重要因素
文学国、梁冉等（2023）	院校老师、学生以及校内其他部门的工作人员	447人	移动图书馆系统质量对用户的满意度影响并不显著，移动图书馆提供的信息质量与用户的感知收益和感知成本没有达到综合平衡。保持用户持续使用移动图书馆服务功能的意愿，重点在于提升用户满意度

第二章　移动图书馆用户信息交互需求与行为分析

从移动图书馆用户需求调查结果来看，随着时间推移和环境变化，用户信息交互需求也在不断演变，逐渐从低层次的基本信息需求深入到更高层次的精神文化需求。根据美国心理学家马斯洛提出的需求层次理论，人类需求从低到高可以分为五种，分别是：生理需求、安全需求、社交需求、尊重需求和自我实现需求[①]。当低层次的需求基本得到满足后，更高层次的需求就会出现。依据这一理论，可以将不断深化的移动图书馆用户信息交互需求从低层次到高层次依次划分为：信息需求、服务需求、交互需求、社会需求和自我需求，如图2-5所示。

自我需求——实现自我价值、获得成就感、满足感和社会尊重的需求
社会需求——建立社会网络关系、获得社会支持与他人认同的需求
交互需求——交互的便利性、流畅性、及时性、精准性需求
服务需求——服务功能、服务模式、服务流程、服务环境需求等
信息需求——信息数量、内容、类型、格式、时效需求等

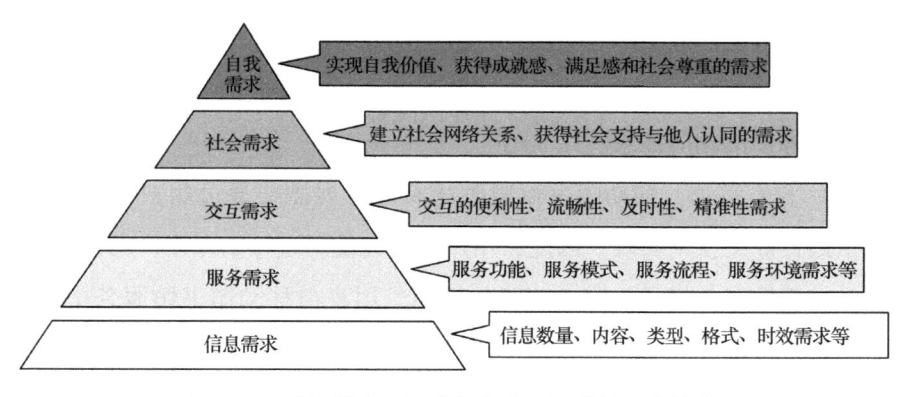

图2-5　移动图书馆用户信息交互需求的层次结构

1. 信息需求。信息需求是用户使用移动图书馆时最基本的需求。图书馆作为知识信息服务主体，其对信息资源的开发、加工、整合、存储、传递、共享等基本功能在移动网络环境下得以进一步强化。面对具体应用场景，用户首先需要移动图书馆能提供解决实际问题所需的信息资源，如电子图书、期刊、论文、专利、报告等，用以支持学习、科研和日常工作的有效开展；并及时提供图书借阅、空间预约、文化活动、馆情馆讯等基本信息，便于用户更好地使用图书馆的线上与线下资源。

---

① Maslow A. H.，"A Theory of Human Motivation"，*Psychological Review*，Vol. 50，No. 4，1943，pp. 370-396.

而随着信息应用场景日益多元，用户对移动图书馆的信息数量、内容、类型、格式等不断产生新的需求，促进了移动图书馆信息资源体系的建设发展。

2. 服务需求。用户对移动图书馆信息资源的有效利用需要通过配套的服务功能得以实现。因此，在满足基本信息需求的基础上，用户会进一步产生相应的服务需求，包括信息浏览需求、检索服务需求、传递服务需求、组织加工服务需求等；并随着移动网络环境下的信息资源类型、呈现形式和获取方式的变化，不断衍生出新的服务需求，如移动视听服务、位置信息服务等。而除了服务功能方面的需求，用户在进行信息获取与利用的过程中，也会对移动图书馆的服务模式、服务流程、服务环境等提出相应需求。

3. 交互需求。移动图书馆服务的有序开展需要通过用户与移动图书馆的良好交互来实现。因此，用户在服务使用过程中存在广泛的交互需求。根据服务模式与服务流程的不同，用户与移动图书馆服务平台、服务设备、服务人员、服务环境以及其他读者之间存在多维交互关系，并在交互过程中不断建立新的、更深入的信息连接。用户交互的目的是有效访问并使用移动图书馆的信息资源与服务功能，因而对交互的便利性、流畅性、及时性、精准性等都存在相应需求。

4. 社会需求。人的社会属性使移动图书馆用户在满足基本信息与服务需求的同时，还会产生社会需求。随着社会交往日益频繁，用户不仅希望获得自身知识能力的提升，还希望依托图书馆的文化属性，通过知识学习、交流、分享和创造，形成以知识信息为核心的社会网络关系，从而建立更加稳固的社会信任机制，并在知识网络互动中获得文化归属感。同时，用户也希望通过对所获取的知识进行内化、理解和再输出，产生一定的社会价值，从而将个人发展与社会发展紧密结合起来，强化自身社会责任，获得更广泛的社会支持与他人认同。

5. 自我需求。自我实现是移动图书馆用户信息交互的高层次需求。在满足了信息需求、服务需求、交互需求和社会需求后，用户会逐步在信息交互过程中提升文化素养与知识水平，获得更多社会连接与认可，从而对自我价值实现产生更高期望，从资源、服务层面的普遍性追求逐步上升到精神层面的成就感和满足感追求。在这一需求层次上，用户更希望通过持续性的信息交互不断提高自我认知和综合能力，为社会进步做出更大贡献，得到广泛社会尊重。

三　用户信息交互中的情感需求

随着移动图书馆用户信息交互需求的层次化演进，用户越来越注重交互过程中的心理感受与精神追求，从而促进了用户情感需求的产生与强化。在理解用户信息交互需求特征及层次结构的基础上，可以进一步对用户的情感需求进行细分。

（一）移动图书馆用户情感需求内容

从本质上而言，用户情感需求是由各层面需求的满足程度决定的。例如，在信息需求层面，用户希望移动图书馆能及时提供丰富、多元、前沿的知识资源，充分满足其学习、科研或其他工作需求，从而消除或缓解紧张焦虑的情绪；在服务需求层面，用户希望移动图书馆在提供借阅、预约、阅读、视听、问答等服务的同时，能通过更多元的服务模式选择、更便捷的服务流程以及更稳定的网络环境有效满足其信息获取和利用的需求，从而带来轻松、愉快的情绪感受；在交互需求层面，用户则希望通过流畅、简便、高效的交互过程有效使用图书馆的资源和服务，创造积极的情感体验；同样，在社会需求层面和自我需求层面，用户也希望在满足精神需求的同时得到情感上的激励与满足。本书通过对相关文献进行分析和梳理，同时结合移动图书馆信息交互的特点，对用户情感需求的具体内容进行了归纳和总结，如表2-4所示。

表 2-4　　　　移动图书馆用户信息交互中的情感需求

需求层次	缩写	情感需求项	来源
信息需求层面（INF）	INF 1	信息资源丰裕度	张敏（2020） 王福（2020） 田甜（2021）
	INF 2	信息资源特色性	
	INF 3	信息内容完整性	
	INF 4	信息内容时效性	
	INF 5	信息类型多样性	
服务需求层面（SEV）	SEV 1	服务功能全面性	李雪莲（2018） 杜婉鹏（2021）
	SEV 2	服务模式多元化	
	SEV 3	服务流程便捷性	
	SEV 4	服务环境稳定性	
交互需求层面（INT）	INT 1	交互渠道多元化	马卓（2017） 伍红梅（2021） Lu（2021）
	INT 2	交互方式多样性	
	INT 3	交互过程流畅性	
	INT 4	交互反馈及时性	
社会需求层面（SOC）	SOC 1	文化归属感	殷月红（2014） 刘懿（2022）
	SOC 2	社会支持	
	SOC 3	他人认同	
自我需求层面（SEL）	SEL 1	能力提升	李明（2017） Rafique（2018）
	SEL 2	自我价值实现	
	SEL 3	成就感	
	SEL 4	社会尊重	

（二）用户信息交互情感需求调查

为了充分了解移动图书馆用户信息交互中的情感需求，我们在理论研究的基础上，开展了为期 7 个月的在线调研。调查问卷包括用户背景信息和情感需求调查两个部分。其中，背景信息题项涉及被调查者的性别、年龄、学历、职业，以及是否具备移动图书馆使用经历（若无则结束答题);情感需求调查根据表 2-5 细分为 20 个题项,备选答案采用 Likert 5 点量表,从 1—5 分别设置为"完全不需要""不太需要""一般需要""比较需要""非常需要"五个等级。问卷设计完成后,邀请 5 位图书馆领域的专家就题项的适用性和可读性进行评价,根据专家建议对部分题项的语言表述和排序进行了优化,以确保问卷的内容效度,在此基础上形成正式问卷。

正式问卷通过"问卷星"在线调查平台进行发放,并在公共图书馆、高校图书馆的读者 QQ 群、微信群、微博官方账号评论区、豆瓣图书小组等媒介进行广泛推送,最终共收回有效问卷 1076 份(剔除全是相同答案的问卷)。样本描述性统计结果如表 2-5 所示。其中,参与调查者中男性用户比例略高于女性用户,年龄主要集中在 18—45 岁,受教育程度以大学本科(含)以上为主,职业背景大多与教育、科研领域相关,这与我国图书馆读者的属性特征构成基本一致,因此调查样本具有一定代表性。

表 2-5   样本描述性统计结果

变量		频数	百分比(%)
性别	男	603	56.04
	女	473	43.96
年龄	18 岁以下	75	6.97
	18—25 岁	362	33.64
	26—35 岁	328	30.48
	36—45 岁	205	19.05
	46—55 岁	63	5.86
	55 岁以上	43	4.00
学历	高中及以下	83	7.71
	专科	278	25.84
	本科	256	23.79

续表

变量		频数	百分比（%）
学历	硕士	272	25.28
	博士	187	17.38
职业	全日制学生	632	58.74
	教师/科研人员	245	22.77
	国企事业单位人员	76	7.06
	专业人士（律师、记者、医护人员等）	48	4.46
	其他企业组织人员	40	3.72
	自由职业者	35	3.25

问卷信度分析结果的 Cronbach's α 系数为 0.813>0.8，说明该问卷具有较高的内部一致性，数据分析结果可信。效度分析结果的 KMO 指标值为 0.702>0.7，巴特利特球形度检验的 p 值小于 0.01，且 20 个题项进行主成分分析所提取的 5 个公因子累积方差解释率为 75.178%，说明问卷具有良好的结构效度水平。

为了明确移动图书馆用户的情感需求程度，本书对各情感需求题项进行了频数分析，如表 2-6 所示。可以看出，用户对各情感需求项的"需要"率（包括"非常需要""比较需要"和"一般需要"）均值为 88.85%，说明用户对移动图书馆服务的整体情感需求很高。其中"非常需要"率高于 50% 的需求项分别是 INF5（信息类型多样性）和 SEV1（服务功能全面性），说明信息资源类型的多样化和服务功能的全面性对用户情感需求满足程度的影响最大，图书馆应在移动端为用户提供更多类型和表现形式的信息资源，同时尽可能完整匹配与线下一致的服务功能。此外，用户对信息资源、服务功能和交互层面的"非常需要"率普遍高于社会需求和自我需求层面，说明目前大部分用户依然更为关注移动图书馆的基础性功能；但随着使用经验增长和认知水平提升，会逐渐显现出对精神层面的情感化需求。

表2-6　　　　　　　用户情感需求项频数分析结果　　　　　　单位:%

需求项	非常需要	比较需要	一般需要	不太需要	完全不需要
INF 1	42.12	30.62	16.18	7.67	3.41
INF 2	33.26	31.07	26.35	6.70	2.62
INF 3	32.36	30.15	25.83	6.82	4.84
INF 4	43.65	36.53	10.77	2.35	6.70
INF 5	50.01	37.70	8.16	2.36	1.77
SEV 1	51.21	38.25	3.80	1.02	5.72
SEV 2	28.61	33.73	28.63	7.32	1.71
SEV 3	43.58	30.62	18.68	3.05	4.07
SEV 4	37.26	30.65	21.91	3.26	6.92
INT 1	30.37	32.50	26.22	10.73	0.18
INT 2	33.26	28.72	23.58	7.06	7.38
INT 3	40.63	37.68	18.35	3.29	0.05
INT 4	36.83	35.12	15.39	4.08	8.58
SOC 1	31.17	28.03	23.52	14.10	3.18
SOC 2	30.43	26.35	26.72	13.88	2.62
SOC 3	31.36	25.50	20.56	18.75	3.83
SEL 1	43.37	30.28	18.82	3.70	3.83
SEL 2	36.23	26.02	27.05	7.67	3.03
SEL 3	32.08	35.21	20.03	10.59	2.09
SEL 4	30.72	31.22	22.06	11.34	4.66

第三节　移动图书馆用户信息交互行为

在信息交互需求引导下,用户会通过具体交互行为满足自身需求。移动图书馆的全天候、多场景、多平台、强交互等特点使用户的信息交互行为日益频繁，行为模式和表现形式也日趋丰富，不断为移动图书馆与用户之间的信息交互创造更多可能，并在新兴技术驱动下实现"人"—"信息"—"情境"三者之间的关系重构与协同融合。

一 用户信息交互行为构成要素

信息交互行为是一个不断发展、不断丰富的概念，学者们从不同视角对信息交互行为进行了界定。Haeckel 从广义范畴上认为："信息交互行为是指用户利用各种信息技术，在交互平台上搜索、交换信息的过程。"[1] 王晰巍等从行为心理学视角将信息交互行为定义为："用户在信息需求支配下利用各种网络工具进行信息收集、分析和利用等的过程"[2]；杨友娣和邓胜利则将用户信息交互行为视作用户在交互需求与交互动机影响下，基于用户间共同感兴趣的内容而产生的发布、评论、点赞、转发和分享的行为[3]；邓小昭从网络信息流动视角将信息交互行为界定为："用户与用户之间以互联网为交流平台，以数字内容为传播对象，在线交流信息的行为"[4]；张耀辉等从数据与信息获取视角认为："用户信息交互行为是以获取网络数据和信息为主要研究对象，包括用户到信息系统和信息系统到用户的信息交换两部分。"[5]

综合学者们对信息交互行为的界定，并结合移动网络环境下的图书馆信息交互特征，本书将移动图书馆用户信息交互行为定义为：用户以获取知识信息和使用图书馆服务为主要目的，与移动图书馆服务平台、服务人员以及其他用户进行交流互动的过程。这里的服务平台主要包括

---

[1] Haeckel, Stephan H., "About the Nature and Future of Interactive Marketing", *Journal of Interactive Marketing*, Vol. 12, No. 1, 1998, pp. 63-71.

[2] 王晰巍、韦雅楠、邢云菲、王铎：《新媒体环境下企业与用户信息交互行为模型及特征研究》，《图书情报工作》2018 年第 18 期。

[3] 杨友娣、邓胜利：《在线交互网络的形成及其判定研究》，《情报理论与实践》2014 年第 6 期。

[4] 邓小昭：《试析因特网用户的信息交互行为》，《情报资料工作》2003 年第 5 期。

[5] 张耀辉、卢爽、刘冰：《用户信息交互过程中影响信息质量的因素分析》，《情报理论与实践》2012 年第 6 期。

图书馆移动网站、APP 应用、微信公众号/小程序、微博官方账号等。

基于上述概念，移动图书馆用户信息交互行为主要由交互主体、交互客体、交互环境三类要素组成，不同要素之间相互作用、协同运作，共同保障信息交互行为过程的有效实现，如图 2-6 所示。

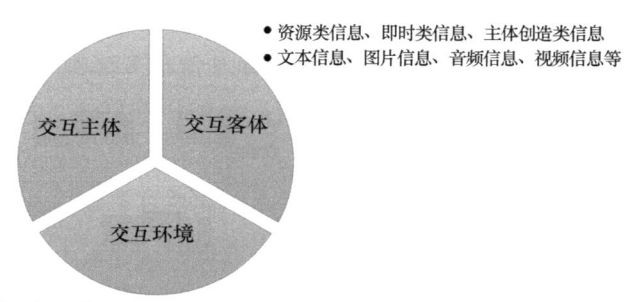

- 用户、服务主体、移动服务平台
- 资源类信息、即时类信息、主体创造类信息
- 文本信息、图片信息、音频信息、视频信息等
- 信息技术环境（基础层、互联层、表现层、终端层）
- 服务场景环境（时间、地点、人物、事件、连接方式）

图 2-6　移动图书馆用户信息交互行为构成要素

（一）信息交互主体

信息交互主体是在移动图书馆服务过程中进行信息发送与接收的双方，既包括移动图书馆用户、图书馆员这类"人"的主体，也包括移动服务平台这类"物"的主体。而随着数智化技术的快速发展，"人"与"物"的范畴也在不断拓展，如表 2-7 所示。

表 2-7　　　　　　　　　　信息交互主体要素

要素		具体内容
用户		不同年龄阶段、行业领域、学历层次的读者
服务主体	图书馆员	咨询馆员、学科馆员、数据馆员、专利馆员、技术馆员等
	机器人馆员	例如：德国汉堡大学图书馆的智能咨询机器人 Stella、美国布劳沃德县图书馆的智能助手 Alexa、南京大学图书馆的"图宝"、清华大学图书馆的"小图"、武汉大学图书馆的"小布"等
	数字人馆员	例如：上海长宁区图书馆的数字人馆员"馨叶"等

续表

要素	具体内容
移动图书馆服务平台	移动网站、APP应用、微信公众号/小程序、微博等移动社交网络平台
	Alma、Worldshare Management Services、FOLIO、Libstar、Meta等下一代图书馆服务平台

1. 用户。移动图书馆作为提升公众文化修养、满足精神需求和践行终身学习的重要平台，有着广泛的用户群体，覆盖少年儿童、青年、中老年各个年龄阶段。不同用户群体在知识资源使用目的、方式、场景等方面存在明显差异，从而产生不同信息交互行为。学者们通过广泛采集用户人口统计数据和真实行为数据，构建了丰富的用户画像，从不同维度反映出用户的属性特征与兴趣偏好，为移动图书馆个性化服务的有效开展提供了必要支撑[①]。

2. 图书馆员/机器人馆员/数字人馆员。图书馆员是图书馆的核心服务主体，也是连接读者与图书馆的重要桥梁，在移动图书馆服务中同样承担着资源建设、服务组织、问答咨询、学科支持等工作。按照岗位职责不同，图书馆员可以细分为咨询馆员、学科馆员、数据馆员、专利馆员、技术馆员等[②]。智能化时代的来临，对图书馆员的职业素养和业务能力提出了更高要求，需要图书馆员能够利用移动通信技术、智能化技术有效开展信息收集、处理、组织、加工和利用，从而更好地通过移动网络平台为读者提供相关服务。与此同时，人工智能、虚拟现实等新兴技术与图书馆服务不断融合，陆续出现了机器人馆员、虚拟馆员、数字人馆员等新服务主体。例如，德国汉堡大学图书馆的智能咨询机器人Stella、美国布劳沃德县图书馆的智能助手Alexa、南京大学图书馆的"图宝"、清华大学图书馆的"小图"、武汉大学图书馆的"小布"以及

---

① 王毅、吴睿青：《公共图书馆数字文化资源服务用户画像研究》，《图书情报工作》2021年第16期。

② 饶权：《全国智慧图书馆体系：开启图书馆智慧化转型新篇章》，《中国图书馆学报》2021年第1期。

上海长宁区图书馆的首位数字人馆员"馨叶"等，不仅提升了用户信息交互效率，也带来了全新的交互体验[①]。未来，多类型图书馆员的协同服务将成为移动图书馆发展的大势所趋。

3. 移动图书馆服务平台。图书馆依托自有服务系统或移动社交媒体建立起多样化的移动服务平台，为用户浏览、搜索、获取、利用和分享馆藏资源、网络资源提供了必要渠道。而移动服务平台技术架构体系的迭代升级和功能模块的不断拓展，正逐步缓解移动图书馆面临的传感终端多样化、资源存储分布化、智慧服务场景化等挑战。此外，自 Marshal Breeding 于 2012 年提出图书馆服务平台（Library Services Platforms，LSP）的概念后，Alma、Worldshare Management Services、FOLIO、Libstar、Meta 等平台产品不断涌现，推动了下一代图书馆服务平台快速发展。其中，最具代表性的当数 FOLIO 开源平台，其采用微服务结构，具有统一的元数据描述方法和业务网关机制，可以对原始内容进行开源和扩展，具有较强的灵活性[②]；能够有效解决图书馆服务平台智能化升级中的运营成本、私有云、功能自主性、安全可控性、系统开放性等问题，从而提升用户信息交互的便捷性和精准性[③]。目前，CALIS 已与 FOLIO 平台合作，构建了智慧图书馆平台 CLSP；上海图书馆、深圳大学图书馆也相继搭建了基于 FOLIO 的本地化智慧图书馆服务平台[④]。

（二）信息交互客体

用户信息交互行为客体是指用户与移动图书馆服务主体、服务平台、其他用户之间传递的信息内容，可以从类型和呈现形式两个方面进行划分，如表 2-8 所示。

[①] 柯平、彭亮：《图书馆高质量发展的赋能机制》，《中国图书馆学报》2021 年第 4 期。

[②] 周纲、孙宇：《开创性的下一代图书馆服务平台解决方案——FOLIO》，《中国图书馆学报》2020 年第 1 期。

[③] 蔡迎春、郑莘泽、汪蕾、李瑾颢：《我国图书馆理论与实践进展述评：2016—2020 年》，《大学图书馆学报》2022 年第 3 期。

[④] 江山：《智慧图书馆要素研究及建设思考》，《图书馆工作与研究》2022 年第 2 期。

表 2-8　　　　　　　　　　信息交互客体要素

要素	子要素	具体内容
信息类型	资源类信息	电子图书、期刊、报纸、影音、短视频、专业数据库、特色馆藏资源和其他网络资源等
	即时类信息	借阅信息、问答信息、讲座信息、新书资讯、活动信息和馆情馆讯等
	创造类信息	用户的需求表达以及知识积累；图书馆各类服务主体创造的智慧成果
信息呈现形式	数据、文本、图片、音频、视频等

1. 信息类型。主要包括资源类信息、即时类信息和创造类信息。其中，资源类信息是移动图书馆提供的电子图书、期刊、报纸、影音、短视频、专业数据库、特色馆藏资源和其他网络资源等；即时类信息是移动图书馆发布的具有一定时效性的服务信息，如借阅信息、新书资讯、活动信息和馆情馆讯等；创造类信息则是信息交互主体产生的显性或隐性知识，包括用户的需求表达和知识积累，以及图书馆员或机器人馆员等服务主体分别通过人类智慧、机器学习等方式创造的智慧成果。

2. 信息呈现形式。图书馆在完成特藏、原生资源的数字化转换后，逐步开始致力于利用语义网和关联数据技术将现有的信息资源进行语义化升级，使其形成具有通用性、开放性、可靠性、稳定性的中央元数据库，并以接口和组合的形式与各业务单元实现共享，为数字化基础上的万物感知提供必要支撑。同时，由于移动图书馆的信息资源具有多源异构性，往往需要通过特征识别、关系抽取、信息提纯等技术手段，实现结构化与标准化[①]。例如，利用音频特征提取工具实现自动化、大规模音频特征元数据提取，从而为移动图书馆听书类资源的深度加工和情境化推荐提供丰富的语料数据[②]。

---

① 陆洋：《跨周期调节下智慧图书馆听书服务创新思考》，《图书馆界》2022年第5期。
② 赵琨：《基于RDA的图书馆音像电子资源编目工作创新研究》，《图书馆杂志》2021年第11期。

(三) 信息交互环境

信息交互环境主要包括移动图书馆的信息技术环境和服务场景环境。新一代信息技术的蓬勃发展为移动图书馆用户信息交互创造了良好的数字网络环境；与此同时，知识信息在社会各领域的深入应用也在不断推动移动图书馆服务场景的快速拓展，如表2-9所示。

表2-9　　　　　　　　信息交互环境要素

要素	子要素	具体内容
信息技术环境	基础层	大数据、云计算、人工智能、区块链等核心技术
	互联层	5G、物联网等通信技术
	表现层	可视化、音视频播放、虚拟现实等信息呈现媒介技术
	终端层	智能手机、平板电脑、可穿戴设备（如AR/VR眼镜、头显设备等）、服务机器人等
服务场景环境	时间	用户进行信息交互的时间（历史情境、当前情境）
	地点	用户进行信息交互的空间位置
	人物	用户画像
	事件	用户信息交互行为过程
	连接方式	主体、客体之间的交互关系

1. 信息技术环境。新兴技术是推动移动图书馆服务模式变革的重要驱动力，也是保障用户信息交互有效实现的必要基础。新一代信息技术构成的信息交互环境可以分为四个层面：一是基础层，主要由大数据、云计算、人工智能、区块链等核心技术构成，作用是为信息交互提供强大算力与技术支撑；二是互联层，主要由5G、物联网等通信技术构成，具有泛在性、实时连接、高兼容等特点；三是表现层，包括信息可视化、音视频播放、虚拟现实等信息呈现媒介技术，旨在使交互主体之间能够及时发现并访问相关信息；四是终端层，包括智能手机、平板电脑、可穿戴设备、服务机器人等，具有多传感器、便携性、计算性能

好、操作界面灵活等特点①。

2. 服务场景环境。用户信息交互行为都是在一定场景下发生的。场景是由时间、地点、人物、事件和连接方式构成的一个整体。移动网络环境突破了时空边界，使图书馆的服务场景更加丰富，且随着大数据、可穿戴设备、社交媒体、传感器和定位系统场景五力的深度嵌入，移动图书馆的场景化服务模式正日渐成熟。在时间维度上，移动图书馆可以根据用户历史偏好数据预测其潜在需求；在地点维度上，可以基于移动终端定位技术为用户进行场景化内容推送；在人物维度上，可以通过构建用户画像准确获取用户属性特征与情境需求；在事件维度上，可以通过观测和记录用户信息交互行为过程，梳理出典型的交互路径；在连接方式上，则可以通过移动图书馆的多元化交互模式，为主体、客体之间的交互关系构建创造必要条件。

二 用户信息交互行为模式

用户信息交互行为构成要素之间的相互作用关系决定了用户信息交互行为模式，具体可以分为"人—机"交互、"人—智"交互、"人—机（智）—人"交互三大类。

（一）"人—机"交互

人机交互被普遍定义为：人利用输入输出装置与计算机对话以完成某项任务的方式②。人机交互的目的是使人与计算机系统之间的信息交换方式更加科学合理和人性化，从而使信息传递更为可靠稳定，由此减轻人的生理和心理负担。一个完整的人机交互系统通常包括三个元素：

---

① 施雨、茆意宏：《新一代信息技术环境下的阅读服务国内外研究综述》，《图书馆杂志》2023年第6期。

② Wolpaw, Jonathan R., Birbaumer Niels, et al., "Brain-Computer Interfaces for Communication and Control", *Clinical Neurophysiology*: *Official Journal of the International Federation of Clinical Neurophysiology*, Vol. 113, No. 6, 2002, pp. 767–791.

人、交互设备以及实现人机对话的交互软件①。基于此，我们可以将移动图书馆服务中涉及的人机交互界定为：用户通过移动终端设备和移动图书馆服务平台，进行信息获取、传递、分享、创造等行为以满足自身信息需求的过程。

（二）"人—智"交互

随着人工智能技术在移动图书馆服务中的不断渗透，传统"人—机"交互模式正逐渐向"人—智"交互模式演进。在人机交互中，终端设备和服务平台依赖于事先设计好的规则算法，更多的是作为辅助工具为用户获取图书馆资源提供支持。而人工智能具备类似于人的认知、学习、自适应、独立执行等能力，可以通过采集情境信息与用户数据精准获取用户个性化需求，从而在未经设计的模式下自主地与用户展开信息交互，形成与用户协作的"伙伴关系"。

（三）"人—机（智）—人"交互

移动图书馆需要以移动终端设备、服务平台为媒介，实现用户之间、用户与馆员之间的人际交互，这是一种"人—机（智）—人"的交互模式。在这一模式下，用户向移动服务平台表达自身需求，平台接收后向其他主体（图书馆员、其他用户）传递用户需求信息，并将其他主体的反馈信息传回至用户，完成一轮交互过程，进而再根据主体之间对交互效果的反应执行下一步交互动作。作为信息交互媒介，移动图书馆服务平台承担着传播知识、凝聚智慧、创造价值的重要作用。一方面，需要准确接收或主动感知用户需求，并通过清晰易懂的方式进行需求呈现，从而保障交互主体之间能够对需求信息进行正确理解与及时反馈；另一方面，需要对所传递的信息进行深度挖掘，将主体交流活动中产生的知识成果融入移动图书馆知识资源体系构建，促进知识网络更新，从而激活更广范围的知识传播和分享，使图书馆真正成为连接知识

---

① 程时伟编著：《人机交互概论——从理论到应用》，浙江大学出版社2018年版。

密集型社会活动的中心节点①。

目前，以上三种信息交互行为模式在各类移动图书馆中均有不同程度的体现，促进了移动图书馆用户信息交互行为的广泛开展。表 2-10 对这三种交互模式的特点进行了详细比较。未来，随着多模态感知交互技术的快速发展，将会创造出更多新的交互模式，推动移动图书馆知识资源的传播与应用。

表 2-10　　　　　移动图书馆用户信息交互行为模式比较

特点	"人—机"交互	"人—智"交互	"人—机（智）—人"交互
机器角色	辅助工具	用户进行知识获取、利用的合作伙伴	交互媒介、知识中介、知识交流、创作与分享工具、知识网络中心节点
人的角色	操作者、控制者	合作者、决策者	社会化知识网络组成节点
交互方向	用户主动发起	既可以由用户主动发起，也可以由服务平台基于用户的行为、情感、场景上下文等信息主动发起	用户、图书馆员（机器人馆员）、服务平台均可以主动发起
交互特点	显性交互	显性交互+隐性交互	显性交互+隐性交互

三　用户信息交互行为表现

移动网络环境和智能化移动终端设备为移动图书馆用户信息交互提供了多元化通道，使用户可以通过文字、语音、图像、动作等表现形式进行多维交互，如图 2-7 所示。

1. 文字交互。文字交互是最常见的信息交互行为表现方式之一，是指用户通过文字输入的方式进行信息表达、传递和反馈。具体输入方式包括移动终端设备直接输入、界面菜单列表选择式输入以及专用设备

---

① 夏立新、白阳、张心怡：《融合与重构：智慧图书馆发展新形态》，《中国图书馆学报》2018 年第 1 期。

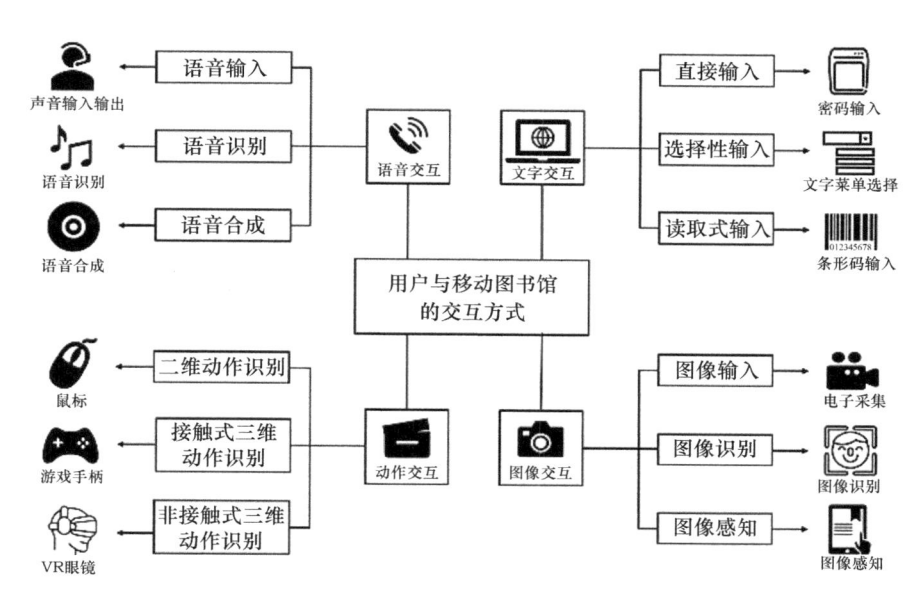

第二章　移动图书馆用户信息交互需求与行为分析

图 2-7　移动图书馆用户信息交互行为表现

读取式输入。其中，用户直接输入的交互频率最高；选择式输入的容错率较好；读取式输入则可以通过扫描书籍电子标签、条形码或二维码进行信息读取，体现了移动服务的便利性。

2. 语音交互。语音交互是用户以语音对话的形式实现与其他主体之间的信息交互，是一种自然流畅、方便快捷的交互行为表现形式。随着移动图书馆智慧服务平台的出现，语音交互被越来越广泛地应用于用户信息表达、传递、分享等交互活动中。语音交互主要通过语音识别和语音合成两个环节来实现。其中，语音识别是将用户输入的语音信号转变为相应的文本或命令，涉及语音特征提取、模式匹配和模型训练三个方面；语音合成则是将文字信息实时转化为标准流畅的语音，成为用户可听到的声音信息①。

---

① 张荣、李伟平、莫同：《深度学习研究综述》，《信息与控制》2018 年第 4 期。

· 63 ·

3. 图像交互。通过摄像头和图像识别技术可以实现文献图片信息读取、人脸识别等信息交互。图像识别是指利用机器学习、深度学习算法对图像进行处理、分析和理解，以识别不同模式的目标对象，主要应用模板匹配模型、原型匹配模型和人工神经网络方法[1]。图像交互具有智能化、便捷性和实用性等优势，在移动图书馆情境感知、情感计算、图像知识检索等方面有着广泛应用。

4. 动作交互。动作交互是通过触屏、手势、体感等肢体动作进行信息交互。触屏是智能化移动终端设备的基本功能，也是移动图书馆用户信息交互行为的常见表现形式；手势是一种符合人类行为习惯的交互方式，一些图书馆基于智能化阅读器专门推出了手势翻书功能；体感交互则能使用户通过肢体动作与平台、设备进行直接互动，特别是随着可穿戴设备的快速发展，进一步带动了体感交互在移动图书馆中的应用。总体而言，动作交互能够有效提高用户的参与性、互动性，但相关技术仍处于发展之中，需要进一步完善交互设计规范[2]。

5. 多通道交互。基于以上交互行为表现形式，用户可以同时通过多个通道以自然、并行、协作的方式开展信息交互。多通道交互也是近年来迅速发展的一种人机（智）交互技术，它既适应了移动图书馆"以人为本"的自然交互准则，也推动了图书馆的数智化转型。随着感知交互技术的不断演进，虚拟现实与三维交互、脑机接口交互、智能空间交互等模式不断涌现，将进一步丰富用户信息交互行为的表现形式。

四　用户信息交互行为过程

根据信息生命周期管理理论，可以将移动图书馆用户信息交互行为

---

[1] 郑远攀、李广阳、李晔：《深度学习在图像识别中的应用研究综述》，《计算机工程与应用》2019年第12期。

[2] 殷继彬、钱谦、王锋、娄泽华、陈苗云、程国军、左亚敏：《笔+触控交互界面的设计策略与研究》，云南大学出版社2016年版。

过程划分为信息发送、信息传递、信息接收、信息反馈、信息评价和信息决策六个环节[①]。当交互主体发送信息后，由传输媒介将信息传递至目标主体；目标主体接收信息后进行处理与反馈，再通过传播媒介将反馈信息传回信息发送主体；然后由发送主体进行甄别评价，做出是否采纳和使用的决策判断。基于以上流程，本书按照信息交互行为主体的类型，总结了三种典型的信息交互过程。

（一）用户与移动图书馆服务平台的信息交互过程

用户在使用移动图书馆服务平台时，会进行频繁的信息互动。以移动阅读为例，用户在产生阅读需求后，会通过 APP、小程序等服务平台获取阅读资源，满足相应需求。用户需求信息的表达可以分为显性和隐性两种。其中，显性是用户通过有目的的文献检索表达和传递自身需求；隐性则是用户在无目的浏览时通过信息偶遇产生的阅读需求。当用户进行有目的检索后，服务平台会将检索结果反馈给用户，由用户进行评估和决策，进而决定是否再次检索或直接从结果中选择所需书籍阅读；若检索结果中没有满足用户需求的书籍，则结束交互。当用户在无目的浏览时发现感兴趣的书籍后，则可以选择是否阅读或视听，并根据阅读中实时产生的新需求进一步检索相关内容进行延伸阅读。此外，还可以根据阅读体验将书籍加入书架、生成海报或与他人分享。如图 2-8 所示。

（二）用户与图书馆员的信息交互过程

图书馆员主要为读者提供参考咨询、学习与科研支持、科技查新、文献传递等知识服务。在移动图书馆服务场景下，用户主要通过服务平台以知识问答的形式与图书馆员展开信息交互。当用户遇到问题时会首先浏览服务平台上的信息内容寻求解答，图书馆也会提供 FAQ 常见问

---

① 赖茂生、李爱新、梅培培：《信息生命周期管理理论与政府信息资源管理创新研究》，《图书情报工作》2014 年第 6 期。

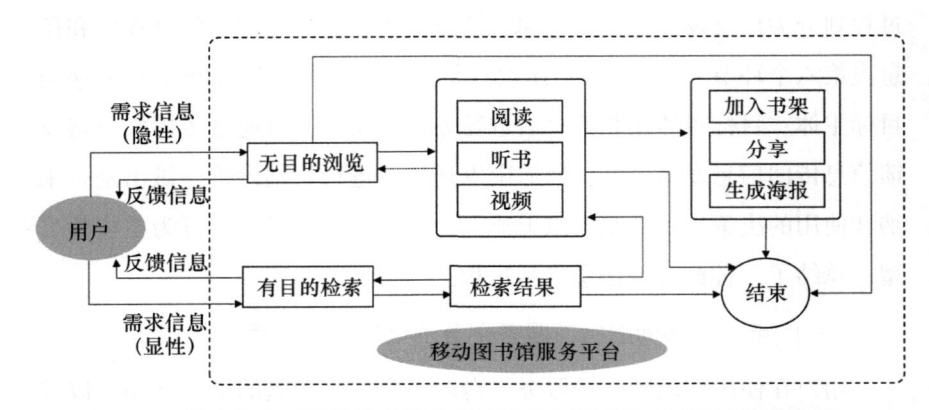

图 2-8　用户与移动图书馆服务平台的信息交互过程（以移动阅读为例）

题列表。如果用户的问题没有得到解决则会进一步通过问答系统寻求图书馆员帮助。在人工服务过程中，当图书馆员接收到用户提问后，会基于自身工作经验和知识积累进行信息整合与分析，进而提供解决答案；在机器服务过程中，当智能问答系统收到用户提问后，会基于机器学习和自然语言处理技术进行自动应答。而智能问答系统除了自动应答之外，还能根据系统采集的用户行为数据生成用户画像，主动进行个性化信息推送。如图 2-9 所示。

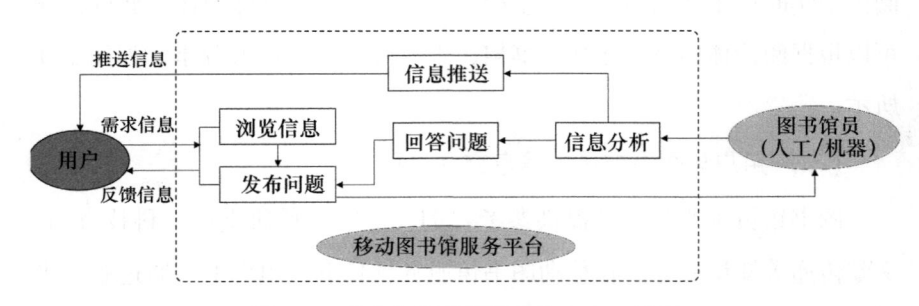

图 2-9　用户与图书馆员的信息交互过程

（三）用户与用户的信息交互过程

用户与用户之间的信息交互，更多是通过图书馆的微信公众号、官

第二章 移动图书馆用户信息交互需求与行为分析

方微博等移动社交媒体来进行的。当用户浏览图书馆在社交媒体账号上发布的信息后，会根据自身认知与理解产生相应的信息表达需求，进而做出转发、点赞、评论、交流、共创等行为。在这一过程中会与其他用户产生或强化社交网络连接，实现信息传递与思想交流。随着图书馆移动社交服务不断推陈出新，各类虚拟知识社区、知识圈子、学习小组不断涌现，搭建起用户社会化知识交往的文化桥梁，促进了用户与用户之间的信息交互和知识创新。如图2-10所示。

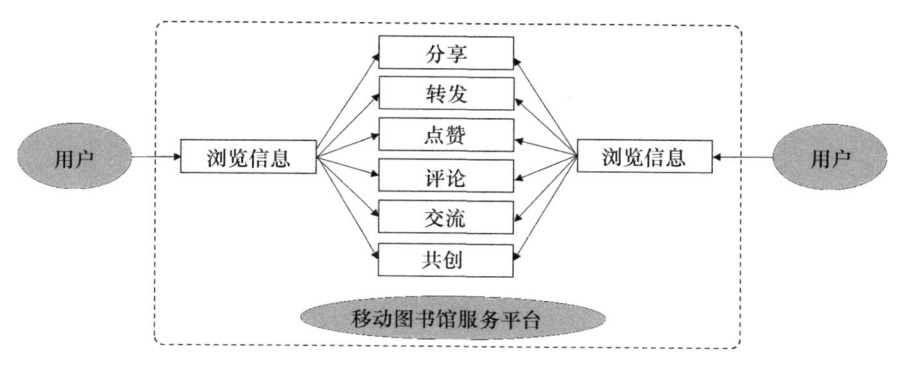

图 2-10 用户与用户的信息交互过程

第四节 用户交互需求到交互行为的转化

行为科学理论认为，人类个体行为的产生是源于个体的内在需求。因此，用户信息交互需求与交互行为之间存在着必然联系。而用户信息交互行为的产生与演变除了受到用户内在需求的驱动外，也会受到外界因素的影响，如环境变化、交互主体的反馈等。用户在内外因素综合作用下唤起引发行为的动机，进而产生相应行为表现，且随着交互需求、行为动机和认知水平的变化而不断改变。

一 需求与行为转化理论

探究从个体需求到行为转化的理论主要分为三种，分别是：内因决

· 67 ·

定论、外因决定论和三方互惠论①。

(一) 内因决定论

内因决定论认为:"行为的产生是由个体内在特质所决定的,如个体情感和心理状态等,并且因为个体内在特质上的差异性导致行为表现上的差异。"代表性理论包括 Cattle 的人格特质理论、Sigmund Freud 的心理动力学理论等。其中,人格特质理论应用因素分析法对人格特质进行了分析,提出基于人格特质的理论模型,阐述了个体内在特质具有支配其行为的能力,使得个体在变化的环境中给予一致反应;心理动力学理论则把人的行为看作是由内部和外部力量组成的一个复杂网络推动的,并且是从继承来的本能和生物驱力中产生的。可见,内因决定论主要从认知心理学和神经科学层面阐释了用户行为的产生机理。

(二) 外因决定论

外因决定论认为:"行为是在外部环境刺激下所产生的差异化表现,个体为了适应环境的改变会相应改变自己的行为。"最具代表性的外因决定论是 John Broadus Watson 提出的刺激—反应 (S-R) 理论。该理论认为:"人的反应是对环境刺激而产生的一种适应性行为,一切行为都是在刺激与反应之间形成的联结。通过对行为的客观研究,既可以预测已知刺激引起的反应,也可以预测引起反应的刺激。"② 美国行为心理学家 Lewin 在此基础上进一步提出:"个体行为也会作用于周围环境,并推动环境变化,两者之间存在相互作用关系。"③ 因此,用户的社会行为在绝大部分情况下均可视为个体在所处社会环境中各类刺激因素的作用下,与人、物、环境进行交互的过程,由此达到满足需求的目的。

---

① Moore Jay, "Tutorial: Cognitive Psychology as a Radical Behaviorist Views It", *The Psychological Record*, Vol. 63, No. 3, Jul. 2013, pp. 667-680.
② [美] 约翰·华生:《行为心理学》,刘霞译,现代出版社 2016 年版。
③ 孙科炎、李婧:《行为心理学》,中国电力出版社 2011 年版。

（三）三方互惠论

三方互惠论则认为："行为是由内在因素和外在因素共同决定的。"① 既弥补了内因决定论所忽视的环境对个体行为的影响，又修正了外因决定论否定个体主观能动性的缺陷。代表性理论包括心理力场理论、理性行为理论、计划行为理论等。其中，Ajzen 提出的计划行为理论影响最广，该理论综合考虑了个体行为态度、人际关系的影响以及对行为的自我效能和控制程度，从个体内在及外在作用层面归纳了影响个体行为产生的关键因素，强调了用户会在内外因素的共同作用下产生行为意向，进而决定用户实际行动。行为意向是用户采取某种行为的倾向；行为态度被认为是影响行为意向的主观因素，包括积极态度和消极态度；主观规范是行为主体受到他人行为以及所处环境影响而产生的行为动机约束；行为控制则代表了用户对自身行为的调节和掌控程度。计划行为理论在一定程度上较为全面地阐释了用户行为的产生机制。

二 用户信息交互行为动机分析

当用户的信息交互需求达到一定强度时，会促使用户产生内驱力，通过特定诱因激发用户从静态转向动态行为。这种内驱力被称为"动机"，是以一定方式引起并维持个体行为的内部唤醒状态，往往表现为人们追求某种目标的主观愿望或意向，是个体为了达到预期目的的自觉意识，决定着行为的产生与变化②。

美国心理学家 Deci 和 Ryan 提出的自我决定理论强调了自我在动机产生过程中的能动作用，是最重要的动机理论之一③。自我决定理论根

---

① 邓胜利：《基于社交问答平台的用户知识贡献行为与服务优化》，武汉大学出版社 2018 年版。
② 萧浩辉：《决策科学辞典》，人民出版社 1995 年版。
③ Deci, Edward L., and Richard M. Ryan, "The 'What' and 'Why' of Goal Pursuits: Human Needs and the Self-Determination of Behavior", *Psychological Inquiry*, Vol. 11, No. 4, Nov. 2000, pp. 227-268.

据引发行为的不同原因将动机划分为内在动机与外在动机两大类。其中,内在动机是指个体对活动本身产生兴趣或愉悦感而做出的行为选择,该行为能够使个体得到情绪上的满足;外在动机则需要通过外部条件的引导来产生个体行为。在此基础上,国内外学者针对信息交互行为的内在与外在动机展开了深入细致的研究。Cress 等提出:"个体认知水平以及对话题的兴趣程度是影响其信息交互行为的主要动机"[①];Chiu 等认为:"社会信息空间用户之间的社会关系即人际因素有效降低了网络用户信息交互的感知成本,从而激发用户交互动机"[②];Matschke 等通过实证研究证实了内在动机、威望、信息数量和质量以及程序公平是用户参与信息交互的主要动机因素[③];王美月则认为:"学术虚拟社区用户信息交互行为的动机包括知识动机、成就动机、社交动机和情感动机。"[④]

基于已有研究成果,本书同样将移动图书馆用户信息交互行为动机分为内在动机与外在动机两大类,如图 2-11 所示。

(一) 信息交互行为的内在动机

内在动机是个体自发产生的,源自在需求认知基础上激发的渴望、兴趣和热爱。具体可以分为:自我效能、求知欲、学习兴趣和成就感。

1. 自我效能。自我效能是人在特定情景中从事某种行为并取得预

---

① Cress Ulrike, Joachim Kimmerle, et al., "Information Exchange with Shared Databases as a Social Dilemma: The Effect of Metaknowledge, Bonus Systems, and Costs", *Communication Research*, Vol. 33, No. 5, Oct. 2006, pp. 370-390.

② Chiu Chao-Min, Meng-Hsiang Hsu, et al., "Understanding Knowledge Sharing in Virtual Communities: An Integration of Social Capital and Social Cognitive Theories", *Decision Support Systems*, Vol. 42, No. 3, Dec. 2006, pp. 1872-1888.

③ Matschke Christina, Moskaliuk Johannes, et al., "Motivational Factors of Information Exchange in Social Information Spaces", *Computers in Human Behavior*, Vol. 36, Jul. 2014, pp. 549-558.

④ 王美月:《学术虚拟社区用户社会化交互行为研究》,博士学位论文,吉林大学,2021 年。

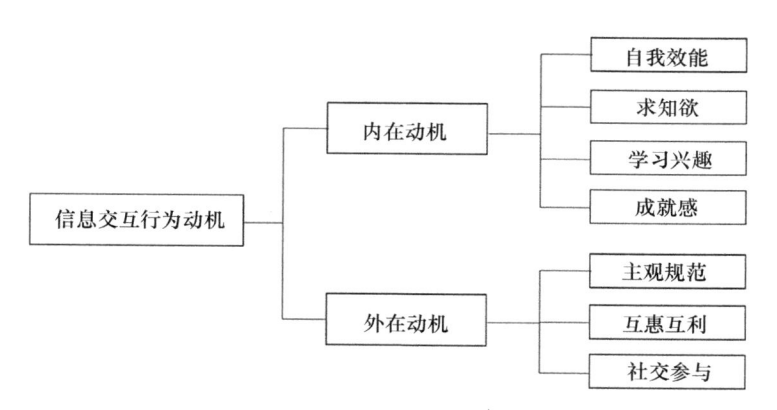

第二章　移动图书馆用户信息交互需求与行为分析

图 2-11　移动图书馆用户信息交互行为动机

期结果的能力，在很大程度上指个体对自我有关能力的感觉①。自我效能反映了人们对自己实现特定领域行为目标所需能力的信心或信念，有助于形成行为意愿，并促进意愿转化为实际行动。在移动图书馆信息交互行为中，自我效能主要指用户对有效获取图书馆资源、使用图书馆服务所表现出的能力信心。高自我效能感的用户往往能够更加积极地应对复杂任务，努力克服交互过程中遇到的挑战，从而更容易产生积极的交互动机。

2. 求知欲。求知欲是用户在生活、工作、学习等不同场景中面临实际问题时，感到自己缺乏相应的知识去解决问题而产生的探究新知、提高知识水平的一种欲望，并随着相似情境反复出现而不断深化②。移动图书馆作为用户进行知识获取、共享与创新的平台，为用户及时满足自己的求知欲提供了有效途径。求知欲强的用户往往具有明确的学习目的，期望通过信息交互获取知识资源、提高个人能力，从而能够积极主动地与服务平台、图书馆员、其他读者开展互动，并不断进行评估、交

---

① Bandura Albert, "Self-Efficacy: Toward a Unifying Theory of Behavioral Change", *Psychological Review*, Vol. 84, No. 2, 1977, pp. 191-215.
② 匡文波：《"知识焦虑"缘何而生》，《人民论坛》2019 年第 3 期。

流和思考。

3. 学习兴趣。从教育心理学视角而言，学习兴趣是一个人倾向于认识、研究获得某种知识的心理特征和情绪状态。一般而言，学习兴趣越高，开展信息交互的积极性就越强。如果用户具备浓厚的学习兴趣，往往会主动通过移动图书馆搜寻相关知识，详细了解事物全貌，并从中获得兴奋愉悦的学习体验。而兴趣会随着时间的迁移而不断发展，长久的兴趣会逐渐成为一种相对稳定的学习习惯，从而对用户信息交互行为产生更持久的影响。

4. 成就感。成就感体现了个体为实现目标而追求成功的一种心理倾向，是人们愿意投身于自己认为有价值或重要的事情上，并努力达到完美的一种内驱力[1]。成就感强调个人的责任感、自发的学习态度以及行动后产生的自信心，不断激发、引导和维系用户开展信息交互。移动图书馆天然的文化氛围能够使用户在交互过程中通过知识获取、传递、学习和创造获得成长与发展，并积极利用所掌握的知识资源解决复杂的社会问题，得到他人尊重和认可，从而进一步对信息交互行为产生正向激励作用。

（二）信息交互行为的外在动机

外在动机强调外部刺激与情境对交互行为的牵引作用。外在动机往往由外部诱因引起，与外部奖励或要求相关联。具体可以分为：主观规范、互惠互利和社交参与。

1. 主观规范。主观规范是指个体对于采取某种行为时所感受到的来自重要个人或群体的社会压力，它源于人们寻求建立、发展和维持社会关系、获得社会支持的亲社会行为动机，一般体现为遵从他人或群体的意见（观点），以及由此习得的信念和规范性要求[2]。用户在使用移

---

[1] 庞金玲：《成就感》，中国纺织出版社2019年版。
[2] Fishbein Martin, and Icek Ajzen ed., *Belief, Attitude, Intention, and Behavior: An Introduction to Theory and Research*, Reading, MA: Addison Wesley Publishing Company, 1975.

动图书馆服务时，周围重要的人或群体的态度意见会显著影响其对服务的采纳或持续使用，从而影响信息交互行为①。

2. 互惠互利。社会交换理论认为互惠行为在个体交互过程中起着和谐发展的作用，社会交换活动得以持续的准则是个体间的互惠互利②。通过信息交互，一方面，用户可以从移动图书馆获取所需的资源或服务，满足自身知识需求；另一方面，也可以向平台、服务主体以及其他读者传递自己的思想、智慧，并产生各种行为数据，使平台可以通过构建用户画像为其提供更加精准的个性化服务，进而形成长久稳固的互惠互利关系。这种关系能够加速移动图书馆的知识流传，实现深度的信息交互。

3. 社交参与。随着数字化时代用户社交需求的不断增长，移动图书馆的社交服务属性日益凸显。社交参与动机使用户不仅将图书馆作为知识获取的对象，更希望通过移动图书馆的信息交互与其他用户进行知识交流与思维碰撞，从而分享知识资源、增加学术合作机会③。与此同时，还能通过构建社交关系网络促进知识传播，进一步提高自身在数字虚拟社群中的参与感和归属感，拓宽知识分享与学术交流圈子，提高人际关系的认可度和自身形象。

三 用户信息交互行为的形成与转化过程

移动图书馆用户信息交互行为作为一种动机型行为，是在内在动机和外在动机综合作用下形成的，并随着用户的交互需求、内外因素和认知程度的不断变化而动态演变。针对移动图书馆信息交互的特点，根据"刺激—反应"理论、计划行为理论、动机行为理论以及认知行为理

---

① 宋世俊、晏华、王浩先：《我国移动图书馆高校用户接受行为影响因素 Meta 分析》，《图书情报工作》2019 年第 10 期。

② 张思：《社会交换理论视角下网络学习空间知识共享行为研究》，《中国远程教育》2017 年第 7 期。

③ 李玲梅、左丽华：《连通与流动：面向学习者个体的知识空间重构——联通主义视阈下的高校图书馆发展路径》，《新世纪图书馆》2022 年第 5 期。

论，本书将移动图书馆用户信息交互行为的形成与转化过程分为外界刺激、需求转化、动机驱动、意愿产生与行为形成、目标比较五个阶段。如图 2-12 所示。

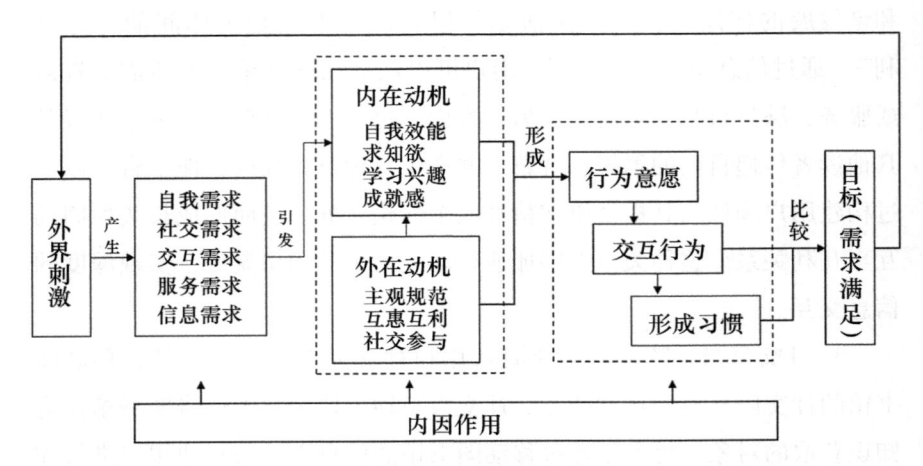

图 2-12 移动图书馆用户信息交互行为的形成与转化过程

（一）外界刺激

当用户处于社会环境之中，外界刺激是引发用户信息交互需求的起因。外界因素既包括社会、政治、经济、文化、技术等各类环境因素，也包括用户所在的组织部门、构成社会网络关系的个体（群体）以及其他交互对象。社会经济形态的演进、科学技术的发展和社会结构的变化，不断催生新的知识应用场景，任何组织和个人都存在适应环境变化的创新发展问题，由此引发了以知识创新为核心的信息交互需求，并呈现出明显的层次化结构，亟待通过图书馆这一知识资源汇聚主体和知识服务主体得以充分满足。在复杂的社会系统运行机制中，环境、事物、信息、人的相互作用决定了用户信息交互需求的形态、结构与内容，并处于不断演变之中。

（二）需求转化

需求是动机形成的基础。在内、外部因素的持续刺激下，用户因为需求程度不断强化会逐渐产生焦虑、紧张、不安的情绪,由此转化为一种内在驱动力来满足自身需求。例如,当学生面临期末考试复习压力时会产生知识学习需求,进而会转化为求知、学习等动机并通过移动图书馆服务产生阅读、自习等行为来缓解自身压力和紧张情绪。因此,当个体的主观意识开始参与需求信息的加工过程,便会产生相应动机,从而使用户从一个相对静止的状态进入活跃状态,引导用户寻求能够满足自身需要的交互目标或对象。

(三) 动机驱动

动机产生后会促成、强化并维持用户的交互行为,同时对行为起到调节和支配作用。用户的内在动机(包括自我效能、求知欲、学习兴趣和成就感)作为促使个体行为产生的内驱动力具有更稳固长久的作用,能让用户自发主动地进行信息表达、搜寻、传递、交流,从而形成更持续的交互行为。用户的外在动机(包括主观规范、互惠互利和社交参与)则更多是从外部影响和激励层面驱使用户产生交互行为,具有一定短暂性,往往作为诱因而存在。在一定条件下,通过外在调节、内设调节、认同调节和整合调节,可以将外部奖励与个人价值观及自我需求有机联系起来,激发用户进行交互的参与感和归属感,从而推动外在动机向内在动机转化,对交互行为形成更持久的驱动力。

(四) 意愿产生与行为形成

用户动机激发了信息交互意愿的产生,并使交互行为成为可能。计划行为理论认为个体行为是由行为意愿决定的。意愿是个体想要采取某一目标行为的倾向,即行为决策过程中决定是否要采取此行为的程度。因此,意愿是任何行为表现的必经过程,是行为显现的前序状态。用户意愿会进一步促成实际行动,使用户通过文字、图像、语音、动作等多种交互行为表现形式,与移动图书馆展开多维互动。与此同时,用户在信息交互过程中产生的良好体验又会进一步强化其交互意愿,进而形成持续交互行为。而频繁、持续的交互会逐渐成为一种行为习惯。美国心理学家 James 认为："习惯是一种自动的行为，能够减少实施行动时所需的认知努力，并对用户交互模式、交互表现、交互效率产生积极影响。"①

（五）目标比较

当移动图书馆用户的信息交互行为能够达成目标时，即满足其各层面的交互需求，用户会产生一定满足感，缓解因外部刺激和内因作用带来的紧张情绪，并在新的外部刺激因素作用下继续产生新的交互需求，形成反馈回路，引发新一轮信息交互行为。如果用户的需求没有得到满足或未充分满足，其原本的心理紧张程度会进一步增强，从而寻求其他机会、途径、方式再次针对自身需求与动机做出新的行为表现。

由此可见，移动图书馆用户信息交互行为的形成与转化过程是一个"刺激—需求—动机—行为—目标—满足（受挫）"循环往复的过程。用户行为以需求满足为目的，又被一定的动机支配；动机又由需求所决定，需求又是在一定的社会化环境背景下受内外刺激而产生的。在这一过程中，用户本身的人格特质、本能动机也会发挥关键作用，由此导致信息交互行为的多样性与复杂性。总体而言，用户信息交互行为的形成与转化机理为进一步探究移动图书馆用户情感体验和行为规律提供了重要的理论指导框架。

---

① James William, *The Principles of Psychology*, New York: Cosimo Classics, 1890.

第三章
用户信息交互行为中的情感体验形成机理与影响因素

移动图书馆用户在信息交互行为中，受到相关因素影响，会产生不同体验感受。随着"以人为本"理念不断深化，图书馆越来越重视与用户之间的情感连接，强调在提升用户体验的同时赋予用户更多的情感价值。与此同时，用户在交互过程中也越来越重视自身的情绪感受，使情感体验成为信息交互体验的核心所在。情感体验伴随着用户信息交互行为而产生，并对交互行为演化起着至关重要的作用，因此，情感体验与信息交互行为之间存在着相互作用的密切关系。本章在论述移动图书馆用户情感体验基本概念、特点和作用的基础上，综合多学科相关理论阐释移动图书馆用户信息交互行为中的情感体验形成机理；应用扎根理论探寻影响用户情感体验的关键因素，构建理论模型，并进一步结合定量分析对理论模型进行验证，从而揭示各类影响因素对情感体验的作用机制。

第一节　移动图书馆用户情感体验概述

随着移动图书馆服务的日益普及，用户与图书馆的信息交互更加频繁深入，促进了"以人为本"理念在图书馆各项服务环节的广泛渗透，使用户体验的重要性得以进一步强化。而用户情感需求的快速增长则使用户体验关注的重点逐渐从功能层面转向情感层面,强调移动图书馆服务带给用户的情感价值。

一 用户体验与情感体验

用户体验一直是图书馆研究领域关注的热点。移动网络环境下,个性化服务的广泛开展进一步凸显了用户体验对图书馆创新发展的重要价值。用户体验的概念最早兴起于20世纪40年代的人机交互领域,是指"用户使用产品或服务的过程中建立起来的心理感受,是用户各种感觉、知觉、情绪、情感状态的动态记忆累积过程,涵盖了产品或服务使用前、使用中和使用后的整个阶段"[1]。美国营销专家贝恩特·施密特基于"人脑模块分析"和心理社会学说研究了用户体验的组成结构,提出了感官、情感、思考、行为、关联五大体验体系,如图3-1所示[2]。其中,感官体验是诉诸视觉、听觉、触觉、味觉和嗅觉的体验;情感体验是用户内心的感觉和情感创造;思考体验是用户创造认知和解决问题的体验;行为体验是影响身体感受、生活方式并与他人产生互动的体验;关联体验则包含了与感官、情感、思考和行为相关的各个方面。可见,情感体验作为用户体验的有机组成部分,对洞察用户需求、判断用户认知和了解用户行为发挥着关键作用。

总体而言,情感是一个复杂而宽泛的概念,在不同研究领域有着不同内涵。在心理学领域,情感被定义为:人针对客观事物是否满足自己的需要而产生的态度感受[3];在认知神经科学领域,情感被视为:个体在外界刺激因素作用下所产生的一种生理与心理反应[4];在信息科学领

---

[1] 罗仕鉴、朱上上:《用户体验与产品创新设计》,机械工业出版社2010年版。
[2] [美]贝恩特·施密特:《顾客体验管理——实施体验经济的工具》,冯玲、邱礼新译,机械工业出版社2004年版。
[3] 林崇德、杨治良、黄希庭:《心理学大辞典》上,上海教育出版社2003年版。
[4] Russell James A., "Core Affect and the Psychological Construction of Emotion", *Psychological Review*, Vol. 110, No. 1, 2003, pp. 145–172.

第三章 用户信息交互行为中的情感体验形成机理与影响因素

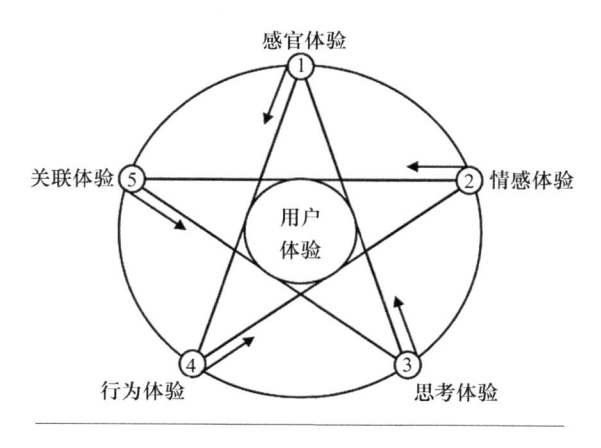

图 3-1 用户体验体系结构

域，情感则更多被理解为：人机交互过程中人的情绪识别与量化[1]。由于用户信息交互行为涉及心理学、认知神经科学、信息科学等多领域知识，因此，交互行为中的情感定义也具有跨学科特点。相关研究从意义和结构上形成了普遍共识，认为情感是一个上位词，代表了一组彼此之间差异较大的概念总和[2]。而与情感密切相关的核心概念则包括心情、情绪、态度、心境等。表 3-1 详细比较了这些概念之间的差异[3]。

表 3-1　　　　　　　情感相关概念的界定与比较

概念	定义	来源
心情	是没有经过刺激或者类似刺激就存在的延续性核心情绪，通常用于表征没有特定刺激的情感状态。心情与特定的事件、情况或行为之间并不一定存在必然联系	Ekman 和 Davidson（1994）

---

[1] 饶元、吴连伟、王一鸣、冯聪：《基于语义分析的情感计算技术研究进展》，《软件学报》2018 年第 8 期。

[2] 古婷骅、陈忆金、曹树金：《信息行为领域中情感的核心概念及其演化路径分析》，《情报理论与实践》2021 年第 12 期。

[3] Ekman Paul, and Richard J. Davidson, *The Nature of Emotion: Fundamental Questions*, New York: Oxford University Press, 1994, pp. 89-93.

续表

概念	定义	来源
情绪	是针对具体心理过程、持续时间较短、强度较高的情感体验；带有明显的行为倾向性，是个体与环境间某种关系的维持或改变，存在着具体情绪的差异	Bagozzi 等（1999）Scherer（2005）
态度	是个体对外界刺激的总体评价，是认知、情感和行为组成的多维结构；已有研究认为，态度等同于一种情感，通过关注态度中呈现的情感成分进行综合判断	Mazaheri 等（2012）
心境	是平静而持久并具有弥漫性的情感状态，相对于情绪是更加整体、持续时间较长、强度较低、不带有明显行为倾向性的情感体验，并带有某种程度的自我维持性	彭聆（2001）

情感体验是个体对自身情感状态的主观意识。作为用户体验的重要组成部分，它反映了用户在交互过程中所产生的所有情绪感受及状态。在信息交互情境下，交互主体的多元化和交互方式的多样性，使用户情感体验变得更加多维和复杂。为了清晰阐释信息交互行为中情感体验的内涵，Mahlke 和 Manfred 根据用户对信息交互环境特征的感知，将情感体验定义为："由主观体验、表现行为和生理反应构成的有机整体"[①]；Desmet 基于用户在信息交互过程中对产品的认知与评价，将情感体验细分为：实用情感体验、审美情感体验、社会情感体验和兴趣情感体验[②]；古婷骅等则通过对信息交互行为中情感体验相关概念的辨析，总结归纳了基于刺激和基于评价的情感体验概念关系[③]。综上所述，本书认为：移动图书馆用户情感体验反映了用户在使用移动图书馆资源和服务的过程中，产生的情绪感受以及情感状态表现，且随着移动服务环境的复杂演化，将不断拓展其内涵和外延。

[①] Mahlke Sascha, and Manfred Thüring, "Studying Antecedents of Emotional Experiences in Interactive Contexts", *Proceedings of the SIGCHI Conference on Human Factors in Computing Systems*, Apr. 29, 2007.

[②] Desmet A., "Faces of Product Pleasure: 25 Positive Emotions in Human-Product Interactions", *International Journal of Design*, Vol. 6, No. 2, Dec. 31, 2012, pp. 1-29.

[③] 古婷骅、陈忆金、曹树金：《信息行为领域中情感的核心概念及其演化路径分析》，《情报理论与实践》2021 年第 12 期。

二 用户情感体验的特点

情感体验作为人的感觉、思想和行为的一种综合生理和心理表现，具有丰富而复杂的内涵，在动态变化中呈现出鲜明的层次性、多维性、个体差异性、情境性和关联性。

1. 层次性。情感体验是一个逐渐积累和动态变化的过程。随着用户与移动图书馆交互对象的深入接触，其情感状态和程度也会随之产生层次性变化。在信息交互的初始阶段，用户往往首先会受到外在显性因素（如界面配色、按钮触感、系统音效等）的影响而产生感官层面的情感体验，进而随着交互过程的持续深入，对事物的认知和思考也会随之加深，从而上升到交互层面、精神层面的情感体验，实现由浅入深的层层递进。

2. 多维性。人的任何一种情感状态都可以找到另外一种和它恰好相反的状态，如满意与不满意、愉悦和悲伤等。在两种情感极性之间，存在不同程度的情感变化。受到多元因素影响，移动图书馆用户在信息交互过程中往往存在多种情绪感受的叠加与交融，呈现出复杂多维的情感状态。例如，用户可能会对移动图书馆精准的内容推送感到满意，但同时也可能会因为服务平台没有及时响应而焦躁不安。

3. 个体差异性。情感体验是以用户为中心的主观体验，具有一定个体差异性。对于不同用户而言，即使使用同一项服务功能、面对同样的服务水平，也会由于人格特质、文化背景、知识层次、审美标准、行为习惯等不同，产生不一样的情感体验。受到个体与生俱来的差异性影响，以及后天成长过程中逐渐形成的不同认知水平与经历背景，导致用户在目标期望、思维方式、评价准则上会产生一定差异，进而影响其对事物的情感体验[①]。

[①] Barrett Lisa Feldman, Mesquita Batja, et al., "The Experience of Emotion", *Annual Review of Psychology*, Vol. 58, No. 1, Jan. 2007, pp. 373-403.

4. 情境性。用户信息交互行为是在一定情境下产生的，受到不同时间、地点、移动终端设备、环境条件等的影响，会产生不同情感体验。例如，用户在寝室进行移动阅读和在地铁上进行移动阅读，其情感体验可能会存在差异。用户的信息交互行为对移动情境的可用性、资源情境的有用性和服务情境的适配性均存在重要影响，而这些情境因素的功效发挥又作用于用户与情境的交互过程，使用户通过对时空环境、服务平台、资源内容、终端设备等的感知，产生不同情感体验[①]。

5. 关联性。用户在进行信息交互时，经常会因为受到过往经历的影响而产生回忆或联想，从而引发特殊的情感体验。例如，当用户曾经因为通过移动图书馆服务解决了某个工作难题，可能就会留下较为深刻的印象，并在后续使用移动图书馆服务时产生某种潜在的愉悦情绪。用户一旦对事物产生长期的情感信任，就会对与之相关的人、事、物产生有别于其他情绪的持久信赖感。

三 情感体验对移动图书馆的作用

对于图书馆而言，情感体验贯穿于用户与移动图书馆服务平台信息交互的各个阶段，对图书馆准确洞察用户交互需求、掌握用户行为规律、提升用户交互体验起着至关重要的作用。

（一）情感体验是洞察用户信息交互需求的基础

随着用户精神文化需求的快速增长和需求层次的纵深化发展，以内容和服务供给为核心的基础功能性体验设计正逐渐上升到以人文关怀、精神满足为核心的情感体验创造。移动图书馆用户在信息交互过程中的情感状态不仅能够直观表达用户的信息需求、服务需求、交互需求，还能通过情感传递间接反映用户的社会需求与自我需求。与此同时，通过

---

① 李洁、毕强、马卓：《数字图书馆微服务情境交互功能的开发与设计策略研究》，《情报资料工作》2017年第4期。

采集和分析用户情感体验表征数据，可以进一步挖掘用户难以表述的隐性需求和潜在需求，甚至可以通过情境创设与情感体验实验拓展新的需求场景。

（二）情感体验是掌握用户信息交互行为规律的前提

情感体验与信息交互行为之间存在着密切关联。用户交互行为的发生必然会产生情感体验，而情感体验又会继续作用于后续的行为发展[1]。心理学家芭芭拉·弗雷德里克森指出："积极情感拓宽了人们的思想，增强了人们的行动技能，促使人们去发现思想或者行动的新线索。"[2] 因此，分析情感体验产生的根源与演化过程，能够从心理学与神经科学视角揭示移动图书馆用户信息交互行为规律，掌握用户行为偏好，明确行为表现与交互形式的影响因素，从而更加科学合理地引导用户进行信息表达、检索、筛选、传递、反馈和交流，提高信息交互效率和质量。

（三）情感体验是提升用户信息交互体验的关键

我国学者沈军威等认为："移动图书馆用户体验是用户在使用移动图书馆平台的整个过程中，对移动图书馆平台及其服务不断积累形成的感性心理状态和理性价值认知，包括对移动图书馆平台的最初印象、使用过程中和使用后产生的各种情感体验。"[3] 可见，随着移动网络环境下图书馆"人本理念"的不断深化和人文价值的持续提升，情感体验正成为用户体验的核心所在。情感体验更加强调用户信息交互时的愉悦感，包括是否感受到关爱、互动和有趣等，使图书馆可以遵循体验分层递进规律，通过情感化设计进行界面优化、资源组织和服务创新，实现

---

[1] 王建明、吴龙昌：《亲环境行为研究中情感的类别、维度及其作用机理》，《心理科学进展》2015年第12期。

[2] ［美］芭芭拉·弗雷德里克森：《积极情绪的力量——缔造当代积极心理学最新巅峰》，王珺译，中国人民大学出版社2010年版。

[3] 沈军威、倪峰、郑德俊：《移动图书馆平台的用户体验测评》，《图书情报工作》2014年第23期。

从感官体验到交互体验再到情感体验的逐层深化[①]。

第二节 用户信息交互行为中的情感体验形成机理

明确移动图书馆用户信息交互行为中的情感体验形成机理，是准确度量情感体验效果和揭示情感体验变化规律的必要前提，也是掌握用户交互行为机制和引导交互行为决策的重要基础。

一 情感来源的多学科理论阐释

情感作为人类的一种独特能力，具有与生俱来的复杂性，其产生既有人类神经生理机能的作用，又有主观认知形成的影响。国内外学者分别从生理学、心理学、认知科学等不同视角，探析了情感来源的本质。

（一）生理学阐释

从生理学视角而言，情感源于人们对外界事物作用于自身时的一种生理反应。美国心理学家James和丹麦生理学家Lange最早提出了情感的生理学理论，被称为"James-Lange情绪理论"。该理论基于情感状态和生理变化的直接联系，提出："情感是人类对机体变化的感知，是机体各种器官变化时所引起的感觉总和。"[②] 这一理论强调了生理变化对情感产生的重要作用，但却忽视了中枢神经系统的调节和控制作用，因而受到诸多质疑。

美国的生理学家Cannon与其学生Bard通过进一步实验验证，提出了"坎农-巴德情绪理论（Cannon-Bard theory of emotion）"，也称"丘

---

① 张明霞、祁跃林、李丽卿、金美玲：《图书馆用户体验的内涵及提升策略》，《新世纪图书馆》2015年第7期。

② 孔维民：《情感心理学新论》，吉林人民出版社2007年版。

脑情绪说"。该理论认为:"情感的产生不能单纯用生理变化的知觉来解释,而是大脑皮层解除丘脑抑制的综合功能,即激发情绪的刺激由丘脑进行加工,同时把信息传送到大脑及机体的其他部分。"其中,传送到大脑皮层的信息会引起情感体验,而传送到内脏和骨骼肌的信息则会激活生理反应(即引起相关的情感表达)。这一理论主张情感体验和身体变化是同时发生的,情感是大脑皮层和自主神经系统共同作用的结果[1]。

(二)心理学阐释

《心理学大辞典》中提出:"情感是人对客观事物是否满足自己的需要而产生的态度体验。"[2] 心理学视角将情感视为人们受外界刺激而产生的心理反应。奥地利精神医学专家 Freud 最先提出情感是能量释放的过程;新精神分析者 Rapapovt 在 Freud 的观点基础上提出:"本能内驱力在心理上可以表现为观念和感情两种形式,感情的产生是因为观念里没有形成能引起适应的行为,即感情是适应不良的反应。"[3]

20 世纪 80 年代以后,随着实验心理学研究的不断深入,学者们对情感来源的心理学解释提出了更多相关理论。例如,Loomes 等提出的后悔理论认为:"当决策者意识到自己的选择结果可能不如别的选择结果时,会产生后悔情感。"[4] 而他们后续提出的失望理论则假设:"失望是当同时有几个可能的结果,而自己的结果较差时所体验到的一种情感。"[5] Bower 提出的心境一致性假说认为:"当人们处于一种情感状态时,倾向于选择和加工与该情感效价相一致的信息,表现出情感的某种

---

[1] 杨治良、郝兴昌:《心理学辞典》,上海辞书出版社 2016 年版。
[2] 林崇德、杨治良、黄希庭:《心理学大辞典》,上海教育出版社 2003 年版。
[3] 武秀波:《认知科学概论》,科学出版社 2007 年版。
[4] Loomes Graham, and Robert Sugden, "Regret Theory: An Alternative Theory of Rational Choice under Uncertainty", *The Economic Journal*, Vol. 92, No. 368, Dec. 1982, pp. 805-824.
[5] Loomes Graham, and Robert Sugden, "Disappointment and dynamic consistency in choice under uncertainty", *Review of Economic Studies*, Vol. 53, No. 2, Apr. 1986, pp. 271-282.

启动效应。"① 显然，这些理论对进一步厘清情感的本质来源发挥了重要作用。

(三) 认知科学阐释

认知科学是探究人脑和心智工作机制的前沿交叉学科。人类认知活动是指人脑接受外界输入的信息，经过大脑皮层加工处理，转换成内在的心理活动，进而支配行为的过程②。情感的认知理论将情感的产生与认知过程联系在了一起，为情感研究开辟了一条新的路径，形成了一系列有代表性的观点，如 Arnold 的评定—兴奋情绪理论、Lazarus 的认知—评价情绪理论、Izard 的动机—分化情绪理论等。

美国心理学家 Arnold 在 20 世纪 50 年代提出的评定—兴奋情绪理论首次建立了情感与认知之间的有机联系，具有划时代的意义。该理论认为："情感体验是有机体对刺激事件的意义被知觉后产生的，而对刺激意义的判断则来源于认知的评价。"③ 根据认知过程的大脑皮层加工处理机制，当外界刺激引起的神经冲动传至丘脑，再传送至大脑皮层，在此对刺激情景进行评估形成态度，这种态度通过外导神经将皮层的冲动传至丘脑的交感神经，引起内脏系统的变化，从而产生情感体验。正是由于外界刺激在大脑皮层上经过认知评估，才使认识经验转化为被感受到的情绪。

Lazarus 的认知—评价情绪理论提出："情感是人和环境相互作用的结果，人不仅接受环境中刺激事件对自己的影响，同时还要调节自己对于刺激的反应。"④ 情感活动必须有认知活动的指导，才可以使人们了解环境中刺激事件的意义，从而选择适当、有价值的动作组合做出动作反应。因此，情感是个体在外界刺激作用下不断评价刺激事件与自身的

---

① Bower Gordon H., "Mood and Memory", *American Psychologist*, Vol. 36, No. 2, Mar. 1981, pp. 129-148.
② 武秀波:《认知科学概论》，科学出版社 2007 年版。
③ 乔建中:《当今情绪研究视角中的阿诺德情绪理论》，《心理科学进展》2008 年第 2 期。
④ Lazarus Richard S., *Emotion and Adaptation*, New York: Oxford Univ. Press, 1991.

利害关系，调节自身对于刺激的反应过程。这一评价过程具有三个层次，即初评价、次评价和再评价。其中，初评价是确定刺激事件与自己是否具有利害关系；次评价是调节和控制自己的行为反应；再评价是评价情绪和行为反应的有效性和适宜性。

Izard 的动机—分化情绪理论认为："情绪是人格系统的组成部分，起着核心动力作用，与知觉、认知等系统相互作用，从而构成人类特有的个体社会行为。"[1] 该理论强调情感是分化的，存在着具有不同体验的独立情感，组成了人类的动机系统。与此同时，情感是人格系统的核心动力，与体内平衡系统、内驱力系统、知觉系统、认知系统和动作系统共同组成人格系统。此外，情绪的分化是进化过程的产物，具有灵活多样的适应功能，在有机体的适应和生存上起着核心的作用。

（四）综合视角阐释

从以上分析可知，生理学视角的情感体验理论强调生理基础和进化机制，认为情感体验是通过遗传而固化在生物体内，起到帮助个体迅速做出潜意识或无意识趋利避害行为反应的作用。心理学与认知科学的结合，通过引入认知评价，将人的心理过程看成是积极的、主动的，强调作为研究对象的人的主体地位，从而阐释了一系列特殊情感的产生机制，推动了情感理论的发展。

鉴于情感来源的复杂性，学者们从综合视角探讨了情感的产生机理。Baumeister 等受心理学中双过程理论的启发，将情感体验过程分为自动和受控制的两类过程：前者遵循情感优先假说，是一类原始情感，只有积极或消极两种效价区分，引导主体做出瞬间的趋利避害行为；后者则遵循情感认知评价理论，反应较慢，具有多种情感分类，引导主体做出复杂的行为反应[2]。

---

[1] Izard Carroll E., *Human Emotions*, New York: Plenum Press, 1977.

[2] Baumeister Roy F., Vohs Kathleen D., et al., "How Emotion Shapes Behavior: Feedback, Anticipation, and Reflection, rather than Direct Causation", *Personality and Social Psychology Review*, Vol. 11, No. 2, May 2007, pp. 167-203.

美国心理学家 Schachter 提出了情感三因素理论[①]，认为情感的产生不是单纯取决于外界环境刺激和机体内部生理变化，而是刺激因素、生理因素和认知因素综合作用的结果，如图 3-2 所示。其中，生理因素和认知因素都是情感激发的主体因素，而刺激因素则是外界对个体情感激发的客观条件。尽管这三类因素发挥着共同作用，但该理论更加强调认知因素对当前情境的评估和对过去经验的回忆在情感形成过程中起到的重要作用。

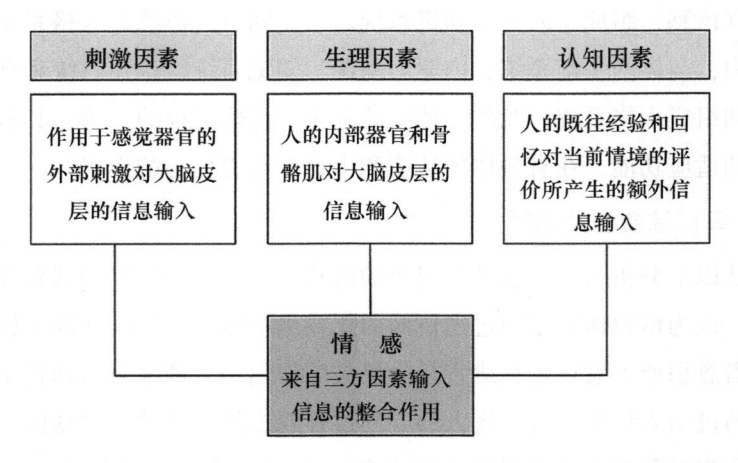

```
┌─────────────┐    ┌─────────────┐    ┌─────────────┐
│  刺激因素    │    │  生理因素    │    │  认知因素    │
├─────────────┤    ├─────────────┤    ├─────────────┤
│ 作用于感觉器官│    │ 人的内部器官和│    │ 人的既往经验和│
│ 的外部刺激对 │    │ 骨骼肌对大脑皮│    │ 回忆对当前情境│
│ 大脑皮层的信 │    │ 层的信息输入 │    │ 的评价所产生的│
│ 息输入       │    │              │    │ 额外信息输入 │
└──────┬──────┘    └──────┬──────┘    └──────┬──────┘
       │                  │                  │
       └──────────────┐   │   ┌──────────────┘
                      ▼   ▼   ▼
                  ┌─────────────┐
                  │   情  感     │
                  │ 来自三方因素 │
                  │ 输入信息的整 │
                  │ 合作用       │
                  └─────────────┘
```

图 3-2　Schachter 提出的情感三因素理论

综合而言，人类情感根据其不同形成原因可以分为认知情感、本能情感和预期情感[②]。其中，认知情感是个体在产生情感体验时对某个主观上认为重要的事件进行评价而产生的情感，需要经过大脑皮层的加工处理；本能情感本质上是一种条件反射，强调了个体在条件反射下出于本能生理反应产生的情感状态；预期情感则是个体在评估其行为后果时

[①] Schachter Stanley, and Jerome Singer, "Cognitive, Social, and Physiological Determinants of Emotional State", *Psychological Review*, Vol. 69, No. 5, Sep. 1962, pp. 379-399.

[②] Mellers Barbara, Schwartz Alan, et al., "Emotion-Based Choice", *Journal of Experimental Psychology: General*, Vol. 128, No. 3, Sep. 1999, pp. 332-345.

意识到的、将来可能体验到的情感，而不是在决策时所体验到的情感。认知情感、本能情感和预期情感均普遍存在于各类信息交互过程之中。

二 情感体验与交互行为的内在关联

早期的行为研究大多仅关注外界刺激对行为反应的影响，并未充分考虑情感因素对行为的作用，如著名的"S-R"理论就将人类的复杂行为视作刺激和反应的联结结果[1]。随着新行为主义学派的崛起和认知心理学的快速发展，Mehrabian 和 Russell 在"S-R"模型的基础上加入了"有机体（Organism）"这一中间变量，提出了"S-O-R"理论模型，成为现代认知心理学的基础之一[2]。其中，刺激因素主要指外界环境因素，可以是单因素，也可以是多因素组合；有机体是指个体的内部状态或心理过程；反应是指个体受到外部环境刺激后产生的态度或行为结果，通常表现为对某一事物的趋近或规避，如图3-3所示[3]。相比"S-R"理论，"S-O-R"理论更加重视有机体心理活动过程的分析和解释。此后，诸多学者对中间变量"O（有机体）"指代的具体内容展开了深入研究。例如，Bitner 提出的环境—消费者行为模式指出："消费者对外部的刺激会产生物理层面、认知层面及情感层面的反应，这些反应会影响用户的实际消费行为"[4]；Eroglu 等认为："有机体即个体内在状态，包括用户的情感（愉悦、唤醒、控制）和认知（态度）。"[5]

---

[1] Watson, J. B., *Behavior: An Introduction to Comparative Psychology*, New York: Henry Holt and Co., 1914.

[2] Mehrabian Albert, and Russell James A., *An Approach to Environmental Psychology*, Cambridge: MIT Press, 1974.

[3] 周涛、陈可鑫：《基于SOR模型的社会化商务用户行为机理研究》，《现代情报》2018年第3期。

[4] Bitner Mary Jo, "Servicescapes: The Impact of Physical Surroundings on Customers and Employees", *Journal of Marketing*, Vol. 56, No. 2, Apr. 1992, pp. 57-71.

[5] Eroglu Sevgin A., Machleit Karen A., et al., "Atmospheric Qualities of Online Retailing: A Conceptual Model and Implications", *Journal of Business Research*, Vol. 54, No. 2, Nov. 2001, pp. 177-184.

外界刺激（S）→ 有机体（O）→ 行为反应（R）

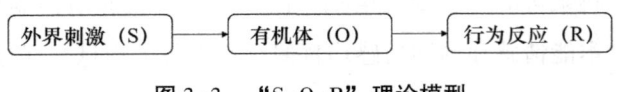

图3-3 "S-O-R" 理论模型

已有研究成果对于刺激因素、认知心理和行为表现的探索，进一步将认知情感理论拓展到了情感行为层面，推动了学者们对认知、情感、行为三者间内在关联的广泛探讨。Mischel 和 Yuichi 提出的认知—情感系统理论（Cognitive-Affective Personality System，CAPS）表明：该系统中存在宏观和微观两种交互机制，宏观交互是外部情境与行为以"认知—情感"单元为中介，不断产生的一种双向交互过程。外部情境特征唤醒"认知—情感"单元，单元中各种元素的相互作用又触发了相应的外显行为，而这些行为又会反过来改变个体的现实处境，以及对"认知—情感"单元的更新。微观交互机制发生在"认知—情感"单元内部：首先，编码单元对情境特征做出反应（产生心理情境），激活整个"认知—情感"单元的内部交互，不同单元之间彼此关联，组成关系网络，这种关系可能是促进的，也可能是抑制的，其复杂的关系网络结构是造成个体行为差异的关键原因，如图3-4所示[1]。

情感事件理论（Affective Events Theory，AET）同样探究了情感对于个体态度和行为的影响。该理论阐释了个体情感反应的结构、诱因以及后果，认为稳定的环境特征会导致积极或消极事件发生，而对这些事件的体验会引发个体的情感反应（这个过程受到个体特质的影响），情感反应又进一步通过两条路径影响个体的态度与行为：一是情感反应直接驱动个体行为，称为"情感—驱动行为"；二是情感反应先影响个体的态度再进一步由态度驱动行为，称为"判断—驱动行为"，如图3-5所示。

---

[1] Mischel Walter, and Yuichi Shoda, "A Cognitive-Affective System Theory of Personality: Reconceptualizing Situations, Dispositions, Dynamics, and Invariance in Personality Structure", *Psychological Review*, Vol. 102, No. 2, 1995, pp. 246-268.

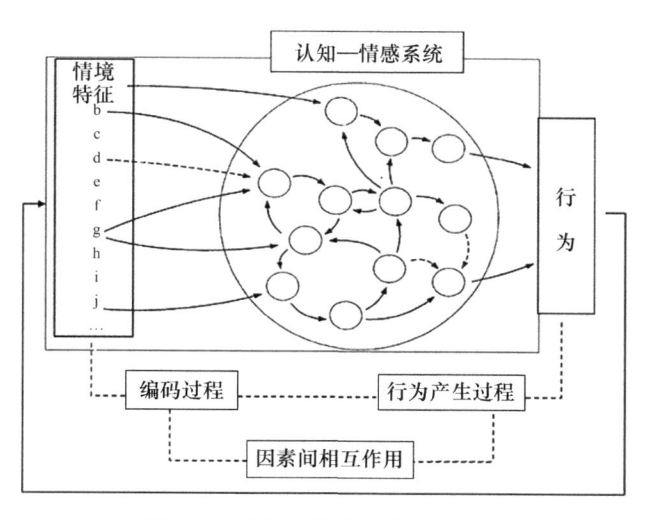

第三章 用户信息交互行为中的情感体验形成机理与影响因素

图 3-4 认知—情感系统组成结构

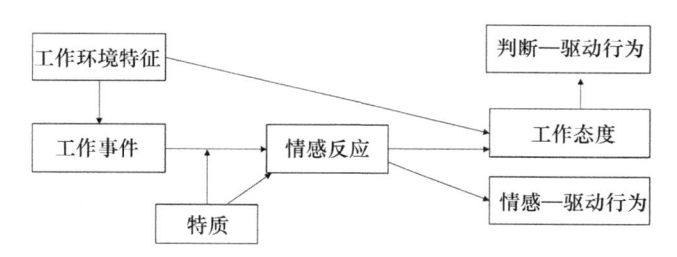

图 3-5 情感事件理论模型框架

与此同时，学者们还进一步探究了认知和情感对行为的不同作用机制。认知心理学研究已经证实：认知评价是情感体验产生的重要基础，而情感也在认知过程中扮演着重要角色。情感体验所构成的恒常心理背景或暂时心理状态，都对认知过程中的信息加工起到组织与协调作用①。风险即情感理论为揭示认知、情感与行为三者之间的内在关联提

---

① Marsella, Stacy C., and Jonathan Gratch, "EMA: A Process Model of Appraisal Dynamics", *Cognitive Systems Research*, Vol. 10, No. 1, Mar. 2009, pp. 70-90.

· 91 ·

供了一个完整的理论框架，如图3-6所示①。该理论指出："情感与认知之间的决定因素存在差异，情感和认知相互作用决定个体行为；特殊情况下，情感也可以直接决定个体行为。"

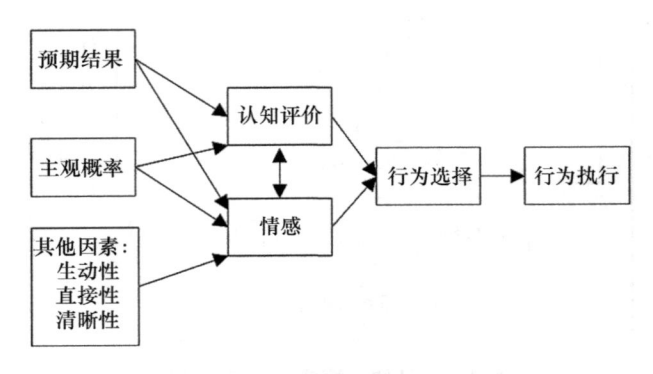

图 3-6 风险即情感决策模型框架

在用户体验研究领域，认知评价、情感体验和交互行为的关系也逐渐成为学者们关注的焦点。Hassenzahl 认为："用户体验是对产品特点（如功能、设计等）的整合反应，包括感知、情绪反应（如满意、愉悦等）、直观评价（如美观、有吸引力、好用等）及行为变化（如购买、回避等），其核心要素离不开用户的认知和情感"②；Mahlke 界定了用户体验中情感与认知的关系，认为用户体验由两类体验要素构成：一是与认知线索相关的体验；二是与情感线索相关的体验。而认知线索相关的体验，如行为决策，会明显受到情感体验的影响③。在此基础上，Mahlke 提出了一个情感体验理论模型，显示了用户与产品的交互

---

① Loewenstein, George F., et al., "Risk as feelings", *Psychological Bulletin*, Vol. 127, No. 2, Mar. 2001, pp. 267-286.

② Hassenzahl, Marc, "The Interplay of Beauty, Goodness, and Usability in Interactive Products", *Human-Computer Interaction*, Vol. 19, No. 4, 1 Dec. 2004, pp. 319-349.

③ Mahlke, Sascha, "Understanding Users' Experience of Interaction", *Annual Conference on European Association of Cognitive Ergonomics*, Berlin University of Technology, Berlin, Germany, 2005.

是一种认知过程，包括用户对实用特征和非实用特征的认知，而认知过程又受到用户所处系统的特征影响，如图3-7所示。具体而言，用户在交互过程中会感知系统特征，并产生相应的情感体验与认知体验，二者共同产生情感反应结果、评价及行为结果。

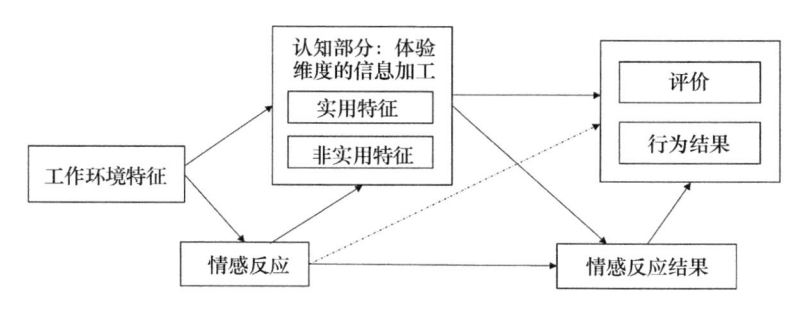

图 3-7　Mahlke 的情感体验模型框架

三　信息交互行为中的情感体验形成机理

基于上述分析可知，情感的形成涉及生理学、心理学、认知科学等交叉领域知识，并与人类认知过程和行为表现存在相互作用关系。鉴于此，本书针对移动图书馆用户信息交互行为的特点和模式，以"S-O-R"理论模型为基础，同时结合认知情感、行为学、用户体验、人机交互领域的相关理论，从刺激因素识别、本能情感体验形成、认知情感体验形成、交互行为反应四个阶段，全面揭示用户信息交互行为中的情感体验形成机理，如图3-8所示。

（一）刺激因素识别阶段

如前文所述，移动图书馆用户信息交互行为的目的是有效获取图书馆知识资源和使用相关服务。在各类信息交互行为主体、客体和环境的相互作用下，会产生情感体验刺激因素。而根据心理学和认知科学对情感来源本质的理论阐释，情感的产生，一方面来自用户对外界刺激的不断认知；另一方面来自用户对刺激的本能生理反应。因此，情感体验是人的内在主观因素与外界客观因素综合作用的结果。其中，主观因素既

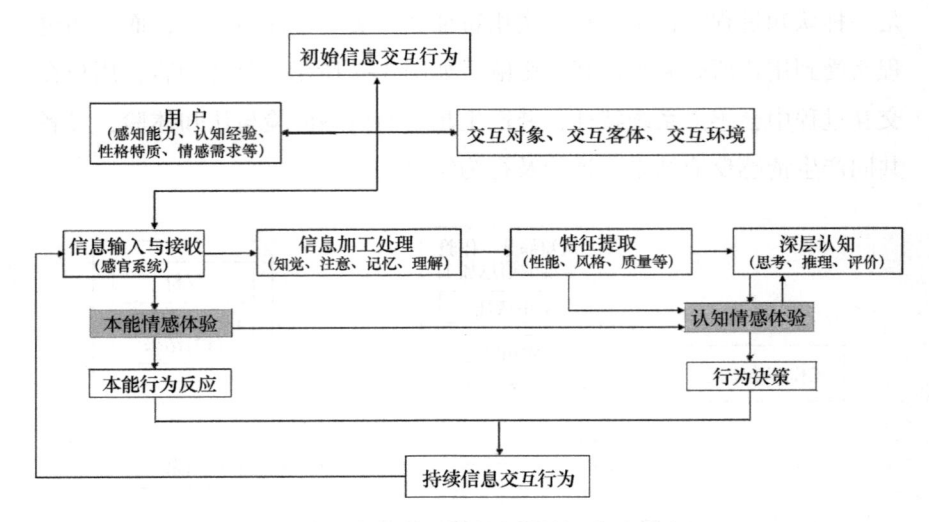

图 3-8　用户信息交互行为中的情感体验形成机理

包括人的生理感知能力、性格特质等相对稳定的因素，也包括认知经验、情感需求等随着时间动态变化的因素；而客观因素则主要是交互对象（包括移动服务平台、图书馆员、其他读者）、交互客体（信息）、交互环境（技术、终端设备、场景等）的属性特征或服务质量水平构成的刺激线索。这些因素是情感来源的必要基础，在移动图书馆用户情感体验形成和变化过程的不同阶段发挥着相应作用。

（二）本能情感体验形成阶段

认知心理学将所有外部刺激因素所引起的主观认知、情感体验视为大脑和神经系统信息输入和加工处理的过程[①]。移动图书馆用户在进行信息交互时，首先会通过视觉、听觉、触觉等感官系统接收来自外界刺激因素的信息线索（如移动图书馆 APP 界面的配色、字体、控件音效等），并将其传递到负责情绪控制与调节的大脑边缘系统，进而引发躯体神经系统的随意机制激活情绪，并补充自主神经系统。而自主性唤醒

---

① 丁锦红、张钦、郭春彦：《认知心理学》（第 3 版），中国人民大学出版社 2022 年版。

又会反过来放大和支持情绪,继而诱发本能情感反应。如用户看到高饱和度的红色界面会产生积极情绪等。因此,这种本能情感体验是感官系统、中枢神经系统、外周神经系统和自主神经系统活动的结果,主要受到用户感知能力、性格特质等先天因素的影响,而且更多是一种情绪上的表现[①]。情绪是一种短暂的心理状态,情感则需要日积月累,其持续时间和密集程度均高于情绪[②]。因此,以情绪表现为核心的本能情感体验可视为认知情感体验形成的前置状态,会影响后续认知情感体验的形成。

(三) 认知情感体验形成阶段

根据大脑对外界刺激信息的处理机制,大脑的高级皮层会进一步对所接收的外界刺激信息进行加工处理,经过感知、注意、记忆和理解,并基于自身情感需求、感知能力、认知经验等,从中提取出关键信息特征(包括性能、风格、质量等),并对其进行思考、推理和评估,从而激发用户有意识的认知情感反应。比如,当用户认为可以通过移动图书馆随时随地获取高质量的知识资源帮助自己解决学习或科研难题时,就会产生兴奋愉悦的感受,甚至激发强烈成就感。显然,相较于本能情感体验,经过大脑信息加工和思考评估产生的认知情感体验会更为深层和丰富,并往往持续较长时间。而根据认知情感领域的相关研究结果,情感体验也会反作用于用户的认知过程[③]。

在这一过程中,根据情感体验形成的基础与影响机制,可以进一步将其细分为习得性情感体验和特定情境下的情感体验[④]。其中,习得性

[①] 孔维民:《情感心理学新论》,吉林人民出版社2002年版。
[②] 古婷骅、陈忆金、曹树金:《信息行为领域中情感的核心概念及其演化路径分析》,《情报理论与实践》2021年第12期。
[③] Marsella, Stacy C., and Jonathan Gratch, "EMA: A Process Model of Appraisal Dynamics", *Cognitive Systems Research*, Vol. 10, No. 1, Mar. 2009, pp. 70-90.
[④] Agarwal R., and Karahanna E., "Time flies when you're having fun: Cognitive absorption and Beliefs about Information Technology Usage", *MIS Quarterly*, Vol. 24, No. 4, Dec. 2000, pp. 665-694.

情感体验源于心理学中"习得性无助",即个体受到以往信息交互经历中心理状态记忆的影响而形成的情感反应。例如,用户曾经在使用某个移动图书馆APP时感觉非常便捷实用,这种积极的体验会在后续使用该APP时对用户的心理状态产生影响。而特定情境下的情感体验往往是指某次具体情境下产生的情感反应,具有一定的随机性。习得性情感体验和特定情境下的情感体验之间也存在着相互影响[1]。

此外,按照情感体验产生的过程和结果划分,还可以细分为过程性体验和结果性体验[2]。过程性情感体验是在信息交互进程中受到不同刺激因素的影响而产生的情感体验,会随着交互进程的发展而动态变化;结果性情感体验则是在信息交互结束时所产生的总体情感评价,是在交互过程中积累的刺激和过程性情感体验综合作用下产生的[3]。可见,移动图书馆用户情感体验的形成是一个动态演化并逐渐深化的过程。

(四)交互行为反应阶段

根据认知行为理论,人类的认知活动按信息加工路径可以分为本能行为和慎思行为[4]。本能行为是不需要深加工的、潜意识的行为;慎思行为则是需要经过大脑皮层深加工之后输出的行为;这两种行为分别受到不同类型情感体验的影响。本能行为很大程度上由本能情感体验决定;慎思行为则主要受到认知情感体验的作用[5]。在移动图书馆用户信息交互过程中,基于上述刺激因素识别阶段和用户本能情感体验、认知情感体验形成阶段,最后用户会产生相应的行为反应。其中,本能情感

---

[1] Brown S. A., Fuller R. M., et al., "Who's Afraid of the Virtual World? Anxiety and Computer-Mediated Communication", *Journal of the Association for Information Systems*, Vol. 5, No. 2, Feb. 2004, pp. 79-107.

[2] Scherer, Klaus R., "What Are Emotions? And How Can They Be Measured?", *Social Science Information*, Vol. 44, No. 4, Dec. 2005, pp. 695-729.

[3] Russell James A., "Core Affect and the Psychological Construction of Emotion", *Psychological Review*, Vol. 110, No. 1, 2003, pp. 145-172.

[4] LeDoux J. E., *The Emotional Brain*, New York, USA: Simon & Schuster, 1996.

[5] Picard R. W., *Affective Computing*, London, UK: MIT Press, 1997.

体验会激发用户的本能行为，例如，当用户打开移动图书馆系统界面时，突然听到刺耳的背景音效会不自觉地产生紧张情绪，并下意识关闭界面；而认知情感体验则会影响用户的态度意愿，进而决定行为决策，例如，用户因为看到某本书的介绍产生了愉快的情绪，然后进行在线阅读或借阅。用户的本能行为反应和行为决策构成了用户持续做出信息交互行为的基础，由此开启新一轮情感体验周期。

第三节　用户信息交互行为中的情感体验影响因素

根据用户情感体验形成机理，移动图书馆用户情感体验的产生和变化受到不同主观因素与客观因素的综合影响。尽管国内外学者对移动图书馆与情感体验分别展开了系统性探讨，但针对两者的综合性研究还十分有限。已有成果主要集中在移动图书馆用户体验内涵、构成要素、测度模型等方面，其中虽涉及情感体验相关变量，但仍缺乏专门针对情感体验影响因素的探讨。而在其他领域的情感体验问题研究上，大多是针对具体研究对象得到的实证结果，对于移动图书馆情感体验研究并不具备普适性参考价值。可见，移动图书馆用户信息交互行为中的情感体验影响因素专门性研究还较为匮乏，未能建立相对完整的理论框架。鉴于此，本书采用扎根理论方法，从深入访谈和数据资料分析着手，对移动图书馆用户情感体验影响因素进行质性研究，由此构建完整的理论模型，为后续实证分析奠定理论基础。

一　扎根理论研究设计

扎根理论是由 Glaser 和 Strauss 在 1967 年创立的一种质性研究分析方法，能够通过理论解释对正在研究的对象进行全面洞察，适用于当某个研究问题缺乏相关理论支撑和先验知识的前提下，提供充足的理论解释,并具有一定创造性①②。扎根理论采用自下而上的研究范式(见图3-9),无须在研究前提出假设,而是带着研究问题直接从实际观察入手,通过搜集原始资料并对其进行思考和归纳,再进行开放式编码(open coding)、主轴式编码(axial coding)和选择式编码(selective coding)分析,逐层提炼出能够建立起理论框架的概念和范畴,然后不断浓缩这些概念和范畴并在各要素关联结构之间建立联系,最终形成完整、系统的理论框架③。可见,采用扎根理论分析方法能够在移动图书馆用户信息交互实践的经验资料基础上建立起理论模型,从而弥补已有研究成果对用户情感体验影响因素理论解释的不足。

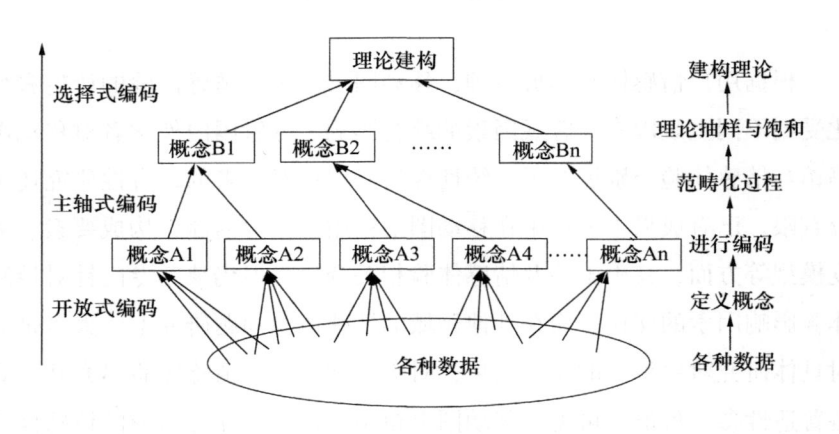

图 3-9 扎根理论研究过程与编码程序

(一) 研究思路

按照扎根理论研究步骤,本书提出如下研究思路(见图3-10):第一,根据对相关文献的分析梳理,明确移动图书馆用户情感体验影响因

---

① Glaser B., Strauss A., *The Discovery of Grounded Theory*, Chicago, IL: Aldine Transaction, 1967.
② 陈向明:《扎根理论的思路和方法》,《教育研究与实验》1999年第4期。
③ 张敬伟:《扎根理论研究法在管理学研究中的应用》,《国外经济管理》2010年第3期。

素理论研究现状及空白之处；第二，基于文献回顾，聚焦于用户情感体验影响因素研究的核心目标，提出研究问题；第三，采用深度访谈方式，拟定访谈提纲，并选取具备移动图书馆服务使用经验的用户作为访谈对象，收集数据资料；第四，将访谈资料作为研究基础逐一进行三级编码，提炼出基本概念、范畴、主范畴和核心范畴，并建立概念、范畴之间的逻辑关系；第五，对编码结果进行理论饱和度检验，在一定深度上探究每个概念类属或维度，直至没有新的概念、维度出现；第六，通过理论饱和度检验后，形成移动图书馆用户信息交互行为中的情感体验影响因素理论模型，并对结果进行分析讨论。

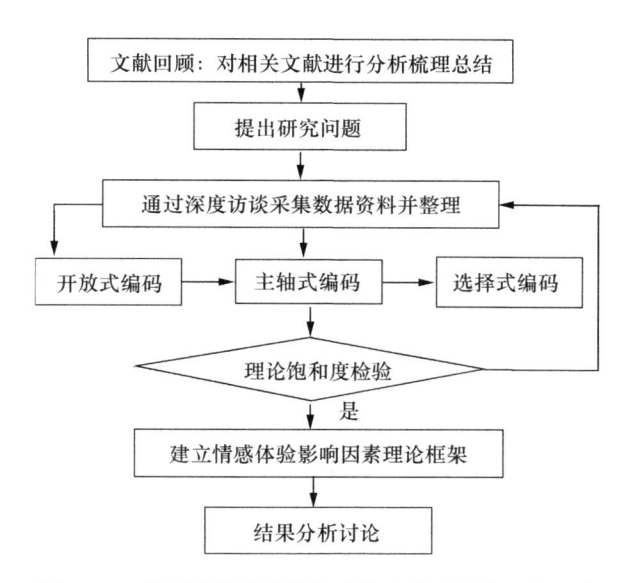

图 3-10 基于扎根理论的情感体验影响因素研究思路

（二）文献回顾

在本书绪论部分的文献综述中，对移动图书馆用户体验、用户信息交互行为、情感体验进行了整体回顾，但其中较少涉及对移动图书馆用户情感体验影响因素的专门性探讨。尽管情感体验问题日渐得到图书馆业界和学界的广泛关注，相关理论研究与实践探索陆续开展，但仍缺乏系统成熟的理论体系，更未对引发情感体验的关键因素及其作用机制进行深入挖掘。

在已有文献中，Dai 等发现在图书馆泛在学习环境下，熟悉的学习伙伴、具有吸引力的情景氛围、美观的空间视觉效果、动听的语音、适合于学习者的题材内容和对学习者的正面评价是激发学习兴趣和愉悦体验的重要因素；Pu 等选取信息质量、系统质量等构念对大学生使用移动图书馆 APP 系统的用户体验满意度进行了评估，从信息内容、服务系统等层面探讨了影响用户情感体验的关键因素；明均仁和张俊通过实证分析验证了高校移动图书馆 APP 用户满意度受到系统特征（包括可访问性、相关性、系统帮助）、界面特征（包括屏幕设计、导航性、术语）、个体差异（包括自我效能、领域知识、个体创新）内外驱动因素的影响；王靖芸和魏群义采用 Meta 文献定量分析方法从四个方面探究了移动图书馆用户体验的影响变量，主要包括系统环境、信息内容、感知有用性、感知易用性、使用意愿、满意度、个人价值和社会影响；毕达天和王福应用出声思考法和情境创设法，分析了 6 类不同场景下移动图书馆用户信息接受过程的情感变化，揭示了场景因素对用户情感体验的影响；邢变变和张文宁从信息交互行为视角出发，分析了影响图书档案自媒体用户情感体验的刺激因素、生理因素和认知因素；魏群义和许天才从系统特性、服务特性、用户特性、社会特性四个维度构建了移动图书馆用户体验影响因素模型；钱蔚蔚和王天卉从用户的情绪性体验与图书馆信息服务质量的关系入手，确立了面向数字图书馆用户情感体验量化的自变量与因变量；赵杨和班娇娇通过绘制用户体验地图度量了移动图书馆空间预约服务的用户情感体验，深入分析了用户交互行为触点对用户情感变化的影响；刘懿基于使用和满足理论探讨了影响用户参与移动图书馆社区服务的关键因素，论证了享乐满足、社会满足等情感体验因素对用户参与意愿的显著影响。

（三）明确研究问题

随着情感体验在移动图书馆用户体验优化中的重要程度不断提升，

针对情感体验影响因素的研究逐步深入。国内外学者从不同视角展开了初步探索，为揭示情感体验的形成机理提供了一定的理论依据。但相较于传统图书馆而言，移动图书馆的服务模式和交互途径更加多元复杂，时空场景更加泛在多维，使得移动图书馆用户面对的情感体验影响维度和具体因素也更为丰富。目前的研究主要从宏观层面对部分相关因素进行了分类和阐释，成果较为分散，缺乏细粒度层面的系统性剖析，难以全面、深入地揭示用户情感体验变化的本质原因，也无法为移动图书馆服务的情感化设计和质量优化提供普适性参考。针对已有研究中存在的不足与空白之处，本书提出具体研究问题：

一是如何采用扎根理论研究范式，在获取翔实的质性资料基础上对移动图书馆用户信息交互行为中的情感体验影响因素进行编码分析，从而提取核心概念和范畴，并建立逻辑关系；

二是如何从多维视角完整构建基于扎根理论的移动图书馆用户情感体验影响因素理论模型。

二 数据收集与整理

本书采用半结构化访谈方式，通过理论抽样与移动图书馆典型用户进行一对一深度访谈，收集扎根理论编码所需的数据资料，对具体问题展开深入探究。

（一）访谈提纲设计

在前期文献调研基础上，结合课题组已有研究成果和领域经验，拟定了初始访谈提纲，主要围绕以下核心问题了解受访者的态度观点和体验感受：①受访对象平时经常使用哪些类型的移动图书馆服务平台，使用时间和频率如何？②移动图书馆服务平台的界面设计会使受访者产生哪些情绪感受？③受访者在使用移动图书馆服务开展信息交互的过程中会产生哪些情感体验？④受访者在使用移动图书馆服务后会产生哪些价值思考和情感记忆？为了保证访谈提纲的内容效度，我们邀请了三位从事移动图书馆与用户体验交叉领域研究的专家进行咨询，对初始提纲进行审查和修订，评判提问是否能够充分地获取研究问题所需的相关数据资料。综合专家意见，对访谈提纲进行修正和完善，随后在访谈过程中结合访谈结果编码与分析，继续审视提纲中存在的问题，通过迭代形成最终访谈提纲，如表3-2所示。

表3-2　　　　移动图书馆用户情感体验影响因素访谈提纲

访谈目标	了解移动图书馆用户情感体验的影响因素
暖场 （2分钟）	感谢您参与本次关于移动图书馆情感体验影响因素的访谈。这里的移动图书馆主要包括图书馆APP、小程序、公众号等。情感体验即您在使用移动图书馆过程中产生的各种情绪反应及心理状态。本次访谈需要40—60分钟。问题没有标准答案，根据您的真实想法和感受经历回答即可，可以畅所欲言。
了解基本信息 （5分钟）	您的年龄是？ 您的职业是？ 您的学历是？ 您使用移动图书馆的经历有多久？（使用经历） 您经常使用的移动图书馆是什么类型？（APP、小程序、公众号或其他） 您一般多久使用一次？（使用频率） 您一次大概会使用多长时间？（使用时长）
访谈问题 （30—50分钟）	您使用移动图书馆的主要目的是什么？ 您认为使用过的移动图书馆界面设计效果如何？（风格、颜色、字体、图标、布局等） 移动图书馆的外观界面给您的第一印象是怎样的？ 移动图书馆的界面设计给您带来过好或不好的情绪感受吗？请举例。 您平常主要使用移动图书馆的什么功能？ 您平常在使用移动图书馆进行信息检索时，有哪些好的和不好的体验吗？ 您平常在使用移动图书馆进行信息检索时，您的情绪感受如何？ 您平常在使用移动图书馆进行信息浏览时，有哪些好的和不好的体验吗？ 您平常在使用移动图书馆进行信息浏览时，您的情绪感受如何？ 您平常在使用移动图书馆进行信息交流时，有哪些好的和不好的体验吗？ 您平常在使用移动图书馆进行信息交流时，您的情绪感受如何？ 您平常在使用移动图书馆进行咨询时，有哪些好的和不好的体验吗？ 您平常在使用移动图书馆进行咨询时，您的情绪感受如何？ 您每次使用移动图书馆后的整体情绪感受如何？ 请谈一谈您愿意使用移动图书馆的原因有哪些。 使用移动图书馆后，是否达到了您的预期目标？ 您觉得移动图书馆对您产生的最大意义（作用、影响、帮助）是什么？ 您对移动图书馆还有什么进一步的期待吗？

（二）选择访谈对象

本书采用理论抽样方法选择访谈对象，具体通过数据分析与样本选择迭代的方式进行：首先，通过开放抽样选择能提供最丰富资料的受访者。图书馆与移动阅读相关调查统计数据显示：学生、教师、科研人员等是移动图书馆的活跃用户，具有较丰富的使用经验，对访谈问题有较高的敏感性，故本阶段以高校学生、教师以及专职科研人员为主要访谈对象。其次，通过关系与变异抽样，在前一环节确定的人群范围内寻找更多的类属变异，如具有不同学历层次、使用经验的教师。最后，通过区别抽样完善类属，并以建立不同类属之间的关系为目的选择新的受访者，如具有高频使用率和较长使用经验的其他行业的移动图书馆用户，由此保障样本的多样性与数据资料的全面性。受访者样本数的确定根据理论饱和要求，共选择了 28 名受访者，其描述性统计分析结果如表 3-3 所示。

表 3-3　　　　　　　　访谈样本描述性统计结果

特征变量	分类	样本数	比例（%）
性别	男	15	53.57
	女	13	46.43
年龄	18 岁以下	2	7.14
	18—25 岁	11	39.29
	26—35 岁	8	28.57
	36—45 岁	4	14.29
	46—55 岁	2	7.14
	55 岁以上	1	3.57
受教育程度	专科	1	3.57
	本科	9	32.14
	硕士	11	39.29
	博士	7	25.00

续表

特征变量	分类	样本数	比例（%）
移动图书馆使用经验	1—2 年	2	7.14
	2—3 年	6	21.43
	3—5 年	15	53.57
	5 年以上	5	17.86
移动图书馆使用频率	每天	10	35.71
	每周 3—5 次	5	17.86
	每周 1—2 次	5	17.86
	每月 3—5 次	3	10.71
	每月 1—2 次	5	17.86
使用过的移动图书馆服务平台类型（多选）	移动图书馆 WAP 站点	15	53.57
	移动图书馆 APP	26	92.86
	移动图书馆小程序	23	82.14
	移动图书馆公众号	20	71.43
	移动图书馆其他社交应用（微博、抖音等）	17	60.71

正式访谈采用腾讯在线会议和线下面对面访谈的形式，分别对受访者进行一对一访谈。每次访谈时间在 40—60 分钟。在正式访谈开始之前，研究人员都会提前与受访者进行交流沟通，解释移动图书馆、信息交互与情感体验的相关范畴问题。在整个访谈过程中，研究人员给予受访者充分的思考时间和表达空间，并针对受访者回答的细节问题进行延伸提问，拓展受访者的表述内容，由此获得更充分的访谈资料。

（三）数据整理

在深度访谈基础上，研究人员对访谈录音进行转录和整理，形成 Word 文档。在其中能表达主要观点的文字上进行标注，并撰写备忘录，对于其中提到的关键概念查找有关资料予以进一步学习和积累，加深对访谈内容的理解。而访谈资料的整理并不是一次性完成的，需要边收集、边核实、边分析、边译码，经过多次反复，目的是使理论趋于饱

第三章　用户信息交互行为中的情感体验形成机理与影响因素

和，确保扎根研究的准确性。最终，经过整理得到 28 份有效访谈样本数据，应用质性分析软件 NVivo 12.0 对其进行处理与分析。

三　资料编码与分析

在对初始数据资料进行收集整理后，运用扎根理论的逐层编码作进一步深度分析，主要包括开放式编码、主轴式编码和选择式编码三个阶段。首先，对数据资料进行初始开放式编码，得到主要概念和范畴；其次，在开放式编码基础上逐步聚焦，进行主轴式编码形成主范畴；最后，通过选择式编码得到故事线，建立范畴类属之间的逻辑关联。编码分析完成后经过理论饱和度检验，建立情感体验影响因素理论模型。

（一）开放式编码

在开放式编码阶段，主要是对原始数据资料进行逐字逐句的抽取和分析，从中获取初始概念并归纳提炼出范畴。为了摒除个人偏见造成的误差，本书采用直接录入受访者原话的方式（部分过于口语化的表述做了适当修改），进行逐字逐句分析挖掘，从中提取概念化标签，并对重复和交叉的初始概念进行归纳，剔除掉前后表述不一致、出现频率极低的初始概念。然后，通过深入思考和比较概念之间的异同，将具有相同内涵的概念进行合并、抽象，提炼出范畴。为了保证开放式编码的信度，由 3 名研究人员共同进行讨论和交叉校验。最终形成了 59 个概念、26 个范畴，如表 3-4 所示。

表 3-4　　　　　开放式编码形成的概念与范畴

范畴化	概念化	代表性访谈编号
排版布局	界面布局方式	（P13） （P18）
	界面排版方式	（P19） （P10）

续表

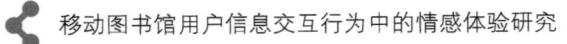

范畴化	概念化	代表性访谈编号
界面色彩	颜色搭配	（P26）（P1）
界面色彩	颜色要素	（P27）（P12）
界面色彩	颜色模式	（P16）（P7）（P20）
界面文字	文字间距	（P28）
界面文字	文字大小	（P18）（P14）
界面文字	文字字体	（P25）
图标符号	Logo	（P6）
图标符号	插图	（P10）
设计风格	封面	（P5）
设计风格	设计风格	（P17）（P16）
设计风格	界面风格	（P1）
信息组织清晰度	导航分类	（P8）
信息组织清晰度	资源目录	（P10）
信息资源丰富性	电子书	（P14）
信息资源丰富性	听书	（P19）
信息资源丰富性	视频讲座	（P21）
信息资源丰富性	网络资源	（P13）
信息资源特色性	特藏	（P22）
信息分类合理性	搜索结果排序合理性	（P24）
信息更新及时性	资源版本更新	（P19）
功能易用性	操作简洁度	（P11）

第三章 用户信息交互行为中的情感体验形成机理与影响因素

续表

范畴化	概念化	代表性访谈编号
系统响应性	登录加载时间	(P26)
	响应速度	(P2) (P18)
情境感知性	地理位置识别	(P20)
	情境自适应	(P4) (P10)
交互方式多元化	悬浮按钮设计	(P2)
	人工服务	(P2)
功能完整性	借阅查询功能	(P3)
	检索功能	(P11)
	移动阅读功能	(P20)
	视听功能	(P18)
	座位预约功能	(P1)
功能创新性	虚拟馆员	(P7)
	3D导览	(P15)
服务质量	专业性	(P6) (P22)
	个性化	(P13) (P10)
科研支持	学术思维启发	(P3)
	科研帮助	(P23)
职业规划	工作习惯培养	(P16)
	工作效率提升	(P6)
	工作技能获取	(P12)
能力提升	习惯养成	(P11)
	碎片时间利用	(P8)

· 107 ·

续表

范畴化	概念化	代表性访谈编号
知识获取	拓宽知识面	(P13)(P1)
	有价值信息	(P5)
	提高文学素养	(P22)
社会认同感	感受共鸣	(P11)
	表达共鸣	(P1)
	交流归属感	(P27)
交流互动	情感交流	(P11)(P4)
	见解交流	(P26)
	思想碰撞	(P2)
分享价值	信息交流价值	(P7)
	人际情感价值	(P5)
人口属性	性别	(P13)(P11)
	年龄	(P21)
使用经验	使用经验	(P17)

(二) 主轴式编码

在主轴式编码阶段，需要采用"因果条件→现象→脉络→中介条件→行动/互动策略→结果"的典范模型，将开放式编码阶段得到的所有范畴通过逻辑梳理、分类，进一步提炼出主范畴①。由于开放式编码得到的范畴几乎都是独立的，并没有深入揭示不同范畴之间的内在关联，因此需要通过聚类分析和归纳总结，找出每个不同范畴之间的内在联系，形成主范畴和子范畴，并试图找到各范畴中潜在的脉络或逻辑关

---

① Corbin, Juliet M., and Anselm Strauss, "Grounded Theory Research: Procedures, Canons, and Evaluative Criteria", *Qualitative Sociology*, Vol. 13, No. 1, Mar. 1990, pp. 3-21.

第三章 用户信息交互行为中的情感体验形成机理与影响因素

系，如因果关系、递进关系、情景关联、主体一致、时间连续等。对此，本书在开放式编码提炼得到的初始范畴基础上，进一步分析、归纳出7个主范畴，包括：视觉设计、信息内容、服务功能、交互设计、社交互动、个人价值和个体特征，如表3-5所示。

表3-5　　　　　主轴式编码形成的主范畴及其内涵

主范畴	子范畴	内涵
视觉设计	界面色彩	用户认为移动图书馆的色彩效果很舒服
	界面文字	用户认为移动图书馆的文字统一规范
	图标符号	用户认为移动图书馆的图标符号具有识别度
	排版布局	用户认为移动图书馆的排版布局很合理
	设计风格	用户喜欢移动图书馆的设计风格
信息内容	信息组织清晰度	用户认为移动图书馆的信息组织很清晰
	信息资源丰富度	用户认为在移动图书馆上他/她可以找到所需的信息资源
	信息资源特色性	移动图书馆提供特藏资源
	信息分类合理性	用户认为移动图书馆的信息分类很合理
	信息更新及时性	用户认为移动图书馆的信息更新很及时
服务功能	功能完整性	用户认为移动图书馆的服务功能可以充分满足他/她的服务需求
	功能创新性	用户认为移动图书馆的服务功能具有创新性
	服务质量	用户认为移动图书馆可以提供高质量的服务
交互设计	系统易用性	用户认为使用移动图书馆服务操作很简单
	系统响应性	用户认为使用移动图书馆系统可以帮助用户快速完成任务
	情境感知性	移动图书馆可以根据用户情境变化提供自适应服务
	交互方式多元化	用户可以通过多元化交互方式访问移动图书馆资源或使用移动图书馆服务
	系统容错率	当用户使用移动图书馆系统出错时，用户可以轻松快速地恢复

续表

主范畴	子范畴	内涵
社交互动	社会认同感	用户认为使用移动图书馆可以获得归属感和认同感
	交流互动	用户认为使用移动图书馆同好友和网友交流，会让用户获取新思维、新情感
	分享价值	用户认为使用移动图书馆分享功能可以促进信息分享和人际情感维系
个人价值	科研支持	用户使用移动图书馆是为了完成学术任务
	职业规划	用户使用移动图书馆是为了自己的职业规划
	能力提升	用户使用移动图书馆是为了提高自己的阅读能力与水平
	知识获取	用户使用移动图书馆是为了拓展知识，促进自身成长
个体特征	人口属性	不同性别的用户对移动图书馆的体验感知存在差异
	使用经验	不同使用经验的用户对移动图书馆的体验感知存在差异

（三）选择式编码

在选择式编码阶段，主要聚焦于主范畴、子范畴和概念之间的逻辑关系检验和补充，挖掘扎根理论的核心类属；并通过反复审视原始访谈资料和备忘录，梳理出"故事线"将其有机地联系起来，形成基于范畴关系的扎根理论模型。

根据前文所述的移动图书馆用户情感体验形成机理，在用户信息交互行为中，情感体验的产生是从个体感官系统对外界影响因素刺激信息的初始反应，到交互进程中经过大脑对信息的加工处理后对影响因素特征的提取与感知，再到经过深度认知后对整个交互过程的反思与深刻体会，是一个动态演进的过程，由此形成一条完整的"故事线"。用户体验专家唐纳德·诺曼教授在《情感化设计》一书中提出了情感化设计的三层次理论，分别从本能层、行为层和反思层阐述了不同设计要素对情感体验的作用机制，如图3-11所示[1]。其中，本能层是指产品带给

---

[1] ［美］唐纳德·A. 诺曼：《情感化设计》，张磊译，中信出版社2015年版。

第三章 用户信息交互行为中的情感体验形成机理与影响因素

用户的感官刺激，与人类情绪中固有的、自发的以及符合生理特性的因素相关，是情感加工的起点；行为层是在产品的使用中触发的用户情感，与功能可见性、有用性、易用性和使用愉悦感等因素相关，是认知情感形成的关键所在；反思层则是在前两个层次的作用基础上，通过产品理念与价值的传达所激发的用户情感共鸣，是用户对交互对象和交互过程的有意识深度思考，受到个体认知能力、过往经历、文化背景、理想信念等多种因素的综合影响，体现了认知情感的升华①。

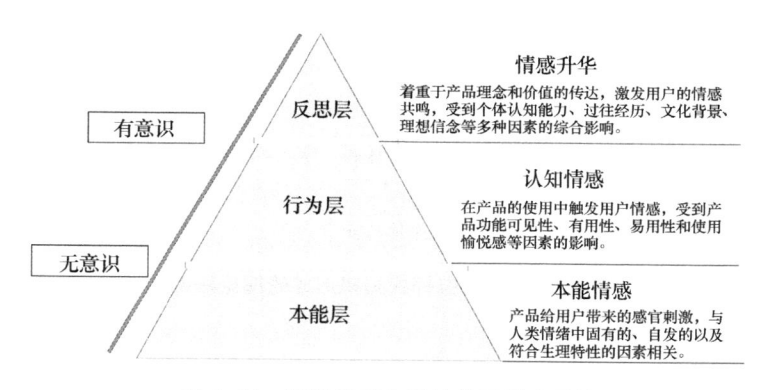

图3-11 诺曼情感化设计的三层次理论

可见，移动图书馆用户情感体验的形成机理与诺曼的三层次理论内涵相一致。鉴于此，本书基于该理论建立用户情感体验影响因素理论模型的"故事线"：在移动图书馆用户信息交互行为中，来自本能层、行为层、反思层三个维度的相关因素是引发用户情感体验的重要因素，据此，通过开放式编码确定了"本能层""行为层""反思层""情感体验"四个核心范畴；围绕核心范畴，通过"故事线"建立各主范畴、子范畴之间的联系，将"视觉设计"归入本能层影响因素；将"信息

---

① 丁俊武、杨东涛、曹亚东、王林：《情感化设计的主要理论、方法及研究趋势》，《工程设计学报》2010年第1期。

· 111 ·

内容""服务功能""交互设计"归入行为层影响因素;将"社交互动""个人价值"归入反思层影响因素;同时,将"个人特征"作为用户主观层面影响因素,由此形成完整的证据链。在此基础上,初步构建了移动图书馆用户信息交互行为中的情感体验影响因素模型框架,如图3-12所示。

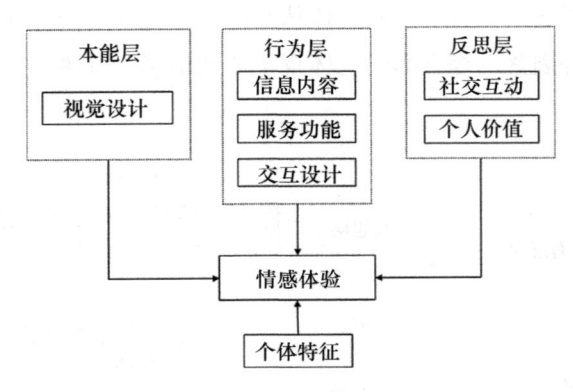

图3-12 基于选择式编码形成的理论框架

（四）理论饱和度检验

理论饱和度检验主要包含两方面标准:一是已经在一定深度上探究了访谈资料中可以提取的每个概念类属,没有新的类属出现;二是在不同条件下已尽可能穷尽类属在其属性和维度上的形成发展,包括变化形式,以及与其他概念之间可能存在的关系。为了检验前述扎根理论分析结果的理论饱和度,在访谈工作结束后,课题组随机抽取了4位受访者的原始资料进行二次分析,通过开放式编码、主轴式编码和选择式编码没有发现新的概念类属或范畴,且所有主范畴的联系完备无缺,没有重复和遗漏。同时,编码结果也符合"移动图书馆用户信息交互行为中的情感体验影响因素"这一核心范畴。由此,本书认为编码工作已经达到了理论上的饱和,相关抽样和访谈工作可以至此结束。

四 影响因素理论模型构建与阐释

在文献回顾基础上,本书围绕核心问题,通过深度访谈、资料整理等数据收集过程,以及开放式编码、主轴式编码和选择式编码三个分析环节,最后经过理论饱和度检验,建立了移动图书馆用户信息交互行为中的情感体验影响因素理论框架,如图3-13所示。

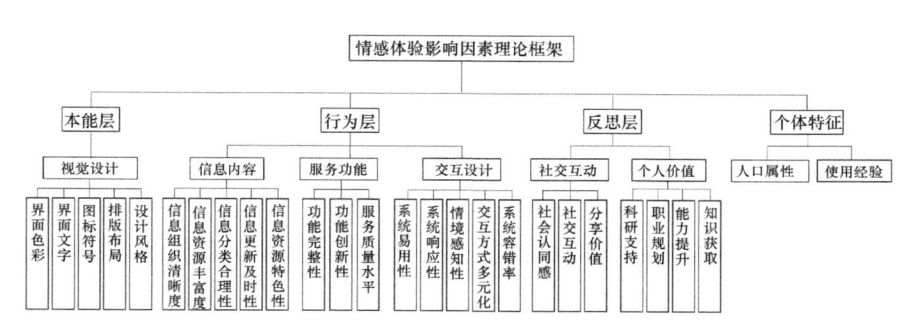

图3-13 移动图书馆用户信息交互行为中的情感体验影响因素理论框架

（一）本能层影响因素

本能层主要通过对用户的感官刺激引发用户的本能情感体验。人的感官系统包括：视觉、听觉、触觉、嗅觉、味觉。但在对受访者的访谈材料进行编码分析时,我们发现受访者主要提及的是视觉因素对其使用移动图书馆产生的情感影响。通过对原始语料分析发现,视觉因素主要涉及文字、色彩、图标符号、排版布局、设计风格几个方面。本书将这5个范畴概括为视觉设计主范畴。已有研究成果表明：APP的界面配色、字体、图标等视觉元素的设计效果会影响用户的视觉感知,从而触发本能的情绪感受;而综合运用立体、色彩、形态、图片、线条和文字把需要传达的信息表现出来,形成特定布局和信息结构,则能帮助用户更好地与服务平台进行交互,让用户产生愉悦的情绪。譬如,协调统一、整洁有序的界面布局会降低用户视觉系统对界面信息的加工难度,触发正面积极的情绪①。受访者普遍反映，不佳的视觉设计会让他们产生烦躁、不安的情绪。例如，有受访者谈道："如果这个界面不怎么好看，而且布局很混乱的话，会让我更加烦躁，甚至不想继续我的工作了"（P13）；还有受访者表示："就感觉密密麻麻的都是文字，很紧凑，看得眼睛痛，让我感觉很压抑。"（P19）但也有受访者认为，好的视觉感受会给自己带来愉悦的情绪，例如，"首页设计风格很有文化氛围，图书阅读的排版也比较好看，用着心情都很好"（P18）。

（二）行为层影响因素

行为层关注的是移动图书馆用户在进行信息交互行为时所产生的情感体验。通过对原始语料的分析和归纳，我们发现用户在交互行为中产生的情感体验主要与移动图书馆的信息内容、服务功能和交互设计息息相关。李小青通过调查研究与观察分析，将用户在交互过程中产生的使用感受分为功能体验、内容体验和互动体验，与本书的扎根理论分析结果基本一致②。信息内容反映了移动图书馆的资源质量。本书从信息组织清晰度、信息资源丰富度、信息资源特色性、信息分类合理性和信息更新及时性五个方面来衡量移动图书馆的资源质量。已有研究证明：资源质量越高，用户在使用移动图书馆时更容易满足自身知识需求，完成工作任务，从而产生更高满意度③。服务功能是移动图书馆具备的功能属性。目前，大部分移动图书馆均可以为用户提供文献借阅、在线阅读、视频学习、空间预约、资讯获取等基本服务，并整合丰富的馆藏资源和网络资源为读者提供知识服务。因此，当移动图书馆可以充分满足用户的功能性需求时，将会有效提升用户满意度；相反，若其基本功能

---

① 陈越红、王烁尧：《UI设计中的视觉心理认知与情感化设计分析》，《艺术设计研究》2021年第2期。

② 李小青：《基于用户心理研究的用户体验设计》，《情报科学》2010年第5期。

③ 明均仁、张俊：《高校移动图书馆APP用户满意度的影响因素》，《图书馆论坛》2018年第4期。

不完备，则会导致用户产生负面消极情绪①。此外，一些移动图书馆积极借助先进的技术手段提供了创新性功能，带给用户超出预期的惊喜感。例如，有受访者提到："我那天看图书馆 APP 有个试用功能，推出了虚拟馆员，好新鲜啊！我还互动了半天。就是形象还可以再优化一下。"（P7）交互设计侧重反映用户与移动图书馆服务平台、服务主体之间的信息互动。大部分受访者认为，友好的交互设计应该具备多元化交互方式、及时响应速度、易用性和可用性，并有较好的容错功能。例如，受访者 P11 表示："操作方式不太简洁，我现在都没有弄明白要怎么去使用，所以我就不太喜欢用我们学校的移动图书馆。"而在与图书馆员交互的过程中，有受访者则表示："有时感觉在线咨询一个问题总是不能及时得到回复，有点影响使用体验。"（P18）齐向华和刘小晶在探讨图书馆员服务能力与图书馆—用户关系质量的影响作用时发现，图书馆员对用户咨询问题的及时反馈，会拉近用户与图书馆之间的距离，使用户对图书馆产生更强的信任感②。

（三）反思层影响因素

反思层关注的是用户对移动图书馆的认知和思考，主要通过本能层和行为层的综合作用强化用户对移动图书馆服务的认同感并进一步激发特殊情感，满足用户精神文化层面的需求。本书通过扎根理论分析发现，用户在开展信息交互后会感受到移动图书馆对个人产生的价值意义，增强文化交流和知识探讨的需求，并产生归属感、满足感、成就感等精神层面的情绪感受。个人价值主要体现在：知识获取、能力提升、职业规划和科研支持四个方面。王靖芸和魏群义利用 Meta 文献定量分

---

① Kumar, Anil, and Preeti Mahajan, "Evaluating Library Service Quality of University of Kashmir: A LibQUAL + Survey", *Performance Measurement and Metrics*, Vol.20, No.1, 4 Feb. 2019, pp.60-71.

② 齐向华、刘小晶：《高校图书馆员服务能力对图书馆—用户关系质量的影响研究》，《图书馆学研究》2019 年第 9 期。

析方法证实了个人价值是移动图书馆用户体验的关键影响因素之一[1];王晞巍和任明铭通过扎根理论方法验证了个人认知价值与情感满足呈正相关关系[2]。在深度访谈中,一些受访者提到使用移动图书馆获取知识可以带来情绪上的快乐。例如,受访者 P7 认为:"有时候看到一些反映专业前沿成果的书籍能学到很多新东西,收获一些新知识,当然会很快乐。"受访者 P8 则认为获取知识、结交志同道合的书友是移动图书馆为他带来的最大意义("看看书,认识一些有相同阅读爱好的人,然后丰富一下自己的知识和阅历,我觉得这样挺好的,这个是对我最大的意义")。在原始访谈资料中,关于职业规划的内容主要反映出使用移动图书馆可以使受访者通过知识能力提升带动工作效率提升。例如,受访者 P16 认为:"对以后线上的一些工作模式或者学习模式会有很大的帮助";受访者 P6 则提到:"随时随地检索一些目前需要的文献书籍,对提升工作效率有比较大的帮助。"此外,移动图书馆对学生、教师、专职科研工作者的主要作用在于可以为其提供学术科研支撑。学者们在研究学术阅读信息行为时发现:大部分学生都认为完成学术任务是进行学术阅读的主要目的,并验证了学术阅读中个人内在价值满足对情感体验的正向影响。

反思层还可以通过满足用户的社交互动带来愉悦的情感体验。胡昌平和张晓颖在研究社会推荐服务时,验证了用户间的互动表达和社会关联会通过感知交互性来影响用户情感体验[3]。尽管移动图书馆不是典型的社交服务主体,但是越来越多的移动图书馆开始注重以知识交流为核心的社交功能开发与完善。许多受访者表示通过知识交流获得他人认同

---

[1] 王靖芸、魏群义:《移动图书馆用户体验影响因素 Meta 分析》,《国家图书馆学刊》2018 年第 5 期。

[2] 王晞巍、任明铭:《移动阅读工具对用户体验的影响因素研究》,《现代情报》2019 年第 2 期。

[3] 胡昌平、张晓颖:《社会化推荐服务中的用户体验模型构建》,《情报杂志》2014 年第 9 期。

会感到心情愉悦。例如，有受访者谈道："还有蛮多人给我点赞的，就还有一点 happy，感觉还不错。起码大家认同我的观点。"（P1）除了满足用户的认同感，社交互动带来的趣味性也会为用户带来积极的情感体验。有受访者谈道："像带有互动功能的移动阅读就不错，就是在阅读的过程中实现跟别人的互动，给读书的过程带来了很多乐趣。"（P11）此外，对阅读内容本身的交流也会让用户产生新的见解和想法，有受访者提出："我可以看到更多的人对这本书的见解，让我能更深刻地理解这本书的内容。每个人对它的不同理解有时甚至会引起我对人生的思考。"（P4）

（四）个体特征

本书通过扎根理论提取的个体特征影响因素主要包括用户的人口属性与使用经验。通过深度访谈，我们了解到男性用户和女性用户在信息交互的情感体验上存在较为明显的差异。其中，有女性受访者认为："图书馆 APP 首页的设计风格非常小清新，是女孩子喜欢的类型，还专门推荐了适合不同职业女性阅读的电子书，非常棒"（P13）；而男性受访者则普遍对页面设计、配色、插图之类不敏感。除此之外，不同年龄段的受访者对情感体验的影响因素也存在一定感知差异。有年龄较大的受访者表示："可能我属于中老年用户吧，对界面设计、色彩什么的并不很在意，我就是希望字体大、清晰，看起来不费劲，而且阅读功能最好设置得简单一点，适合老年人操作。"（P21）而受访者的移动图书馆使用经验也会对其情感体验产生不同影响。比如，长期使用移动图书馆服务的用户更容易产生依赖感和信任感，甚至对移动图书馆具有一种特殊的文化情怀。受访者 P17 就谈道："我是移动图书馆的重度用户，几乎每天都会使用，感觉自己可能有很强烈的情怀了，觉得每天和图书馆接触就是在接受文化熏陶，很美好"。

第四节　情感体验影响因素的作用机制

基于扎根理论的探索性研究，本书构建了移动图书馆用户信息交互行为中的情感体验影响因素理论模型，阐释了各因素的概念界定和维度结构。为了进一步揭示不同因素对用户情感体验的具体作用机制，以及因素之间的内在关联，本书在扎根理论分析结果的基础上，应用定量研究方法，提出研究假设，并进行检验与解释，从而对质性研究成果进行交叉验证。

一　研究假设的提出

根据前文已构建的情感体验理论框架（见图3-13）及其理论阐释，并基于相关文献资料，本书针对不同影响因素对用户情感体验的作用机制提出具体理论假设，建立整合模型。

其中，本能层、行为层和反思层包含的主要因素对用户体验或具体情感反应的影响已在相关文献中得到一定验证。据此，针对移动图书馆用户情感体验而言，我们提出如下研究假设：

H1：视觉设计对移动图书馆用户信息交互行为中的情感体验具有显著影响。

H2a：信息内容对移动图书馆用户信息交互行为中的情感体验具有显著影响。

H2b：服务功能对移动图书馆用户信息交互行为中的情感体验具有显著影响。

H2c：交互设计对移动图书馆用户信息交互行为中的情感体验具有显著影响。

H3a：社交互动对移动图书馆用户信息交互行为中的情感体验具有显著影响。

H3b：个人价值对移动图书馆用户信息交互行为中的情感体验具有显著影响。

用户个体特征作为独立因素并不能对用户情感体验产生直接影响。但是，通过扎根理论分析发现，不同性别、年龄和使用经验的用户对于不同影响因素的感知和思考存在一定差异，从而可能产生不同状态和程度的情感反应。Kudielka 等认为：人们对外界刺激的感受和反应都表现出极大的个体差异，年龄、性别、受教育水平和过往经历等因素都会对个体的应激反应及随后的认知和体验起到调节作用[1]；McLean 等通过构建移动应用程序用户体验模型，验证了易用性、定制化和便利性等功利因素在用户体验方面的重要性，以及性别对用户体验的调节作用[2]；刘鲁川和孙凯通过对微博的实证研究发现：用户正向情感与满意度之间存在显著的正相关关系，并且用户的个人使用经验能够在正向情感与满意度之间起到正向调节作用[3]。据此，本书认为：移动图书馆用户的性别、年龄和使用经验在影响因素与其情感体验之间具有调节作用。由此提出如下研究假设：

H4a-c：移动图书馆用户性别分别对本能层、行为层、反思层影响因素与情感体验之间的关系具有调节作用。

H5a-c：移动图书馆用户年龄分别对本能层、行为层、反思层影响

---

[1] Kudielka, Brigitte M., et al., "Why Do We Respond so Differently? Reviewing Determinants of Human Salivary Cortisol Responses to Challenge", *Psychoneuroendocrinology*, Vol. 34, No. 1, Jan. 2009, pp. 2-18.

[2] McLean, Graeme, et al., "Developing a Mobile Applications Customer Experience Model (MACE) -Implications for Retailers", *Journal of Business Research*, Vol. 85, Apr. 2018, pp. 325-336.

[3] 刘鲁川、孙凯：《社会化媒体用户的情感体验与满意度关系——以微博为例》，《中国图书馆学报》2015 年第 1 期。

因素与情感体验之间的关系具有调节作用。

H6a-c：移动图书馆用户使用经验分别对本能层、行为层、反思层影响因素与情感体验之间的关系具有调节作用。

根据以上研究假设，本书建立了理论模型，如图3-14所示。

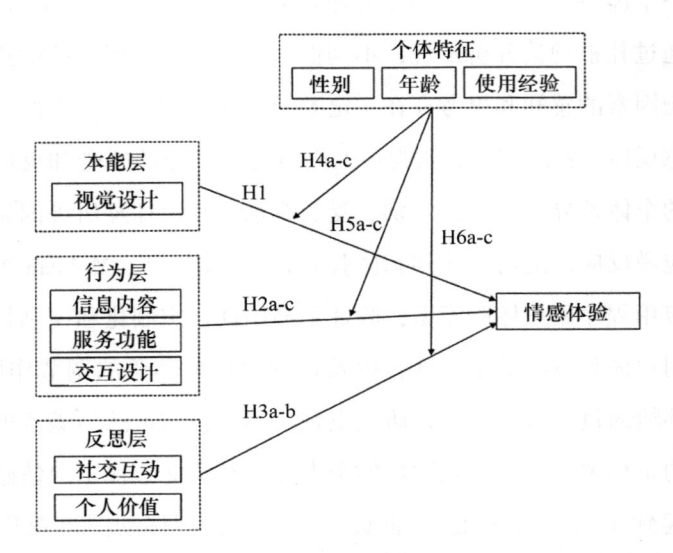

图3-14 移动图书馆用户情感体验影响因素作用机制理论模型

二 问卷设计与数据收集

本书通过问卷调查收集数据样本。首先，对理论模型中的各类变量进行操作化定义，即设置问卷测度题项，然后形成初始调查问卷，再经过问卷前测形成正式问卷，开展实证调查研究。

（一）影响因素测度题项

影响因素涉及3个维度的6个变量，各变量包含了具体的子变量（主轴式编码结果）。为了保证数据的可信度与有效性，本书在质性分析基础上，参考用户体验、情感体验领域的相关实证研究量表，进行各变量的测度题项设置，如表3-6所示。

第三章 用户信息交互行为中的情感体验形成机理与影响因素

表 3-6　　　　　　　　情感体验影响因素测度题项

变量	子变量	测度题项	来源
视觉设计	界面色彩	移动图书馆的界面色彩赏心悦目	何玉洁（2022） 吴慧萌（2021） Hoivik（2013） Vallerand（1992） 本书编码资料
	界面文字	移动图书馆的界面文字统一规范	
	图标符号	移动图书馆的图标符号规范清晰	
	排版布局	移动图书馆的界面排版布局合理	
	设计风格	移动图书馆的设计风格美观适用	
信息内容	信息组织清晰度	移动图书馆的信息组织清晰明了	王晶（2017） 伍贤丽（2017） Hranchak（2022） Schiefele（2016） 本书编码资料
	信息资源丰富度	移动图书馆的信息资源丰富全面	
	信息资源特色性	移动图书馆的信息资源体现了馆藏特色	
	信息分类合理性	移动图书馆的信息分类科学合理	
	信息更新及时性	移动图书馆的信息更新及时	
服务功能	功能完整性	移动图书馆的服务功能全面完整	刘海（2020） 温韬（2007） Savitskaya（2020） 本书编码资料
	功能创新性	移动图书馆的服务功能具有创新性	
	服务质量水平	移动图书馆提供高质量信息服务	
交互设计	系统易用性	移动图书馆服务平台易于操作	吴玥（2022） 吕美玉（2022） 本书编码资料
	系统响应性	移动图书馆可以及时响应用户需求	
	情境感知性	移动图书馆具有情境自适应性	
	交互方式多元化	移动图书馆提供多元化交互方式	
	系统容错率	移动图书馆系统稳定不易出错	
社交互动	社会认同感	使用移动图书馆可以增强社会认同感	栾春燕（2021） 刘宇清（2018） 本书编码资料
	社交互动	使用移动图书馆可以增强交流互动	
	分享价值	使用移动图书馆可以促进知识分享	
个人价值	科研支持	使用移动图书馆可以为科学研究提供帮助	王靖芸（2018） 马晓萱（2022） 本书编码资料
	职业规划	使用移动图书馆可以为职业规划提供帮助	
	能力提升	使用移动图书馆可以提升自身能力	
	知识获取	使用移动图书馆可以拓宽知识视野	

（二）情感体验测度题项

根据前文提出的概念界定，移动图书馆用户情感体验反映了用户在

· 121 ·

移动图书馆用户信息交互行为中的情感体验研究

使用移动图书馆资源和服务过程中产生的情绪感受以及表现的情感状态。因此,需要首先明确用户在移动图书馆信息交互过程中普遍表现出的情感状态。在已有研究中,通常基于心理学领域的情感理论,从人类基本情感中选择若干常见情感状态进行度量[1]。但是情感体验具有情境性,不同情境下表现的情感状态可能存在较大差异,难以直接借鉴其他研究情境下的情感量表对移动图书馆用户情感体验进行准确测度[2]。鉴于此,本书基于前期深度访谈获取的原始资料,通过反复审视与文本分析,提取了37个情感词汇。而由于情感体验又具有高度主观性,并受到被访者语言水平和表达能力的影响,因此所提取的情感词汇难免存在一定偏差或疏漏。故本书同时参考已有相关研究中提出的情感状态变量[3][4][5],经过比较汇总后得到60个情感词汇。在此基础上,综合参考Kracker[6]、Scherer[7]、Beaudry[8]提出的情感分类模型(词汇表),将情感词汇按照语义相似性和上下文情境进行聚类汇总,最后得到15个情感状态类别,以此作为移动图书馆用户情感体验的测度题项。与此同

---

[1] Westbrook, Robert A., and Richard L. Oliver, "The Dimensionality of Consumption Emotion Patterns and Consumer Satisfaction", *Journal of Consumer Research*, Vol. 18, No. 1, Jun. 1991, pp. 84–91.

[2] Page, Kelly, et al., "How Does the Web Make Youth Feel? Exploring the Positive Digital Native Rhetoric", *Journal of Marketing Management*, Vol. 26, No. 13–14, 8 Dec. 2010, pp. 1345–1366.

[3] 李彤彤、郭栩宁、周彦丽、李坦:《新冠肺炎疫情下大学生情感状态及其影响因素分析——基于微博文本挖掘的证据》,《开放学习研究》2022年第5期。

[4] 徐上谋、解仑、韩晶、刘欣、王志良:《基于情感状态转移模型的外界刺激影响分析》,《工程科学学报》2015年第11期。

[5] 马翔宇、余磊、赵文娟:《人格特质、情感状态和工作满意度动态关系研究》,《甘肃科学学报》2014年第2期。

[6] Kracker, Jacqueline, "Research Anxiety and Students' Perceptions of Research: An Experiment. Part I. Effect of Teaching Kuhlthau's ISP Model", *Journal of the American Society for Information Science and Technology*, Vol. 53, No. 4, Jan. 2002, pp. 282–294.

[7] Scherer, Klaus R., "What Are Emotions? And How Can They Be Measured?", *Social Science Information*, Vol 44, No. 4, Dec. 2005, pp. 695–729.

[8] Beaudry, Anne, et al., "The Other Side of Acceptance: Studying the Direct and Indirect Effects of Emotions on Information Technology Use", *MIS Quarterly*, Vol. 34, No. 4, Dec. 2010, pp. 689–710.

时，根据 Russell 提出的经典的情感环状模型①，将聚类得到的移动图书馆用户情感状态进一步划分为积极情感和消极情感两大类，如表 3-7 所示。

表 3-7　　　　　　移动图书馆用户情感状态聚类结果

情感极性	情感状态	包含的情感词汇
积极情感	惊喜	惊喜、惊奇、欣喜
	兴奋	兴奋、振奋、亢奋、有趣
	愉悦	愉悦、高兴、开心、喜悦、快乐、愉快
	激动	激动、感动、心动
	惬意	惬意、舒心、舒适、舒服
	满足	满足、称心、满意
	放松	放松、自由、无负担
	期待	期待、期望、期盼、希望
消极情感	沮丧	沮丧、懊恼、难过、伤心、悲伤
	焦虑	焦虑、焦急、恐慌、心急
	烦躁	烦躁、焦躁不安、烦扰、难受
	挫败	挫败、失败、打击、气馁、疲惫
	失望	失望、扫兴、灰心、失落
	枯燥	枯燥、无趣、乏味、索然无味、沉闷
	困惑	困惑、迷惑、混乱、杂乱、纠结

（三）问卷发放与数据收集

为了保证用户情感体验测度的有效性与准确性，并充分体现移动图书馆用户情感状态的典型代表性，我们分两个阶段进行了问卷调研。

① Russell, James A., "A Circumplex Model of Affect", *Journal of Personality and Social Psychology*, Vol. 39, No. 6, Dec. 1980, pp. 1161-1178.

阶段一：移动图书馆用户情感体验调研

根据表 3-7 聚类汇总的结果，形成了移动图书馆用户情感状态调查问卷，参考 Page 的情感测量方法[①]，要求参与调查者回忆最近一个月使用移动图书馆过程中产生的情绪感受，然后从情感状态问卷题项中选择相应的情感状态。问卷调查采用在线方式进行，通过问卷星网站创建问卷链接，并在多个省级、高校图书馆的虚拟社区、社交平台公众号上发放，邀请具有移动图书馆使用经验的用户填答（已在问卷开头语中进行说明）。历时一个月共收回问卷 161 份。使用均值分析中的独立样本 T 检验判断样本是否来自同一个总体。结果表明：按问卷填答时间排序，前 20% 和后 20% 的样本在所有测量项目上均不存在显著性差异（$\alpha = 0.05$），可以确定样本来自同一个总体[②]。

通过对阶段一的用户情感状态调查结果进行频数分析，可以看到：总体频率最高的前五项情感状态分别是愉悦（19.8%）、满足（15.6%）、惬意（13.1%）、失望（12.0%）、放松（10.8%）。而兴奋（0.9%）、沮丧（0.9%）、激动（0.5%）、烦躁（0.5%）、挫败（0.3%）这些情感状态的总体出现频率则低于 1%，如表 3-8 所示。

表 3-8　　　　移动图书馆用户情感状态频数统计

序号	情感状态	频次	总体频率（%）	样本频率（%）
1	愉悦	115	19.8	71.4
2	满足	91	15.6	56.5
3	惬意	76	13.1	47.2
4	失望	70	12.0	43.5

[①] Page, Kelly, et al., "How Does the Web Make Youth Feel? Exploring the Positive Digital Native Rhetoric", *Journal of Marketing Management*, Vol. 26, No. 13-14, Dec. 2010, pp. 1345-1366.

[②] 刘鲁川、孙凯：《社会化媒体用户的情感体验与满意度关系——以微博为例》，《中国图书馆学报》2015 年第 1 期。

续表

序号	情感状态	频次	总体频率（%）	样本频率（%）
5	放松	63	10.8	39.1
6	惊喜	42	7.2	26.1
7	期待	35	6.0	21.7
8	困惑	28	4.8	17.4
9	焦虑	26	4.5	16.1
10	枯燥	18	3.1	11.2
11	兴奋	5	0.9	3.1
12	沮丧	5	0.9	3.1
13	激动	3	0.5	1.9
14	烦躁	3	0.5	1.9
15	挫败	2	0.3	1.2

注：总体频率=该情感状态出现频次/所有情感状态出现频次的总和；样本频率=该情感状态出现频次/参与调查者样本总量。

阶段二：移动图书馆用户情感体验影响因素作用机制调研

由表3-8可知，移动图书馆用户情感状态的总体出现频率分布表现出较大差异。据此，本书选取总体出现频率高于1%的10种情感状态作为第二阶段问卷调查的情感体验测度指标，由此保证情感体验的典型代表性。在此基础上，阶段二的调查问卷由三部分组成：第一部分是用户背景信息调查，包括性别、年龄、职业背景、教育层次、移动图书馆使用经验等基本题项；第二部分是用户情感体验影响因素调查，包含3个维度25个题项，采用Likert 5级量表（1表示"非常不同意"；5表示"非常同意"）测度被调查者对各项影响因素的态度；第三部分是用户情感体验调查，包含10个情感状态测度题项，采用Westbrook的情感测量方法[1]，基于Likert 5级量表（1表示"从未体验过"；5表示"每次

---

[1] Westbrook, Robert A., et al., "The Dimensionality of Consumption Emotion Patterns and Consumer Satisfaction", *Journal of Consumer Research*, Vol. 18, No. 1, Jun. 1991, pp. 84–91.

使用都能体验到")测度被调查者产生的情感体验。

为了保证调查问卷的合理性,进行了问卷前测。通过信度和效度检验,证明问卷题项设置具有合理性。正式问卷通过问卷星网站生成链接,并在图书馆虚拟社区、社交平台上发放,邀请具有移动图书馆使用经验的用户填答(已在问卷开头语中进行说明)。在为期三个月的调查周期内共收回382份问卷,剔除全部都是相同选项的问卷67份,最终获得有效问卷315份,有效率为82.5%。样本描述性统计结果如表3-9所示。

表3-9　　情感体验影响因素调查描述性统计结果

变量		频数	百分比(%)
性别	男	136	43.17
	女	179	56.83
年龄	18岁以下	12	3.81
	18—25岁	141	44.76
	26—35岁	92	29.21
	36—45岁	32	10.16
	46—55岁	20	6.35
	55岁以上	18	5.71
学历	高中及以下	10	3.17
	专科	35	11.11
	本科	127	40.32
	硕士	101	32.06
	博士	42	13.33
职业	全日制学生	248	78.73
	教师/科研人员	30	9.52
	国企事业单位人员	15	4.76
	专业人士(律师、记者、医护人员等)	10	3.17

续表

变量		频数	百分比（%）
职业	其他企业组织人员	8	2.54
	自由职业者	4	1.27
移动图书馆使用经验	1年以下	97	30.79
	1—2年	123	39.05
	2—3年	45	14.29
	3—5年	30	9.52
	5年以上	20	6.35

三 数据分析

对收集的问卷样本数据进行信度与效度检验后，采用多元回归分析和调节效应分析揭示理论模型中各变量之间的关联关系，明确不同影响因素对移动图书馆用户情感体验的作用机制，最后综合以上分析结果对研究假设进行检验。

（一）信度与效度检验

信度检验是验证调查问卷中各观测变量是否具有一致性的基本方法[1]。通过信度检验发现：问卷整体信度分析结果的 Cronbach's α 系数为 0.827>0.8，说明问卷具有较高的内部一致性；各变量分量表的 Cronbach's α 系数也均介于 0.7—0.8 之间（见表3-10），说明问卷信度良好。

表3-10　　　　　　　　　信度检验结果

变量	测度题项数	Cronbach's α 值
视觉设计	5	0.827

---

[1] Straub, Detmar, et al., "Validation Guidelines for IS Positivist Research", *Communications of the Association for Information Systems*, Vol. 13, Jan. 2004, pp. 380-427.

续表

变量	测度题项数	Cronbach's α 值
信息内容	5	0.813
服务功能	3	0.762
交互设计	5	0.781
社交互动	3	0.757
个人价值	4	0.756

效度检验用于评估问卷的有效性和准确性，即量表测度结果能否达到研究目标[①]。问卷效度分析结果的 KMO 指标值为 0.815>0.8，Bartlett 球形度检验的 $p<0.01$（见表 3-11），各变量的 KMO 指标值也均介于 0.7—0.8 之间，Bartlett 球形度检验的 $p<0.01$（见表 3-12），说明适合进行因子分析。对 25 个题项进行主成分分析，各影响因素变量的测度题项标准化因子载荷均大于 0.6，平均抽取方差 AVE 值均大于 0.5，说明观测变量能够很好地反映所属维度，问卷具有良好的结构效度水平。

表 3-11　　　　　　　总体 KMO 和 Bartlett 检验结果

	KMO 值		0.815
Bartlett 球形度检验	近似卡方		3217.618
	df		125
	p 值		0.000

[①] Straub, Detmar, et al., "Validation Guidelines for IS Positivist Research", *Communications of the Association for Information Systems*, Vol. 13, Jan. 2004, pp. 380-427.

表 3-12　　　　　　　各变量 KMO 和 Bartlett 检验结果

变量	KMO 值	Bartlett 球形度检验 近似卡方	p 值
视觉设计	0.823	217.593	0.000
信息内容	0.781	683.428	0.000
服务功能	0.760	1125.307	0.000
交互设计	0.812	529.639	0.000
社交互动	0.725	668.903	0.000
个人价值	0.737	362.757	0.000

（二）相关分析

为了进一步衡量各维度影响因素对移动图书馆用户情感体验的作用机制，本书采用 Pearson 相关分析法计算各变量之间的相关关系，然后通过回归分析探寻各维度影响因素在信息交互过程中对用户情感体验变化的解释程度。

相关关系计算结果如表 3-13 所示。在 $p=0.01$ 的显著水平上，视觉设计、信息内容、服务功能、交互设计、社交互动、个人价值与用户积极情感（愉悦、满足、惬意、放松、惊喜、期待）均为显著正相关关系，与用户消极情感（失望、困惑、焦虑、枯燥）呈显著负相关关系。其中，视觉设计、信息内容、交互设计 3 个因素与用户积极情感之间的相关程度最高；视觉设计、信息内容、个人价值 3 个因素与用户消极情感之间的相关程度最高。此外，从变量间的相关分析结果还可以看到：各影响因素之间均无强相关关系，适合构建回归模型。

移动图书馆用户信息交互行为中的情感体验研究

表 3-13　　影响因素与用户情感体验的相关分析结果

变量	视觉设计	信息内容	服务功能	交互设计	社交互动	个人价值	积极情感	消极情感
视觉设计	1							
信息内容	0.171	1						
服务功能	0.113	0.072	1					
交互设计	0.162	0.023	0.257	1				
社交互动	0.032	0.011	0.113	0.248	1			
个人价值	0.082	0.030	0.108	0.169	0.203	1		
积极情感	0.783**	0.730**	0.523**	0.672**	0.517**	0.630**	1	
消极情感	0.725**	0.681**	0.504**	0.521**	0.573**	0.658**	0.012	1

注：** 表示 $p<0.01$。

（三）回归分析

相关分析只能阐明影响因素与用户情感体验之间是否存在相互关联，无法揭示各因素与情感体验之间的因果关系及解释程度[①]。对此，本书进一步应用回归分析检验影响因素在信息交互过程中对用户情感体验的解释能力。

根据前述假设 H1、H2a-c 和 H3a-b，建立如下回归模型：

$$积极情感体验 = \beta_0 + \beta_1 \times 视觉设计 + \beta_2 \times 信息内容 + \beta_3 \times 服务功能 + \beta_4 \times 交互设计 + \beta_5 \times 社交互动 + \beta_6 \times 个人价值 + \varepsilon \quad (3-1)$$

$$消极情感体验 = \beta_0 + \beta_1 \times 视觉设计 + \beta_2 \times 信息内容 + \beta_3 \times 服务功能 + \beta_4 \times 交互设计 + \beta_5 \times 社交互动 + \beta_6 \times 个人价值 + \varepsilon \quad (3-2)$$

根据阶段一的调查研究结果，分别对积极情感体验和消极情感体验

---

① Shamsie, Jamal, et al., "In with the Old, in with the New: Capabilities, Strategies, and Performance among the Hollywood Studios", *Strategic Management Journal*, Vol. 30, No. 13, Dec. 2009, pp. 1440-1452.

进行回归分析，并采用测度题项平均值进行计算，结果如表 3-14 和表 3-15 所示。其中，两个回归方程显著性检验的统计量 F 值分别为 3.608 和 3.372，对应的 $p<0.01$，说明被解释变量的线性关系是显著的，模型具有合理性。在拟合优度检验中，模型（3-1）的 R^2 值为 0.527，调整后的 R^2 值为 0.506；模型（3-2）的 R^2 值为 0.513，调整后的 R^2 值为 0.492，说明两个回归模型中被解释变量可以被模型解释的部分较多，模型拟合优度较好。此外，变量的 VIF 值均小于 5，且变量间 Pearson 相关系数不显著，故模型不存在多重共线性问题。

从回归系数的显著性检验结果可以看到：视觉设计、信息内容、服务功能、交互设计、社交互动和个人价值 6 个影响因素与用户积极情感体验和消极情感体验之间的非标准化回归系数均在 0.01 水平下显著，证明各项影响因素对用户情感体验存在影响作用。而当标准化系数 Beta 值大于 0 时，说明影响因素对用户情感体验具有正向影响，且该值越大说明影响作用越大；当 Beta 值小于 0 时，说明影响因素对用户情感体验具有负向影响，且该值越小说明影响越大。表 3-14 的回归分析结果显示：回归模型（3-1）中的常数项约为 2.103，视觉设计、信息内容、服务功能、交互设计、社交互动和个人价值 6 个影响因素的标准化系数分别为 0.302、0.271、0.170、0.203、0.146、0.152。可见，视觉设计、信息内容和交互设计对用户积极情感体验的影响较大。表 3-15 的回归分析结果显示：回归模型（3-2）中的常数项约为 1.187，视觉设计、信息内容、服务功能、交互设计、社交互动和个人价值 6 个影响因素的标准化系数分别为 -0.319、-0.295、-0.150、-0.168、-0.208、-0.261。可见，视觉设计、信息内容和个人价值对用户消极情感体验的影响较大。

在整体分析基础上，本书进一步对本能层、行为层和反思层的各项影响因素进行了详细分析。通过分别构建各维度影响因素与移动图书馆用户 10 种主要情感状态之间的回归模型进行回归分析，由此揭示各维度影响因素对用户具体情感状态的影响机制。分析结果如表 3-16 至表 3-18 所示。

表 3-14　影响因素与用户积极情感体验之间的回归分析结果

	非标准化系数 B	标准化系数 Beta	t	p	VIF	R^2	调整 R^2	F
常数	2.103	—	3.715	0.000**	—			
视觉设计	0.315	0.302	2.627	0.000**	1.023			
信息内容	0.298	0.271	1.518	0.000**	1.011			
服务功能	0.186	0.170	3.216	0.000**	1.145	0.527	0.506	3.608**
交互设计	0.237	0.203	2.705	0.000**	1.063			
社交互动	0.165	0.146	1.616	0.002**	1.218			
个人价值	0.170	0.152	1.328	0.002**	1.223			

注：因变量为用户积极情感体验；** 表示 $p<0.01$。

表 3-15　影响因素与用户消极情感体验之间的回归分析结果

	非标准化系数 B	标准化系数 Beta	t	p	VIF	R^2	调整 R^2	F
常数	1.187	—	3.626	0.000**	—			
视觉设计	-0.323	-0.319	-2.308	0.000**	1.007			
信息内容	-0.309	-0.295	-1.636	0.000**	1.252			
服务功能	-0.168	-0.150	-2.055	0.000**	1.317	0.513	0.492	3.372**
交互设计	-0.187	-0.168	-1.332	0.003**	1.025			
社交互动	-0.236	-0.208	-2.302	0.000**	1.107			
个人价值	-0.283	-0.261	-2.406	0.000**	1.216			

注：因变量为用户积极情感体验；** 表示 $p<0.01$。

模型检验结果显示：各维度回归模型基本具有合理性，拟合优度较好，且不存在共线性。从标准化系数 Beta 值来看，在本能层维度，视觉设计效果对用户惬意情绪的影响并不显著，但对用户愉悦、放松情绪的产生起到了主要作用。与此同时，不佳的视觉设计效果也更容易引发用户困惑、枯燥和失望的消极情绪。在行为层维度，交互设计同样对用户惬意情绪没有产生显著影响，服务功能对放松、期待、焦虑和枯燥情绪的影响也不显著。而信息资源的丰富度、特色性、及时性等信息内容因素则对用户的愉悦、满足、惬意、惊喜、失望、枯燥等情感状态具有显著影响；同样，移动图书馆服务的交互设计会对愉悦、满足、放松、惊喜、失望、困惑等大多数情感状态产生主要影响。在反思层维度，社交互动和个人价值两个因素均对惬意、困惑、枯燥三种情感状态没有显著影响，但社交互动容易引发用户的愉悦、满足和期待情绪。个人价值因素除了容易引发用户的愉悦、满足、期待情绪之外，也容易让用户产生失望和焦虑的情绪。

表3-16　　本能层影响因素与用户情感体验之间的回归分析结果

	标准化系数 Beta									
	积极情感						消极情感			
	愉悦	满足	惬意	放松	惊喜	期待	失望	困惑	焦虑	枯燥
视觉设计	0.403**	0.208**	0.212	0.305**	0.201**	0.185**	-0.218**	-0.277**	-0.163	-0.242**
R^2	0.522	0.431	0.473	0.507	0.426	0.381	0.433	0.490	0.217	0.468
调整 R^2	0.501	0.422	0.450	0.502	0.418	0.362	0.407	0.433	0.185	0.413
F	4.382**	3.871**	3.675	4.052**	2.168**	3.223**	3.705**	3.031**	2.107	3.294**

注：因变量为用户10种情感状态；**表示 $p<0.01$。

表3-17　　行为层影响因素与用户情感体验之间的回归分析结果

	标准化系数 Beta									
	积极情感						消极情感			
	愉悦	满足	惬意	放松	惊喜	期待	失望	困惑	焦虑	枯燥
信息内容	0.375**	0.354**	0.261**	0.253**	0.288**	0.265**	-0.273**	-0.213**	-0.192**	-0.258**
服务功能	0.223**	0.262**	0.206**	0.188	0.237**	0.185	-0.259**	-0.278**	-0.186	-0.138

续表

	标准化系数 Beta									
	积极情感					消极情感			
	愉悦	满足	惬意	放松	惊喜	期待	失望	困惑	焦虑	枯燥
交互设计	0.332**	0.289**	0.211	0.236**	0.316**	0.233**	−0.257**	−0.220**	−0.153**	−0.146
R^2	0.206	0.235	0.105	0.166	0.279	0.185	0.361	0.382	0.183	0.237
调整R^2	0.204	0.227	0.083	0.135	0.253	0.169	0.348	0.332	0.163	0.205
F	4.208**	3.653**	3.438**	3.225**	1.981**	3.032**	3.552**	2.717**	2.085**	3.166**

注：因变量为用户10种情感状态；** 表示 $p<0.01$。

表 3-18　反思层影响因素与用户情感体验之间的回归分析结果

	标准化系数 Beta									
	积极情感					消极情感			
	愉悦	满足	惬意	放松	惊喜	期待	失望	困惑	焦虑	枯燥
社交互动	0.207**	0.188**	0.113	0.165**	0.122	0.173**	−0.167**	−0.126	−0.135**	−0.118
个人价值	0.301**	0.273**	0.211	0.125	0.213**	0.227**	−0.203**	−0.135	−0.186**	−0.146
R^2	0.237	0.266	0.036	0.105	0.187	0.213	0.343	0.075	0.176	0.096
调整R^2	0.225	0.241	0.012	0.081	0.164	0.206	0.307	0.052	0.153	0.073
F	5.133**	2.069**	1.267	2.116**	2.832**	3.275**	2.435**	1.625	3.272**	3.653

注：因变量为用户10种情感状态；** 表示 $p<0.01$。

（四）调节效应检验

在全面分析各项影响因素对用户情感体验的直接作用基础上，本书进一步对移动图书馆用户的性别、年龄、使用经验3个调节变量进行调节效应检验。根据前述假设H4a-c、H5a-c和H6a-c，构建如下模型：

$$情感体验 = \beta_0 + \beta_1 \times 影响因素变量 + \beta_2 \times 调节变量 + \beta_3 \times 影响因素变量 \times 调节变量 + \varepsilon \quad (3-3)$$

变量采用测度题项平均值进行计算。情感体验变量中，消极情感题项采用反向记分方式转换。调节效应的检验标准是：如果自变量与调节变量的交互项呈现出显著性则说明该调节变量对影响因素与用户情感体验之间的作用关系具有调节作用，反之则没有调节作用。基于此，本书分别对性别、年龄和使用经验 3 个调节变量对各维度影响因素和情感体验之间关系的调节作用进行了分析，结果如表 3-19 至表 3-21 所示。

从调节效应检验结果可知：性别对本能层影响因素与用户情感体验之间的关系存在调节作用，即男性用户与女性用户在受到本能层的视觉设计因素影响时，在情感体验上会呈现出显著差异。年龄对行为层影响因素与用户情感体验之间的关系存在调节作用，且交互项回归系数值为正数，说明年龄对行为层影响因素与情感体验之间的关系起到正向调节作用，即随着年龄增长，用户对行为层的信息内容、服务功能、交互设计的感知会更加明显，从而产生更显著的情感体验变化。最后，使用经验对本能层、行为层和反思层的影响因素与用户情感体验之间的关系均存在调节作用，但在本能层的交互项回归系数值为负数，在行为层和反思层的回归系数值为正数，说明随着用户使用经验增加，本能层影响因素对用户情感体验的作用会逐渐减弱，而行为层和反思层影响因素对用户情感体验的作用则会增强。

表 3-19   性别调节效应检验

	本能层→情感体验		行为层→情感体验		反思层→情感体验	
	回归系数 B	t	回归系数 B	t	回归系数 B	t
常数	18.189	1.203	16.235	5.067	10.172	2.645
影响因素	0.317	4.272**	0.304	1.130**	0.146	3.028**
性别	0.031	1.205	0.026	3.263	0.017	1.623
影响因素×性别	0.165	3.178**	0.052	1.227	0.031	2.469

注：** 表示 $p<0.01$。

表 3-20　　　　　　　　　　年龄调节效应检验

	本能层→情感体验		行为层→情感体验		反思层→情感体验	
	回归系数 B	t	回归系数 B	t	回归系数 B	t
常数	12.830	4.039	13.322	7.755	8.231	1.332
影响因素	0.325	5.651**	0.274	2.302**	0.167	2.802**
年龄	0.007	3.172	0.018	4.661	0.032	3.133
影响因素×年龄	0.032	2.266	0.227	5.906**	0.102	7.392

注：** 表示 $p<0.01$。

表 3-21　　　　　　　　使用经验调节效应检验

	本能层→情感体验		行为层→情感体验		反思层→情感体验	
	回归系数 B	t	回归系数 B	t	回归系数 B	t
常数	10.254	2.172	13.324	3.778	4.220	3.633
影响因素	0.173	4.233**	0.282	2.985**	0.262	6.822**
使用经验	0.011	3.503	0.166	5.217	0.169	2.671
影响因素×使用经验	−0.187	3.776**	0.236	6.631**	0.321	7.778**

注：** 表示 $p<0.01$。

四　结果讨论

本书在扎根理论分析基础上，进一步通过定量分析验证了移动图书馆用户信息交互行为中各项影响因素对用户情感体验的作用机制。实证结果显示（见表 3-22）：假设 H1、H2a-c、H3a-b 均成立，即各项影响因素对用户情感体验均具有显著影响；调节作用假设 H4a-c、H5a-c 部分成立，其中，性别对本能层影响因素与用户情感体验之间的关系具有调节作用；年龄对行为层影响因素与用户情感体验之间的关系具有调节作用；使用经验对本能层、行为层和反思层影响因素与用户情感体验之间的关系均具有调节作用。

表 3-22　　　　　　　　　　假设检验结果汇总

序号	假设	是否成立
1	H1	成立
2	H2a	成立
3	H2b	成立
4	H2c	成立
5	H3a	成立
6	H3b	成立
7	H4a	成立
8	H4b	不成立
9	H4c	不成立
10	H5a	不成立
11	H5b	成立
12	H5c	不成立
13	H6a	成立
14	H6b	成立
15	H6c	成立

阶段一的用户情感状态调查结果显示：在信息交互过程中，用户出现频率最高的五项情感状态分别是愉悦（19.8%）、满足（15.6%）、惬意（13.1%）、失望（12.0%）和放松（10.8%），其中 4 项为积极情感，说明用户在使用移动图书馆服务的过程中整体情感体验是积极的。但也有相当一部分用户表示出了失望的情绪，表明移动图书馆服务仍有较大优化空间。

从回归分析结果来看：视觉设计、信息内容两项因素对用户积极情感体验和消极情感体验均具有显著影响，并且比其他因素呈现出更强的影响作用，说明移动图书馆服务平台的视觉设计效果和信息内容是影响用户情感体验的关键所在，这与已有研究结论基本一致。对于移动图书馆而言，知识资源建设与供给是其根本任务，对用户情感体验起着重要影响作用。而视觉设计作为本能层的因素，决定着用户初始接触移动图书馆时的体验感受，是引发用户生理感官情绪的基础，往往通过先入为主的印象对后续交互过程中的情感体验产生影响，所以也具有较强的影响作用。

与此同时，交互设计也是影响用户积极情感体验的关键因素，凸显了移动网络环境下图书馆信息交互方式的多元化以及服务系统的易用性、稳定性、引导性、容错率等因素的重要程度。而个人价值则对用户消极情感体验影响较大，说明移动图书馆能否为用户提供良好的科研支持、帮助用户有效开展职业规划以及提升个人能力，是决定用户是否会产生负面情绪的关键因素。个人价值与用户的成就感、获得感、自信心等精神层面的心理活动密切关联，特别是随着生活节奏加快和社会竞争日益激烈，人们更容易因为个人价值无法提升而产生紧张焦虑的负面情绪。

值得注意的是，在6类关键影响因素中，服务功能和社交互动两项因素对用户积极情感体验和消极情感体验的影响程度均不高，这与面向传统图书馆用户情感体验研究的分析结论存在一定差异。可能是因为目前各类移动图书馆提供的服务功能基本相同，缺乏创新与特色，无法引起用户明显的感知差异和情感变化。此外，大部分移动图书馆虽然开通了社交平台账号，但活跃程度并不高，无法为读者之间的泛在性知识交流和资源共享提供有利条件，导致用户的社交互动频率较低，所以未能对用户情感体验产生明显影响。

在针对用户具体情感状态的影响作用分析中，对愉悦、满足、失望、放松几类高频情感影响最大的因素包括视觉设计、信息内容、交互设计、社交互动和个人价值，基本涵盖了移动图书馆用户情感体验的各项影响因素。因此，图书馆应对本能层、行为层和反思层的情感化设计均给予充分重视，并进行整体优化，才能有效提升用户情感体验。此外，图书馆也要对容易导致用户焦虑、枯燥、困惑等消极情感状态的影响因素进行重点关注，减少用户负面情绪的出现频率。

最后，通过调节效应检验发现：性别、年龄和使用经验分别对不同维度影响因素与用户情感体验之间的关系起到调节作用。其中，性别主要对本能层的视觉设计因素与情感体验之间的关系起到调节作用。说明男性用户与女性用户在视觉设计因素影响下会产生显著的情感体验差异。对于女性用户而言，在视觉感知上往往比男性更加敏感，而且一般具备更高的审美水平，所以对移动图书馆界面的色彩、文字、图片、布局等可视化效果会产生更加强烈深刻的体验感受。而且，女性往往比男性的情感细腻丰富，也会导致在面对相同影响因素时产生更加复杂、波动的情感变化。

年龄变量则主要对行为层因素与情感体验之间的关系起到调节作用。随着用户年龄的增长，对移动图书馆的信息内容、服务功能和交互设计的情绪感知会更加敏感。特别是对老年群体而言，其记忆能力、学习能力和行为能力都在下降，对移动通信技术的使用也存在诸多障碍，因此，移动图书馆知识内容的清晰度、服务功能的完整性，以及服务系统的易用性、响应性和容错率等都对老年读者能否顺利获取和利用知识资源发挥着关键作用。所以，相对于本能层的视觉刺激和反思层的精神满足，不同年龄阶段的用户更加关注移动图书馆的实际使用效果，因而对行为层的影响因素表现出明显的情感体验差异。

使用经验对三个层面影响因素与用户情感体验之间的关系均具有调节作用，但在作用程度上存在一定差异。对于新用户而言，往往对移动图书馆存在新鲜感和好奇感，在初始接触移动图书馆时，其情感状态变化更容易受到视觉因素的影响；而老用户基本上对移动图书馆的设计风格、界面布局已经非常熟悉，所以往往不会对视觉因素产生过多关注。但是，相对于新用户而言，经验丰富的老用户会对移动图书馆的信息内容、服务功能和交互设计产生更高要求。此外，随着用户对移动图书馆使用程度不断加深，其需求也会从基本的功能性层面逐渐上升到精神层面，并与图书馆建立起长久稳定的情感联系。因此，老用户更容易受到个人价值因素的影响而产生相应的情感体验。

第四章
移动图书馆用户信息交互行为中的情感体验度量

情感体验度量是揭示用户信息交互行为中情感体验变化规律以及提升移动图书馆服务质量的必要前提。针对情感的层次性与多维性，需要首先清晰定义和描述用户在信息交互行为中产生的情感类型，进而采用科学有效的方法判断各类情感的倾向并计算其强度，从而准确度量移动图书馆用户情感体验。本章首先从基本情感论和维度空间论两个视角系统介绍经典的情感分类模型，然后阐述情感量表、文本挖掘、表情识别、语音识别和生理信号测量等方法在用户情感体验度量中的应用原理。在此基础上，分别采用 PAD 情感量表、在线评论文本情感分析、眼动实验和多模态情感计算方法，针对移动图书馆用户信息交互行为中的情感体验度量展开实证研究，为进一步挖掘情感体验演化规律提供必要依据。

第一节　信息交互行为中的情感分类与度量方法

情感的复杂性决定了移动图书馆用户在信息交互行为中会产生不同的情感状态。随着人们对情感研究的不断深入，情感的表示与分类也逐渐细化，形成了不同分类体系的情感模型，为准确识别移动图书馆用户情感状态奠定了理论基础。与此同时，结合情感量表、文本挖掘、机器学习、表情识别、神经科学等方法，可以进一步计算情感状态的强度，由此实现对用户情感体验的有效度量。

一 用户情感分类模型

研究者们从不同视角提出了诸多经典的情感模型用于对复杂情感进行详细分类。这些模型主要分为两大类：一类是基本情感论模型，将情感细分为不同类型，强调情感状态的离散性特征，以 OCC 模型、Ekman 模型、Plutchik 模型等为代表；另一类是维度空间论模型，用于描述不同情感状态在时空维度上的关联性与持续性，强调情感状态的连续变化特征，以 Russell 环形模型、PAD 模型、Cambria 沙漏模型等为代表。

（一）基本情感论模型

基本情感论认为：人类的情感由独立的基本情感组成，即存在着数种基本情感类型，每种类型都有其独特的体验特性、生理唤醒模式和外显模式，其不同形式的组合形成了人类的所有情感[1]。

基本情感论模型有诸多代表性研究成果，如 Ortony 等在其《情感认知结构》一书中提出了 OCC（Ortony，Clore，Collins）情感模型，该模型假定情感是对事件（高兴与否）、智能仿生代理（满意与否）和对象（喜欢与否）构成的倾向反应（正面或负面），由此定义了 22 种基本情感状态及其之间的层次关系[2]。在 OCC 模型基础上，学者们陆续提出了更多丰富的情感模型，如 Elliot 基于对社会关系的考虑，开发了一个基于 Agent 的情感推理器，将 OCC 模型中的情感类型扩充到了

---

[1] 毛峡、薛雨丽：《人机情感交互》，科学出版社 2011 年版。

[2] Ortony A., Clore G. L., et al., *The Cognitive Structure of Emotions*, Cambridge, England: Cambridge University Press, 1988.

26 种[1]。

此外，美国心理学家 Ekman 基于跨文化研究提出了离散情感模型，将人类的情感划分为快乐（Happy）、悲伤（Sad）、愤怒（Angry）、恐惧（Fear）、惊讶（Surprize）和厌恶（Disgust）6 种基本类型。他认为：这 6 种基本情感是相互独立且离散的，其他情感都可以由这 6 种情感组合而成，并且每种情感都存在一个阈值，仅当情感强度超过该阈值时才会对一些外在行为起到作用[2]。Fox 在 Ekman 模型的基础上进一步将 6 种基本情感分解为 3 个层次共 18 个细分情感特征[3]。

Plutchik 创造了一种轮式情感模型，他认为情感识别是对认知和行为处理及反馈的过程，并将情感定义为 3 组、8 个维度共 24 个情感特征，不同维度之间的区域表示两种情感之间的混合过渡状态，由此扩展出 8 个过渡情感特征，从而形成一个具有 32 个细分特征的经典情感模型，如图 4-1 所示[4]。

可见，基本情感论模型通过对情感词所对应的情感特征进行细分，来实现对情感状态的分类，为识别和度量用户情感体验奠定了坚实的理论基础。然而，这种离散枚举的方式很难描述和定义一些复杂的情感状态，与此同时，也无法准确度量情感强度。事实上，情感的产生与变化通常具有时间或空间上的连续性，因此需要进一步探究情感状态之间的转化关系。

（二）维度空间论情感模型

维度空间论认为：人类的所有情感都分布在由若干个维度组成的空间中，特定的情感状态只能代表一个从趋近到规避或者从快乐到难过的

---

[1] Clark Elliott, "Using the Affective Reasoner to Support Social Simulations", International Joint Conference on Artificial Intelligence, Morgan Kaufmann Publishers Inc, Aug. 1993.
[2] Dalgleish, Tim, et al., *Handbook of Cognition and Emotion*, Chichester: Wiley, 1999.
[3] Fox Elaine, *Emotion Science*, Red Globe Press, Jun. 2008.
[4] Plutchik Robert, "A Psychoevolutionary Theory of Emotions", *Social Science Information*, Vol. 21, No. 4-5, Jul. 1982, pp. 529-553.

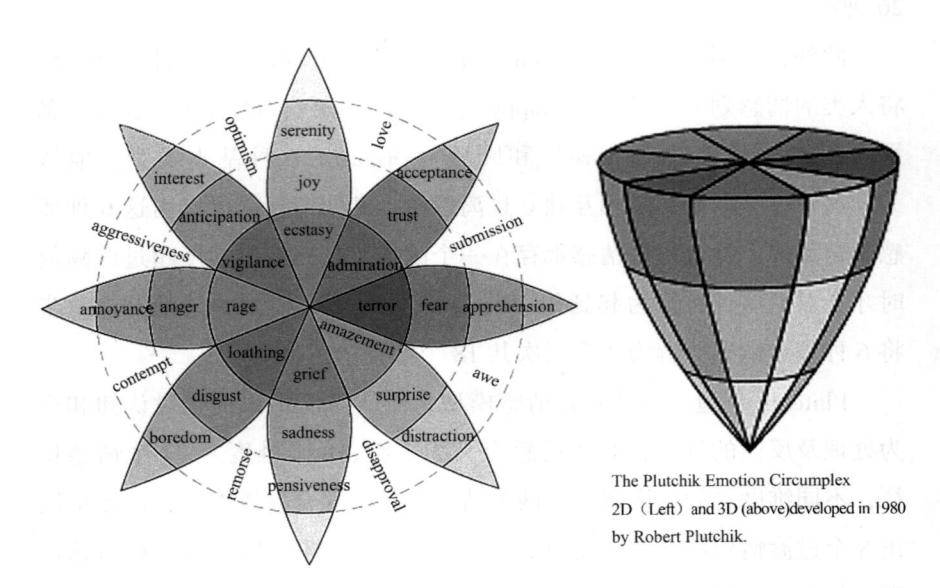

图 4-1 Plutchik 提出的情感轮盘模型

连续空间中的位置，不同情感之间的相似性和差异性是根据彼此在维度空间中的距离来体现的，因此，不同情感之间存在连续性，可以实现平稳转变①。

　　Russell 认为不同情感状态之间存在着关联性并呈现出连续变化，从而将情感定义为情感空间中连续存在的一个向量②。向量的方向角反映了不同情感状态，而向量的模则反映了情感极性，由此将人类情感划分为两个维度：愉快度与强度，形成了知名的环形情感模型。根据不同维度的组合，"高兴"可以表示为"愉快"+"高强度"，"厌烦"则可以表示为"不愉快"+"低强度"。Thayer 根据压力与能力两个维度将情感定义为"快乐—焦虑—平静—活力"四个象限，对空间中的任意

---

① 毛峡、薛雨丽：《人机情感交互》，科学出版社 2011 年版。
② Russell J. A., "Affective space is bipolar", *Journal of Personality and Social Psychology*, Vol. 37, No. 3, 1979, pp. 345–356.

一个点都可以进行情感的粗粒度划分[1]。Whissell 将情感定义为在评价与激活二维连续空间中的一个点，其中，评价维度表示正向与负向情感，激活维度表示人在特定情感状态下主动或被动的行为，由此定义并标记了近 9000 个二维结构词<评价，激活>形成的情感词典[2]。

为了更加完整地呈现情感的连续变化特征，学者们逐渐从低维情感空间模型研究拓展到多维情感空间模型。Wundt 认为情感是一种主观体验，他通过内省的方法探究了情感的主观感受，将情感划分为 3 个维度，分别是："愉快—不愉快""紧张—松弛""兴奋—沉浸"，并提出所有的情感都是这 3 个维度以某种方式组合产生的[3]。Mehrabian 和 Russell 同样将情感表示为 3 个具体维度，提出了著名的 PAD 三维情感模型，如图 4-2 所示。其中，P 代表愉悦度（Pleasure-Unpleasure），表示个体情感的正负性，A 代表唤醒度（Arousal-No arousal），表示个体的神经生理激活水平，D 代表支配度（Dominance-No dominance），表示个体对情境和他人的控制状态[4]。各维度上的取值范围从 -1 到 1，通过 3 个维度的坐标值来表示和度量具体情感状态。例如，"愤怒"的情感坐标值为（0.51，0.59，0.25）。由于 PAD 情感模型对情感的主观体验、外部表现和生理唤醒这 3 个关键特征均有相应表征，因此在用户情感体验研究中得到了广泛应用。

在三维情感空间模型的基础上，Fontaine 等提出了一个包含"效价、潜能、激活度、不可预测性"4 个维度的情感空间模型。通过四维

---

[1] Thayer R. E., *The Biopsychology of Mood and Arousal*, New York：N. Y. Oxford University Press，1990，pp. 101-102.

[2] Whissell Cynthia，"Using the Revised Dictionary of Affect in Language to Quantify the Emotional Undertones of Samples of Natural Language"，*Psychological Reports*，Vol. 105，No. 2，Oct. 2009，pp. 509-521.

[3] Wilhelm Max Wundt, Charles Hubbard Judd, *Outlines of Psychology*, Miami, Fl：Hardpress Publishing, 1902.

[4] Mehrabian Albert, James A. Russell, *An Approach to Environmental Psychology*, Cambridge：M. I. T. Press, 1974.

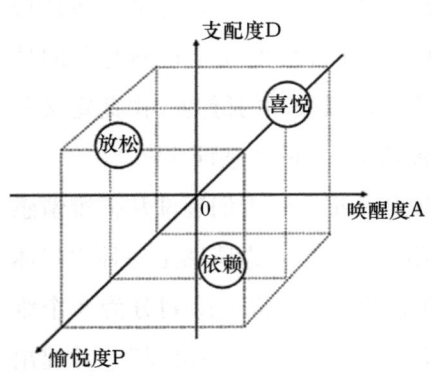

图 4-2 PAD 情感模型

空间不仅可以更为全面地描述情感特征，而且对随时间变化的连续情感状态也能进行有效观测①。但由于情感维度空间模型主要采用情感词之间的空间距离来表示和度量情感状态，因此对于一些鲜见、复杂的情感词无法实现准确测度。针对这一问题，Cambria 等在 Plutchik 模型的基础上，提出了一个包含 4 个维度（愉悦度、关注度、倾向度、敏感度）、3 个极性强度（积极、中性、消极）和 24 个细化情感特征的沙漏模型（Hourglass of emotion），沙漏的竖轴表示情感的极性强度，其衰减过程符合指数分布②。

从情感分类模型的发展过程可以看到，情感的表示一方面从离散的情感特征标签描述，向连续的情感转化关系揭示演进；另一方面则从简单的二元分类模型（积极与消极）向多维度、细粒度情感表示拓展，为完整、准确地表示和度量用户情感体验提供了重要理论基础。表 4-1 对经典的、代表性情感模型进行了汇总和比较。

表 4-1　　　　　　情感模型的分类与比较

类别	情感模型	情感状态（特征）
基本情感论模型	OCC 模型	高兴、幸灾乐祸、妒忌、遗憾、充满希望、害怕、满意、悲观、放松、失望、快乐、悲伤、骄傲、羡慕、害羞、责备、自满、感激、悔恨、生气、喜欢、讨厌

---

① Fontaine J. R., Scherer K. R., et al., "The World of Emotions Is Not Two-Dimensional", *Psychological Science*, Vol. 18, No. 12, Dec. 2007, pp. 1050-1057.

② Cambria E., Livingstone A., et al., "The Hourglass of Emotions", *International Training School*, Feb. 2012.

续表

类别	情感模型	情感状态（特征）
基本情感论模型	Elliot 模型	在 OCC 基础上增加了羡慕、嫉妒、喜欢、不喜欢
	Ekman 模型	高兴、厌恶、生气、吃惊、害怕、伤心
	Fox 模型	趋近型：愉快（骄傲、极乐）、兴趣（关心、责任感）、愤怒（敌意、嫉妒）；退避型：忧伤（痛苦、剧痛）、厌恶（轻蔑、怨恨）、害怕（惊恐、焦虑）
	Plutchik 情感轮盘模型	狂喜—高兴—宁静，爱—信任—接受，恐慌—害怕—忧虑，震惊—惊讶—错乱，悲叹—悲伤—沉思，憎恨—嫌恶—无聊，愤怒—生气—烦恼，警惕—期待—兴趣
	Parrott 模型	高兴、喜爱、生气、吃惊、害怕、悲伤
维度空间论模型	二维空间 Russell 环形模型	愉快度、强度
	二维空间 Thayer 模型	压力：快乐—焦虑；能量：平静—有活力
	二维空间 Whissell 模型	评价：正向与负向情感；激活：人在特定情感状态下主动或被动的行为
	三维空间 Wundt 模型	愉快—不愉快、紧张—松弛、兴奋—沉静
	三维空间 PAD 模型	愉悦度、唤醒度、支配度
	高维空间 Fontaine 模型	效价、潜能、激活度、不可预测性
	高维空间 Cambria 沙漏模型	4 个维度：愉悦度、关注度、倾向度、敏感度 情感状态：狂喜—快乐—宁静—沉思—悲伤—悲痛、警惕—期待—兴趣—分心—惊喜—惊奇、发怒—愤怒—烦恼—忧虑—害怕—恐怖、钦佩—信任—接受—无聊—厌恶—极度讨厌

随着用户信息交互行为中的情感体验研究逐渐得到业界和学界的广泛关注，各类情感模型被不断引入用户情感状态识别与度量。通过对 2018—2023 年期间公开发表的 1687 篇用户信息交互行为和情感体验相关的文献进行统计分析发现，国内外学者对不同领域的用户信息交互行为情感体验展开了多角度探索，普遍关注的情感类型大多集中在高兴、愉悦、开心、满意、放松、喜爱、厌烦、焦虑、愤怒、悲伤等情感状态

上，如图 4-3 所示。

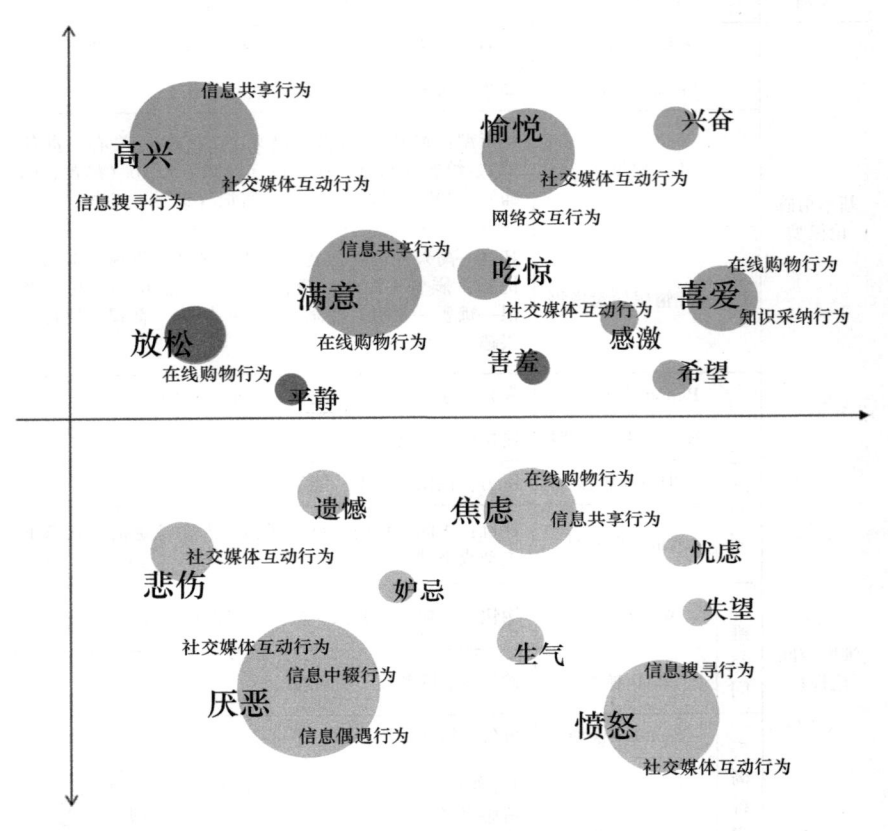

图 4-3 学者们普遍关注的用户信息交互行为情感类型

二 情感体验度量方法

情感分类模型为移动图书馆用户信息交互行为中的情感状态表示与描述提供了必要理论依据，在此基础上，还需要进一步结合多元化情感体验度量方法实现对用户细粒度情感特征的准确识别与情感极性强度的精准计算。目前，常用的情感体验度量方法主要包括：情感量表、文本挖掘、人脸表情识别、语音情感识别、生理信号特征测量等。

第四章　移动图书馆用户信息交互行为中的情感体验度量

（一）情感量表方法

情感量表是从用户主观感受层面度量用户情感体验的重要工具，通常与用户访谈、日志法、出声思维、问卷调查相结合，用以获取用户对自身情绪感受的主观数据。由于情感量表大多是基于已有情感分类模型的量化测度，因此也可以分为离散型和连续型两大类。

在离散型情感量表中，Izard 根据情感状态之间的差异性提出了 DES 情感量表，用于测量用户在特定情境下表现出的情感体验差异性[1]。该量表包括 10 种基本情绪，每种情绪用 3 个形容词进行描述，通过 5 点分值测量被试的情绪强度与情绪出现频率。Watson 等基于情感二维结构理论开发了积极—消极情感量表（PANAS），该量表由 10 个积极情感题项和 10 个消极情感题项组成，这些情感在一段时期内（1—2 周）的强度变化用分值体现，采用 Likert 5 点计分法进行测度[2]。此外，常用的离散型情感量表还有 CES 消费者情感集、特质焦虑量表 STAI 和压力应对量表等。

在连续型情感量表中，Mehrabian 基于 PAD 三维空间情感模型编制了一个包括 34 个项目的完整情感量表，但考虑到一些情境下需要被试对情感状态进行多次评价，于是又提出了一个仅包括 12 个项目的简化版本[3][4]。该量表被广泛应用于情感体验评估、人机交互情感计算、人格测量等领域，并能与其他一些情感量表、人格量表建立对应关系。此

---

[1] Izard, Carroll E., *Human Emotions*, New York Plenum, 1977.

[2] Watson, David, et al., "Development and Validation of Brief Measures of Positive and Negative Affect: The PANAS Scales", *Journal of Personality and Social Psychology*, Vol. 54, No. 6, Jan. 1988, pp. 1063–1070.

[3] Mehrabian, Albert, "Framework for a Comprehensive Description and Measurement of Emotional States", *Genetic Social and General Psychology Monographs*, Vol. 121, No. 3, Aug. 1995, pp. 341–361.

[4] Mehrabian, Albert, "Pleasure–Arousal–Dominance: A General Framework for Describing and Measuring Individual Differences in Temperament", *Current Psychology*, Vol. 14, No. 4, Dec. 1996, pp. 261–292.

外，PAD量表还能通过3个维度有效表示PANAS量表中的积极情绪和消极情绪，而PANAS量表只能表示PAD中的"+P+A+D"这类情绪[1]；与此同时，PAD量表还可以区分出类似焦虑和抑郁这两种消极情绪，而其他一些离散型情感量表却无法对此进行准确区分。2005年，中科院心理研究所对简化版的PAD量表进行了本土化修订，提出了一个适用于中国语境的中文版PAD量表，在多个学科领域得到广泛应用，被证实具有良好的结构效度[2]。该量表包含了12个情感测度题项，其中P、A、D三个情感维度分别用4个题项进行度量，各题项均为一组词义对立的情感词，分数取值范围从-4到4，如表4-2所示[3]。

Bradley和Lang在PAD模型的基础上开发了一种图形可视化情感评估工具——SAM量表，可以有效应用于跨语言、跨文化的用户情感体验测度[4]。SAM量表通过抽象的卡通人物绘图分别表示愉悦度、唤醒度和支配度，如图4-4所示。其中，从皱眉瘪嘴的图像到微笑上扬的图像代表了愉悦度从低到高；从放松昏睡的图像到兴奋睁眼的图像代表了唤醒度从弱到强；而从小人到大人的图像则代表了支配度从小到大[5]。之后，一些可视化情感量表被陆续提出，如PrEmo量表、EmojiGrid量表等，通过生动直观的方式对抽象的情感体验进行了有效测度。

---

[1] Mehrabian, Albert, "Comparison of the PAD and PANAS as Models for Describing Emotions and for Differentiating Anxiety from Depression", *Journal of Psychopathology and Behavioral Assessment*, Vol. 19, No. 4, Dec. 1997, pp. 331-357.

[2] Li Xiaoming, Zhou Haotian, et al., "The reliability and validity of the Chinese version of abbreviated PAD emotion scales", Affective Computing and Intelligent Interaction, ACII 2005, Beijing, China, Oct. 22-24, 2005.

[3] 李晓明、傅小兰、邓国峰：《中文简化版PAD情绪量表在京大学生中的初步试用》，《中国心理卫生杂志》2008年第5期。

[4] Bradley, Margaret M., and Peter J. Lang., "Measuring emotion: the Self-Assessment Manikin and the Semantic Differential", *Journal of Behavior Therapy and Experimental Psychiatry*, Vol. 25, No. 1, Mar. 1994, pp. 49-59.

[5] Zhao Sicheng, Jia Guoli, et al., "Emotion Recognition from Multiple Modalities: Fundamentals and Methodologies", *IEEE Signal Processing Magazine*, Vol. 38, No. 6, Nov. 2021, pp. 59-73.

表 4-2   PAD 情感量表测度维度及对应的情感词汇

情感维度	情感词	-4—4	情感词
愉悦度（P）	愤怒的	←→	感兴趣的
	轻蔑的	←→	友好的
	痛苦的	←→	高兴的
	激怒的	←→	兴奋的
唤醒度（A）	困倦的	←→	清醒的
	平静的	←→	兴奋的
	放松的	←→	感兴趣的
	拘谨的	←→	惊讶的
支配度（D）	受控的	←→	主控的
	顺从的	←→	支配的
	谦卑的	←→	高傲的
	被影响的	←→	有影响力的

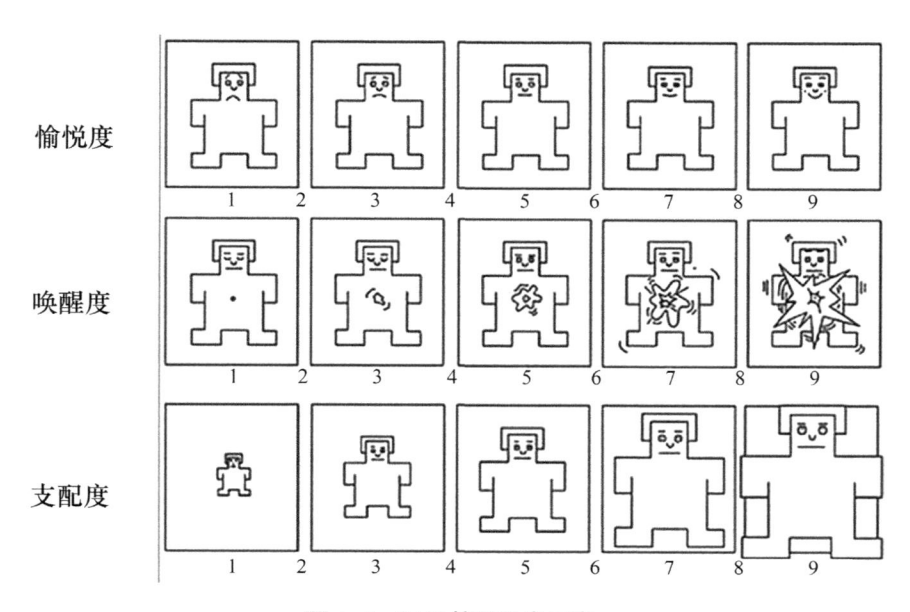

图 4-4 SAM 情感量表示意

这些经典的情感量表在用户体验评估、情感计算、人机交互等领域得到了广泛应用，但基本是从心理学视角对用户普遍存在的心理活动与情绪感受进行定量分析，缺乏针对具体研究情境的特色。对此，一些学者根据信息交互行为的情境特点，开发了一些专用性情感量表。例如，曹锦丹等围绕用户信息检索过程中的焦虑情绪，提出了一个包含6个维度（检索系统质量、信息检索能力、信息利用能力、认知类型、信息需求和知识结构）、37个测度题项的情感量表[1][2]；Erfanmanesh等同样针对信息检索中的焦虑情绪，构造了一个包含信息资源障碍、计算机网络障碍、图书馆障碍、检索障碍、技术障碍和主题识别障碍6个维度的情感量表[3]；钱蔚蔚和王天卉针对数字图书馆信息交互服务中的用户情感体验度量问题，提出了一个包含11个测度题项和10对积极—消极情感状态的量表[4]。

（二）文本挖掘方法

信息交互过程中，用户生成的信息内容（如对话、评论等）往往蕴含着丰富的观点与情感信息。通过文本挖掘对这些内容进行情感分析已成为一种成熟的情感体验度量方法。结合已有观点，本书认为：基于文本挖掘的情感分析是对带有情感色彩的非结构化文本进行分析、处理、归纳和推理，从中抽取出事先未知的、可理解的、有价值的情感特征信息，从而判断用户的情感态度及倾向。

文本情感分析按照层次粒度不同，可以分为粗粒度情感分析和细粒度情感分析两大类。粗粒度情感分析又称为篇章级和句子级情感分析，

---

[1] 曹锦丹、王畅、刘鑫、王丽伟、吴正荆：《用户信息焦虑影响因素及其干预模式研究》，《情报科学》2010年第10期。

[2] 程文英、曹锦丹、卢时雨：《信息焦虑量表的修订》，《情报科学》2014年第1期。

[3] Erfanmanesh M., Abrizah A., et al., "Development and validation of the Information Seeking Anxiety scale", *Malaysian Journal of Library & Information Science*, Vol. 17, No. 1, Jan. 2012, pp. 21-39.

[4] 钱蔚蔚、王天卉：《数字图书馆信息交互服务中用户情绪体验的实验研究》，《图书情报工作》2021年第20期。

第四章　移动图书馆用户信息交互行为中的情感体验度量

主要任务是对文本进行情感分类。常用方法包括：监督学习、半监督学习和无监督学习。其中，基于监督学习的情感分类主要采用支持向量机、最大熵、K 邻近、朴素贝叶斯等机器学习算法；无监督学习则主要通过情感词典提取文本中的情感词，并进行情感分类；半监督学习是监督学习与无监督学习相结合的一种方法，减少了人力消耗，同时又有较高准确率。

细粒度情感分析是对文本中涉及的具体对象属性进行分析，故又称为属性级情感分析，能够更加全面深入地了解用户对交互对象具体细节的情感态度。细粒度情感分析方法主要包括：情感词典、传统机器学习、深度学习和多策略混合方法，每种方法都有其适用性，如表 4-3 所示。其中，情感词典主要依赖于词典构建，需要先基于情感词典获取文档中情感词的情感值，再通过加权计算确定文档的整体情感倾向，因此需要针对特定领域建立相应的情感词典，提高分类准确率。目前，常用的英文情感词典有 WordNet、GI 等；中文情感词典有知网 HowNet 情感词典、台湾大学 NTUSD 情感极性词典等。情感词典方法使用简单、无须人工标注，对于小样本数据分析能够取得较好的情感分类结果，但随着网络上文本数据量的极速增长，情感词典需要不断更新和扩展才能提高结果的准确率。机器学习方法是通过训练情感分类器来预测文本的情感倾向，其扩展性和可重复性更好，能够取得更加准确的分类结果，但其准确性很大程度上依赖于标注训练集的质量，受人工成本、专家经验等因素的影响较大。近年来，深度学习方法在文本情感分析中得到广泛应用，主要模型包括卷积神经网络（convolutional neural networks，CNN）、循环神经网络（recurrent neural network，RNN）、长短期记忆神经网络（long short-term memory，LSTM）和注意力机制等[1]。与情感词典和传统机器学习方法相比，深度学习具有更强的模型泛化能力，也更

---

[1] 钟佳娃、刘巍、王思丽、杨恒：《文本情感分析方法及应用综述》，《数据分析与知识发现》2021 年第 6 期。

适合对海量数据进行分析处理。除此之外，在以上单个分析方法的基础上，研究者们还综合应用不同方法策略对基于文本挖掘的情感体验度量展开了相关探索。

表 4-3 细粒度情感分析方法比较

分类	具体方法	适用性
情感词典方法	情感词典、情感词典+规则集	分类效果较好且易于理解，适用于缺乏大量训练集的文本情感分析；但需要针对不同领域构建相应的领域情感词典，并不断更新
传统机器学习方法	朴素贝叶斯、支持向量机、最大熵、K最邻近等	情感分析精准度高，但情感倾向分类效果依赖于高质量的人工标注训练集
深度学习方法	卷积神经网络、循环神经网络、长短期记忆神经网络、门控循环单元和注意力机制等	模型表达能力和泛化能力更强，但分析效果依赖大规模训练样本，且模型较复杂，存在梯度消失问题
多策略混合方法	情感词典+机器学习/深度学习	比基于单一方法的情感分析更深入全面，能有效提高情感分类的准确率，但模型复杂度和训练难度更高，较难实现

（三）人脸表情识别方法

人脸表情识别是人机交互与情感计算领域的重要研究内容。由于人脸表情包含丰富的特征信息，因此，需要基于大规模表情数据，建立真实、有效的表情数据库，实现人脸表情的精准识别。近年来，国内外研究机构不断致力于人脸表情数据库构建，为表情识别与分析提供了丰富的数据资源。如表 4-4 所示。

目前，人脸表情数据库大致可以分为两类[①]：一类是基于 Ekman 提出的 6 种具有普遍意义的基本情感（快乐、悲伤、愤怒、恐惧、惊讶和厌恶）而构建，能够大体上描述表情的主要类别。例如，马里兰大学人脸表情数据库包含了 40 名不同种族和文化背景被试者的 6 种基本表情

---

① 毛峡、薛雨丽：《人机情感交互》，科学出版社 2011 年版。

图像序列，每个图像序列持续约 9 秒时长并包含 1 种至 3 种表情；荷兰代尔夫特理工大学 MMI 人脸表情数据库包含了 50 名被试者的 6 种基本情感表情，共有 500 个静态图像和 2000 个视频。另一类人脸表情数据库主要采集更加细微的表情数据。这些表情一般应用面部动作编码系统（Facial Action Coding System，FACS）进行编码，通过不同的动作单元（AU）来描述表情特征的细微变化。有代表性的表情编码系统包括：面部动作编码系统（Facial Action Coding System，FACS）、情感面部动作编码系统（Emotional Facial Action Coding System，EMFACS）、最大判别面部运动编码系统（Maximally Discriminative Facial Movement Coding System，MAX）等。其中，应用最广泛的 FACS 系统是由 Ekman 和 Friesen 开发的一个基于活动单元的表情编码系统，这些活动单元通过人脸面部特定的 64 个独立肌肉动作来表达相应的表情特征，每个动作都有文字解释和照片比对。同时，不同活动单元的组合也可以用来定义和表示更细化的脸部表情。

表 4-4　　　　　部分代表性人脸表情数据库资源[1]

人脸表情数据库	被试人数	表情种类	图像精度
马里兰大学人脸表情数据库	40	6	560×420
日本女性人脸表情数据库	10	7	256×256
Cohn-Kanade AU-Coded 人脸表情数	97	23	640×480
CK+人脸表情数据库	123	23	640×480
MMI 人脸表情数据库	50	6	720×576
FG-NET 数据库	18	7	320×240
DML-SUT 人脸表情数据库	10	7	720×576

[1] 毛峡、薛雨丽：《人机情感交互》，科学出版社 2011 年版。

续表

人脸表情数据库	被试人数	表情种类	图像精度
BU-3DFE 人脸表情数据库	100	7	512×512
ADSIP 3-D 动态人脸表情数据库	10	7	720×576
BHU 人脸表情数据库	57	25	640×480
清华大学人脸表情数据库	70	8	640×480
CED-WYU（1.0）人脸表情数据库	11	7	—
USTC-NVIE 数据库	215	6	704×480
CAS-PEAL 人脸数据库	377	6	360×480
Yale 人脸数据库	15	6	320×243
PIE 人脸数据库	68	3	640×480
AR 人脸数据库	116	4	768×576
KFDB 人脸数据库	1000	5	640×480
德克萨斯大学视频数据库	284	10	720×480
RaFD 数据库	67	8	720×480
Aff-Wild 数据库	200	10	—
北京邮电大学 RAF-DB 数据库	30000	12	—

（四）语音情感识别方法

人的语音能够表达出丰富的情感，向交互对象传达自身的情感体验。但由于语音输入的是模拟信号，需经过模数转换后才能进行分析，且信号收集过程容易受到环境、设备等因素干扰，因此，从语音数据中提取情感特征具有一定挑战性。语音数据中与情感相关的音频特征主要包括：频谱特征、音质特征和韵律特征。情感的变化通过特征参数的差异来体现。

频谱特征是用于语音识别（Speech Recognition）和说话者识别

(Speaker Recognition)的重要基础,最常用的频谱特征是梅尔倒谱系数(Mel-scale Frequency Cepstral Coefficients,MFCC)。根据人耳听觉机理的研究发现,当两个频率相近的音调同时发出时,人耳对于低频音调更加敏感。所以,人们从低频到高频这一段频带内,按临界带宽的大小由密到疏安排一组带通滤波器,对输入信号进行滤波。在进行特征提取时,首先通过滤波、去噪、预加重、分帧、加窗等环节对语音信号进行预处理操作,然后对预处理后的数据进行离散傅里叶变换,获取其频谱,最后使用 Mel 滤波器组对信号频谱进行处理,并将滤波器的输出结果进行对数运算与离散余弦变换,得到 MFCC 特征。

音质特征是指语音的主观听觉质量,通常被用来度量声音的清晰程度。由于人类在情绪波动时常常会出现哽咽、喘息、颤抖等现象,因此音质特征也经常被用于语音情感识别。常见的音质特征包括:声门参数、频率与振幅微扰、共振峰频率及其带宽、线性预测系数等。

韵律特征是指音素组合成语句的方式,包括声调、重音、停顿、语速等。由于其能反映语音的轻重缓急和长短变化程度,因此也被作为语音情感分析的重要指标。韵律特征中有些与基频相关,如基音频率及其均值、方差等;有些与能量相关,如短时平均能量、振幅、能量变化率等;还有一些则与时长相关,如短时过零率、语速、时长等。

以上这些音频特征可以分为局部特征或者全局特征。其中,局部特征是将整个音频文件按照时间间隔或者发音间隔进行切片后所具有的特征;而全局特征则是对所有音频片段的局部特征进行汇总后的平均值、方差等。因此,在<激活度、效价、优势度>三维情感空间模型中,全局特征对高激活度的情感特征分类具有敏感性(如生气与厌恶);但并不适用于低激活度的情感特征分类(如生气与快乐)。此外,学者们还通过分析含有不同情感的语音片段发现:情感不仅与音频特征有关,还与说话者的性别、年龄、性格、教育背景、语言、周围环境等情感上下文信息密切关联①。

（五）生理信号特征测量方法

情感量表、文本、表情和语音数据表征了用户不同维度的情感特征，但总体而言，这些显性化的呈现方式均可以通过人的主观意识进行控制，从而使人出于特定目的隐藏自己真实的想法和情感。鉴于此，学者们不断引入神经科学领域的研究方法与测量手段，通过采集和分析人的生理信号来客观反映其真实情感，弥补了传统情感测度方法的不足。一方面，应用多种生理、神经成像工具能够直接客观地测量情感、认知、决策等引发或伴随的脑活动与生理现象，从而克服文本、表情、语音等显性数据收集过程中的测量偏差；另一方面，通过采集和分析用户信息交互过程中的神经生理活动客观数据，能够从本质上探寻用户行为表现的神经加工机制，揭示情感和认知因素对个体交互行为的影响，从而完善认知情感与信息行为研究的相关理论②③。

情感生理特征的特异性与可区分性是情感计算与情感体验度量的关键。由于存在情感特异性自主神经系统活动，因此可以通过对神经生理信号特征（如呼吸频率、心率、脉搏、体温、皮肤传导以及脑电波等）的研究来分析对应的情感状态。神经生理信号的采集与分析需要借助认知神经科学领域的研究方法，主要包括：功能磁共振成像（fMRI）、功能性近红外光谱成像（Fnirs）、正电子发射计算机断层扫描（PET）、脑电图（EEG）、脑磁图（MEG）、眼动仪（eye tracking）、皮肤传导反应（SCR）等。各类方法的测量对象、优势与劣势如表4-5所示。

---

① 赵力、王治平、卢韦、邹采荣、吴镇扬：《全局和时序结构特征并用的语音信号情感特征识别方法》，《自动化学报》2004年第3期。

② Riedl René, Hubert Marco, et al., "Are there neural gender differences in online trust? An fMRI study on the perceived trustworthiness of eBay offers", *Management Information Systems Quarterly*, Vol. 34, No. 2, Jun. 2010, pp. 397-428.

③ Dimoka Angelika, "What Does the Brain Tell Us About Trust and Distrust? Evidence from a Functional Neuroimaging Study", *Management Information Systems Quarterly*, Vol. 34, No. 2, Jun. 2010, pp. 373-396.

第四章 移动图书馆用户信息交互行为中的情感体验度量

表 4-5 常用神经科学方法比较①

神经科学方法	测量对象	优势	劣势
功能性核磁共振成像 (Functional Magnetic Resonance Imaging, FMRI)	血氧变化	• 非介入性 • 数据分析方法较为成熟 • 空间分辨率高	• 价格昂贵 • 时间分辨率不高 • 限制被试的身体移动，对实验环境要求高
脑电图 (Electroencephalography, EEG)	电位活动变化	• 时间分辨率高 • 价格相对 fMRI 低廉 • 通过电信号直接测量大脑活动 • 操作简单，可用于大规模被试	• 空间分辨率不高 • 对大脑深层区域电信号不敏感 • 受限于简单的实验范式
眼动仪 (Eye Tracking, ET)	眼球活动	• 测量注意力的有效手段 • 有效避免自我报告回忆出错的问题 • 对被试注视刺激物时有可视化视图	• 不能捕捉眼球周边视图 • 使用时被试头部转动更加谨慎 • 注视点不一定代表被试真正关心的区域
皮肤传导反应 (Skin Conductance Response, SCR)	汗腺变化	• 测量情绪反应的有效手段 • 价格低廉，广泛使用 • 操作简便，轻微身体移动不会影响数据收集	• 测量不可预测 • 容易受习惯性影响 • SCR 测量的指标并不能作为决定性证据
功能性近红外光谱成像技术 (Functional Near-infrared Spectroscopy, FNIRS)	合血红蛋白以及脱氧血红蛋白的浓度变化	• 便携性好、无噪声，适用于婴幼儿童和老年人被试 • 时间采样率高，可以测到完整的生理信号	• 无法探测大脑皮层内部较深区域的信号 • 空间分辨率不高 • 时间精确性不高
正电子发射计算机断层扫描 (Positron Emission Tomography, PET)	血流量、糖代谢和氧消耗的变化	• 能够提供全身三维和功能运作的图像 • 能够测量脑内神经递质、遗传受体及脑内代谢等更具临床意义的指标	• 造价昂贵，研究成本高 • 需要在体内注入一定的放射性追踪物 • 空间分辨率不高

---

① 潘煜、万岩、陈国青、胡清、黄丽华、王刊良、王求真、王伟军、饶恒毅：《神经信息系统研究：现状与展望》，《管理科学学报》2018 年第 5 期。

续表

神经科学方法	测量对象	优势	劣势
脑磁图（Magnetoencephalography，MEG）	磁场变化	• 高时间分辨率 • 相对 EEG 空间定位更准确 • 不需要固定被试头部，准备时间短，检测过程安全	• 很难探测大脑深部的磁信号 • 设备昂贵，对实验环境要求苛刻 • 空间分辨率不高

综上所述，情感量表、文本挖掘、表情识别、语音识别和生理信号特征测量方法，可以通过对不同模态数据的采集和分析，实现对用户情感状态的识别及情感体验度量。然而，单一模态仅能反映出用户某一维度的情感特征，难以全面、充分地展现用户的情感体验。如第二章中所述，移动通信技术的快速发展和智能化移动终端设备的广泛普及，使用户可以通过数据、图像、语音、手势等多种模式与移动图书馆服务平台、服务主体和其他读者进行多维交互，推动了情感计算技术从单模态向多模态演进。用户在输入文字、语音的同时，也会呈现出不同的面部表情并产生大脑活动和生理反应，为研究者全方位洞察用户心理活动与情绪感受提供了多维视角。因此，融合多模态特征的情感体验度量方法正逐渐成为学者们关注的热点。

第二节　基于 PAD 量表的用户情感体验度量

本节基于 PAD 量表和大五人格模型（FFM）构建移动图书馆用户情感体验度量模型。选取 50 名在校大学生作为被试进行实验研究，度量其在移动图书馆视觉设计、交互设计和社交需求等因素作用下产生的情感体验，从而验证度量模型的有效性与准确性。

一　基于 PAD 的情感体验度量模型构建

PAD 量表具有快速直观、容错性好、适用范围广等优点，能够对用户情感状态做出定性判断,并对情感倾向程度进行量化表达,符合移动图书馆用户情感体验度量中定性与定量相结合的需求①。与此同时,情感体验的产生和变化往往因人而异。已有研究表明:人格特征是可以用于识别个性化情感并影响情感体验的重要因素。目前,被广泛使用的人格特征测度模型是大五人格模型(FFM),它通过五种相对独立的因素来描述人的个性特征,包括:经验开放性(Openness to Experience)、认真性(Conscientiousness)、外倾性(Extraversion)、宜人性(Agreeableness)和神经质(Neuroticism)②。其中,经验开放性表现了充满好奇心和热爱新体验的个性;认真性表现了在追求目标时的动机、毅力和艰辛程度;外倾性表现了自信、热情的程度;宜人性评估了人际交往取向;神经质则衡量了保持情感稳定的能力,如表4-6所示。

表4-6　　　　　　　　大五人格模型中各因素的描述

五因素	描述
经验开放性	创造性、创新性、想象力、反思性、非传统性
认真性	勤奋、执着
外倾性	自信、开朗、热情
宜人性	合作、谦虚
神经质	焦虑、敌意、抑郁、自我意识、冲动

Gebhard研究了人格特征与PAD情感空间模型的内在关系,提出一种利用人格五因素计算PAD值的方法③:

---

① 蒋旎、李然、刘春尧、房慧:《PAD情感模型在用户情感体验评估中的应用》,《包装工程》2021年第22期。

② Zuckerman Marvin, "An alternative five-factor model for personality", *The Developing Structure of Temperament and Personality from Infancy to Adulthood*, Psychology Press, 2014, pp.53-68.

③ Gebhard Patrick, "ALMA: a layered model of affect", Proceedings of the fourth international joint conference on Autonomous agents and multiagent systems (AAMAS'05), Association for Computing Machinery, New York, NY, USA, 2005, pp.29-36.

愉悦度 = 0.21×外倾性+0.59×宜人性+0.19×神经质

唤醒度 = 0.15×经验开放性+0.3×宜人性-0.57×神经质

支配度 = 0.25×经验开放性+0.17×认真性+0.6×外倾性-0.32×宜人性

(4-1)

Mehraei 和 Akcay 在该计算方法的基础上，结合时间序列来度量基于个体特征的初始情感（如因外倾性人格所具备的愉悦度），并通过实证检验证明了其有效性[1]。研究表明：个体当前的情感状态不仅受到交互对象、情境等因素的影响，还受到初始情感状态的影响[2]。因此，为了排除人格特征导致的个体与生俱来的情感差异，仅考虑当前影响因素对移动图书馆用户情感体验的作用效果，本书提出了基于 PAD 和 FFM 的情感体验度量模型：分别将 Gebhard 定义的人格特征 PAD 情感状态记为 P_0、A_0、D_0；将基于 PAD 量表获得的情感状态记为 P_1、A_1、D_1，则用户在当前影响因素作用下产生的情感体验即为 P、A、D。

$$\begin{cases} P = P_1 - P_0 \\ A = A_1 - A_0 \\ D = D_1 - D_0 \end{cases} \quad (4-2)$$

二 情感体验度量实验设计

基于前文对移动图书馆用户情感体验影响因素的分析结果，本书通过实验方法，利用所构建的度量模型，着重从视觉设计、交互设计和社交需求三个维度对用户情感体验进行测度分析。这三个维度属于移动图书馆建设中重点关注的领域，并且在相关文献中被广泛探讨，便于进行

---

[1] Mehraei Mani, and Akcay Nimet Ilke, "Pleasure, Arousal, and Dominance Mood Traits Prediction Using Time Series Methods", *IAFOR Journal of Psychology & the Behavioral Sciences*, Vol. 3, No. 1, Aug. 2017, pp. 3-10.

[2] Wei Chen, Chen Lanlan, et al., "EEG-based emotion recognition using simple recurrent units network and ensemble learning", *Biomedical Signal Processing and Control*, Vol. 58, Apr. 2020.

结果比较。

(一) 被试选择

项目组通过在学校论坛发布实验通知,招募了 50 名在校大学生参与本次实验研究,统计数据如表 4-7 所示。

表 4-7　　　　　　　　　　描述性统计结果

人口统计特征	变量	频数	百分比（%）
性别	男	25	50
	女	25	50
年龄	18—20 岁	6	12
	21—23 岁	21	42
	24—26 岁	18	36
	>26 岁	5	10
受教育程度	本科	25	50
	研究生及以上	25	50
是否使用过移动图书馆服务	是	39	78
	否	11	22

(二) 实验材料

我们选择目前大部分高校广泛使用的超星移动图书馆 APP（见图 4-5）作为研究对象。该 APP 是专门为图书馆开发的移动服务平台,用户可在手机、平板电脑等移动终端设备上完成个人借阅查询、馆藏查阅、馆情馆讯浏览等操作。同时,其数据库拥有百万册电子图书,海量报纸文章以及中外文献元数据,可以为用户提供方便快捷的移动图书馆服务。为了避免不同终端设备的性能差异带来的影响,我们要求被试均在课题组提供的智能手机上完成各项实验操作任务。

(三) 实验流程与任务

整个实验流程分为三个步骤:第一步,向被试说明实验目的和整体

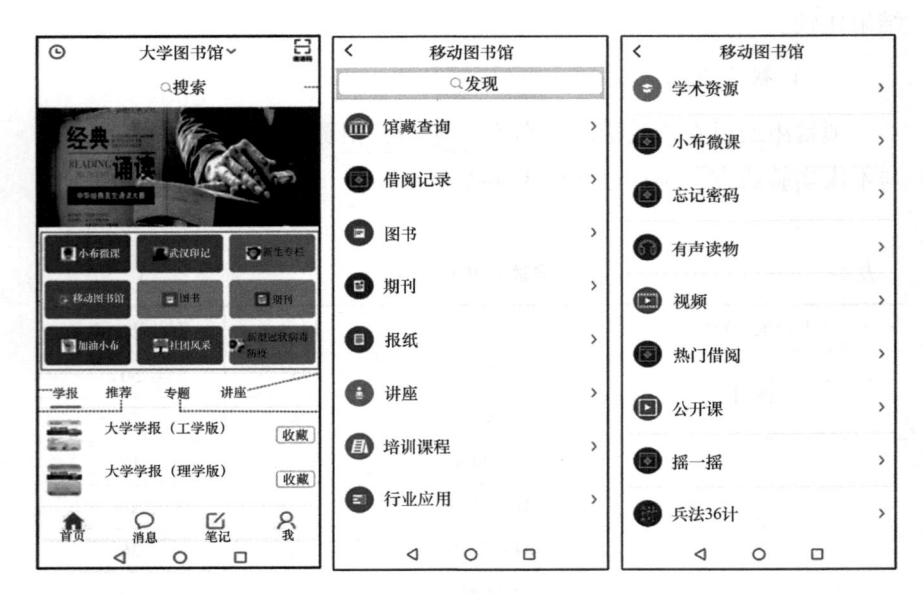

图 4-5 移动图书馆 APP 界面展示

流程，并进行相关操作演示；第二步，指导被试填写大五人格量表，用来获取用户的五因素人格特征；第三步，由被试依次完成以下三个实验任务：

任务一：要求被试在课题组提供的手机上打开超星移动图书馆 APP 并浏览和观察界面元素，包括界面布局、颜色、搜索框和导航栏等。每位被试在至少浏览 2 分钟以后填写 PAD 情感量表。本实验使用中科院心理研究所开发的中文简体版 PAD 情感量表进行测度。

任务二：要求被试在 APP 中搜索《老人与海》一书。搜索完成后分别向自己的社交网络好友以及该 APP 平台上的其他用户进行分享。若在搜索过程中遇到问题，可以随时向在线图书馆员寻求帮助。当被试在分享搜索结果时，需要关注自己的交互方式（如文字、语音、图片等），以及交互渠道（如 QQ、微信、微博等）。被试在完成该项任务后填写一份新的 PAD 情感量表。

第四章 移动图书馆用户信息交互行为中的情感体验度量

任务三：要求被试搜索并下载指定的论文。在操作过程中需要关注系统的响应速度、易用性以及移动网络的稳定性。完成该任务后仍需填写一份 PAD 情感量表。

三 数据分析

由实验步骤二和公式（4-1）可以得到被试的人格特征 PAD 情感状态值 P_0、A_0、D_0；由步骤三可以得到被试使用移动图书馆服务后的 PAD 情感状态值 P_1、A_1、D_1。根据本书提出的用户情感体验度量模型，可以进一步计算得到仅在相关影响因素作用下的情感体验量化结果，如图 4-6 至图 4-8 所示。其中，被试在移动图书馆视觉设计因素作用下产生的情感状态包括六类：焦虑、无聊、依赖、轻蔑、高兴、敌对；在交互设计因素作用下产生的情感状态包括五类：焦虑、无聊、轻蔑、高兴、敌对；在社交需求因素作用下产生的情感状态包括七类：焦虑、无聊、依赖、轻蔑、温顺、高兴、敌对。

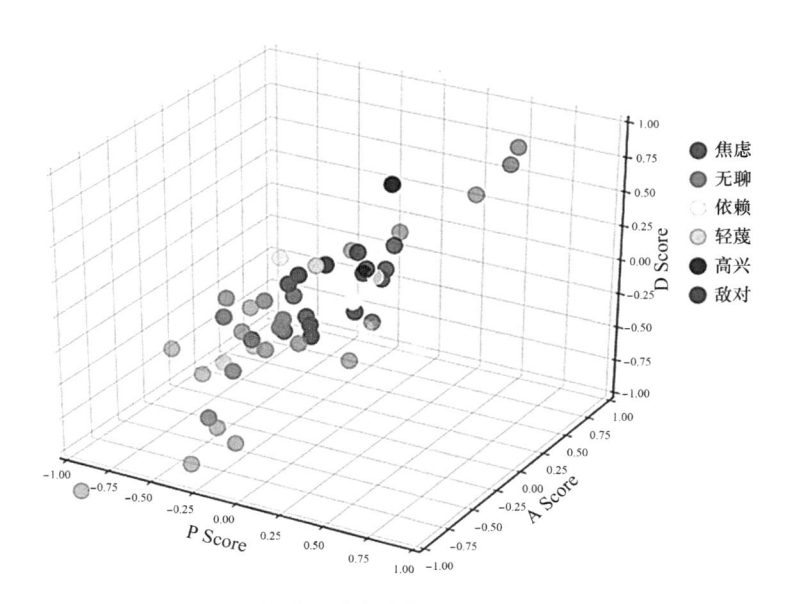

图 4-6 视觉设计维度的 PAD 情感状态散点

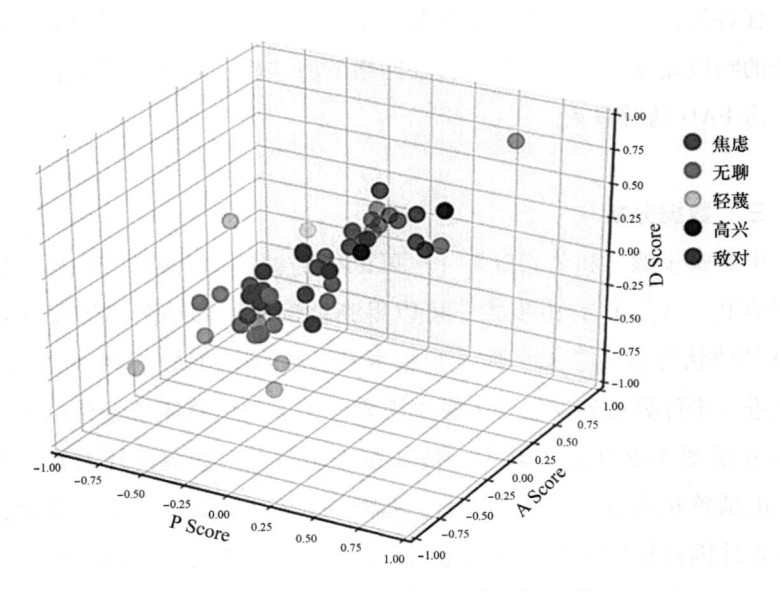

图 4-7 交互设计维度的 PAD 情感状态散点

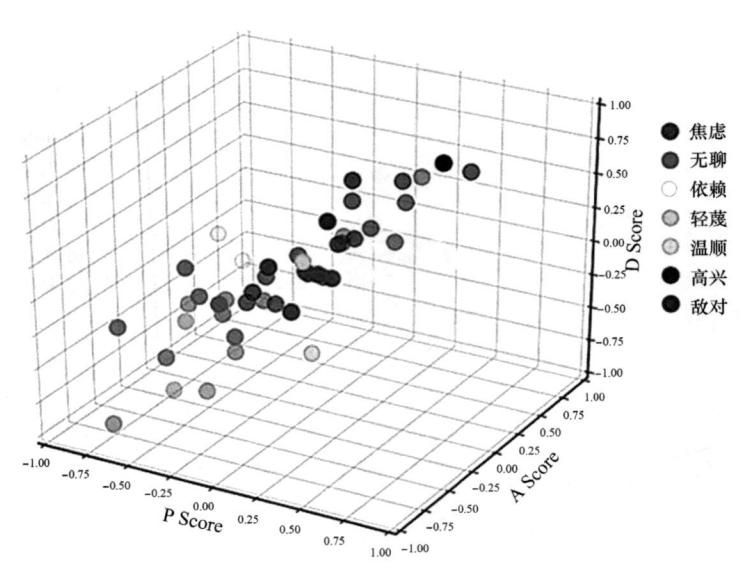

图 4-8 社交需求维度的 PAD 情感状态散点

从数据分析可视化结果可以看出：表征用户情感状态的散点大多聚集在唤醒度（A）得分为正、愉悦度（P）和支配度（D）得分为负的区域，表明大多数被试对移动图书馆服务感到焦虑，因而对愉悦和支配的感知度较低，而对唤醒的感知度较高。尽管移动图书馆的视觉设计、交互设计和社交需求可以激起用户的生理活动，使其保持专注，但并没有给用户提供积极的情感反馈和较高的可控性。此外，值得注意的是，在图4-7中，右上方的散点明显多于左下方的散点，说明被试对交互设计的情感体验优于视觉设计和社交需求的体验。

为了进一步探究移动图书馆视觉设计、交互设计和社交需求3个维度对用户情感体验作用机制的关联性，我们对3个维度下的被试P、A、D值进行了Pearson相关分析，结果如表4-8所示。可以发现：视觉设计、交互设计和社交需求的愉悦度（P）之间存在显著的相关性；而视觉设计与社交需求的唤醒度（A）、支配度（D）之间均不存在显著相关性。这表明：用户愉悦度情感体验的产生会受到各维度因素的共同作用，而唤醒度和支配度情感体验的产生则更多是各类影响因素独立作用的结果。此外，P、A、D三者之间也存在显著的相关性，说明用户在不同影响因素作用下产生的愉悦度、唤醒度和支配度具有较高一致性。

表4-8　　视觉设计、交互设计、社交需求的相关性分析结果

		视觉设计			交互设计			社交需求		
		P	A	D	P	A	D	P	A	D
视觉设计	P	1								
	A	0.803**	1							
	D	0.673**	0.715**	1						
交互设计	P	0.591**	0.532**	0.330*	1					
	A	0.544**	0.657**	0.378**	0.811**	1				
	D	0.389**	0.396**	0.412**	0.613**	0.641**	1			

续表

		视觉设计			交互设计			社交需求		
		P	A	D	P	A	D	P	A	D
社交需求	P	0.298*	0.226	0.164	0.605**	0.525**	0.402**	1		
	A	0.067	0.237	0.052	0.342*	0.464**	0.258	0.725**	1	
	D	0.127	0.078	0.186	0.314*	0.233	0.387**	0.715**	0.631**	1

注：** 表示 $p<0.01$；* 表示 $p<0.05$。

四 结果讨论

根据实验结果可知：首先，大部分用户在使用移动图书馆时对唤醒度的感知较高，对愉悦度和支配度的感知较低。唤醒度反映了用户的生理活动水平，愉悦度反映了用户的幸福感，而支配度则反映了用户对环境的掌控能力。由此说明，用户在使用移动图书馆时注意力高度集中，表明该图书馆 APP 的界面设计、交互设计和社交功能可以激发用户的使用兴趣，但并未给用户带来强烈的幸福感与可控性。其次，通过各维度 P、A、D 值的计算结果可以发现，移动图书馆的美观性和易用性很好地吸引了用户注意，但并未给用户提供积极愉悦的体验。尽管该 APP 具备了社交功能，但其交互方式和交互渠道均过于局限，无法充分满足用户的社交需求。而服务平台对用户需求的响应速度也降低了用户在寻求帮助时的积极体验。此外，相关性分析结果证实了用户对 PAD 情感的感知是相互依赖的，这与已有研究结果一致。鉴于此，可以根据该实验的情感体验度量结果，从视觉设计、交互设计和社交功能三个层面对该移动图书馆 APP 进行优化和完善。

（一）视觉设计维度

视觉设计效果影响着用户对移动图书馆 APP 最直观的感受和印象，将 APP 界面视觉元素与图书馆文化特色进行关联映射，有助于为用户营造统一且具有情境感的使用氛围，活跃用户情感。例如，国家数字图书馆 APP 选取了国家图书馆实体建筑中最具代表性的绿色作为主色调，

第四章　移动图书馆用户信息交互行为中的情感体验度量

图标边框则采用了水墨元素，内部图形借鉴了建筑、书架的造型，营造出古香古色的文化氛围，既有审美意趣又有很高的辨识度，促进了图书馆品牌价值的传递。因此，在进行界面设计时，可以适当融入具有文化特色的视觉元素，让用户在使用过程中保持较好的愉悦度和唤醒度。此外，页面布局也影响着用户对 APP 的采纳程度。内容丰富、清晰直观的界面能够有效吸引用户注意力，提升唤醒度。对此，可以在 APP 界面中采用顶部导航栏使页面布局更具结构性和层次性，让用户可以轻松找到所需内容。而根据用户人格特征分析结果，图书馆还可以在 APP 中增加自定义功能，使用户能够根据自己的喜好改变页面布局、背景颜色等，从而使产品更加符合用户的使用习惯，提高情感支配度。

（二）交互设计维度

对用户反馈信息的及时处理是影响用户愉悦度的重要因素。尽管移动图书馆 APP 提供了在线意见反馈渠道，但一般仅采用表单的形式让用户提交问题建议，未能通过聊天界面进行实时回应，导致用户满意度不高。因此，图书馆可以通过增设客服聊天渠道、开发智能聊天机器人等方式，及时响应用户反馈，缓解紧张焦虑的情绪。此外，还可以针对特殊群体（如残障人士、老人、儿童等）开发更加智能、便利的交互方式增加服务的易用性，提高用户在使用移动图书馆过程中的支配度。在交互环境建设方面，图书馆应加大新兴技术的投入与使用力度，保障客户端在跨平台设备之间的流畅适配性，提高用户交互效率。

（三）社交功能维度

移动图书馆用户可以通过与其他读者进行知识交流和分享获得情感连接，从而增强对图书馆的情感依赖。良好的社交体验可以增强用户的持续使用意愿。而当前大部分移动图书馆 APP 提供的社交功能仅包含书籍评论、点赞等基本内容，难以唤起用户的交互兴趣。对此，可以进一步增加打分、弹幕等多种互动形式，并通过"关注""话题""共读"等功能构建用户在线交流社区，帮助用户结交有共同兴趣爱好的书友，提升交互参与度，增强用户之间的连接，激发对移动图书馆的使用兴趣。

第三节 基于在线评论挖掘的用户情感体验度量

本节以移动图书馆 APP 为研究对象，基于用户真实在线评论数据，应用主题建模技术进行评论主题挖掘，明确用户关注的 APP 具体属性要素，构建用户情感体验度量指标体系。在此基础上，根据评论数量筛选出具有代表性的 4 款移动图书馆 APP 作为实证对象，利用依存句法关系和情感词典提取度量指标的情感词，并基于 PAD 情感空间模型计算情感词的空间坐标值，由此判断用户情感倾向及强度，从而对在线评论中蕴含的用户真实想法和情绪感受进行量化分析，精准度量用户情感体验，为移动图书馆服务迭代优化提供重要参考依据。

一 移动图书馆 APP 评论主题挖掘

APP 在线评论是洞察用户满意度的重要依据，其中蕴含着丰富的用户情感表达信息，能够客观、全面地反映用户情感体验。通过挖掘评论中的特征词（主题）可以提取用户对移动图书馆 APP 的关注维度，从而进一步测度用户对各维度的情感体验。主题模型是评论主题挖掘最常用的方法之一，它是一种生成概率模型，其目的是从文档集合中挖掘出潜藏的主题[1]。目前应用最广的主题模型是由 Blei 等提出的 LDA 模型，基于不同文档中观测到的词汇来推断文档的主题分布及主题中词的分布[2]。随着 LDA 模型应用不断深入，学者们陆续提出了诸多改进的

---

[1] 黄佳佳、李鹏伟、彭敏、谢倩倩、徐超：《基于深度学习的主题模型研究》，《计算机学报》2020 年第 5 期。

[2] Blei David M., Ng Andrew, et al., "Latent dirichlet allocation", *Journal of Machine Learning Research*, Vol. 3, Jan. 2003, pp. 993-1022.

LDA 模型用于评论主题挖掘，如动态 LDA、自适应在线 LDA、E-LDA、AEP-LDA、LDA2Vec 等。但这些模型在短文本主题抽取时，受制于短文本特征稀疏、上下文依赖性强等因素的影响，往往表现不佳。近年来，随着 BERT 预训练模型的快速发展，学者们提出了一种基于 BERT 模型的主题建模技术——BERTopic 用于短文本主题识别，由此得到更加准确且易于解释的文本主题。鉴于此，本书采用 BERTopic 主题建模技术进行移动图书馆 APP 在线评论主题挖掘。

（一）APP 评论数据采集与预处理

本书以"图书馆"为关键词，分别在苹果应用程序商店 APP Store 和安卓手机应用市场（华为、小米、OPPO 和 vivo）中搜索图书馆类 APP 应用，根据搜索结果中 APP 的简介信息筛选出 66 个具备移动图书馆功能属性的 APP 应用①，再通过"七麦数据"平台进行评论数据采集。"七麦数据"汇集了全球 155 个国家/地区的 APP Store、Google Play 以及我国九大主流安卓应用市场的 APP 信息，涵盖 1300 万个 APP 应用的基本简介、实时排名、评分评论、下载量等数据。我们在"七麦数据"平台上采集了以上 66 个移动图书馆 APP 的用户在线评论，一共得到 37198 条评论数据（2019 年 1 月 1 日至 2021 年 12 月 31 日）。数据采集示例如表 4-9 所示。

表 4-9　　移动图书馆 APP 在线评论数据采集示例

发表时间	用户 ID（已做隐私处理）	评分	评论内容
2021-08-21 14：14：34	用***2	1	广告之多，书的储存种类也越来越少。
2020-08-30 01：48：24	U***1	2	借不了书，一直白屏闪退，气死人了。

---

① 注：由于完全以"图书馆"命名的 APP 数量并不多，故本书将包含了文献借阅或移动阅读、听书、知识服务等图书馆相关功能的 APP 也纳入实证研究范畴。

续表

发表时间	用户 ID（已做隐私处理）	评分	评论内容
2020-08-01 20：08：20	用 *** 0	3	资料看起来是挺全的，但是平板和手机都收不到验证码，登录不了也看不了，怎么办呀。
2021-08-27 09：52：00	欲 *** 舟	4	资源真的很多，而且免费，很赞。但软件体验我觉得是有些问题的。
2020-06-25 22：22：48	月 *** 刀	5	很好，有自己的产品特色，打开界面清新大方，可观赏性很强！

由于 APP 在线评论具有明显的短文本和口语化特点，其中包含了很多低价值甚至无价值信息，因此需要对采集的评论数据进行预处理操作，提高评论主题挖掘的准确率。本书通过重复词压缩以及删除重复性评论和未包含实质性评论内容的短句进行数据清洗，并以哈工大停用词表为基础，增加"软件""APP"等指示性词语构建自定义停用词表对评论内容进行停用词过滤，最终保留 30433 条评论数据作为研究样本。

（二）初始特征词集构建

APP 在线评论主题反映了用户关注的具体内容，是确立情感体验度量指标的关键依据。准确构建评论初始特征词集是提取评论主题的重要前提。在用户评论文本中，名词能够明确反映评论对象的属性特征，在主题提取与分类中起着关键作用，但由于评论文本口语化现象严重，往往存在大量主语和宾语名词缺省的情况，因此也经常将动词和形容词作为主题提取的依据[①]。鉴于此，本书将 APP 在线评论中包含的名词、动词和形容词作为初始特征词集构建的基础。同时，考虑到评论中的副词也带有情感色彩，能够反映用户情感状态，故将其保留用于后续情感体验度量指标分析。在此基础上，使用 jieba 分词工具对评论样本进行分词处理与词性标注，共得到 5639 个名词、4132 个动词、739 个形容

---

① 陈龙、管子玉、何金红、彭进业：《情感分类研究进展》，《计算机研究与发展》2017 年第 6 期。

词和 455 个副词。各词性类别中词频排序前五的词语如表 4-10 所示。

表 4-10　　在线评论各词性类别中词频排序前五的词语

词性	词语	词频	词性	词语	词频
名词	广告	1713	动词	喜欢	2746
	资源	1483		下载	2535
	藏书	1479		希望	2534
	读书	1286		阅读	2390
	功能	1239		登录	1567
形容词	不错	2645	副词	真的	2452
	很棒	624		越来越	782
	用心	505		特别	779
	简洁	334		超级	675
	简单	257		更好	414

由于特征词的词频分布具有"长尾特征"，且大部分词语使用频率不高，难以有效进行主题区分，因此，本书根据"二八定律"只选取词频排序前 20% 且不低于 5 的词语构建移动图书馆 APP 在线评论初始特征词集，其中包括 1128 个名词、827 个动词和 184 个形容词。

（三）在线评论"主题—特征词"提取

通过调用 Python 中的 BERTopic 库，将构建的初始特征词集与所采集的移动图书馆 APP 在线评论数据样本进行匹配，将含有特征词的评论语料输入 BERTopic 模型进行主题挖掘，具体流程（见图 4-9）如下：

1. 语句嵌入：将评论文本输入到一个预先训练好的 BERT 模型，使用双向 Transformer 结构生成文档的词向量，从而有效理解文本语言，捕获词语之间的语义关系。

2. 降维：使用一致流形逼近和投影（Uniform Manifold Approximation and Projection，UMAP）算法降低上一步创建的语句嵌入维数，便

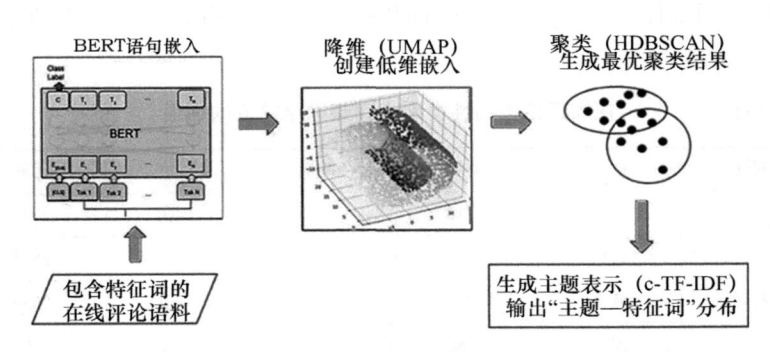

移动图书馆用户信息交互行为中的情感体验研究

图 4-9　基于 BERTopic 的移动图书馆 APP 评论主题提取流程

于后续应用 HDBSCAN 模型更好地进行聚类。UMAP 在高维中使用指数概率分布，任何距离都可以带入其中直接计算，并且使用随机梯度下降代替常规梯度下降，能减少计算复杂度和内存使用量①。此外，在降维的过程中还能发现更多局部语义特征，从而在低维上保持局部和全局结构。

3. 聚类：将降维之后的词向量输入 HDBSCAN 模型进行低维数据聚类，自动生成最优聚类结果，共输出 28 个类别，将其作为 APP 评论主题提取的初始结果。在此基础上，应用 c-TF-IDF 算法计算每个主题下词汇的 c-TF-IDF 值，再根据各主题之间 c-TF-IDF 向量的余弦相似度计算结果对相似主题进行合并，最终得到 10 个主题。c-TF-IDF 算法是从 TF-IDF 算法中衍生出的基于聚类集合的方法，将一个类别中的所有文档（如一个聚类簇群）看作一个单一文档，再应用 TF-IDF 计算这个类别中某一词语的重要性。

4. 生成主题表示：将得到的 10 个主题下各词汇的 c-TF-IDF 值由大到小排列，抽取排名靠前的 10 个特征词作为代表性关键词，用于表示各主题的具体含义，由此得到移动图书馆 APP 在线评论的"主题—

---

① 王秀红、高敏：《基于 BERT-LDA 的关键技术识别方法及其实证研究——以农业机器人为例》，《图书情报工作》2021 年第 22 期。

特征词"分布，如表 4-11 所示。

表 4-11　移动图书馆 APP 在线评论"主题—特征词"分布

主题0		主题1		主题2		主题3		主题4	
感觉	0.453	广告	0.221	网络	0.286	好评	0.179	版本	0.299
借阅	0.321	好看	0.209	失败	0.249	推荐	0.164	宝藏	0.242
找书	0.312	页面	0.144	证书	0.183	很棒	0.159	名著	0.167
检索	0.261	模块	0.136	显示	0.149	评论	0.089	内容	0.138
操作	0.249	简洁	0.131	异常	0.094	点赞	0.085	文章	0.137
借书	0.072	界面	0.089	服务器	0.086	分享	0.046	期待	0.104
阅读	0.063	分类	0.074	验证	0.076	朋友	0.040	文献	0.102
功能	0.038	值得	0.066	连接	0.072	找到	0.039	很棒	0.092
学习	0.027	优化	0.060	提示	0.066	好用	0.034	网文	0.081
听书	0.026	简单	0.053	登录	0.059	想要	0.030	经典	0.070
主题5		主题6		主题7		主题8		主题9	
免费	0.208	手机	0.171	会员	0.115	下载	0.242	密码	0.270
书籍	0.050	建议	0.081	体验	0.100	垃圾	0.066	登录	0.227
资源	0.049	配色	0.080	服务	0.090	上传	0.049	账号	0.127
知识	0.046	新版	0.066	好评	0.082	保存	0.045	登不上	0.123
借阅	0.040	还好	0.056	要钱	0.077	收费	0.032	更新	0.093
喜欢	0.035	字体	0.054	回复	0.044	打开	0.030	找回	0.068
看书	0.034	图标	0.045	读者	0.044	升级	0.028	加载	0.067
资源	0.033	电脑	0.038	咨询	0.043	解决	0.026	闪退	0.066
小说	0.030	舒服	0.037	客服	0.035	花钱	0.021	注册	0.062
图书	0.030	网页	0.036	帮助	0.024	差评	0.017	忘记	0.058

（四）评论主题挖掘结果评估

为了评估所提取的 APP 在线评论主题的准确性，我们将基于 BER-

Topic 主题模型的提取结果分别与基于 LDA 主题模型和基于 Biterm 主题模型的提取结果进行对比，并使用归一化逐点互信息（Normalized Pointwise Mutual Information，NPMI）、主题多样性（Topic Diversity）和主题质量（Topic Quality）三项指标评估不同主题模型的性能。

NPMI 是从点互信息（PMI）扩展的一种标准化度量指标，反映了词语之间的关联程度，主要用于衡量主题一致性。本书通过 NPMI 指标计算表 4-11 中每个主题下前 10 个关键词之间的相关性，计算公式如式（4-3）所示。NPMI 的取值范围为 -1 到 1，值越大代表关键词间相关性越高，即主题越易于解释。

$$NPMI(x,y) = \frac{\log \frac{p(x,y)}{p(x)p(y)}}{-\log[p(x,y)]} \qquad (4-3)$$

此外，在主题建模中可能会出现表征多个主题的冗余词，因此需要评估生成主题的多样性。本书通过计算各主题下前 20 个关键词中不重复词语所占的百分比来衡量主题的多样性，计算公式如式（4-4）所示。比值越接近 1，说明主题的多样性越高，越能反映评论维度的全面性。

$$TopicDiversity = \frac{t_{unique}}{t_n} \qquad (4-4)$$

主题提取质量由主题一致性和多样性共同决定，通过 NPMI 和 Topic Diversity 的乘积来计算，具体公式如式（4-5）所示。

$$TopicQuality = NPMI \times TopicDiversity \qquad (4-5)$$

计算得到各主题模型提取结果的 NPMI、Topic Diversity 和 Topic Quality 三项指标值，如表 4-12 所示。其中，使用 BERTopic 模型生成的 APP 在线评论主题在一致性、多样性和质量上均优于其他两个模型生成的结果，从而验证了基于 BERTopic 的 APP 在线评论主题挖掘结果的准确性与有效性。

表 4-12　　　　移动图书馆 APP 在线评论主题挖掘结果评估

模型	NPMI	Topic Diversity	Topic Quality
BERTopic	0.068	0.78	0.053
LDA	-0.021	0.67	-0.014
Biterm	0.052	0.54	0.028

二　基于评论主题的情感体验度量体系构建

通过移动图书馆 APP 在线评论主题挖掘，明确了用户关注的 APP 具体属性要素，为确立用户情感体验度量指标提供了必要依据。在此基础上，本书结合情感化设计理论进一步提炼出情感体验度量的主要维度和具体指标，并通过各项指标在用户评论中被提及的概率以及与评论总体情感的一致性分析，计算出各项指标权重，由此形成完整的情感体验度量体系框架。

（一）度量维度确立

根据表 4-11 的移动图书馆 APP 在线评论主题挖掘结果可以看到：主题 0 的特征词主要反映了移动图书馆的主要功能（如"借阅""检索""阅读""听书"等），因此可将其概括为"系统功能"；主题 1 的特征词主要反映了移动图书馆 APP 的界面属性（如"页面""模块""分类""界面"等），可将其概括为"界面布局"；主题 2 的特征词主要反映了 APP 的网络配置情况（如"网络""服务器""连接"等），可将其概括为"网络环境"；主题 3 的特征词主要反映了 APP 的社交属性（如"推荐""评论""点赞""分享"等），可以概括为"互动分享"；主题 4 和主题 5 的特征词虽然有所区别，但都主要体现了移动图书馆 APP 提供的资源内容（如"名著""文章""文献""书籍"等），因此可将两个主题共同归入"资源内容"一类；主题 6 的特征词主要反映了 APP 的视觉元素（如"配色""字体""图标"等），可将其概括为"视觉设计"；主题 7 的特征词主要反映了用户与 APP 的交互行为以及APP的反馈响应（如"咨询""回复""帮助"等），可将其概括为"交互响应"；主题8的特征词虽然以动词为主，但主要体现了用户对APP各项功能的具体操作，因此可将其归入主题0的"功能属性"一类；主题9的特征词主要从技术层面反映了移动图书馆APP的性能问题（如"更新""加载""闪退"等），可以将其概括为"系统性能"。

在此基础上，我们将提取的10个评论主题归纳为8个类别。由于评论主题能够准确反映影响用户观点、态度等情绪感受的因素，因此，可以作为评估用户情感体验的核心指标。根据唐纳德·诺曼提出的情感化设计三层次理论，同时参考本书第三章所构建的用户情感体验影响因素理论框架，可以将"视觉设计"和"界面布局"归入感官维度；将"功能属性"和"资源内容"归入服务维度；将"交互响应"和"互动分享"归入"交互维度"；将"系统性能"和"网络环境"归入"技术维度"，从而得到度量移动图书馆APP用户情感体验的四个维度。

（二）度量指标体系框架构建

在确立了情感体验度量维度的基础上，为了能从细粒度层面准确度量用户对移动图书馆APP不同属性要素的情感体验，需要进一步明确用户情感体验的详细度量指标。对此，本书根据相关文献中普遍采用的特征词数量选取标准，在初始提取的10个评论主题下各选取了前100个高频特征词，然后按照所确立的8个类别（一级指标）进行去重和归类，作为评估用户情感体验的具体要素。与此同时，考虑到选取的高频特征词难以全面涵盖评论中出现频次较低的相似词汇（如用户在评论APP的配色时，经常会提到"颜色"一词，但偶尔也会提到"色调""色彩"等），故本书使用《同义词词林扩展版》进行特征词扩展，最终确立了用于表征8个一级度量指标的1041个特征词，并将其作为具体评估要素（二级指标），由此构建了移动图书馆APP用户情感体验度量指标体系框架，如表4-13所示。

表 4-13　　移动图书馆 APP 用户情感体验度量指标体系框架

度量维度	一级指标	二级指标（特征词）
A1 感官维度	B1 视觉设计	图标、颜色、色调、配色、视觉、图片……
	B2 界面布局	页面、栏目、导航、文字、排版、版块……
A2 服务维度	B3 功能属性	阅读、学习、借书、搜索、听书、展览……
	B4 资源内容	图书、资源、信息、资讯、文献、视频……
A3 交互维度	B5 交互响应	客服、馆员、咨询、问答、回复、反馈……
	B6 互动分享	社交、交友、社区、推荐、分享、交流……
A4 技术维度	B7 系统性能	闪退、加载、卡顿、速度、缓冲、登录……
	B8 网络环境	网络、连接、断网、流量、5G、WiFi……

（三）度量指标权重计算

为了明确不同度量指标对用户情感体验测度的影响程度，本书进一步计算了各项指标的权重值。具体而言，指标 a_j 的权重大小主要与两方面因素有关：一是 a_j 在用户评论中被提及的频率，频率越高，表示用户对该指标的关注度越高，则其情感状态也越容易受其影响；二是在一条完整评论文本中，用户对 a_j 的情感态度与该条评论反映的用户整体情感的一致性，整体情感一般由用户评分决定（如评分 1 表示负面情感，评分 5 表示正面情感），a_j 与整条评论的情感一致性越高，则表明 a_j 对用户情感体验的决定性作用越强[①]。

基于上述规则，本书设 $R = \{r_1, r_2, \cdots, r_R\}$ 表示移动图书馆 APP 的在线评论集合，$S = \{S_1, S_2, \cdots, S_R\}$ 表示评论集 R 反映的用户情感态度集合，$A = \{a_1, a_2, \cdots, a_A\}$ 表示用户情感体验度量指标集合；其中，$S_i \in S$ 是评论 $r_i \in R$ 反映的用户整体情感，评论 r_i 中某一具体指标 $a_j \in A$ 的用户情感倾记作 $s_i^{a_j}$，a_j 的权重记作 w_j。a_j 在用户评论中被提及的频率由公式（4-6）计算；a_j 的评论情感与整体评论情感的

---

① 赵志滨、刘欢、姚兰、于戈：《中文产品评论的维度挖掘及情感分析技术研究》，《计算机科学与探索》2018 年第 3 期。

一致性由公式（4-7）和公式（4-8）计算；权重 w_j 由公式（4-9）计算。

$$fre(a_j) = \frac{\sum_{i=1}^{R} a_j \in r_i}{\sum_{j=1}^{A}\sum_{i=1}^{R} a_j \in r_i} \tag{4-6}$$

$$con(a_j) = \frac{1}{|R|}\sum_{i=1}^{R} eq(s_i^{aj}, S_i) \tag{4-7}$$

$$eq(s_i^{aj}, S_i) = \begin{cases} 1 & if s_i^{aj} = S_i \\ 0 & if s_i^{aj} \neq S_i \end{cases} \tag{4-8}$$

$$w_j = fre(a_j) \times con(a_j) \tag{4-9}$$

本书将所采集的移动图书馆 APP 在线评论数据样本作为评论集 R，根据标点符号对每条评论进行分句处理，然后过滤掉不包含任何用户情感体验度量特征词的短句，同时对包含了不止一项度量指标的评论短句进行依存句法分析，如短句"APP 检索功能使用方便但图书介绍页面字体太小"就包含了"功能属性"和"视觉设计"两项一级指标，需要分成两个短句进行分析。通过自然语言处理工具汉语言处理包（Han Language Processing，HanLP）进行依存句法分析，得到包含不同情感体验度量指标的评论短句，然后对各指标的用户评论情感极性进行手工标注（积极、中性和消极），整体评论情感极性则由用户评分确定（评分 1—2 表示积极，3 表示中性，4—5 表示消极）。在此基础上，根据公式（4-6）至公式（4-9）计算得到 8 个一级度量指标的权重值，然后求和得到 4 个度量维度的权重值，如表 4-14 所示。

表 4-14　移动图书馆 APP 用户情感体验度量指标权重值

度量维度	权重值	一级指标	权重值
感官维度	0.188	视觉设计	0.088
		界面布局	0.100

第四章　移动图书馆用户信息交互行为中的情感体验度量

续表

度量维度	权重值	一级指标	权重值
服务维度	0.521	系统功能	0.370
		资源内容	0.151
交互维度	0.159	交互响应	0.068
		互动分享	0.091
技术维度	0.132	系统性能	0.071
		网络环境	0.061

三　基于依存句法的度量指标情感词提取

根据所构建的移动图书馆 APP 用户情感体验度量指标体系，本书使用依存句法分析方法提取用户在线评论中所包含的度量指标对应的情感词，度量用户情感倾向及强度，从而对用户情感体验进行测度。情感词的提取流程如图 4-10 所示。首先，基于中国知网 HowNet 情感词典和大连理工大学中文情感词汇本体库构建初始情感词典；其次，与前文构建的移动图书馆 APP 初始特征集进行比较，添加遗漏的情感词汇（新词），并引入程度副词和否定词，建立移动图书馆 APP 情感词典；

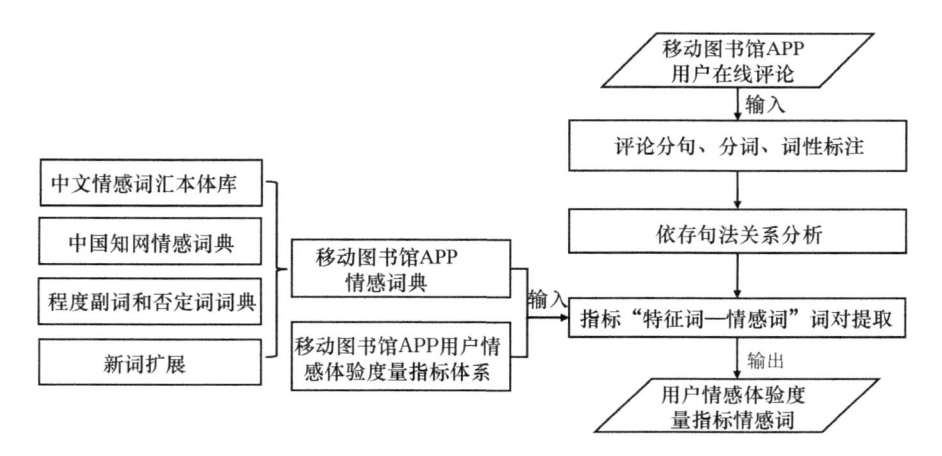

图 4-10　基于依存句法关系的情感体验度量指标情感词提取流程

最后，基于依存句法关系，根据移动图书馆 APP 用户情感体验度量指标和构建的情感词典，从在线评论语句中抽取指标的"特征词—情感词"词对，得到各指标下的情感词。

（一）度量样本选取

由于各个移动图书馆 APP 的评论数量差异较大，且大部分 APP 的评论量有限，包含的用户情感信息较少，难以全面反映用户情感体验。因此，本书对采集的移动图书馆 APP 用户评论数量进行排序，选取评论量超过 1000 条的 APP 作为实证对象，最终筛选出 4 个移动图书馆 APP："超星移动图书馆""书香苏州""国家数字图书馆"和"藏书馆"，具体介绍如表 4-15 所示。对这些 APP 的用户评论数据进行清洗后得到 16389 条数据样本，用于提取情感体验度量指标的情感词。

表 4-15   4 个移动图书馆 APP 的主要功能

APP	使用的图书馆	主要功能
超星移动图书馆	大学、公共图书馆	馆藏查询、续借、预约、挂失、到期提醒、热门书排行榜、咨询、新闻发布、公告通知、新书推荐
书香苏州	苏州图书馆	文献检索、条形码扫描、借阅信息查询、续借、预约、文献浏览与收藏、新闻公告、图书物流跟踪
国家数字图书馆	国家图书馆	书目检索、二维 QR 码识别、微阅书刊、经典视听、读者卡服务、国图展览、讲座预告及新闻动态、客服咨询
藏书馆	厦门简帛图书馆	书籍查询、在线借阅、预约、到期提醒、书籍收藏、通知信息、个性化推荐、发布语音书摘、构建思维导图、建立读书笔记和档案、书讯分享推荐、会员服务

（二）情感词典构建

情感词典由词语本身和词语对应的情感极性或情感强度组成，其完备性对情感分析效果有着至关重要的影响。虽然目前已有一些通用的中文情感词典，但通过观察移动图书馆APP在线评论的高频词可以发现，存在与移动图书馆相关的专业领域词汇，若直接使用现有的情感词典进行分析会导致情感词的提取出现疏漏，进而影响用户情感体验度量的精准性。鉴于此，本书基于中国知网HowNet情感词典和大连理工大学中文情感词汇本体库两个常用情感词典构建移动图书馆APP初始情感词典，用于提取在线评论中与情感体验度量指标相关的情感词。其中，中国知网HowNet情感词典包含了836个正面情感词语和1254个负面情感词语；中文情感词汇本体库包含了27466个情感词，强度分为5个等级，情感极性包括褒义、贬义和中性，词性种类分为名词（noun）、动词（verb）、形容词（adj）、副词（adv）、网络词语（nw）、成语（idiom）和介词短语（prep）。

本书首先保留中文情感词汇本体库中的名词、动词、形容词、副词和网络词语，然后将中国知网HowNet情感词典与保留的本体库进行对比，添加本体库中未包含的新词，并删除不常用词语，由此得到初始情感词典。在此基础上，将前文构建的移动图书馆APP初始特征词集与初始情感词典对比，人工添加与移动图书馆、APP相关的特有情感词（如入坑、书香、书粉等）并标注情感极性。

除情感词典之外，还需要同步构建修饰词词典，包括程度副词和否定词词典。程度副词能够加强或削弱情感词所表达的情感强度，否定词则能直接将文本情感转向相反的方向，而且通常效用是叠加的。因此，引入程度副词和否定词可以提高文本情感分析的准确性，获取更加真实的用户情感倾向及强度。最终，本书构建了一个包含5564个正面情感词、4873个负面情感词、6类219个程度副词和71个否定词的移动图书馆APP情感词典。

（三）依存句法分析与情感词提取结果

本书采用依存句法分析提取APP在线评论中与用户情感体验度量

指标对应的情感词。依存句法分析是自然语言处理领域的重要方法之一，根据语言单位内成分之间的依存关系揭示句子的句法结构，指出词语间的搭配关系，强调核心关键词在句子中所起的支配作用①。根据依存句法基本原理，核心词和依存词是每个依存关系必须包含的两个部分。因此，一个评价观点是由核心词和依存词以及两者之间的语义关系共同构成的，可以通过依存句法分析准确挖掘评价观点中的语义关系，从而抽取出评价对象和其对应的情感评价单元。常见的依存关系类型及其描述如表 4-16 所示，箭头方向表示依存词指向核心词。

表 4-16　　　　　　　　　　主要依存句法关系

类型	标签	描述	示例
主谓关系	SBV	主语（名词）—谓语（动词/形容词）	我送她书（我←送）
动宾关系	VOB	直接宾语，动词—宾语（名词）	我送她书（送→书）
前置宾语	FOB	前置宾语，宾语（名词）—动词	什么书都看（书←看）
定中关系	ATT	领属（形容词/名词—名词）	红花（红←花）
状中结构	ADV	状语（副词—动词/形容词）	非常好看（非常←好看）
动补结构	CMP	补语（动词—动词/形容词）	吃饱（吃→饱）
并列关系	COO	并列（名词/动词/形容词）	花和草（花→草）
核心关系	HED	指整个句子的核心	—

将表 4-16 中的 8 种关系作为 APP 在线评论情感分析的基础依存关系，使用汉语言处理包（Han Language Processing，HanLP）对在线评论进行依存句法分析。HanLP 作为一款强大的自然语言处理工具，能在中文分词、词性标注的基础上进行句法依存关系分析，并根据这些关系提

---

① 王娟、曹树金、谢建国：《基于短语句法结构和依存句法分析的情感评价单元抽取》，《情报理论与实践》2017 年第 3 期。

取与度量指标对应的"特征词—情感词"词对,保证提取效率和准确性,为情感词的空间位置坐标值计算奠定基础,具体流程如下:

1. 使用 HanLP 对移动图书馆 APP 在线评论进行依存句法分析,输出词语对及关系类型,在此基础上保留包含主谓关系、动宾关系、状中结构、动补结构、定中关系、前置宾语、并列关系和核心关系的词语对,剔除其他词语对;

2. 将保留的词语对与前文构建的用户情感体验度量指标特征词集进行对比,提取包含指标特征词的词语对;

3. 将筛选得到的词语对与已构建的移动图书馆 APP 情感词典进行比对,若词语对中的依存词存在于情感词典中,则记录该特征情感词对及其修饰词;

4. 检查已抽取的特征词是否存在并列关系,若存在且并列词也为特征词,则两特征词对应同一情感词,将其添加到特征情感词对中。

根据上述流程,共提取出 42782 对用户情感体验度量指标情感词及其修饰词。以"内容非常丰富,查阅很方便,但是不支持横屏"这条用户评论为例,展示情感词提取结果,如表 4-17 所示。

表4-17　用户情感体验度量指标情感词提取结果(示例)

指标	特征词	程度副词	否定词	情感词
资源内容	内容	非常	—	丰富
功能属性	查阅	很	—	方便
界面布局	横屏	—	不	支持

四　情感词空间坐标计算与情感体验度量

维度空间情感理论通过计算情感词之间的空间距离来表示和度量用户情感状态。PAD 情感模型是应用最广的维度空间情感模型之一,可用于描述情感状态在愉悦度(P)、唤醒度(A)、支配度(D)三维空间内的定位。空间内任一坐标位置 e（P，A，D）可映射为对应的情感状态 E。因此，通过 PAD 模型能够量化并建立三维情感空间中各种情感范畴的定位和关系，从而判断用户情感倾向及其强度。鉴于此，本书基于 PAD 情感模型进行情感词空间坐标位置（PAD 值）计算，对用户与移动图书馆 APP 信息交互过程中产生的复杂情感进行细粒度量化分析。

（一）情感词空间坐标（PAD 值）计算

中国科学院心理研究所提出的中文简化版 PAD 情感量表确定了 14 种基本情感的 PAD 参考值，如表 4-18 所示[①]。通过计算用户情感体验度量指标情感词与 PAD 基本情感词之间的语义相似度，可以得到待测情感词的 PAD 值。当待测情感词与基本情感词的语义相似度越高时，该词汇所表征的情感状态就越接近基本情感状态。

表 4-18　　14 种基本情感的 PAD 值参照

序号	情感类型	愉悦度（P 值）	唤醒度（A 值）	支配度（D 值）
1	喜悦	2.77	1.21	1.42
2	乐观	2.48	1.05	1.75
3	轻松	2.19	-0.66	1.05
4	惊奇	1.72	1.71	0.22
5	温和	1.57	-0.79	0.38
6	依赖	0.39	-0.81	-1.48
7	无聊	-0.53	-1.25	-0.84
8	悲伤	-0.89	0.17	-0.70

[①] 李晓明、傅小兰、邓国峰：《中文简化版 PAD 情绪量表在京大学生中的初步试用》，《中国心理卫生杂志》2008 年第 5 期。

续表

序号	情感类型	愉悦度（P 值）	唤醒度（A 值）	支配度（D 值）
9	恐惧	-0.93	1.30	-0.64
10	焦虑	-0.95	0.32	-0.63
11	蔑视	-1.58	0.32	1.02
12	厌恶	-1.80	0.40	0.67
13	愤懑	-1.98	1.10	0.60
14	敌意	-2.08	1.00	1.12

本书将表 4-18 中的 14 种基本情感作为基础情感词汇，将其 PAD 值作为计算基准，然后采用自然语言处理工具 HanLP 分别计算每个用户体验度量指标情感词与基础词汇的语义相似度，计算时遵循以下两个基本原则[①]：

1. 以语义相似度计算结果中最相似的情感为准；
2. 不能忽视与其他情感相似对情感词 PAD 值所带来的影响。

基于以上原则，我们应用公式（4-10）计算度量指标情感词的 PAD 值：

$$R = sim_1 R_1 + \sum_{n=2}^{u} \prod_{m=1}^{u-1} (1-sim_m) sim_n R_n \quad (4-10)$$

其中，u 代表基础情感词的个数，sim_1，…，sim_n 代表某一待测情感词与各个基础情感词按照从大到小排列的语义相似度；R_n 是与相似度 sim_n 对应的基础情感词的 PAD 值；R_1 代表相似度最高的基础情感词的 PAD 值，R_2 代表相似度第二高的基础情感词的 PAD 值，以此类推。计算得到的 R 即为待测情感词的初始 PAD 值。据此，用户情感体验度量指标情感词的 PAD 值计算结果示例如表 4-19 所示。

[①] Cao Haibin, Li MingChu, et al., "A Method of Micro-Blog Sentiment Analysis Based on PAD Model", *Advanced Materials Research*, Vol. 659, Dec. 2012, pp. 186-190.

表 4-19　　度量指标情感词 PAD 值计算结果（示例）

情感词	愉悦度（P 值）	唤醒度（A 值）	支配度（D 值）
难受	-0.90	0.19	-0.69
麻烦	-1.79	0.40	0.68
不错	2.11	0.21	0.96
简单	2.23	-0.44	1.14
优秀	2.73	1.19	1.46

度量指标情感词的最终 PAD 值还要考虑程度副词和否定词的影响。本书根据所构建的程度副词词典中不同副词的语义强度并参考相关文献①，进行了副词分类和权重赋值，6 类程度副词和否定词的权值如表 4-20 所示。

表 4-20　　　　　　　　程度副词与否定词权重值

类型		权重值	词例
程度副词	极	2.00	极其、最、绝对、非常
	超	1.75	过分、过度、老、多
	很	1.50	多么、分外、太、特
	较	1.25	更、越来越、较为、尤其
	稍	0.75	略、稍微、挺、一点儿
	欠	0.10	微、不甚、没怎么
否定词		-1.00	不、不是、缺乏、没有

将前文提取的特征情感词对中的修饰词分别与程度副词词典和否定词词典进行比对，若修饰词存在于这两个词典中，则将前文计算的度量指标情感词的初始 PAD 值乘以修饰词（程度副词或否定词）对应的权

---

① 徐琳宏、林鸿飞、杨志豪：《基于语义理解的文本倾向性识别机制》，《中文信息学报》2007 年第 1 期。

重值，由此得到该情感词的最终 PAD 值，具体计算公式如下：

$$Q_i = \begin{cases} q \times R_i & （有修饰词） \\ R_i & （无修饰词） \end{cases} \quad (4-11)$$

其中，Q_i 代表第 i 个度量指标特征词（二级指标）对应的情感词 PAD 值，q 代表修饰词的权重值，R_i 代表情感词的初始 PAD 值。

（二）用户情感体验度量结果

在计算得到用户情感体验度量指标情感词的 PAD 值之后，进一步结合表 4-14 中的度量指标权重值对移动图书馆 APP 用户情感体验进行测度，具体计算公式如公式（4-12）和公式（4-13）所示：

$$e_j = \frac{\sum p_j i Q_i}{\sum p_j i} \quad (4-12)$$

$$E = \sum e_j \times \omega_j \quad (4-13)$$

其中，e_j 代表第 j 个指标维度上的情感词 PAD 值，$p_j i$ 代表第 j 个指标维度上第 i 个特征词（二级指标）出现的频数，Q_i 是第 i 个特征词的情感词 PAD 值，ω_j 是各一级度量指标权重值。通过公式（4-13）可以计算得到 8 个一级度量指标的用户情感愉悦度 P 值、唤醒度 A 值和支配度 D 值；而 4 个度量维度的用户情感体验量化结果则是各一级指标情感体验量化结果的加权，由此可以评估用户在移动图书馆 APP 感官维度、服务维度、交互维度和技术维度的实际情感体验。

在此基础上，本书分别计算得到超星移动图书馆、国家数字图书馆、书香苏州和藏书馆 4 个 APP 的用户情感体验度量结果，如表 4-21 至表 4-24 所示。其中，P 值反映了用户情感状态的积极性或消极性，若 P 值为正数且数值越大，表示用户满意度越高；A 值反映了用户的兴奋状态即对 APP 的感兴趣程度，当 P 值为正数时，若 A 值也为正数且数值越大，表示用户兴趣程度越高，而当 P 值为负数时，若 A 值为正数且数值越大，则表明用户在产生不良情感体验的同时还加剧了自己的生理反应；D 值代表用户对 APP 的控制程度，若 D 值为正数且数值越大，表示用户对 APP 的感知易用性越高。鉴于此，结合 P、A、D 的计算结果，我们可以对 4 个移动图书馆 APP 的用户情感体验进行综合分析。

表 4-21　　　　超星移动图书馆 APP 情感体验度量结果

二级指标	P	A	D
视觉设计	0.31	0.30	-0.14
界面布局	-0.06	-0.02	-0.09
功能属性	0.21	-0.50	0.93
资源内容	0.85	-0.02	-0.27
交互响应	0.32	-0.68	-1.27
互动分享	-0.18	-0.18	-0.48
系统性能	-0.45	0.40	-0.33
网络环境	-0.42	-0.24	-0.43

表 4-22　　　　国家数字图书馆 APP 情感体验度量结果

二级指标	P	A	D
视觉设计	0.15	0.32	-0.49
界面布局	0.55	0.14	-0.25
功能属性	0.02	-0.34	-0.64
资源内容	0.52	0.16	0.02
交互响应	0.40	-0.21	-0.58
互动分享	0.38	-0.14	-0.26
系统性能	-1.10	0.18	0.31
网络环境	-1.10	0.19	0.55

表 4-23　　　　书香苏州 APP 情感体验度量结果

二级指标	P	A	D
视觉设计	-1.80	-0.56	-0.89

续表

二级指标	P	A	D
界面布局	-0.11	-0.58	-1.06
功能属性	0.27	0.69	-1.27
资源内容	-0.68	0.49	0.67
交互响应	0.36	-0.74	-1.35
互动分享	-0.25	-0.72	1.30
系统性能	0.36	-0.51	-0.88
网络环境	0.33	-0.27	-0.51

表 4-24　　　　　藏书馆 APP 情感体验度量结果

二级指标	P	A	D
视觉设计	1.43	0.79	0.95
界面布局	1.32	0.37	0.71
功能属性	0.59	0.16	0.06
资源内容	1.72	0.70	0.79
交互响应	-0.40	0.10	-0.49
互动分享	0.95	0.46	0.23
系统性能	-1.01	0.22	-0.16
网络环境	-1.01	0.36	0.62

1. 超星移动图书馆 APP。由表 4-21 的度量结果可知：得益于该 APP 丰富的文献资源和服务功能，用户在"资源内容"指标上的愉悦度（P）最高，在"功能属性"指标上的支配度（D）最高。但在"系统性能"指标上的情感体验却较差。结合与该指标相关的用户负面评论来看，"账号""密码""登录""闪退""加载"等词经常出现，是导致用户产生负面情绪的关键原因。此外，在"界面布局"和"互动分享"两项指标上，用户的愉悦度也均为负数，即呈现消极情感状态。可以看到，具体评论中频繁出现"平板""看不了""小框"等关键词，

· 191 ·

这可能是因为该 APP 在一些平板操作系统中只支持竖屏模式，界面大小和手机显示相同，导致跨屏适配度较低，用户体验不佳。总体来看，用户在大部分度量指标上的 A 值、D 值均为负数，表明用户对该 APP 的兴趣程度不高，感知易用性也较低。

2. 国家数字图书馆 APP。由表 4-22 的度量结果可知：用户对国家数字图书馆 APP 的"资源内容"情感体验最好，该指标的愉悦度、唤醒度和支配度均为正数。国家图书馆作为我国综合实力最强的公共图书馆，在资源建设、数据积累等方面无疑具有明显优势。而在"视觉设计"和"界面布局"两项度量指标上，其 P 值和 A 值也均为正数，表明该 APP 的视觉设计效果和界面布局能够唤醒用户积极情感并引发用户兴趣，这与界面设计中融入了较多中国传统文化元素息息相关，能够为用户营造浓厚的知识文化氛围，从而带来良好的情感体验。但是，在"系统性能"和"网络环境"两项指标上，也存在愉悦度不高的问题，评论中频繁出现"加载""卡顿""断网"等关键词，这可能是因为国家数字图书馆 APP 使用人数众多，并发访问量较大，影响了系统的响应速度。

3. 书香苏州 APP。由表 4-23 的度量结果可知：与前面两个 APP 相比，用户在该 APP 的"系统性能"和"网络环境"两项度量指标上的情感体验较好。这可能是因为书香苏州由苏州图书馆与专业互联网企业共同开发维护，系统架构较为成熟，并且主要面向本地读者群体，并发访问量相对较少，能够保障流畅的使用体验。然而，在"视觉设计"和"界面布局"两项指标上的愉悦度、唤醒度、支配度却均为负值，具体评论中主要提到"分类有点乱""搜索不方便""界面太素了""有点单调"等问题，反映出该 APP 的界面导航可能有待完善，色彩搭配、插图设计、版块布局也需进一步美化。此外，由于书香苏州提供图书派送服务，在一定程度上能够获取用户身份、位置等信息，容易引起用户对隐私安全的顾虑。因此，该 APP 在开发特色功能的同时也需要加强用户隐私安全保护，增进用户对移动图书馆服务的信任。

4. 藏书馆APP。由表4-24的度量结果可知：用户对藏书馆APP的"视觉设计"和"界面布局"情感体验较好，评论中提到"配色舒适""图标简约""界面简洁大气"等正面词汇，说明用户在使用该APP时能产生积极愉悦的情绪，维持较高兴奋度，并快速掌握相关功能的操作。同时，在"功能属性"和"资源内容"两项度量指标上的愉悦度、唤醒度和支配度也均为正数，表明用户体验良好，可能是因为藏书馆APP包含了海量电子书资源，并设置了"捐书"栏目，使用户在借阅时也能捐赠闲置书籍，不仅提高了资源利用率，还强化了读者与图书馆、读者与读者之间的情感连接。此外，藏书馆还推出了"做任务赚知识币"的活动，通过奖励机制培养用户良好的阅读习惯，从而在反思层引发用户共鸣，形成更持久的情感维系。藏书馆还非常注重"互动分享"，创建了"共读""话题""关注"等社交模块，建立不同文化圈子，有效提升了用户对APP的情感依赖。但是，在"系统性能""网络环境""交互响应"三项指标上，用户的愉悦度却均为负值，说明技术性能问题也是该APP需要关注的重点。

本书在分别度量了4个移动图书馆APP用户情感体验的基础上，还进一步比较了这些APP在感官维度、服务维度、交互维度、技术维度上的情感体验测度结果，如表4-25所示。

表4-25　　移动图书馆APP用户情感体验度量结果比较

APP名称	感官维度 P	感官维度 A	感官维度 D	服务维度 P	服务维度 A	服务维度 D	交互维度 P	交互维度 A	交互维度 D	技术维度 P	技术维度 A	技术维度 D
超星移动图书馆	0.11	0.13	0.03	0.40	-0.36	0.58	0.03	-0.39	-0.82	-0.44	0.10	-0.38
国家数字图书馆	0.36	0.22	0.39	0.17	-0.20	-0.45	0.39	-0.17	-0.40	-0.11	0.18	0.42
书香苏州	-0.90	-0.57	0.01	-0.01	0.63	-0.71	0.01	-0.73	0.17	0.35	-0.40	-0.71

续表

APP 名称	感官维度			服务维度			交互维度			技术维度		
	P	A	D	P	A	D	P	A	D	P	A	D
藏书馆	1.37	0.57	0.37	0.92	0.32	0.27	0.37	0.31	-0.08	-1.01	0.28	0.20

总体而言，由图书馆自主构建的 APP，在用户情感体验上整体高于商业公司开发的 APP，主要是因为商业公司开发的 APP 一般基于通用模板，在界面设计和功能设置上缺乏创新与特色，难以引起用户的使用兴趣。但商业公司在技术方面具有明显优势，能够较好地满足用户对 APP 系统性能和网络环境的要求。图书馆开发的 APP 则在设计特色、服务专业性和资源独有性等方面更具优势，容易激发用户愉悦的情绪感受。但是，目前各大移动图书馆 APP 在交互响应、互动分享等方面的情感体验均不高，这在一定程度上反映了当前移动图书馆服务的共性问题，亟须在知识交流、传播、共创等社交服务上做出积极改进，同时结合移动网络环境特点，提高对用户个性化需求的响应速度，优化整体情感体验。

为了验证本书提出的用户情感体验度量方法的有效性，我们采用对比实验将用户情感体验度量结果与 APP 的用户实际评分进行比较。在用户评论数据样本中随机选取 1000 条积极评论（评分为 4 分或 5 分）和 1000 条消极评论（评分为 1 分或 2 分），依次使用基于情感词典的细粒度情感分析方法和本书提出的情感体验度量方法对每条评论进行情感分类，参照 PAD 计算结果中的愉悦度 P 值判断情感的积极性（P 值为正）和消极性（P 值为负）。选择精确率（Precision）、召回率（Recall）和 F1 值作为评估指标，实验结果如表 4-26 所示。可以看到，应用情感词典和 PAD 模型的情感分类结果更优，在精确率、召回率和 F1 值上均超过 90%，验证了本书提出的度量方法的准确性和有效性，说明上述用户情感体验度量结果科学可信。

表 4-26　　　　　APP 在线评论情感分类结果检验

方法	Precision	Recall	F1 值
基于情感词典的情感分析	88.3%	86.4%	87.3%
基于情感词典的情感分析+PAD 情感模型	92.2%	91.6%	91.9%

第四节　基于眼动实验的用户情感体验度量

本节以移动图书馆小程序为研究对象，采用眼动追踪技术与实验方法，围绕小程序界面布局中存在的关键问题，遵循"以人为本"的理念，根据用户使用小程序时的信息交互行为特点，通过眼动实验和具体眼动指标比较不同界面交互设计方案引发的用户情感体验变化，从而验证设计方案的可用性，为移动图书馆小程序设计与开发提供有效思路与方法。

一　眼动追踪技术概述

眼动追踪技术是获取人们生理数据的一种神经科学方法，主要利用特定眼动设备记录并分析人们在注视事物过程中的各项眼动指标数据，由此反映其生理特征，并揭示心理加工过程和规律。相较于传统的用户信息交互行为研究手段，眼动追踪技术能够直接测量被试的注意力，且不易受到个体主观因素的影响，从而可以更好地揭示用户生理与心理特征，阐释信息交互行为背后的深层动机，因而被广泛应用于信息浏览行为、信息检索行为、交互设计、界面可用性测试、用户体验度量等研究领域，为洞察人们的交互行为、心理机制和体验感受提供了重要手段。与此同时，视觉作为人们理解和判读外界信息的主要渠道，已在相关研究中被证实：个体的眼动指标能够反映其注视、浏览过程中的认知、感知和情感状态,进而预测个体行为动机①。因此,眼动追踪也被逐渐应用于用户情感体验度量研究,为揭示视觉刺激、情感变化和行为反应之间的内在关联提供了有效方法。

(一) 眼动追踪工具

眼动追踪工具是开展眼动实验的必要基础。眼动仪是眼动追踪技术最常用的工具,它是一种使用红外光源、传感器和摄像机记录人们注意到视觉刺激物时眼球活动的设备。其基本原理是:红外光线照射眼睛,产生瞳孔和角膜反射,摄像机通过计算瞳孔反射与角膜反射之间的距离确定眼球的注视位置,传感器采集和记录行为与情境数据②。按照功能特点,眼动仪可以分为屏幕式和穿戴式两种类型。其中,屏幕式眼动仪一般需要与台式机或笔记本电脑结合使用,支持基于屏幕的刺激呈现和真实世界的刺激物;穿戴式眼动仪能够佩戴在头盔和其他保护装备内,不受实验场所限制,可以提供最大程度的头部和身体自由移动,从而确保捕捉到自然环境下的用户真实行为。常用眼动仪产品及其特点如表4-27所示③。

表4-27　　　　　　　　眼动仪产品分类及其特点

分类	特点	品牌
屏幕式眼动仪	刺激物通过屏幕展示,被试在观看刺激物时只能在一定范围内轻微移动	Tobii, ASL, SMI, FaceLab, EyeLink, Smart Eye Pro, Arrington Research, Eye Response, LC Technologies, MyGazeEyetracker, EMRAT VOXE R, Motion Image Corporation, SensoMotoric

---

① 刁雅静、何有世、王念新、王志英:《商品类型对消费者评论认知的影响:基于眼动实验》,《管理科学》2017年第5期。
② Lund Haakon, "Eye tracking in library and information science: a literature review", *Library Hi Tech*, Vol. 34, No. 4, Nov. 2016, pp. 585-614.
③ 吴丹、刘春香:《交互式信息检索研究中的眼动追踪分析》,《中国图书馆学报》2019年第2期。

续表

分类	特点	品牌
穿戴式眼动仪	支持被试最大化头部和身体移动自由度,适用于自然环境下或移动任务中的眼动研究	SMI, ISCAN, Motion Image Corporation, Quick Glance, EyeLink II, NAC EMR-8, Tobii Glasses

除了眼动仪之外,一套完整的眼动追踪实验设备还包括:①记录装置。用于记录眼动追踪和场景数据并将其保存在 SD 卡上。②控制软件。依托平板电脑或手机来控制眼动设备,便于采集实验场景数据和实时查看眼动数据,包括校准、开始/停止记录、被试管理、记录管理、实时观察、回放等功能。③分析软件:用于提供丰富和完整的数据分析功能,是专业的数据分析平台,包括数据叠加、诠释以及可视化结果生成等功能。

（二）眼动测度指标

眼动测度指标主要分为:注视（Fixations）、扫视（Saccades）、瞳孔反应（Pupil Dilations）三大类[1]。每类都包含一些具体测度指标,如表 4-28 所示。

表 4-28　　　　　　眼动测度指标及其释义[2]

分类	测度指标	指标释义
注视（Fixations）	注视点个数（fixation counts）	每名被试在 AOI 区域内的注视点个数
	平均注视点个数（average fixations）	所有被试在 AOI 区域的注视点个数的平均值

---

[1] Joachims Thorsten, Granka Laura, et al., "Accurately Interpreting Click through Data as Implicit Feedback", *ACM SIGIR Forum*, Vol. 51, No. 1, Aug. 2005, pp. 4-11.

[2] 吴丹、刘春香:《交互式信息检索研究中的眼动追踪分析》,《中国图书馆学报》2019 年第 2 期。

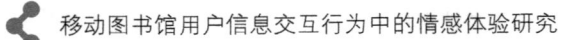

续表

分类	测度指标	指标释义
注视 (Fixations)	总注视时长（total fixation duration / total fixation）	被试在 AOI 内的注视时间总长度。长度的计算方式为：兴趣区内每个注视点的持续时间与每两点之间眼跳的时间之和
	平均注视时长（average fixation duration/average fixation time）	每名被试在每个 AOI 内的注视时间长度
	首次进入前注视点个数（previous fixations/fixations before）	被试首次注视 AOI 区域之前的所有注视点个数
	首次进入用时（time to first fixation）	每名被试从实验开始到第一个注视点进入 AOI 所用的时间
	首次注视时长（duration of first fixation）	被试在 AOI 内首个注视点的持续时间
	注视点访问次数（gaze visits）	被试在选择目标之前访问注视该目标的次数
	注视位置（fixation location）	被试在 AOI 区域内注视的空间位置，用二维坐标表示
	注视序列（sequence of fixations）	注视点出现的顺序
扫视 (Saccades)	扫视频度（frequency of saccade）	被试扫视的频数
	扫视时长（duration of saccade）	被试扫视时长
	平均向前扫视长度（average forward saccade）	被试从左到右扫视时的长度
瞳孔反应 (Pupil dilations)	平均归一化右瞳孔直径（average normalized right pupil diameter）	可以反映被试的情绪变化，如果看到感兴趣的或令其兴奋的区域，瞳孔会扩张，直径也会变大
	平均归一化左瞳孔直径（average normalized left pupil diameter）	
	平均右瞳孔扩张速度（average right pupil dilation speed）	
	平均左瞳孔扩张速度（average left pupil dilation speed）	

第四章　移动图书馆用户信息交互行为中的情感体验度量

1. 注视类测度指标。注视是指眼睛在某个特定的点上停留一段时间，可以获知用户注视的内容以及关注的兴趣区（Area of Interest，AOI）。兴趣区是研究者根据眼动实验需求在实验材料上划分出来的区域①。在图4-11所示的图书馆网站页面上，橙色区域、绿色区域和紫色区域即为研究者确定的三个兴趣区。被试在兴趣区内的注视次数和注视时长反映了其对兴趣区中内容的注意或浏览情况。

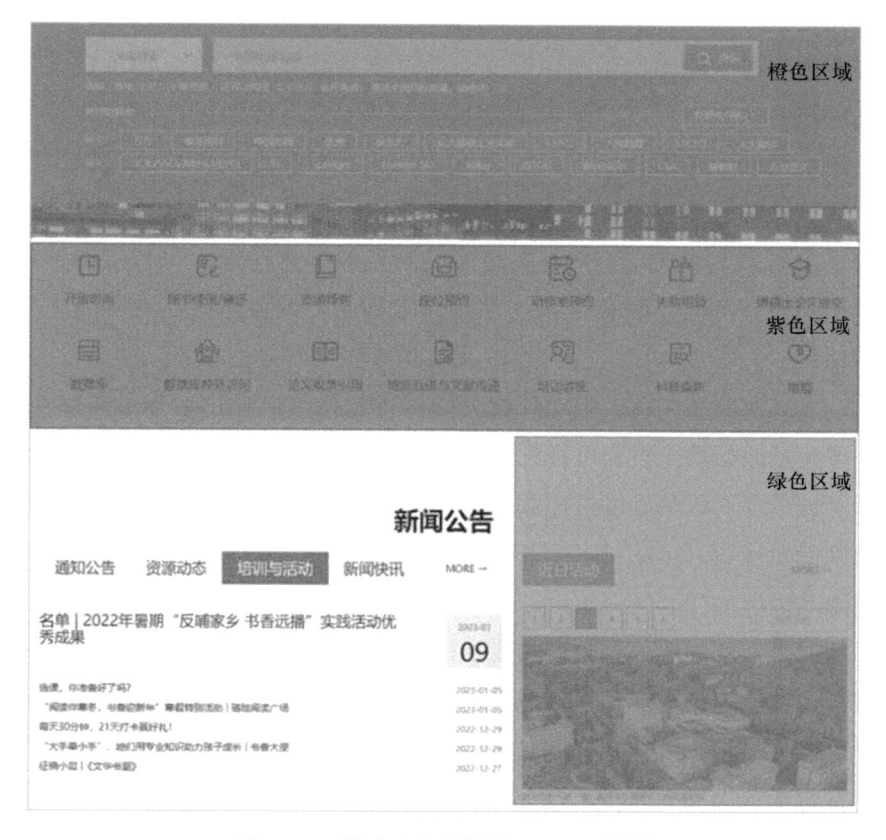

图4-11　眼动实验兴趣区（AOI）示例

---

① Kim Eojina, Tang Liang (Rebecca), et al., "Optimization of menu-labeling formats to drive healthy dining: An eye tracking study", *International Journal of Hospitality Management*, Vol. 70, Mar. 2018, pp. 37-48.

2. 扫视类测度指标。扫视是指眼睛在注视点之间进行快速移动或延续，可以反映被试的浏览模式，主要通过扫视频度、扫视时长等指标分析被试采取的浏览策略，例如，快速浏览策略（Skimming Strategy）、阅读策略（Reading Strategy）等。此外，扫视类眼动测度指标也可以用于分析目标物的可找到性（Findability）。

3. 瞳孔反应类测度指标。瞳孔反应（或瞳孔的收缩和扩张）的研究也被称为瞳孔测量法（pupillometry）。瞳孔会随着人的认知加工、唤醒和兴趣变化而产生相应改变，通过测量瞳孔直径可以揭示被试浏览内容时的兴奋程度，从而观测其情绪变化[①]。例如，当研究人员需要洞察网站上的图片所引起的浏览者情绪反应时，就可以通过测量每个被试的瞳孔直径对比基线水平的离散度百分比，然后计算所有被试的平均离散度来实现。此外，也可以测量被试在注视一张特定图片或操作某项任务时，瞳孔扩张（超过一定程度）的被试占所有样本人数的比例。

眼动实验结束后，眼动仪配套的分析软件可以输出数据分析结果，主要包括原始数据表和可视化视图两部分。原始数据表以数值的形式记录了被试各项眼动测度指标数据，反映了被试眼球运动轨迹；可视化视图则以轨迹图（gaze plot）和热点图（heat map）的形式直观呈现被试的眼动情况。

吴丹和刘春香根据眼动测度指标在信息交互行为研究中的应用，将其分为功能识别指标和情感识别指标两大类。其中，功能识别指标反映了刺激材料（如文本、图片、视频、网页等）的呈现方式，具体测度指标包括首次进入前注视点个数、首次进入用时、扫视时长、注视点访问次数等；情感识别指标反映了被试对刺激物的情感与认知反应，包括被试对刺激物的感兴趣程度、情绪兴奋程度、精神负荷程度等，具体测

---

① ［美］汤姆·图丽斯、比尔·艾博特：《用户体验度量：收集、分析与呈现》，周荣刚、秦宪刚译，电子工业出版社2020年版。

度指标包括注视时长、注视点个数、瞳孔半径、瞳孔扩张速度等[1]。

近年来，随着眼动追踪技术的不断完善，一些先进的眼动仪采用 Psyhub 技术，集成了外部摄像头、脑电 EEG 采集模块、皮电 GSR 脉搏 PP 采集模块、心电 ECG 采集模块、面部表情 FACE 及头部运动 HEAD 采集模块等接口，可以同步采集眼动、脑电、皮电、脉搏、心电、肌电、面部表情等多维度生理神经数据，提供更完整的研究资料。

二 移动图书馆小程序界面设计

随着微信小程序应用的日益普及，越来越多的图书馆开始依托小程序构建全新的移动服务生态体系，为读者提供更具灵活性、集成性和智能性的知识服务。与移动端的 WAP 网站、APP 应用、微信公众号相比，小程序具有开发简单、无须下载、功能丰富、使用便捷等优点，打通了图书馆连接用户的最短路径，能够更好地满足多元化场景下的用户资源获取需求，提升用户服务满意度，同时也为图书馆践行数智化转型提供了有效途径[2]。然而，由于目前小程序在移动图书馆领域的应用尚处于快速增长期，大部分图书馆在小程序设计、开发与运营上仍处于尝试探索阶段，导致一些共性问题日益凸显。其中，在界面设计方面，大部分图书馆都是基于统一的架构模板进行微信小程序开发，同质化现象较为严重，且资源展示缺乏特色与重点，界面交互路径复杂，信息流设计不清晰，在很大程度上影响了用户交互体验。

界面设计是决定用户对移动图书馆小程序初始印象的重要基础，对塑造图书馆品牌形象、提高用户服务体验起着至关重要的作用，已成为移动图书馆研究领域关注的焦点。周一萍以四川大学图书馆门户网站改版为例，从用户需求出发，提出开放性、便捷性、扩展性、交互性设计

---

[1] 吴丹、刘春香：《交互式信息检索研究中的眼动追踪分析》，《中国图书馆学报》2019年第2期。

[2] 王天泥：《当图书馆遇上微信小程序》，《图书与情报》2016年第6期。

原则，探讨了如何进行网页布局、资源建设和读者访问服务优化[①]；冯春英从网页浏览、移动服务和用户体验三个维度提出移动图书馆站点建设应采用响应式设计方式，满足读者需求[②]；李雅洁通过采用高效能的界面导航技术，用以解决移动图书馆使用过程中存在的交互效率低、使用体验差等问题，从而提高移动图书馆服务的易用性和场景适用性[③]；李双双等提出：移动图书馆应推出个性化界面设置功能，按照读者需求定制功能布局（如设置常用功能区、添加常用功能与数据库以及功能位置的改变等）以适应读者使用习惯[④]。

在界面设计中，界面的布局结构是定义用户交互逻辑、引导用户操作行为和培养用户使用习惯的重要基础。通过版块设置的逻辑性、信息设计的统一性、布局样式的美观性以及交互方式的趣味性，可以有效吸引用户的浏览视线，提升用户使用过程的愉悦感与兴趣度，从而打造良好的情感体验。鉴于此，本书针对当前图书馆小程序界面布局中存在的主要问题，围绕"以人为本"的设计理念，根据用户服务需求与使用习惯，围绕用户获取移动图书馆知识资源的基本流程，分别对小程序的图书搜索结果页和详情展示页进行界面优化设计，并通过眼动实验度量用户情感体验，由此验证优化设计方案的可用性。

（一）"搜索结果页"优化设计

"图书搜索"是用户浏览移动图书馆小程序首页时使用最频繁的功能之一，搜索结果的展示效果决定着用户对小程序服务可用性、易用性

[①] 周一萍：《数字图书馆门户网站设计研究——以四川大学图书馆门户为例》，《图书馆学研究》2011年第4期。

[②] 冯春英：《基于响应式 Web 设计的新型图书馆门户网站构建》，《图书馆学研究》2015年第15期。

[③] 李雅洁：《倾斜角手势与传统界面导航技术在移动数字图书馆中的应用对比研究》，《图书情报工作》2018年第19期。

[④] 李双双、李永明、朱彦：《移动图书馆用户间歇性中辍行为影响因素》，《图书馆论坛》2024年第3期。

第四章 移动图书馆用户信息交互行为中的情感体验度量

和专业性的感知。针对当前图书馆所采用的小程序模板中搜索结果页面存在的分类逻辑混乱、交互操作不便和排序功能缺失等问题，我们进行了如下优化，如图 4-12 所示。

原搜索结果页　　　　　优化后的搜索结果页（原型图）

图 4-12　"搜索结果页"优化前后对比

1. 优化搜索结果分类展示方式。原搜索结果页采用的是纵向排列方式，依次按照"听书""看书"和"视频"的分类顺序展示所有搜索结果，用户往往需要不断滑动页面才能找到所需的文献资源，导致界面交互效率很低。根据菲茨定律："手指移动到界面中某一目标物（图标、按钮等）的时间取决于手指距离目标物的远近以及目标物的大小，

· 203 ·

距离越近、目标物越大,越便于用户进行快速准确的操作。"[1] 而格式塔理论也阐明:"通过将需要关联的界面元素紧密排列在一起,能够使用户从视觉感知上将其归为一类,从而减少用户在界面浏览时的视觉凌乱感,更快定位到目标。"[2] 因此,我们将资源搜索结果分类展示顺序依次调整为"看书""听书""视频",并以卡片式形式显示,且每个分类卡片框中仅显示排序前 6 位的搜索结果,其他文献则在二级界面展示,便于用户进行快速浏览与选择。

2. 增加搜索结果排序选项与特色资源标识。原搜索结果页并未提供明确的排序标准,在输入一些检索关键词时,经常出现用户点击排序靠前的文献资源却显示已下架的情况,降低了用户对图书馆服务质量的信任感。因此,我们增加了按资源点击热度和上架时间进行排序的选项,同时采用醒目的图标对特色馆藏资源进行标注(如"独家""自制"等),由此提高用户的资源获取效率与服务感知价值。

(二)"详情展示页"优化设计

用户通过点击所需的搜索结果可以继续浏览文献资源详情,并进行在线阅读或视频观看。前期调研结果显示:"看书"与"听书"类电子资源的详情展示界面用户满意度较高,基本符合用户阅读习惯,但"视频"类资源的详情展示界面用户体验却较差,存在功能布局混乱、可视化设计粗糙等突出问题,对此,我们进行了如下优化,如图 4-13 所示。

1. 优化界面功能布局。原详情页的界面布局中,视频内容简介位于页面最下方,用户需要先滑到页面底端了解视频的基本介绍再决定是否观看,而在观看期间往往也需要反复滑动查阅相关文字信息,导致交互操作非常不便。鉴于此,我们遵循菲茨定律设计原则,按照用户认知

---

[1] 尤乾、吕健、李阳、金昱潼、赵子健:《基于 Fitts 定律的虚拟现实小目标选择模型》,《工程设计学报》2019 年第 4 期。

[2] 韩静华、牛菁:《格式塔心理学在界面设计中的应用研究》,《包装工程》2017 年第 8 期。

第四章　移动图书馆用户信息交互行为中的情感体验度量

原详情展示页　　　　　　　　优化后的详情展示页（原型图）

图4-13　"详情展示页"优化前后对比

行为习惯将视频简介上移，缩短用户交互操作路径。同时，根据系列位置效应中的近因效应理论，将原页面上的"分享""生成海报"和"收藏"功能按钮放置到页面底端，以导航栏的形式呈现，提升用户关注度，激发其知识分享与传播意愿，从而帮助图书馆起到积极的宣传推广效果。此外，我们还在底端导航栏增加了用户所需的"加入书架"功能，方便用户保存后随时学习。

2. 增强核心内容可视化效果。在进行界面布局优化的基础上，我们为各项功能模块增加了背景色，形成独立的单元模块，使界面信息架构更加清晰、直观，便于用户快速定位到目标版块并进行相应操作。此

· 205 ·

外，我们还通过图标颜色和字体大小对比，突出"内容简介""选集""加入书架"等核心栏目和功能，提升界面可视化设计效果并吸引用户关注。

三 眼动实验设计

为了验证上文提出的界面优化设计方案的可用性，本书进一步通过眼动追踪实验进行用户情感体验度量，由此测试方案的可用性。眼动实验通过采集被试在浏览小程序界面时的眼球运动数据，客观反映其注意力分布情况及心理活动特征。同时，结合 Bhattacherjee 等制定的满意度评估量表[①]，采用非常满足、非常惬意、非常欣喜和非常满意4个项目，从主观层面测量用户对小程序界面的体验感受，最终取4个项目的均值代表用户满意度，与眼动实验结果进行交叉验证。

（一）被试选择

本次实验邀请了32名在校大学生作为被试，包括17名男性和15名女性，专业背景涵盖社会科学、信息科学、工学、理学、医学等不同领域，年龄在18—25岁，均有微信小程序使用经验。被试人数符合眼动实验的基本要求，被试群体也具备图书馆典型用户的基本特征[②]。所有被试裸眼视力或矫正视力正常，无色盲和色弱问题。在实验正式开始之前，由研究人员告知被试实验操作要求，并让被试填写个人信息和参与知情书。

（二）实验设备与材料

实验设备使用 Tobii Pro Glasses 穿戴式眼动仪，可提供稳定的眼动

[①] Bhattacherjee Anol, Perols Johan, et al., "Information technology continuance: a theoretic extension and empirical test", *Journal of Computer Information Systems*, Vol. 49, No. 1, Sep. 2008, pp. 17–26.

[②] Vraga Emily, Bode Leticia, et al., "Beyond Self-Reports: Using Eye Tracking to Measure Topic and Style Differences in Attention to Social Media Content", *Communication Methods and Measures*, Vol. 10, No. 2–3, Apr. 2016, pp. 149–164.

第四章 移动图书馆用户信息交互行为中的情感体验度量

追踪能力和准确的眼动数据,并允许用户自由移动与环境进行自然交互。实验采用 A/B 测试方法,分别选取优化前后的移动图书馆小程序图书搜索结果页和详情展示页作为具体实验材料,比较被试在浏览以上界面时的眼动数据指标差异和情感体验差异,从而评估优化设计方案的可用性。

(三) 实验过程

在实验正式开始前,首先由实验人员向被试简要介绍眼动仪的基本使用方法、实验任务和注意事项,然后帮助被试检查并佩戴眼动仪开始实验。具体实验过程包括 5 个环节:①让被试在研究人员提供的手机上浏览指定的公共图书馆小程序首页,限时 2 分钟;②让被试在首页搜索框中输入关键词"企业管理"进行图书检索,并浏览搜索结果;③要求被试在搜索结果中找到"视频"类资源,然后点击第一个视频进行详情页浏览,限时 3 分钟;④完成以上操作后,请被试关闭小程序并休息 5 分钟缓解眼睛疲劳,然后让被试继续在手机上打开提前安装的优化界面原型,重复以上①—③操作步骤;⑤完成以上环节后,请被试取下眼动仪并填写满意度问卷。问卷采用 Liket 5 点量表评估用户对以上界面浏览的情感体验,其中 1 代表非常不同意,5 代表非常同意。最后,由实验人员检查眼动数据和问卷填写的完整性,确认无误后结束本次实验。具体流程如图 4-14 所示。

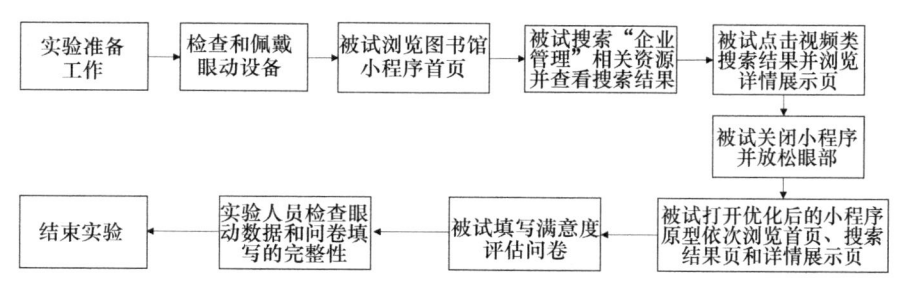

图 4-14 眼动实验流程

（四）测评指标选择

本书基于界面设计研究成果中与情感体验相关的眼动实验测度指标，并结合微信小程序界面设计的特点与规范，选择首次注视时长、平均瞳孔直径、总注视时长、注视点个数和平均注视时长5项眼动测度指标进行界面优化设计方案可用性测试。其中，首次注视时间是指被试在某兴趣区（AOI）内首个注视点的持续时间，用于衡量该区域对被试的吸引程度。首次注视时间越长，说明被试的关注度和兴趣度越高；平均瞳孔直径可以反映被试在实验过程中的生理和心理变化，用于衡量被试对视觉刺激物产生的愉悦感。瞳孔直径越大，说明被试的愉悦度越高；总注视时长是指视线落入兴趣区内的持续注视时间之和，用于衡量被试对该区域的注意力投入程度。总注视时间越长，说明被试对该区域的兴趣度越高；注视点个数是指落入兴趣区内所有注视点的总数，用于衡量界面布局效果。注视点过多表明界面布局不合理，注视点分散，表明界面布局缺乏关联性；平均注视时长是指兴趣区内注视点的平均注视时间，等于总注视时长除以注视点个数，用于反映被试对该兴趣区的关注程度以及信息加工难度。

四 实验结果及讨论

本书对实验采集的眼动指标数据和问卷数据进行单因素方差分析，用于判断眼动指标与用户情感体验（这里主要指满意度）之间的作用关系。通过对样本数据进行方差齐性检验后进一步开展单因素方差分析，结果显示：被试在不同界面上的首次注视时长、平均瞳孔直径、总注视时长、注视点个数和平均注视时长均对用户情感体验具有显著影响（$p<0.05$），表明实验选取的眼动指标具有合理性，可以有效反映用户对界面的满意程度。在此基础上，本书分别对被试浏览移动图书馆小程序界面和优化后的原型界面的眼动指标进行配对样本T检验，评估界面优化设计效果。

（一）"搜索结果页"情感体验与优化设计效果分析

搜索结果页优化前后的眼动指标 T 检验结果如表 4-29 所示。结果显示，各项眼动指标的 p 值均小于 0.05，具有显著差异。其中，被试对优化后搜索结果页的首次进入时长高于原界面，说明被试更容易被优化后的界面吸引。与此同时，优化后界面的注视点个数和兴趣区的平均注视时间均有明显减少，证明经过卡片式设计的分类结果布局更加合理，能够有效提升被试的视觉集中度，提高信息加工效率。此外，被试在浏览优化后界面时的平均瞳孔直径也有所增大，说明被试对优化后界面布局的愉悦度更高，更容易激发积极的情感体验。

表 4-29   "搜索结果页"优化前后眼动指标 T 检验结果

眼动指标	统计量	原搜索结果页	优化后的搜索结果页	t 值	p 值
首次注视时间（ms）	均值	385.016	398.752	3.156	0.013
	标准差	262.852	168.028		
平均瞳孔直径（mm）	均值	3.613	3.808	4.176	0.025
	标准差	0.417	0.672		
总注视时间（ms）	均值	33720.350	10173.268	3.081	0.007
	标准差	7346.328	3216.037		
注视点个数	均值	25.523	17.207	3.856	0.017
	标准差	5.233	4.879		
平均注视时间（ms）	均值	1321.175	591.228	6.877	0.025
	标准差	167.233	87.135		

此外，我们还输出了眼动实验结果的热点图（heat map）与轨迹图（gaze plot），通过可视化方式直观呈现用户在浏览优化前后界面时的眼动轨迹变化。热点图主要反映实验材料上的注视分布情况，可以通过叠加多位被试的注视点识别出视觉注意的焦点位置，即他们对哪块区域感

兴趣。热点图采用不同颜色来表示注视点数量或注视时长，红色表示注视点最集中的区域或注视时长最长的区域，黄色其次，绿色最少或最短①。通过对比移动图书馆小程序界面布局优化前后的眼动热点图可以发现，被试在优化后界面上的视觉注意力更加集中，而且对特色资源的标识会产生较强关注度，如图4-15所示。可见，信息单元的排列布局对用户视觉加工效率具有显著影响；特色资源主动推荐机制对于吸引用户的关注、引发用户的兴趣和引导用户积极开展信息交互具有举足轻重的作用。

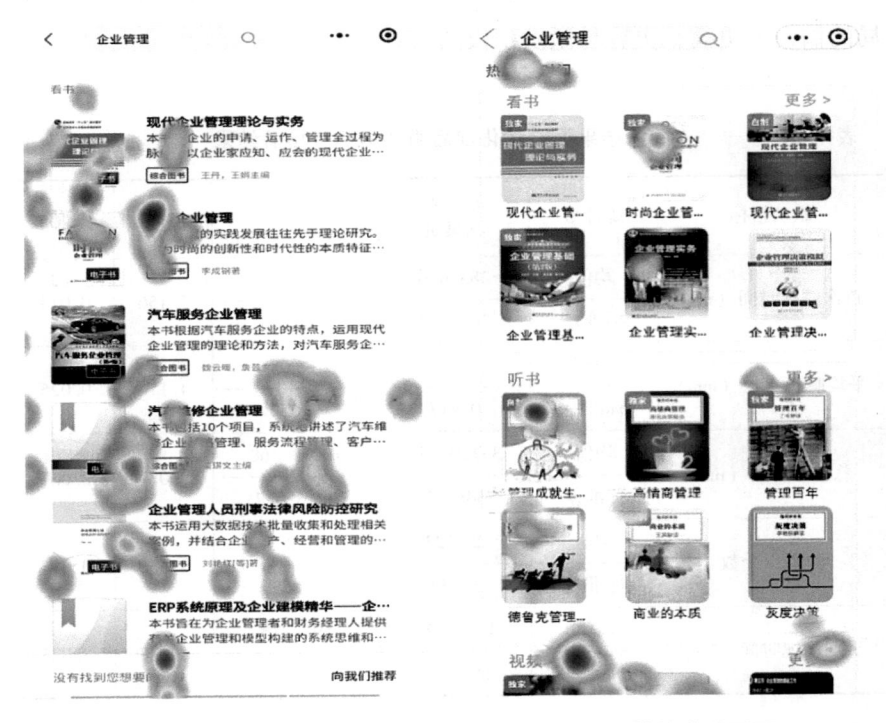

原搜索结果页　　　　　　　　优化后的搜索结果页

图4-15　"搜索结果页"优化前后眼动热点

---

① Bebko Charlene, Sciulli Lisa M., et al., "Using eye tracking to assess the impact of advertising appeals on donor behavior", *Journal of Nonprofit & Public Sector Marketing*, Vol. 26, No. 4, Dec. 2014, pp. 354-371.

轨迹图能够直观展示每位被试的注视时序模式,即其在一段时间内以怎样的顺序注视了实验材料上的哪些区域,以及注视了多长时间。轨迹图中的圆形代表注视点,圆形间的连线代表扫视。圆形上的序号表明注视点形成的顺序;而圆形的大小则与注视时长成正比,圆形越大表明注视时间越长[①]。通过对比界面布局优化前后的眼动轨迹图可以发现,被试在优化后界面的眼动轨迹主要集中在页面左侧,总体呈现有规律的上下与左右扫视轨迹,能够按照需求进行有重点的浏览,并能对特色资源标识符产生关注(轨迹持续时间更长),如图 4-16 所示。由此表明,优化后的搜索结果页界面布局能够显著提升被试的浏览与交互效率,并突出移动图书馆需要展示的特色内容与功能版块。

(二)"详情展示页"情感体验与优化设计效果分析

详情展示页优化前后的眼动指标 T 检验结果如表 4-30 所示。结果显示:各项眼动指标的 p 值均小于 0.05,在优化前后的界面上具有显著差异。同样,被试对优化后详情展示页的首次注视时间也高于原界面,说明优化后的界面更容易引发用户的关注和兴趣。被试的平均瞳孔直径也有所增大,说明被试对优化后界面布局的愉悦度更高,更容易产生积极的情感体验。而在总注视时间上,被试浏览原界面的时间更长,主要是因为被试需要滑动到页面底部浏览视频文字介绍并经常进行上下滑动操作,导致视线在页面上持续停留的总时间较长。此外,优化后的界面注视点个数明显减少,说明优化后的界面布局和功能控件排放位置更加符合用户的浏览与点击习惯。由此表明,优化后的详情展示页能够有效缩短用户交互行为路径,方便用户进行视频简介信息浏览和相关交互操作,带给用户更佳的功能体验与情感体验。

---

① Chen Li, Pu Pearl, "Experiments on user experiences with recommender interfaces", *Behaviour & Information Technology*, Vol. 33, No. 4, Apr. 2014, pp. 372-394.

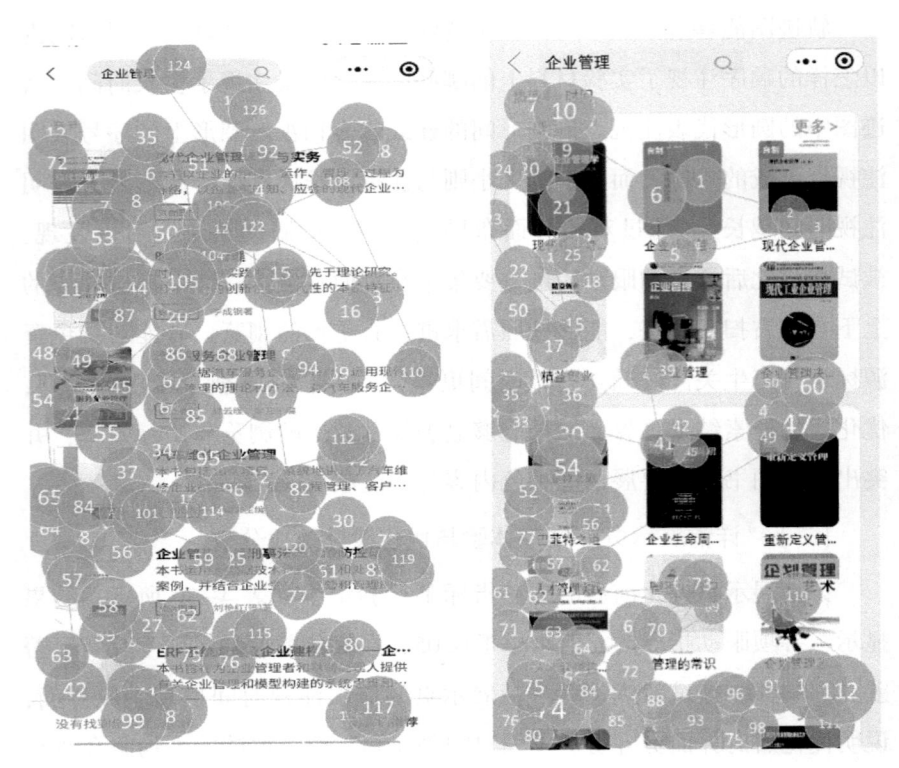

原搜索结果页　　　　　　　优化后的搜索结果页

图 4-16　"搜索结果页"优化前后眼动轨迹

表 4-30　"详情展示页"优化前后眼动指标 T 检验结果

眼动指标	统计量	原详情展示页	优化后的详情展示页	t 值	p 值
首次注视时间（ms）	均值	372.310	427.688	3.763	0.015
	标准差	252.720	153.261		
平均瞳孔直径（mm）	均值	3.702	3.983	4.165	0.026
	标准差	0.521	0.632		
总注视时间（ms）	均值	23628.733	18135.207	4.776	0.007
	标准差	6237.238	4520.487		

续表

眼动指标	统计量	原详情展示页	优化后的详情展示页	t 值	p 值
注视点个数	均值	25.526	20.205	3.207	0.016
	标准差	6.814	4.520		
平均注视时间（ms）	均值	925.673	897.560	6.280	0.018
	标准差	128.787	91.208		

（三）用户满意度评估

在对回收的用户满意度问卷进行整理和分析后，通过算术平均处理得到移动图书馆小程序界面优化设计前后的图书搜索结果页与详情展示页的用户满意度均值，再将均值转化成百分制得到满意度评分，如图 4-17 所示。从用户满意度评估结果可以看到，优化后的搜索结果页和详情展示页能够给用户带来更好的情感体验，进一步证实了本书提出的界面优化设计方案的可用性。由此可见，用户在使用移动图书馆小程序时的视觉关注度与体验感知之间存在一定关联，用户体验感知会受到视觉注意力偏好的影响，当界面布局与用户注意力偏好相一致时，会激发用户积极愉悦的情绪，提高用户使用兴趣，打造良好的用户体验。

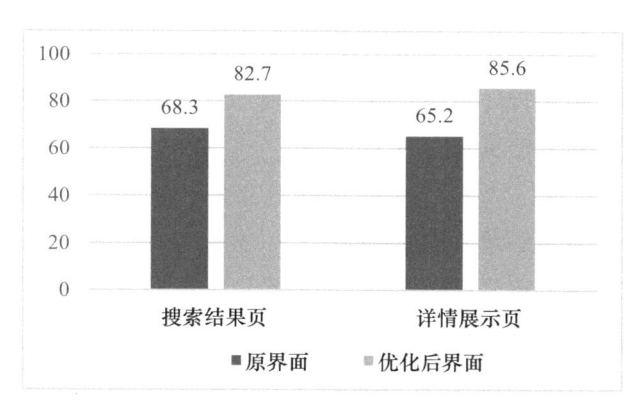

图 4-17　界面优化设计前后的用户满意度评分

第五节　基于多模态情感特征融合的用户情感体验度量

本节综合应用机器学习与情感计算方法，构建基于注意力机制和 LSTM 的多模态情感分析模型，通过提取文本、语音、表情中的情感特征并进行融合分析，对用户情感体验进行精准度量。在验证模型有效性的基础上，以武汉大学移动图书馆智能问答服务为实证研究对象，应用所构建的多模态情感分析模型进行情感特征识别与体验度量，以期为数智化环境下的智慧图书馆服务体系构建提供有益参考。

移动图书馆用户在信息交互过程中产生的文本、语音、表情、生理信号等不同模态的数据蕴含着丰富的情感元素，可以从不同维度反映用户的情感体验。随着情感计算技术的快速发展，基于各类单模态数据的情感分析方法已较为成熟，形成了适用于不同模态的情感分析方法体系[1]。近年来，人工智能技术在图书馆服务中的深入应用，不断拓展用户与图书馆的交互渠道，使用户可以通过文字输入、语音命令、手势控制、面部识别等多元化方式表达自己的服务需求与情绪感受，不仅为图书馆更好地理解读者偏好提供了多模态数据支撑，也为准确衡量用户情感体验提供了有效途径。在这一背景下，通过多模态数据采集与分析，全面提取用户情感特征并判断用户情感倾向，正成为数智化环境下用户情感体验度量研究的重要方向。

一　多模态情感分析模型构建

多模态情感分析是在融合两个及两个以上单模态信息的基础上进行的情感识别与分类，能够有效利用不同模态间的互补性从更细粒度层面

---

[1] 刘继明、张培翔、刘颖、张伟东、房杰：《多模态的情感分析技术综述》，《计算机科学与探索》2021 年第 7 期。

第四章　移动图书馆用户信息交互行为中的情感体验度量

提高情感分析结果的准确性与全面性，是情感计算领域的研究热点[①]。目前，多模态情感分析中常用的融合方式主要包括特征级融合、决策级融合和混合级融合三种[②]。其中，特征级融合是将单模态数据中提取的情感特征以一定方式组合在一起，形成总的情感特征，再经过分类器进行情感识别；决策级融合是将单模态情感识别的结果以一定方式融合为决策向量，从而得到最终情感识别结果；混合级融合则是兼顾特征级融合与决策级融合的优点，生成更全面的分析结果，但计算复杂度也随之增加[③]。近年来，为了有效衡量多模态情感分析中不同模态特征对最终情感识别结果的影响，一些学者引入注意力机制进行多模态情感分析模型构建。注意力机制是一种重要的深度学习方法，模仿了人脑在面对不同事物时会产生不同程度注意力的原理，可以嵌入神经网络模型获取多模态重要语义信息，从而判断不同模态情感特征对情感识别结果的影响程度，能够有效解决由人工设置不同模态权重存在的鲁棒性和泛化能力差的缺点[④]。

本书针对当前图书馆智能服务平台支持的主要交互方式，同时考虑交互过程中用户情感表征数据的代表性和易获取性，将用户生成的文本、语音、表情数据作为多模态情感分析的依据，采用目前广泛使用的特征级融合方式，进行多模态情感模型构建。在技术实现上，引入注意力机制提升模型的鲁棒性与泛化能力，并针对用户情感的动态变化，采用长短期记忆网络（LSTM）获取多模态情感特征的上下文信息，提高情感识别与分类结果的准确性。

总体技术实现流程包括多模态情感特征提取、特征融合与情感分类

[①] 李学龙：《多模态认知计算》，《中国科学：信息科学》2023 年第 1 期。
[②] 孙影影、贾振堂、朱昊宇：《多模态深度学习综述》，《计算机工程与应用》2020 年第 21 期。
[③] 何俊、张彩庆、李小珍、张德海：《面向深度学习的多模态融合技术研究综述》，《计算机工程》2020 年第 5 期。
[④] 曾子明、万品玉：《基于双层注意力和 Bi-LSTM 的公共安全事件微博情感分析》，《情报科学》2019 年第 6 期。

三个阶段，如图 4-18 所示。首先，分别采集用户在使用图书馆智能服务时生成的文本数据、语音数据与表情数据，并进行预处理操作；其次，分别提取三种模态的独立情感特征，再通过注意力机制得到不同模态相互作用的情感特征并融合成完整的多模态情感特征向量；最后，应用 LSTM 构建的神经网络分类器进行情感分类。具体实现方法如下文所述。

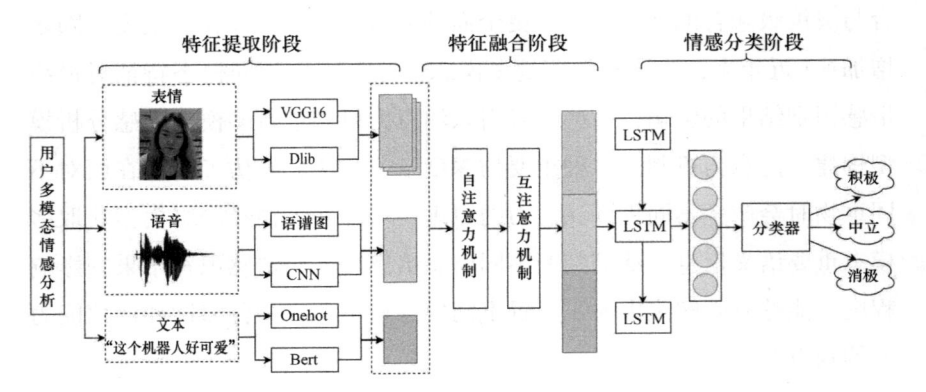

图 4-18　基于注意力机制和 LSTM 的多模态情感分析模型技术实现流程

（一）单模态情感特征提取

本书对文本、语音、表情三种单模态情感特征的提取方法如下：

1. 文本情感特征提取。用户的评论、对话文字等数据蕴含了丰富的情感信息。本书采用深度学习与自然语言处理技术进行文本情感特征提取。首先，使用独热编码（One-hot）对句子中离散的词进行编码处理生成词向量，再对句子中每个词的词向量进行拼接得到句向量；同时使用 Bert 算法直接提取每个句子的高维向量，最后通过多个句向量组合拼接得到完整的文本感情特征。

2. 语音情感特征提取。用户的语气、语调等信息可以反映其不同情感状态。本书从时间域和频域两个维度分析语音模态，综合应用语谱图和卷积神经网络进行语音情感特征提取。首先，通过对原始高频信号进行信号补偿抑制频谱衰减，同时将原始信号划分为多个帧并使用滤波器进行加窗操作；然后对划分的语音帧进行短时傅里叶变换，生成语谱图；再通过反向传播算法对卷积神经网络进行多轮训练，最后将语音信号特征展开输入神经网络全连接层得到语音情感特征。

3. 表情情感特征提取。表情比文本和语音更能直观体现用户的情感状态变化。本书采用 LSTM 和 VGG16 模型组合生成的卷积神经网络进行用户表情情感特征提取。首先，对表情数据进行预处理后使用 VGG16 预训练模型提取表情特征，并应用 LSTM 算法添加上下文时序信息训练神经网络组合模型；同时，通过人脸检测功能库 dlib 获取眼睛、眉毛、鼻子和人脸轮廓等面部关键点的特征信息；在同步完成以上两个步骤后，将表情特征和人脸关键点特征进行对应拼接，最终得到完整的表情情感特征。

（二）多模态特征融合与情感分类

在多模态情感特征融合阶段，为了准确判断不同模态特征对最终情感分类结果的影响程度，首先通过注意力机制中的自注意力机制对提取得到的文本、语音、表情三种单模态情感特征进行处理。具体而言，以当前表情特征向量、语音特征向量和词向量为主体，将其他表情特征向量、语音特征向量和词向量以不同权重大小加入其中；然后，再通过互注意力机制获取文本—语音、文本—表情、语音—表情两两模态相互作用下的情感特征，进而根据模态之间的相互影响程度确定不同模态情感特征的权重。在进行特征融合时，将每一类模态特征的权重值和对应的特征向量相乘，再通过级联拼接的方式融合文本、语音、表情模态的情感特征，由此得到完整的多模态情感特征向量。

在此基础上，进一步通过 LSTM 算法提取多模态情感特征的上下文信息，应用 LSTM 中的循环神经单元与门机制将上下文信息加入多模态情感特征，并输入 softmax 分类器进行情感极性分析。softmax 分类器通过计算当前情感特征属于不同情感类别的概率，最终以概率最大的类别作为情感极性分类结果。具体流程如图 4-19 所示。

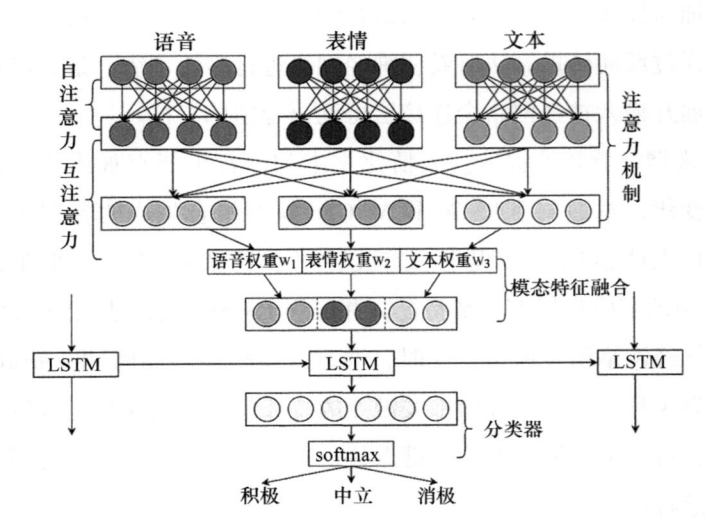

图 4-19　多模态特征融合与情感分类过程

（三）模型效果评估

为了验证所构建的多模态情感分析模型的有效性，本书基于多模态数据集 MOSI 进行模型检验。MOSI 数据集是一个公开的多模态数据集，汇集了社交平台上采集的 89 个用户对产品的评价视频，并通过相应软件从视频中生成了文本、语音和表情样本，同时采用-3 到 3 的整数值进行情感极性标注，分别表示从"非常消极"到"非常积极"7 类情感状态。

在进行模型验证时，本书将 MOSI 数据集中标注为 1 至 3 的样本记为积极情感，标注为 0 的样本记为中立情感，标注为-3 至-1 的样本记为消极情感，并分成训练集（80%）和测试集（20%）两部分。将同一个视频文件分割后的短视频样本作为上下文，根据实际训练结果调整相关参数，通过准确率、平衡分数（F1-score）和平均损失率三个指标对模型的有效性进行检验，结果如表 4-31 所示。其中，文本、语音、表情三种模态直接级联得到的情感分类结果的准确率和 F1 值分别为

72.36%和 0.724，优于两种模态相互融合得到的情感分类结果；基于注意力机制的多模态情感分类的准确率又比多模态直接级联有了更大提升；而本书所构建的基于注意力机制和 LSTM 算法的多模态情感分析模型的准确率和 F1 值则分别达到 76.99%和 0.766，具有最佳性能，证明该模型能够更加全面准确地判断用户真实情感状态，可以有效应用于图书馆智能服务用户情感体验度量。

表 4-31　　　　　　多模态情感分析模型验证结果

情感分析方法		准确率	F1-score	平均损失率
双模态分析	T+A（Con）	60.43%	0.612	0.04073
	A+V（Con）	64.30%	0.639	0.03014
	T+V（Con）	65.83%	0.658	0.03021
三模态分析	T+A+V（Con）	72.36%	0.724	0.02836
	T+A+V（Att）	75.76%	0.758	0.02703
	T+A+V（Att+LSTM）	76.99%	0.766	0.02759

注：T、A、V 分别代表文本、语音和表情三种模态，Con 表示基于直接级联的多模态情感分析方法，Att 表示基于注意力机制的多模态情感分析方法，Att+LSTM 表示基于注意力机制和 LSTM 的多模态情感分析方法。

二　多模态情感体验度量实验设计

本书以武汉大学图书馆为例，应用所构建的多模态情感分析模型进行图书馆智能服务用户情感体验度量。该图书馆为读者提供了文献借阅、参考咨询、科技查新、馆际互借与文献传递、科研影响力分析等多类型、多层次的服务，已建成涵盖空间、资源、服务的多个系统平台，形成了功能完善的现代化服务体系。在数智化转型进程中，图书馆不断引入智能化技术，创新服务模式、丰富服务内容，陆续推出智能座位预约系统、3D 漫游+VR 虚拟图书馆应用、机器人咨询问答等服务。其中，图书馆虚拟馆员机器人通过智能化升级后，可以自动为读者提供图书推荐、座位预约、科研支持等问答咨询服务，已成为图书馆智能化场景下的代表性应用（见图4-20）。近年来，越来越多的图书馆都将智能问答服务作为图书馆智慧升级的入口，带动了整个图书馆行业的数智化转型。鉴于此，本书以图书馆机器人智能问答服务为实证对象，进行用户多模态情感分析与情感体验度量。

图4-20 武汉大学图书馆机器人智能问答系统界面

（一）实验设计

为了在真实的服务情境下准确度量用户情感体验，我们将实验场景设立在图书馆总馆，随机邀请在图书馆的用户参与实验研究。考虑到使用图书馆咨询服务的用户以学生群体为主，故本次实验仅选择在校学生作为被试对象。实验设备采用图书馆提供的3台自助服务移动终端，被试可以通过其访问图书馆网站使用机器人问答系统。目前，该系统主要提供两种问答模式：一是根据对话框中弹出的常见问题列表，引导用户逐步根据问题列表索引获得咨询答案；二是直接与系统开启对话，由用户在对话框中通过文字或语音输入需要咨询的问题，系统基于自然语言处理（NPL）、深度学习等技术进行自动应答。针对以上两种模式，我们分别设置了两项实验任务。在整个实验过程中，被试根据智能问答系统的反馈情况执行任务一或任务二：

任务一：被试登录图书馆网站打开机器人对话框。首先，从弹出的常见问题列表中选择需要咨询的问题；然后，根据问答系统对所选问题的反馈，继续点击对话框中弹出的子问题列表，直到根据逐步细化的反馈信息获得所需的咨询结果。若常见问题列表和后续的子问题列表中均没有出现被试需要咨询的相关内容，则执行"任务二"，结束本次问答对话。

任务二：当被试所咨询的内容不在系统自动弹出的常见问题列表中时，则直接在对话框中输入需要咨询的问题（例如，"请推荐几本热门的文学类图书给我"）；然后，根据问答系统的反馈结果，选择继续提问或结束本次对话。

在实验正式开始前，研究人员向被试详细讲解和演示了基本实验流程，并邀请被试填写了人口统计学调查问卷。实验过程中，在经过被试允许的前提下，采用录像观察法对其与机器人的交互问答过程进行全程录像。由于该服务目前尚处于测试阶段，暂未支持语音交互，所以我们让被试在执行实验任务时采用出声思维法，同步用语音表述其在对话框中输入的文字内容，以及在交互过程中的体验感受。

（二）数据采集与预处理

本次实验于2022年6月3日至7月15日期间开展，共采集到67名被试使用图书馆机器人智能问答服务的视频（每名被试对应一个完整视频）。经逐一检查，去掉其中无任何语音以及面部图像不完整、不清晰的5个视频，最终获得62个有效样本。被试描述性统计结果如表4-32所示。其中，男女生比例基本相当，年龄阶段以25岁以下群体为主，学历层次以本科生居多，学科背景分布较为平均，这与图书馆用户的总体情况基本一致，且大部分被试都具备图书馆智能服务使用经历，能够体现样本代表性。

表 4-32　　　　　　　　　　被试描述性统计结果

变量	类别	样本数	比例（%）
性别	男	32	51.6
	女	30	48.4
年龄	<20 岁	26	41.9
	21—25 岁	29	46.8
	26—30 岁	5	8.1
	>30 岁	2	3.2
学历	本科生	31	50.0
	硕士研究生	23	37.1
	博士研究生	8	12.9
学科背景	人文社会科学	16	25.8
	理学	14	22.6
	工学	10	16.1
	信息科学	13	21.0
	医学	9	14.5
图书馆智能服务使用经历	是	56	90.3
	否	6	9.7

本书将 62 个视频样本以一句话为单位分成 1569 个短视频文件。首先，使用 Python 语言中的 MoviePy 工具库从短视频中提取出仅包含语音语调的纯语音样本，并应用语音信号处理常用的 VAD 短时能量标记法对静音和非静音片段进行标记，剔除静音片段后得到有效音频样本；然后，应用 Python 中的 FFmpeg 工具库提取与语音片段对应的文本信息，并进行清洗、降噪、去重等预处理操作，再使用中文分词工具 jieba 库对文本中的短句进行分词处理，得到与音频对应的文本词汇数据；最后，使用 opencv 库读取短视频样本，计算出每一段短视频的帧数和所有短视频的平均帧数（64 帧），对不足平均帧数的短视频用 0 帧补全，超过平均帧数的短视频则在末尾截掉多余帧数，每段视频保留 32 帧用

户面部图像作为表情样本数据。将经过预处理操作的多模态数据转换为 pickle 格式，作为情感分析模型的计算样本。样本描述信息如表 4-33 所示。

表 4-33　　　　　　　　多模态样本数据统计结果

模态信息	样本量
原始视频样本数（个）	62
原始视频平均时长（秒）	286
所有原始视频分割的短视频样本总数（个）	1569
单个原始视频分割的短视频平均数（个）	25.3
短视频平均时长（秒）	11.3
音频样本总时长（小时）	4.93
音频对应的文本词汇总数（个）	21966
单个短视频包含的平均音频时长（秒）	9.7
单个短视频包含的平均文本词汇数（个）	14

三　实验结果及讨论

按照前文所述的多模态情感分析模型技术实现流程，在进行数据采集与预处理之后，需要分别提取文本、语音、表情三类模态的情感特征。对于文本模态，使用独热编码 one-hot 对句子中的离散词进行编码处理，转换为词向量，再对每个句子中每个词向量进行相加得到 80 维的句子向量。同时使用 Bert 模型直接提取每个句子的高维向量，将多个句子向量组合拼接得到文本情感特征；对于语音模态，基于语音样本生成语谱图后，构建卷积神经网络（两个卷积层和一个池化层）进行情感特征提取；对于表情模态，使用 dlib 库提供的人脸检测功能对表情数据样本中被试的眉毛、眼睛、鼻子、嘴巴以及人脸轮廓等 68 个面部关键点进行检测，得到面部关键点特征，同时将包含表情图像的视频样本输入 LSTM 与 VGG16 组合神经网络，在全连接层获取视频特征，最后将人脸关键点与视频特征进行拼接获得完整的表情情感特征，如图 4-21 所示。

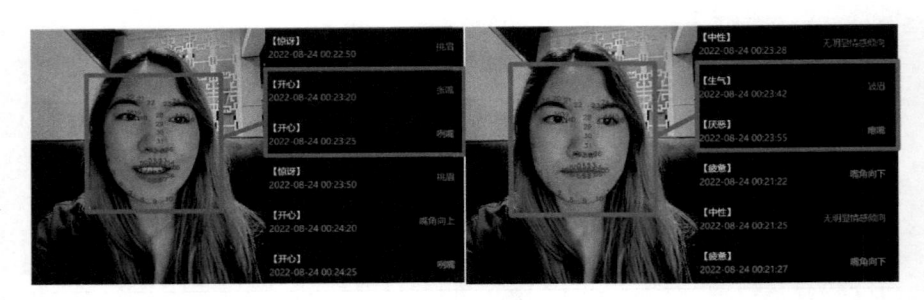

图 4-21　被试表情模态情感特征提取结果示意图

在多模态情感特征提取基础上，利用自注意力机制处理提取的单模态特征：将同一短视频中其他视频帧的表情和语音特征向量以自注意力机制自主学习的权重加入到当前视频帧的表情和语音特征向量中；同时，将同一句话中其他单词的词向量也以自主学习权重加入到当前模型正在处理的词向量中。然后，对文本、语音和表情三类模态进行两两组合，通过互注意力机制获取文本—语音、文本—表情、语音—表情两两之间相互作用的情感特征，进而根据多模态之间的相互影响确定不同模态特征的权重值，并通过特征级联融合得到完整的多模态情感特征。最后，结合 LSTM 所提取的上下文信息一起输入 softmax 分类器进行情感分类，最终得到每个短视频的多模态情感分析结果。

本书通过计算每个原始视频分割的所有短视频的情感极性（积极、中立、消极）构成比例，确定每个原始视频表征的用户整体情感倾向，由此作为用户情感体验度量结果，如图 4-22 所示。其中，在整个智能问答服务交互过程中，总体而言，具有积极情感倾向的用户比例为 27.4%，中立情感倾向的用户比例为 24.2%，消极情感倾向的用户比例为 48.4%。在此基础上，本书还分别计算了不同性别、学历层次和学科

第四章 移动图书馆用户信息交互行为中的情感体验度量

背景用户的情感体验度量结果，如图 4-23 至图 4-25 所示。此外，为了进一步了解用户在服务交互过程中的情感动态变化，本书还通过时间轴对齐方式，分别计算了用户在任务一和任务二中不同阶段的积极情感倾向比例变化，如图 4-26 所示。

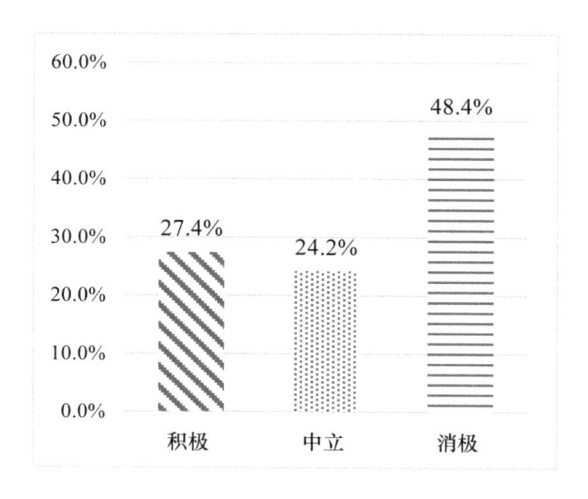

图 4-22 用户总体情感体验度量结果

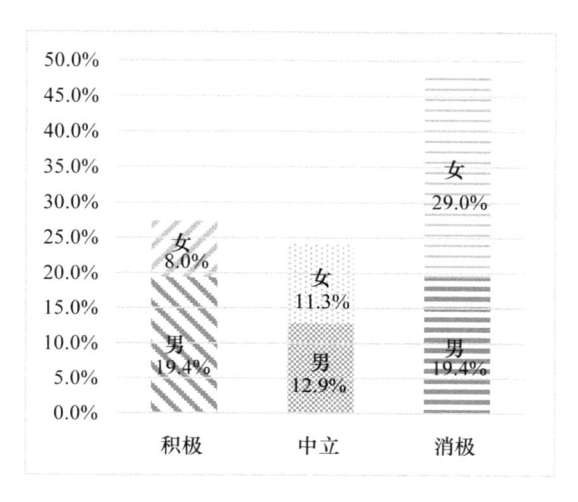

图 4-23 不同性别用户情感体验度量结果

· 225 ·

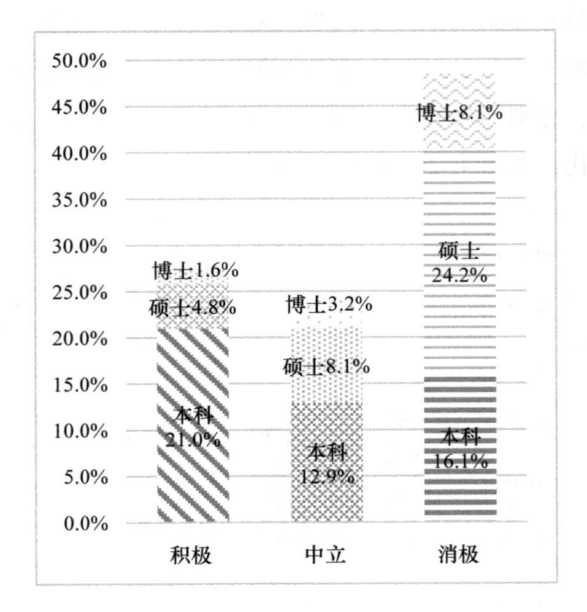

图 4-24　不同学历层次用户情感体验度量结果

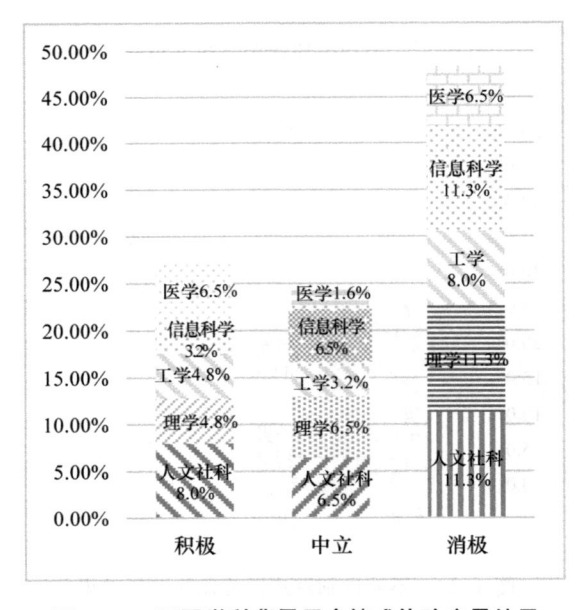

图 4-25　不同学科背景用户情感体验度量结果

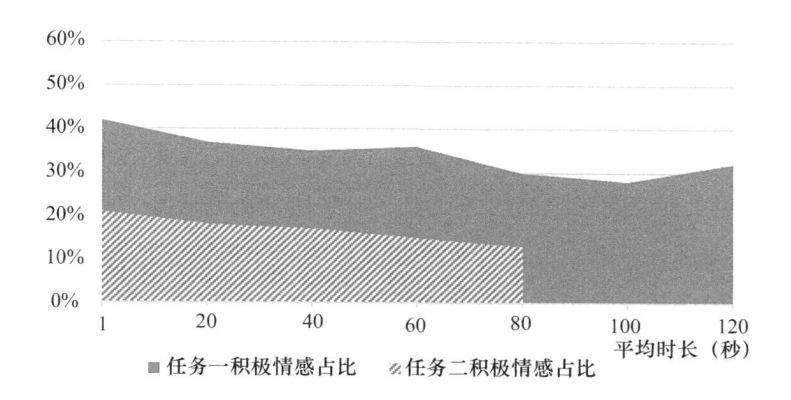

第四章　移动图书馆用户信息交互行为中的情感体验度量

图4-26　用户在实验任务一和任务二过程中的情感变化

从实验结果可以看到，通过对视频样本中文字、语音、表情多模态情感特征的融合分析，分别有24.2%和48.4%的用户对图书馆智能问答服务的总体情感体验表现出中立和消极情绪，说明用户满意度并不高，该项服务还存在较大优化空间。同时，也表明随着图书馆智能服务的日益普及，用户的服务需求不仅体现在功能性层面，还逐步上升到情感性层面。为了进一步明确智能问答交互过程中影响用户情感体验的具体因素，本书对情感分析结果为消极倾向的759个短视频样本再次进行了深入分析。通过视频文本主题挖掘、语音分析和画面观察，提取得到"界面""颜色""技术""响应""稳定""交互""信任""设计"等主题词，反映了用户对图书馆智能问答服务的具体关注要素。此外，不同性别和学历层次的用户对智能问答服务的情感体验也表现出显著差异，而不同学科背景用户的情感体验差异则并不明显，可能是因为目前智能问答系统以图书馆常见问题咨询为主，较少涉及具体学科领域的专业性问题，因此无法比较相关问题的回答质量，使得学科背景因素并未对用户情感体验产生明显影响。

对于不同性别的用户而言，男性用户在服务交互中表现出积极和中立情感的比例较高；而女性用户则更容易产生消极情感，如出现皱眉、抿嘴等不悦表情，或直接表达对服务系统界面设计、回答质量的不满。这可能是因为女性在情绪感受上更为细腻敏感，且具备较高审美要求，所以当智能问答服务未能满足其需求时，更容易出现消极情绪。而男性用户的情绪状态则相对稳定（在交互过程中的语音、表情变化普遍不明显），且更关注问答系统的服务质量，对系统的外观界面、色彩搭配等感官体验要求并不高。可见，通过多模态情感分析能够比自陈式报告、情感量表等传统方法更加直观地观测到用户"潜意识"情感状态，得到更加精准的情感体验测度结果。

对于不同学历层次的用户而言，本科生（特别是新生）在智能服务交互中表现出的积极情感比例较高，主要是因为目前机器人智能问答系统提供的常见问题列表基本以"新生使用说明""图书馆开放时间""座位预约""数据库访问方法""图书借阅注意事项"等内容为主，涵盖了大部分本科生使用图书馆服务时经常遇到的问题，所以能为本科生提供较为全面、详细的咨询反馈。而硕士生和博士生基本都具备较丰富的图书馆使用经验，所关心的问题更多侧重于专业文献传递、科技查新、论文收录引用、科研支持等方面，但目前机器人对这些问题的自动回复质量还较低，由此导致研究生用户群体的情感体验不高。

此外，从整个服务交互过程中的用户情感体验变化情况来看，视频样本中多模态情感表征数据反映出，在初始接触问答系统界面时，用户会做出较为明显的面部表情（如皱眉、嘴角上扬等），而一些用户则直接通过语音语调表达出对界面设计的直观感受，表明在初始交互阶段用户情感体验更容易受到视觉感官因素的影响。随着问答过程持续推进，用户的语音和表情会进一步随着用户交互行为和问答系统的反馈情况发生动态变化；最后，在整个交互过程结束时，大部分用户还会对智能问答服务进行点评并表达自己的总体感受，从情感体验引发出更深层次的服务价值思考。与此同时，用户在两项实验任务中的情感体验变化也表现出明显差异。任务一中，用户的积极情感比例较高，且情绪波动幅度

第四章　移动图书馆用户信息交互行为中的情感体验度量

较小，说明用户对"问题列表引导式"问答服务的情感体验较好；而任务二中，用户的积极情感比例则较低，且随着问答过程不断深入，满意度持续下降，整个对话时长也较短，说明用户对"直接对话式"问答服务的体验较差。这主要是因为人机（人智）自然对话的有效实现需要依靠强大的知识图谱、深度学习技术，同时还需要应用海量真实对话数据进行大规模训练，而目前机器人对话系统的技术性能仍有待提升，数据样本也较为有限，还需持续积累。与以往仅通过单模态情感特征数据度量图书馆用户情感体验的典型研究文献相比，本书能够通过文字、语音、表情多模态情感特征数据的采集与融合，动态跟踪用户在服务交互过程中的情绪状态变化，洞察用户"潜意识"心理活动，并通过不同模态数据的综合分析与交叉验证，从更细粒度的层面和更完整的研究视角准确测度用户的情感状态与体验感受。

第五章
移动图书馆用户信息交互行为中的情感体验演化

移动图书馆用户情感体验随着用户信息交互行为的开展，呈现出动态变化。全面分析用户情感体验演化过程及规律，是洞察情感体验作用机制和预测情感变化趋势的重要基础。本章针对移动图书馆用户信息交互的时空情境变化，探寻情感体验演化的周期性规律；引入用户体验地图工具，从全局性视角对移动图书馆用户情感体验演化过程进行多维度观测与可视化呈现，由此揭示用户交互触点、交互行为、主观感受与情感体验变化之间的内在关联。在此基础上，通过构建情感体验演化监测模型，预测用户情感变化趋势，及时发现负面情感倾向，从而帮助图书馆有效开展移动服务策略调整与优化。

第一节 用户信息交互行为中的情感体验周期性演化

随着移动图书馆用户信息交互进程的推进，情感体验也会随之发生变化。因此，在时间维度上，情感体验会经历不同演化阶段并呈现周期性规律。而在各阶段中，用户关注的情感体验要素也具有明显差异，决定着情感体验的演化方向。根据情感体验周期性演化规律，可以通过数学建模与计算机表示，实现情感体验演化计算。

一 信息交互过程的情感体验周期性演化规律

用户与移动图书馆的信息交互过程中，会经历从探索到熟悉再到价值反馈的不同阶段，进而形成完整的体验周期。尽管各阶段之间没有明显的界限划分，但用户的情感状态和强度也会随着时间推移，在交互情境和用户认知变化下不断演化，呈现周期性变化规律。

Forlizzi 和 Battarbee 提出："体验的可扩展性与时间维度相关，多个小型的交互与情感反馈过程会逐渐整合为更大规模的体验"[1]；Karapanos 等在"User experience over time"一文中基于时间维度对体验评价展开了研究，通过为期四周的实验记录，总结了用户在产品周期性体验过程中的情感变化规律，由此建立了体验的时间模型[2]；Kujala 等依据用户体验的不同阶段，强调可以通过预期、活动、评估、影响、记忆 5 个部分延长用户体验周期[3]；用户体验设计专家 Berryman 基于数字产品的体验设计，提出了"时间节奏"的概念，他认为一段完整而美好的体验旅程由若干个碎片化的体验细节组成，这些体验细节随着时间流的变化而形成一系列事件和经历，从而在时间维度上解构体验周期并设计可以介入的每个优化细节；Hartson 和 Pyla 在 *The UX book*：*Agile UX design for a quality user experience* 一书中，同样探讨了体验的周期性变化和敏捷体验设计思路[4]。

---

[1] Forlizzi Jodi and Battarbee Katja, "Understanding experience in interactive systems", Conference on Designing Interactive Systems：Processes, Practices, Methods, and Techniques, ACM, Cambridge, MA, USA, Aug. 1-4, 2004.

[2] Karapanos Evangelos, Zimmerman John, et al., "User experience over time：An initial framework", Proceedings of the 27th International Conference on Human Factors in Computing Systems, ACM, Boston, MA, USA, Apr. 4-9, 2009.

[3] Kujala Sari, Pohlmeyer Anna, et al., "Lost in time：the meaning of temporal aspects in user experience", CHI'13 Extended Abstracts on Human Factors in Computing Systems, 2013.

[4] Hartson R. and Pyla P. S., *The UX book*：*Agile UX design for a quality user experience*, Morgan Kaufmann, 2018.

国内学者也对情感体验的时序性变化展开了相关研究。孙利和吴俭涛在《基于时间维度的整体用户体验设计研究》一文中探索了具有流式体验特征的整体体验生成机制，认为用户体验是在时间序列交互事件基础上所形成的[①]；钱广斌总结了用户体验在时间维度上的变化规律，并建立了时间维度用户体验评价模型[②]；黄昌勤等学者利用在线学习论坛的文本数据，对学习者的动态学习情绪进行了探究，发现情感体验在"积极—消极""困惑—明白"之间呈周期性变化规律[③]；此外，张涵和余雅林基于用户体验和交互设计理论，对智能互联产品的体验及交互方式进行了深入分析，并结合时间维度的周期性特征，探讨了智能互联产品的情感体验设计问题[④]。

按照体验时长划分，可以将用户信息交互行为中的情感体验划分为即刻性体验与周期性体验两大类。周期性情感体验是由单个独立的即刻性情感体验在时间轴上不断叠加、演进形成的一段完整体验。随着时间推移，即刻性情感体验和周期性情感体验会呈现不同演化规律。

（一）即刻性情感体验演化规律

即刻性情感体验，是用户在单一行为或事件中形成的体验，即用户与交互对象瞬间或短时交互过程中产生的情绪感受。即刻性情感体验偏向于产品或服务的可用性、易用性研究，目的是在短时间内为用户带来良好的交互体验与积极情感。譬如，当用户点击 APP 界面时，通过在加载页面中增加文字说明、进度条等可被用户感知的信息内容，可以有效避免用户因长时间等待而产生的焦虑情绪。即刻性情感体验具有很强的时空关联性，一般是在某一特定时刻和情境下产生的。因此，随着时

---

① 孙利、吴俭涛：《基于时间维度的整体用户体验设计研究》，《包装工程》2014 年第 2 期。

② 钱广斌：《用户体验在时间维度上的周期性研究》，《设计》2017 年第 12 期。

③ Huang Changqin, Han Zhongmei, et al., "Investigating students' interaction patterns and dynamic learning sentiments in online discussions", *Computers & Education*, 2019.

④ 张涵、余雅林：《基于时间维度的智能互联产品体验设计研究》，《设计》2020 年第 24 期。

空场景变化，即使是重复相同的交互行为也可能产生完全不同的体验效果。

即刻性情感体验的演化，呈现出交互行为触发的突发性、短时性、偶然性等特点。根据用户信息交互行为习惯和情感体验产生机理，可以将即刻性情感体验的演化过程分为三个阶段：既往经验、交互感知和情感沉淀。这三个阶段相互作用且快速转换：用户既往经验会影响新的交互过程，交互过程的体验感受又会形成情感沉淀并转化为新的经验，进一步影响后续相同或类似的交互行为，是一个快速发生且循环往复的过程，如图 5-1 所示。

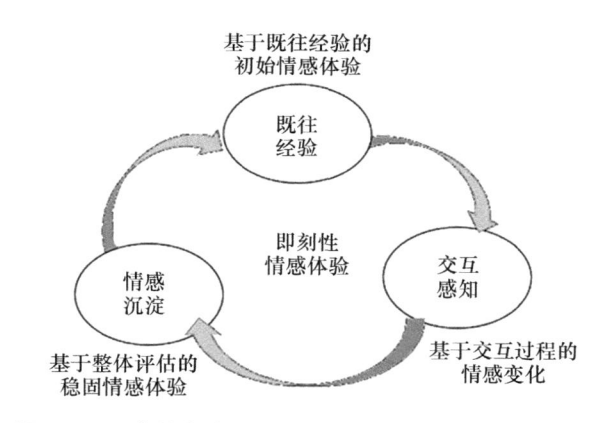

图 5-1　用户信息交互行为中的即刻性情感体验演化规律

1. 既往经验阶段。用户在开始新的交互活动时，往往会凭借自己的既往经验与交互对象进行互动。此时，用户经验很大程度上会起到先入为主的作用，影响用户的即刻体验。而用户也会基于既往的情感记忆与认知经验对本次交互过程进行预期评估，这种评估是用户在潜意识中完成的。因此，在该阶段中，用户的情感体验主要由用户之前的经验差异决定，具有较强的主观性。

2. 交互感知阶段。当用户在信息交互过程中，受到具体交互情境、自身情况（心情等）、交互对象等因素的影响，会产生不同情感体验，

· 233 ·

从而在预期评估的基础上发生一定情感变化。可见，信息交互过程中各类影响因素的差异性，会导致交互感知阶段的情感体验变化具有很强的不确定性。

3. 情感沉淀阶段。用户在交互感知阶段形成的情感体验与初始预期体验之间的差异，决定了用户对本次信息交互过程的总体感受。这种感受会作为情感沉淀继续影响用户后续交互活动的认知经验，从而决定用户在新一轮交互周期中的预期评估。情感沉淀具有相对稳定性，伴随着每次交互间隔时间而存在，并作用于用户对交互对象的长期记忆。

（二）周期性情感体验演化规律

周期性情感体验，是用户与交互对象进行多次信息交互后，从未知到探索再到熟悉的过程中，形成的一段完整的、长期的情感体验经历，具有开始和结束节点，往往伴随着用户的任务计划而同步发展，并随着交互进程的推进而不断变化。在周期性情感体验中，用户与交互对象是一种持续的线性关系，由若干个独立的即刻性情感体验过程通过时间轴不断交融、叠加和累积而成。

对于体验周期阶段的划分，Karapanos 等在定性分析 DRM（Day Reconstruction Method）数据的基础上建立了用户体验时间模型，将用户体验生命周期划分为导入期、适应期和认同期三个阶段，并指出每个阶段的任一时间点都有即时性体验，既在微观层面强调了某一时刻下的体验形成过程，又在宏观层面阐述了整个周期中的体验变化[1]；罗仕鉴与朱上上根据产品使用过程，将用户体验生命周期划分为吸引、熟悉、交互、保持、拥护五个阶段[2]；张涵和余雅林则基于用户体验时间维度的周期性特征，将体验周期划分为认知期、依托期和价值反馈期三

---

[1] Karapanos Evangelos, Zimmerman John, et al., "User experience over time: An initial framework", Proceedings of the 27th International Conference on Human Factors in Computing Systems, ACM, Boston, MA, USA, Apr. 4–9, 2009.

[2] 罗仕鉴、朱上上：《用户体验与产品创新设计》，机械工业出版社 2010 年版。

第五章　移动图书馆用户信息交互行为中的情感体验演化

个阶段[①]。本书基于以上理论成果，结合移动图书馆用户信息交互行为特点与基本过程，将情感体验周期划分为认知探索、熟悉适应和价值反馈三个阶段。整个周期中则包含了若干个独立的即刻性情感体验过程，如图 5-2 所示。

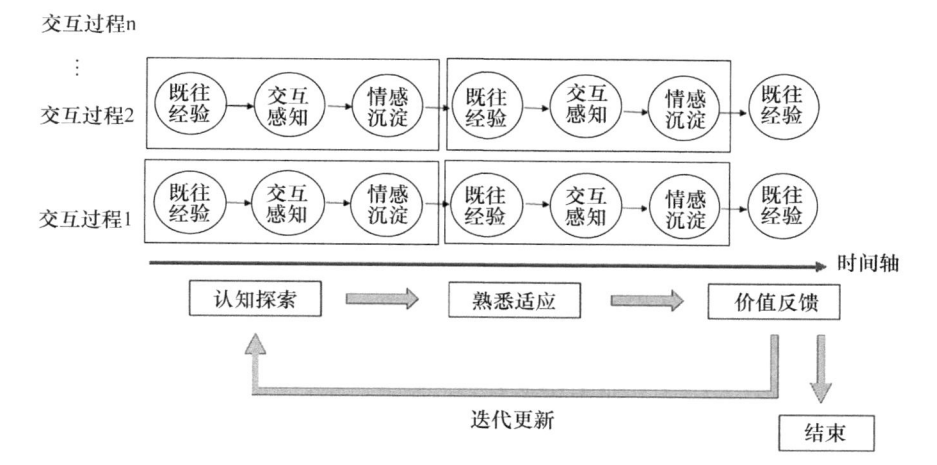

图 5-2　用户信息交互行为中的周期性情感体验演化规律

1. 认知探索阶段。该阶段是用户与移动图书馆初始接触的阶段，是一个从 0 到 1 的过程。用户通过相关介绍、社交推荐和自身感受了解移动图书馆服务平台的功能、特点，对其展开认知探索。在探索过程中，用户会进行理性与感性评估。理性评估属于意义体验的一部分，即从功利性的角度去衡量交互对象，主要基于用户经验评估产生预期体验结果。感性评估对应着审美体验，主要受到个体因素（如人生阅历、欣赏水平、性格特质等）的影响，依靠直觉判断来评估产品的预期体验。

2. 熟悉适应阶段。经过认知探索后，用户会对移动图书馆具备一定程度的了解。随着交互频次的增加，用户会逐渐进入熟悉适应阶段，

---

① 张涵、余雅林：《基于时间维度的智能互联产品体验设计研究》，《设计》2020 年第 24 期。

· 235 ·

其交互行为习惯逐渐养成并随之产生个性化需求。尽管这一阶段的交互行为是间歇性的，但始终在持续推进。例如，用户每周不定期地通过移动图书馆进行移动阅读，开展知识问答，查看活动信息等。这些间歇性交互活动中产生的即刻性情感体验通过不断叠加、融合，会逐渐改变用户对移动图书馆的初始认知，并慢慢固化为相对稳定的情感状态（如依赖感、信任感等）。

3. 价值反馈阶段。在用户与移动图书馆的信息交互完成后，用户会基于整个周期的体验感受进行价值反馈，包括具象反馈和抽象反馈。具象反馈取决于用户使用移动图书馆服务后所获得的实际收获，如知识和能力的增长；抽象反馈则更多来自精神层面，如个人成就感的获得。显然，积极的价值反馈会强化正向情感体验，并激励用户继续进入下一个体验周期；相反，消极的价值反馈会产生负面情感体验，从而使用户在本次周期结束后放弃使用相关产品或服务。值得注意的是，用户最终的整体情感体验并不是单独的即刻性情感体验简单汇总的结果。心理学研究表明：人们无法记住一段时期内的所有体验细节，最终的价值反馈往往是建立在体验的峰值和终点上的，即所谓的峰终定律[①]。

二 周期性视角下的用户情感体验要素模型

在一个完整的体验周期中，随着时间的推移，用户对交互对象的属性感知会逐渐发生变化，使得各类体验要素对用户情感的影响作用也会发生相应改变。

对不同阶段的情感体验要素进行全方位精准刻画，能够更好地把握用户情感体验演化规律。Karapanos 等通过跟踪观察 6 名用户在 8 周内的手机使用体验变化，发现不同因素会对不同阶段的用户情感体验发挥主要作用：早期用户体验主要受产品的享乐属性影响，而后期的体验则

---

① ［美］奇普·希思、丹·希思：《行为设计学：打造峰值体验》，靳婷婷译，中信出版社 2018 年版。

更加依赖于产品对个体的价值影响[1]。此外，Mvellendorff 发现：手机用户体验中的享乐性要素在经过 20 个月使用期后会逐渐消失，对用户愉悦情感的影响不再显著[2]；Fenko 对不同产品的体验要素进行研究后发现：在购买产品的一刻，视觉美感是用户最关注的要素，但经过一个月使用之后，触觉与听觉要素则变得更加重要[3]；Kim 等也分析了体验要素随时间推移而产生的变化，认为社交网络服务的用户体验核心要素会从前期的可用性转变为后期的用户价值[4]；赵婉茹通过建构用户体验 EPI 模型，将体验分为预期（Expectation）、进程（Progression）、影响（Influence）3 个一级要素和若干个二级、三级要素，并以用户的参与过程为主线，定义不同阶段的体验属性；张涵和余雅林通过桌面调研，归纳了用户体验在时间维度上的特征要素，进而基于案例研究、用户访谈、卡片分类和焦点小组等方法，对所归纳的体验要素进行了分类，最终形成相对稳定、完整的产品周期性体验要素框架[5]。

基于已有研究对周期性体验要素的提炼与概括，本书将移动图书馆用户信息交互行为中的情感体验要素划分为 10 个基本维度：需求、预期、感知、交互、反馈、黏性、运营、影响、成就和迭代。如图 5-3 所示。

在此基础上，根据各个维度在用户情感体验演化周期中不同阶段的

---

[1] Karapanos Evangelos, Zimmerman John, et al., "User experience over time: An initial framework", Proceedings of the 27th International Conference on Human Factors in Computing Systems, ACM, Boston, MA, USA, Apr. 4-9, 2009.

[2] Mvellendorff M., M. Hassenzahl, et al., "Dynamics of user experience: How the perceived quality of mobile phones changes over time. In User experience-towards a unified view", Workshop at the 4th Nordic Conference on Conference on User Experience-towards A Unified View, 2006.

[3] Fenko Anna, Schifferstein Rick, et al., "Shifts in sensory dominance between various stages of user-product interactions", Applied Ergonomics, Vol. 41, No. 1, January. 2010, pp. 34-40.

[4] Kim Hyun K., Han S. H., et al., "How User Experience Changes Over Time: a Case Study of Social Network Services", Human Factors and Ergonomics in Manufacturing & Service Industries, Vol. 25, No. 6, Nov. 2015, pp. 659-673.

[5] 张涵、余雅林：《基于时间维度的智能互联产品体验设计研究》，《设计》2020 年第 24 期。

移动图书馆用户信息交互行为中的情感体验研究

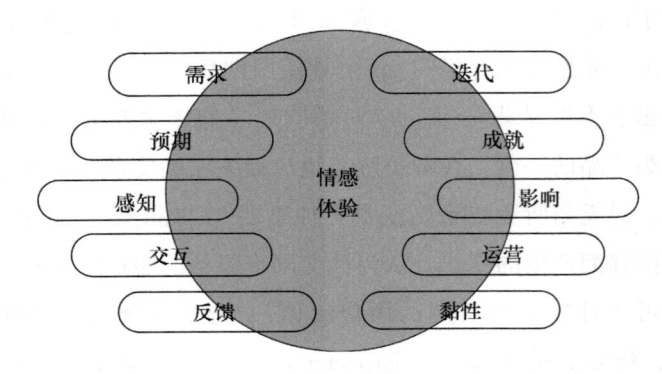

图 5-3 用户信息交互行为中的情感体验要素框架

作用机理，本书进一步根据第三章中构建的用户信息交互行为情感体验影响因素理论框架，将具体影响因素划入对应的体验维度，并结合已有研究成果，补充了印象、口碑、奖励机制、个性化、情感记忆、更新迭代6个要素，由此构建了周期性视角下的移动图书馆用户情感体验要素模型，如图5-4所示。

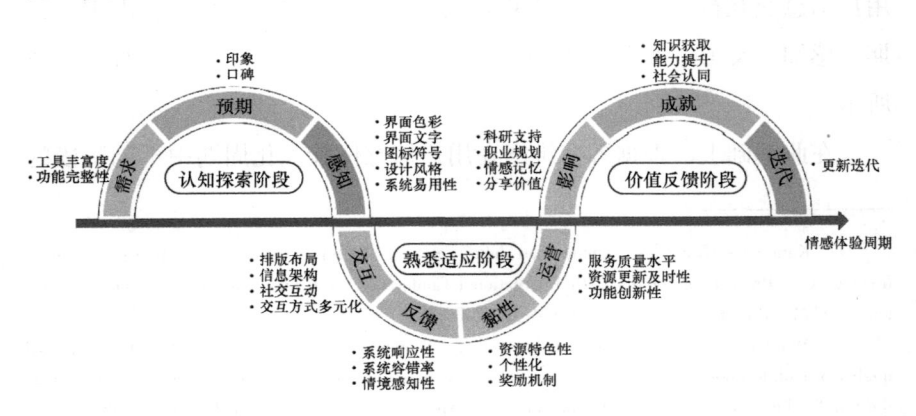

图 5-4 周期性视角下的用户情感体验要素模型

（一）认知探索阶段的情感体验要素

"认知"是用户在初次接触移动图书馆服务时，根据自身需求、预期以及接触到的真实内容，对交互对象所做出的初步理性或感性判断，

· 238 ·

第五章　移动图书馆用户信息交互行为中的情感体验演化

并由此产生相应的情绪反应。这一阶段中，用户的情感变化主要由需求、预期和感知三个维度的体验要素决定。

1. 需求维度要素。根据第二章中对移动图书馆用户信息交互需求的分析可知：用户在交互过程中的需求可以划分为：信息需求、服务需求、交互需求、社会需求和自我需求五个层次。用户在体验周期的初始探索阶段，最关注的是移动图书馆是否能提供自己所需的信息资源和服务，对应着"信息丰富度"和"功能完整性"两个要素。移动图书馆只有在资源和功能两个基本层面满足用户需求后，才能促使用户产生进一步使用和交互的意愿。

2. 预期维度要素。用户在使用移动图书馆服务之前，往往会根据自己使用相关服务的经历以及对图书馆的基本印象、评价口碑等因素，对服务使用效果进行预期评估。例如，如果用户是某一图书馆的忠实读者，已与该图书馆形成稳定、深厚的情感连接，当用户在使用该图书馆提供的移动服务时，会出于信任而产生较高期望，并表现出较高的包容性。

3. 感知维度要素。感知是用户在与移动图书馆进行初步交互后，对其平台界面、资源内容、基本功能有了一定了解，并与自身需求和预期进行比较所形成的初步评价，是用户对交互对象的初始印象与即刻感受。因此，主要受到感官层面和浅层次交互层面要素的影响，包括服务平台的界面色彩、文字、图标和设计风格、系统的易用性等，决定着用户开展深入交互的意愿。

（二）熟悉适应阶段的情感体验要素

用户在熟悉适应阶段会与移动图书馆展开深度交互。尽管用户在使用不同服务功能时会经历不同交互流程，但随着交互进程的推进，总体上呈现出"交互—反馈—黏性—运营"的顺序。

1. 交互维度要素。从移动图书馆服务平台的界面布局、信息架构到具体交互方式以及延伸的社交互动，都关系到用户的具体交互触点与交互行为，从而在感知和认知层面对用户情感体验产生综合作用。尽管用户对于重复性的交互过程会受到场景变化影响而产生不一样的体验感受，但经过周期性的情感沉淀都会使用户留下总体印象，从而决定用户对移动图书馆服务交互质量的整体评价。

2. 反馈维度要素。移动图书馆对用户交互需求的反馈会影响用户的体验评价和下一步交互行为。高效敏捷的反馈响应会提升用户的满意度，带给用户积极愉悦的情感体验。与此同时，服务系统的容错率也是衡量体验质量的重要指标，会影响用户的感知易用性。而情境感知、容错率等体验要素往往具有偶发性和随机性，需要用户长期使用才能获得完整体验。

3. 黏性维度要素。用户黏性的提升依赖于长期交互过程中图书馆对用户关系的维系。因此，从资源建设层面而言，不仅需要图书馆能够满足用户的基本信息需求，还要能提供专属的特色化资源，增强其不可替代性；从服务功能层面而言，则需要图书馆能根据用户的兴趣偏好与使用习惯，提供个性化服务，提高用户的转移成本。此外，很多移动图书馆服务平台也通过游戏化设计设置了奖励机制（如阅读通关获得奖励积分等），极大提升了用户使用兴趣和长期使用动力。

4. 运营维度要素。运营是对产品或服务的管理过程进行有效计划、组织、实施和控制①。对于移动图书馆而言，运营工作的重点依然体现在资源质量和服务水平两个方面。图书馆需要根据用户需求变化不断对移动服务平台的数字资源进行优化更新，充分发挥其知识服务主体的作用。同时，还需要根据用户体验演化规律及时改进服务质量，不断激发用户积极情感。得益于移动服务平台的多源数据获取优势，图书馆可以通过多源数据采集更加精准地开展服务运营工作。

（三）价值反馈阶段的情感体验要素

价值层面的体验要素更多对应着反思层的情感设计，往往会对用户长期情感记忆和认知经验产生深远影响，并通过交互对象的迭代更新持

---

① 张毕西：《运营管理》，机械工业出版社2019年版。

续对用户新一轮体验周期发挥作用。

1. 影响维度要素。移动图书馆带给用户的影响是用户衡量其价值的重要指标。这种影响一方面体现在学习、生活、工作中的具体环节（如科研支持、职业规划等）；另一方面则体现在对用户的情绪价值输出（如对文化熏陶下美好生活的向往）。情绪价值会加深用户对移动图书馆的记忆，并通过社交分享进行价值传递，使用户在价值观上能与图书馆的服务理念形成共鸣，建立更加紧密的情感连接。

2. 成就维度要素。在周期跨越度较大的体验过程中，用户最后收获的价值不仅包括具象的知识获取与能力提升，同时还包括经过长期坚持努力实现目标后的喜悦与成就感。成就感往往具有抽象性，除了用户自身感知以外，还需要通过体验设计要素进行直观展现（如授予用户资深读者、专家读者等称号），使其能更好地体会移动图书馆带来的成就感与满足感。

3. 迭代维度要素。随着交互对象为用户带来的功能性价值逐渐减少，用户的交互频率和依赖感也会随之下降。特别是在同质化竞争非常激烈的领域，用户几乎没有太高转移成本，一旦体验效果不好，很可能会放弃使用并更换其他可替代产品（服务）。因此，图书馆需要通过不断更新迭代唤醒用户对移动服务平台新界面、新功能的感知，使用户始终具有一定的新鲜感与兴趣度，保证情感体验的延续性，创造更长久的服务价值。

三 信息交互过程的情感体验周期性演化计算

对于信息交互过程的情感体验演化计算，学者们从不同视角提出了不同方法，主要包括时空建模法、情感关联法、隐马尔可夫模型和时间序列预测等。

时空建模法将情感演化视为复杂时空环境与交互式条件下情感随时间的动态变化过程，认为情感的时空特征分为两大类：情感本身所具有的时序演化特征和用于情感识别的言语、表情、肢体行为、生理特征等因素在动态交互过程中的时序特征。其中，前者反映了情感的内在变化规律，后者则体现了情感外在观测因素的变化规律。因此，需要在基于情感识别、表示与建模的基础上，设定特定的时空环境约束条件，通过情感度量和计算来实现情感体验动态演化过程的预测以及情感交互能力分析[1]。

情感关联法根据情感所具有的动态性、连续性和转化性等特点，认为用户当前的情感状态不仅与外部刺激因素相关，也与其历史情感状态相关[2]。鉴于此，采用不同数学模型将用户历史情感进行关联作为已知信息，并结合当前实时感知的情感状态对用户未来情感倾向进行预测，从而推断用户情感体验的变化趋势。根据这一机理，Cunningham 等提出：用户当前的情感状态不仅受到此刻环境的影响，也与上一个时刻的情感轨迹有关，即在 T_{n+1} 时刻的用户情感状态由当前环境 E_{n+1} 和 T_n 时刻的情感状态 F_n 以及在 T_n 时刻所预测的情感状态 F'_{n+1} 共同决定，由此构建了情感演变的迭代再生模型[3]。

为了进一步探索情感体验演化的周期性规律，有学者将情感作为情绪过程的一个信息观察序列来进行表征，即情绪过程可以假设为一种马尔可夫过程，且状态转移概率矩阵中各要素的值由多种因素共同决定。该方法主要用于有限、离散状态下的情感识别和计算，对于连续变化的情感描述能力较弱。Zeng 等采用基于最大熵和最大互信息的多流融合隐马尔可夫模型（MFHMM）建立了各种流数据之间的最优连接，由此实现了音视频内容的情感识别[4]；Yang 等基于音频与视频流的时序性特

---

[1] Zhu Chen, Zhu Hengshu, et al., "Tracking the evolution of social emotions with topic models", *Knowledge & Information Systems*, Vol. 47, No. 3, Jul. 2015, pp. 517–544.

[2] Adan Ana, Simon N. Archer, et al., "Circadian typology: A comprehensive review", *Chronobiology International*, Vol. 29, No. 9, Sep. 2012, pp. 1153–1175.

[3] Cunningham W. A., Dunfield K. A., et al., "Emotional states from affective dynamics", *Emotion Review*, Vol. 5, No. 4, Sept. 2013, pp. 344–355.

[4] Zeng Zhihong, Hu Yuxiao, et al., "Training combination strategy of multi-stream fused hidden Markov model for audio-visual affect recognition", *Acm International Conference on Multimedia ACM*, 2006, p. 65.

征,采用耦合隐马尔可夫模型(HMM)的多模态融合方法实现了异常情绪的自动检测①;Wöllmer 等则采用 LSTM 算法对实际场景中的情感特征数据进行时序建模,通过遗忘门、输入门和输出门的控制实现了短程情感状态记忆,并在此基础上利用 LSTM 结构将不同时刻下引发情感的外部因素、环境因素和时序过程中的情感状态变化等因素进行有机融合,提升了情感预测的准确率②。

时间序列预测方法能够对时间序列数据的趋势性、随机性等特点进行较好描述,是一种直观的预测方法。通过计算不同时间段内用户正面、负面情感值形成的时间序列数据,可以分析用户情感的动态演化趋势。Giachauno 和 Crestani 采用传统时间序列模型进行了情感走势追踪,利用所采集的 Twitter 评论数据,结合机器学习方法揭示情感变化规律及其具体原因③;李斌阳等针对微博评论情感的时序性变化提出了一种实时非参数化的热点主题检测方法,通过微博情感极性分析及其强度变化来计算情感时序分布,构建复合模型,由此准确检测了微博热点主题④;孙嘉琪等通过统计固定时间单位的用户评论情感值,构建了情感值时间序列,提出 ARIMA-GARCH 时间序列模型,有效预测了用户情感演化趋势⑤。

总体而言,用户情感体验的周期性演化计算既要考虑整个交互过程中不同阶段体验要素作用下的情感状态变化,也要考虑用户情感强度的

---

① Yang T. H., Wu C. H., et al., "Coupled HMM-based multimodal fusion for mood disorder detection through elicited audio-visual signals", *Journal of Ambient Intelligence & Humanized Computing*, Vol. 8, No. 6, Jul. 2016, pp. 895-906.

② Wöllmer M., Kaiser M., et al., "LSTM-Modeling of continuous emotions in an audiovisual affect recognition framework", *Image & Vision Computing*, Vol. 31, No. 2, Feb. 2013, pp. 153-163.

③ Giachanou Anastasia, Crestani Fabio, "Tracking Sentiment by Time Series Analysis", SIGIR '16: Proceedings of the 39th International ACM SIGIR conference on Research and Development in Information Retrieval, ACM, Jul. 7, 2016.

④ 李斌阳、韩旭、彭宝霖、李菁、王腾蛟、黄锦辉:《基于情感时间序列的微博热点主题检测》,《中国科学:信息科学》2015 年第 12 期。

⑤ 孙嘉琪、王晓晔、杨鹏、温显斌、高赞、于青:《基于时间序列模型和情感分析的情感趋势预测》,《计算机工程与设计》2021 年第 10 期。

变化。根据周期性特点，用户整体情感体验反映了其对交互对象的价值反馈，情感强度则取决于用户对交互对象的价值评估与其预期之间的差异。基于此，可以用公式（5-1）对情感强度进行表示：

$$\mu = k_m \log(1 + \Delta p) \quad (5\text{-}1)$$

其中，μ 表示情感强度值，k_m 表示强度系数，Δp 为交互对象价值评估结果与用户预期之间的差，但其与情感强度变化并不成正比，而是存在一种函数关系。

此外，根据情感的时间衰减规律，用户对交互对象的情感强度会随着其对该事物的作用规模的增长而下降[①]。即个体对于一般事物的情感强度会随着时间的推移而不断衰减，体现出边际效应递减特征，并且当情感强度 μ 足够小时，情感强度的衰减速度 d_μ/d_T 与情感强度 μ 成正比，如公式（5-2）和公式（5-3）所示：

$$\mu = \mu_0 \exp(-K_t T) \quad (5\text{-}2)$$

$$d_\mu/d_T = -K_t \times \mu \quad (5\text{-}3)$$

其中，μ_0 为用户初始情感强度，T 为时间，K_t 为情感强度衰减系数。但在实际案例研究中发现，情感强度也并非总是呈现随时间推移的负指数衰减关系。例如，喜爱、憎恶等情感的强度可能会持续很长时间而无衰减，甚至会随时间的推移而增强[②]。

除了对情感强度变化进行数学建模和计算，还要考虑情感状态的多样性变化。根据 Ortony 等在情感分类基础上建立的 OCC 情感评价模型，可以假设 $D(p, e, t)$ 为用户 p 在时刻 t 对交互对象 e 的情感体验期望程度，如果期望产生了积极结果，则 $D(p, e, t) > 0$；否则 $D(p, e, t) < 0$。进一步假设 $I_g(p, e, t)$ 表示情感强度变量的组合，$p_j(p, e, t)$ 表示产生某种情感状态的可能性大小，则情感体验的演化规律可定义为：

[①] 饶元、吴连伟、王一鸣、冯聪：《基于语义分析的情感计算技术研究进展》，《软件学报》2018 年第 8 期。

[②] 孟昭兰：《体验是情绪的心理实体——个体情绪发展的理论探讨》，《应用心理学》2000 年第 2 期。

If $D(p, e, t) > 0$;

then $p_j(p, e, t) = F_j(D(p, e, t), I_g(p, e, t))$

其中，$F_j( )$ 为情感表示函数，当情感状态产生概率大于某一阈值 T_j 时，则情感强度 $I_j(p, e, t)$ 有：

If $p_j(p, e, t) > T_j(p, e, t)$

Then $I_j(p, e, t) = p_j(p, e, t) \quad T_j(p, e, t)$

Else $I_j(p, e, t) = 0$

第二节　基于用户体验地图的情感体验演化过程分析

从用户情感体验的周期性演化规律可以看到，情感体验贯穿于用户与移动图书馆信息交互的整个过程，是用户行为、服务平台、体验要素相互作用的结果。有效跟踪用户情感体验的动态演化过程是提升移动图书馆服务质量和用户满意度的重要基础。目前的研究主要侧重于对用户信息交互后的整体感受进行评估，未能从全局性视角完整观测用户在交互过程中的体验变化，同时也缺乏对用户在具体情境下的交互行为和想法感受的同步记录，因而难以有效揭示移动图书馆体验要素、用户行为和情感体验之间的内在关联。鉴于此，本书引入用户体验地图工具，通过定性与定量方法相结合，以可视化方式直观展现用户与移动图书馆服务平台交互过程中的具体触点、行为表现、想法感受和情感状态，重点围绕一个体验周期中的具体交互环节，全方位和多层次分析情感体验演化过程，进而发现用户痛点与服务机会点，为移动图书馆服务质量优化提供重要依据。

一　用户体验地图与情感可视化

虽然用户体验地图投入实际应用的时间并不长，但在 20 世纪末就已有了早期雏形。Carbone 和 Haeckel 在 *Marketing Management* 杂志上发表的一篇开创性文章"Engineering Customer Experiences"中最先提出了"体验蓝图"的概念，被视为用户体验地图研究的起点[1]；2002年，用户体验专家Shaw和Ivens提出了"时刻地图"的概念，采用一根箭头绘制了用户体验发展的各个阶段，表示用户体验时刻指引着产品和服务的优化方向[2]；直至2010年，用户体验管理先驱Bruce Temkin正式提出用户体验地图的概念（也有文献称为客户旅程图），将其视为一种用可视化的方式描述用户与企业关系中的流程、需求和感知的工具[3]。随后，越来越多的用户体验专家和国际知名咨询机构（如Forrester、Adaptive Path、Nielsen Norman Group等）均对用户体验地图展开了相关研究，逐渐形成较为完整的理论体系，如图5-5所示。

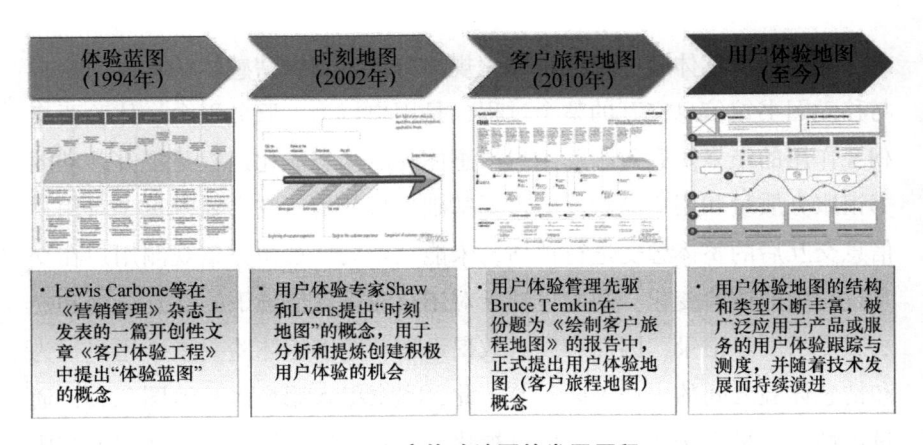

图5-5 用户体验地图的发展历程

（一）用户体验地图的概念与基本框架

按照目前广泛采纳的定义，用户体验地图是从用户视角出发的，以

---

[1] Carbone Lewis P., Haeckel Stephan H., "Engineering Customer Experiences", *Marketing Management*, Vol. 3, No. 3, Jan. 1994.

[2] Shaw Colin, Ivens John, *Building great customer experiences*, New York: Macmillan, 2002.

[3] Temkin Bruce D., "Mapping the customer journey", *Forrester Research*, Vol. 3, No. 20, Feb. 2010.

第五章　移动图书馆用户信息交互行为中的情感体验演化

可视化方式直观展现用户在使用产品或服务的过程中所产生的期望、行为、想法和体验，从而发现用户与产品（服务）交互中的痛点，进而找到优化改进方向的一种用户研究工具。随着国内外学者和研究机构不断对用户体验地图的组成要素进行补充与完善，陆续构建了面向不同交互场景的体验地图框架。目前，普遍采用的用户体验地图主要包括使用流程、用户目标、交互触点、用户行为、用户想法、情绪曲线、用户痛点和产品机会点等要素；而在针对具体目标用户和使用场景的体验度量时，往往还将用户画像和场景信息纳入其中，由此形成了较为完整的用户体验地图框架，如图 5-6 所示[①]。其中，用户画像是面向具体产品（服务）建立的目标用户角色；场景是用户在使用产品（服务）时所处的环境状态；使用流程包括服务过程中的各项具体环节；用户目标代表着用户在各环节的具体需求和期望；交互触点是用户与服务系统进行交互的媒介（如网站、APP 等）；用户行为是用户在各触点上的行为表现；用户想法反映了用户在交互行为中产生的各种内心感受；情绪曲线则是与想法对应的用户情感状态变化，也是用户体验效果的直接反映；最后，痛点和机会点则是根据用户体验总结得到的产品（服务）存在的关键问题以及可优化改进的具体方向。

用户体验地图具有用户视角、全局视角、故事性和图形化的特点：①用户视角。用户体验地图可以从用户视角记录其与产品（服务）交互全流程的目标、行为、想法感受，从而帮助研究人员建立同理心，从用户角度审视整个交互过程。②全局视角。用户体验地图覆盖了用户在交互全流程不同阶段的交互行为，并非关注其中某个环节，而是聚焦从开始到结束完整任务流的用户情感体验变化。③故事性和图形化。用户体验地图通过可视化方式清晰直观地讲述用户"故事"，分阶段展示用户情感体验变化过程，并利用其故事性和图形化特点将信息转化为易于

[①] 赵杨、班姣姣：《移动图书馆用户体验地图构建与服务优化研究》，《图书情报工作》2021 年第 24 期。

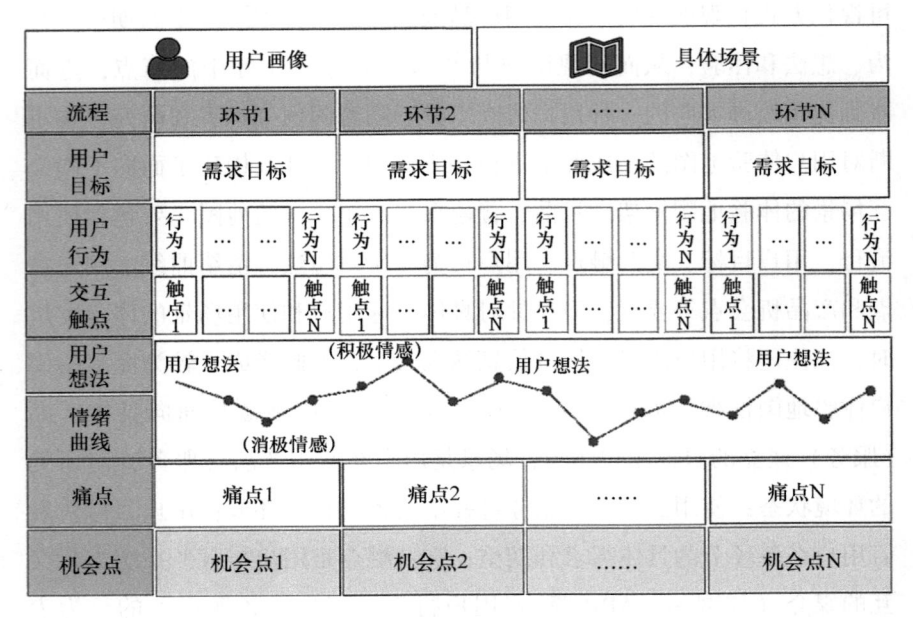

	用户画像			具体场景	
流程	环节1	环节2	……	环节N
用户目标	需求目标	需求目标	需求目标	需求目标
用户行为	行为1 … 行为N	行为1 … 行为N	行为1 … 行为N	行为1 … 行为N
交互触点	触点1 … 触点N	触点1 … 触点N	触点1 … 触点N	触点1 … 触点N
用户想法情绪曲线	用户想法（积极情感）（消极情感）	用户想法	用户想法
痛点	痛点1	痛点2	……	痛点N
机会点	机会点1	机会点2	……	机会点N

图5-6 用户体验地图的基本框架

理解和记忆的形式，增强故事的可读性。

（二）用户体验地图对情感体验研究的作用

通过绘制用户体验地图，可以帮助产品（服务）设计者、开发商、运营商直观了解具体场景下用户、产品（服务）、环境之间的复杂交互关系，完整洞察用户情感体验演化过程，进而准确定位产品（服务）存在的关键问题并提出可行性优化方案。因此，用户体验地图被广泛应用于情感体验研究和产品（服务）优化设计。Kumar认为对用户体验地图中情绪曲线的"低谷点"进行挖掘和分析，可以发现用户痛点和潜在需求，从而提升服务质量，优化用户体验[1]；Alvarez等通过构建用户体验地图探寻了服务全流程的用户情感变化，帮助产品开发和设计团队

---

[1] Kumar Vijay, 101 *Design methods*: *A structured approach for driving innovation in your organization*, Canada: John Wiley & Sons, 2013, p. 336.

更好地感知用户显性和隐性情感设计需求[1];王博文和许占民通过绘制互联网产品用户体验地图,建立了用户情感曲线与产品设计要素之间的映射关系,为揭示用户情感体验影响因素和创新产品设计理念提供了有效支撑[2]。但在移动图书馆领域,用户体验地图的理论研究与实践应用几乎还是空白。

与传统质性研究方法(访谈法、观察法等)和基于用户体验量表的问卷调查研究相比,用户体验地图通过定性与定量研究相结合,能够更加完整地反映用户在与移动图书馆交互全流程中的情感体验变化,进而有效揭示具体服务触点上的用户行为、想法、情绪之间的内在关联,并以可视化方式生动直观地展现用户情感体验度量结果,从而精准定位用户痛点与服务机会点,实现服务质量优化。用户体验地图与传统情感体验研究方法的比较如表 5-1 所示。

表 5-1　用户体验地图与传统情感体验研究方法的比较

对比内容	用户体验地图	质性研究	定量研究
研究方法	定性与定量相结合	侧重定性研究	侧重定量研究
研究对象	服务全流程的情感体验变化	主要针对用户整体情感体验结果	主要针对用户整体情感体验结果
研究结果	用户在不同交互触点上的行为表现、想法、情绪反应及其之间的关联关系	用户行为表现、想法、态度	用户态度
主要作用	基于研究结果发现用户痛点与机会点,针对各项交互环节提出具体优化对策,实现全流程优化	基于研究结果提出优化对策	基于研究结果提出优化对策

---

[1] Alvarez Juliana andrea, Léger Pierre-Majorique, et al., "An enriched customer journey map: How to construct and visualize a global portrait of both lived and perceived users' experiences", *Designs*, Vol.4, No.3, Aug. 2020, p.29.

[2] 王博文、许占民:《文化创意产品的用户体验地图模型构建》,《工业设计》2021 年第 1 期。

续表

对比内容	用户体验地图	质性研究	定量研究
可视化呈现	结合配色、文字、图表、标识、表情符、情感曲线等元素，进行生动、直观的展现	框架图、照片等	数据分析结果图表

二 用户体验地图绘制流程

根据 Kaplan 提出的用户体验地图绘制思路，需要在全面、准确采集用户体验地图各组成要素对应信息的基础上，完成可视化输出①。在实际应用中，学者们和研究机构针对具体研究目的、研究对象、服务场景等，提出了多元化采集方法和各具特色的可视化设计方案。本书基于相关研究成果，对目前广泛采用并经过实践验证的用户体验地图绘制方法进行了梳理和总结，在此基础上，按照图 5-6 所示的用户体验地图框架，将其绘制流程分为"构建用户画像""确定具体场景""采集用户信息""完成地图内容"和"可视化设计"五个环节，并细化了具体操作步骤，如图 5-7 所示。

构建用户画像	确定具体场景	采集用户信息	完成地图内容	可视化设计
● 建立用户画像 ● 细分目标用户	● 访查典型场景 ● 描述具体情境 ● 梳理服务流程 ● 确定关键环节	● 定性/定量研究 ● 梳理用户行为 ● 确定交互触点 ● 总结用户想法 ● 度量情感状态	● 呈现地图内容 ● 绘制情绪曲线 ● 发现用户痛点 ● 提炼优化机会	● 确定设计风格 ● 选择配色方案 ● 选择界面元素 ● 完成可视化输出

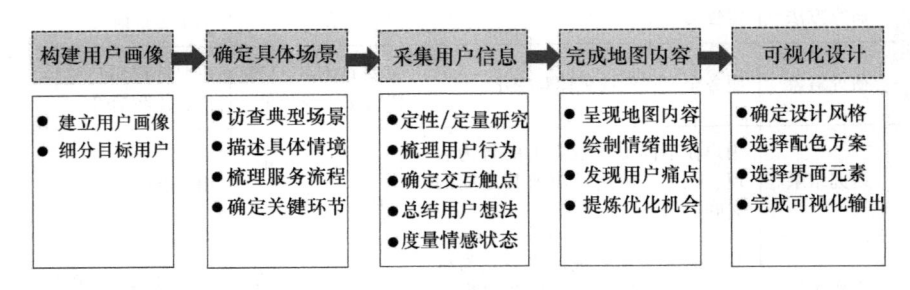

图 5-7 用户体验地图的绘制流程

1. 构建用户画像。明确目标用户是绘制用户体验地图的首要任务。通过建立用户画像可以精准定位服务面向的目标对象。用户画像是基于

---

① Kaplan Kate，"When and how to create customer journey maps"，Jul. 2016，https://www.nngroup.com/articles/customer-journey-mapping/.

第五章　移动图书馆用户信息交互行为中的情感体验演化

对真实用户的深刻理解和对多源数据的高精度概括而抽象出的用户原型，通常包含人口统计信息（姓名、性别、年龄、照片等）、一般特征信息（职业、兴趣、习惯等）和服务使用信息（使用程度、期望、需求等）①。移动图书馆覆盖的用户群体非常广泛，需要面向不同群体提供差异性服务才能保证良好的用户体验。因此，建立精准的用户画像是帮助图书馆定位目标用户、细分用户群体并从同理心视角更好地了解用户体验的基本前提。

2. 确定具体场景。场景是用户在使用服务时所处的环境状态，一般包括时间、地点、网络环境、相关人物和事件以及用户正在执行的操作任务等②。移动图书馆服务的有效开展离不开具体场景，因此，确定场景是绘制用户体验地图的基石，能够帮助图书馆充分掌握用户是在什么环境状态下产生的相应体验，从而明确用户、场景、服务系统之间的复杂交互关系。由于移动图书馆突破了时空限制，可以随时随地为用户提供多元化服务，因此服务场景非常丰富，需要研究人员通过走查访谈确定具有代表性的场景，然后在此基础上梳理服务流程、确定关键环节并填入用户体验地图。

3. 采集用户信息。用户体验地图是建立在大量真实用户数据基础之上的，因此，需要全面、准确地采集用户相关数据，包括用户行为、目标、想法和情感状态等。可以综合应用问卷调查、访谈法、观察法、出声思维法、面部表情识别、神经科学实验等定性与定量方法获取。由于用户体验地图反映了目标用户在不同服务环节上的行为与感受，所以用户的行为、想法和情感状态与服务环节之间具有一一对应关系，在采集时需要基于"步骤2"确定的具体场景，在一个完整的服务流程中针对同一（组）用户进行跟踪研究。

---

① 宋美琦、陈烨、张瑞：《用户画像研究述评》，《情报科学》2019 年第 4 期。
② Kuniavsky Mike, *Observing the user experience: a practitioner's guide to user research*, San Francisco: Elsevier, 2003.

4. 完成地图内容。对所采集的用户数据进行汇总、去重后，可以根据图5-6所示的用户体验地图框架，依次将用户的目标、行为、交互触点、想法和情感状态信息填入对应模块，并按照相关要求进行信息可视化呈现。例如，目标、行为、触点、想法等一般以"文字+图标"的形式呈现，情绪曲线则需要通过对用户情感状态进行量化，再以"表情符号+曲线连接"的方式呈现。在此基础上，根据情绪曲线的高点（积极情感）与低点（消极情感）进一步找到用户痛点和服务优化机会点，并思考具体优化方案，由此完成用户体验地图的全部内容。

5. 可视化设计。由于用户体验地图的优势之一是可以通过可视化方式完整展现服务全流程的用户体验变化，因此非常注重视觉表现上的直观性、生动性和多元性，需要研究人员基于"步骤4"中已完成的地图内容，选择合适的配色方案和图标、表格、字体等元素进行可视化设计与输出，从而直观呈现用户体验度量结果。

三 移动图书馆用户体验地图绘制实证研究

按照用户体验地图绘制流程，本书以移动图书馆典型服务——空间预约为例，系统研究用户体验地图在移动图书馆用户情感体验演化过程分析中的实际应用。近年来，随着图书馆空间建设与再造工作的持续推进，大量图书馆不断开辟和优化其特有的空间资源，推出了研修空间、创客空间、展示空间、休闲空间等特色化服务，为读者学习研讨和交流合作提供了良好的文化场所，也使空间预约服务成为了图书馆一项热门应用。随着移动图书馆的日益普及，空间预约服务逐渐从PC端向移动端延伸，为用户提供了更加便捷的预约方式。在这一背景下，准确度量移动图书馆的空间预约服务体验已成为加快图书馆传统空间再造和服务转型的重要基础。教育部在2015年颁布的《普

第五章　移动图书馆用户信息交互行为中的情感体验演化

通高等学校图书馆规程》中就明确指出,"图书馆应优化服务空间,注重用户体验"。移动图书馆空间预约服务涵盖了"预约前""预约中""预约后"各项环节,形成了从线上到线下的完整服务流程,适合采用用户体验地图进行服务效果评估与优化。根据移动端空间预约服务的主要方式,本书以基于图书馆微信公众号的空间预约服务为例进行用户体验地图绘制和应用。

(一) 空间预约服务用户画像构建

为了准确定位移动图书馆空间预约服务的目标用户,我们以武汉大学图书馆用户为实证对象,采用问卷调查方式,于 2021 年 6 月 10 日至 16 日在武汉大学图书馆总馆自主学习区、3C 创客空间、创新学习讨论区等位置,向空间使用者现场发放纸质问卷。问卷题项包括性别、年龄、学历(或职业)、专业、兴趣、学习习惯、空间服务预约方式、使用频率、使用时长、使用项目、服务需求、联系方式(自选)等。共计发放问卷 517 份,去除填答不完整和未选择"通过微信公众号进行空间预约"选项的问卷,共回收有效问卷 421 份 (81.4%)。通过问卷编码、录入和分析后,得到被调查者的描述统计结果如表 5-2 所示。其中,以 21—25 岁的在校学生为主要使用群体,每周使用频率大多为 3—5 次,每次使用时长大多为 2—5 小时,最常使用的服务项目是自习座位预约,使用目的主要包括学术研究、期末复习、研究生或公务员备考等。根据描述性统计结果,本书将占比最高的本科生群体 (48.9%) 和研究生群体 [包括硕士研究生和博士研究生 (49.9%)] 作为两类主要目标用户,然后应用 Canopy 算法和 K-means 算法对两类用户的属性数据和行为数据进行聚类分析并提取典型特征标签,进而分别抽象成两个用户画像,通过对画像特征进行具体描述力求真实表现目标用户的实际情况,如图 5-8 所示。

移动图书馆用户信息交互行为中的情感体验研究

表 5-2　　　　　　　　　　　调查对象描述统计结果

变量	类别	样本数	比例（%）	变量	类别	样本数	比例（%）
性别	男	192	45.6	使用时长	2 小时以内	59	14
	女	229	54.4		2—5 小时	258	61.3
年龄	16—20 岁	118	28		5 小时以上	104	24.7
	21—25 岁	208	49.4	使用项目	自习座位	417	72.6
	26—30 岁	83	19.7		研修室	51	8.9
	31—45 岁	12	2.9		电子阅读	31	5.4
学历（或职业）	本科生	206	48.9		多媒体阅览	29	5.1
	硕士研究生	146	34.7		创客空间	22	3.8
	博士研究生	64	15.2		其他	24	4.2
	教师	5	1.2	服务需求	期末复习	187	29.3
使用频率	每周 5 次以上	59	14		学术研究	211	33
	每周 3—5 次	185	44		考研考公	162	25.4
	每周 1—2 次	177	42		其他	79	12.4

Person 1

👤 姓名：王立　　　　　　　　　　👤 性别：男

🔞 年龄：21岁　　　　　　　　　👤 学历：大三学生

兴趣　熬夜党；游戏达人；喜欢打篮球

习惯　1.刚刚加入考研一族，学习动力不足，找不准方向；2.学习自律性、自驱力差；3.周末、学期末去图书馆较频繁；4.常用电子设备（手机、iPad等）

需求　1.座位充足，预约座位方便；2.电源设施齐全；3.学习氛围良好，提高学习效率；4.结交考研战友，共享考研资讯，互相督促学习

图 5-8　移动图书馆空间预约服务目标用户画像

第五章 移动图书馆用户信息交互行为中的情感体验演化

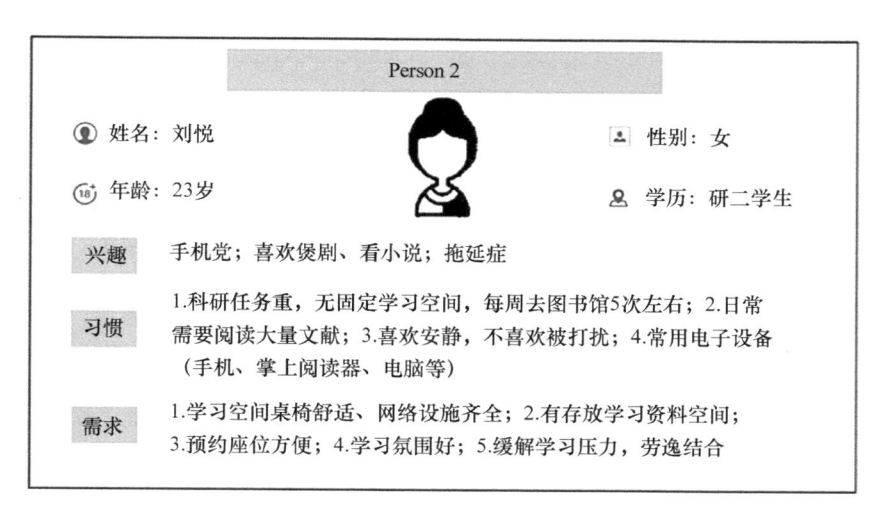

```
                        Person 2

    姓名：刘悦                        性别：女

    年龄：23岁                        学历：研二学生

  兴趣   手机党；喜欢煲剧、看小说；拖延症

  习惯   1.科研任务重，无固定学习空间，每周去图书馆5次左右；2.日常
         需要阅读大量文献；3.喜欢安静，不喜欢被打扰；4.常用电子设备
         （手机、掌上阅读器、电脑等）

  需求   1.学习空间桌椅舒适、网络设施齐全；2.有存放学习资料空间；
         3.预约座位方便；4.学习氛围好；5.缓解学习压力，劳逸结合
```

图 5-8　移动图书馆空间预约服务目标用户画像（续）

（二）空间预约服务典型场景描述

在确定目标用户后，按照用户体验地图信息采集时普遍采用的 Nielson 提出的可用性测试用户人数选择标准①，我们从自愿填写了联系方式的被调查者中选择了五名符合用户画像"Person 1"（本书仅基于 Person 1 画像绘制用户体验地图）特征的真实用户作为具体研究对象。首先，采用情境访查法，在征得用户同意并保护其隐私的前提下，通过实际观察和用户访谈了解目标用户使用图书馆微信公众号进行空间预约时的详细场景信息（包括时间段、地点、周围环境、操作过程等），并加以汇总和整理，提炼出具有普遍性的典型场景——自习座位预约，然后细化场景内容（见图 5-9）。通过咨询图书馆员，进一步将场景中的空间预约服务流程细分为"了解预约服务""查询座位""选择座位""预约座位""座位签到""使用座位""座位签退"七个环节。

---

① Nielsen Jakob, "Why You Only Need to Test with 5 Users", Nielsen Norman Group（18 Mar. 2000），https：//www.nngroup.com/articles/why-you-only-need-to-test-with-5-users/.

> **服务场景描述**
>
> 周五晚上，在宿舍休息的小王想到明天没有课，但是还有三个月就要考研了，于是决定明天还是照常去图书馆自习。他习惯性地打开微信，找到学校图书馆的公众号，从功能栏进入空间预约系统，准备预约自习座位，但发现次日座位要在22:45以后才能约，于是小王定了个22点45分的闹钟提醒自己预约。22点45分，小王准时进入空间预约系统，按预约流程，首先查看了空座信息，然后根据自己的习惯，选择了图书馆总馆-A3座位区-075号座位（配有电源），接着选择了空间使用时间段（上午9:00至12:00），并点击确认，完成预约。第二天上午，小王在8点30分带上自己的考研资料乘坐校车到了图书馆，刷卡进馆后，方位感较差的小王经过一番周折终于找到了自己预约的自习座位，拿出学习资料，开始了今天的学习……

图5-9 移动图书馆空间预约服务场景描述

（三）采集目标用户信息

以确立的服务场景为背景，进一步通过用户一对一访谈和满意度量表采集目标用户的相关信息。其中，访谈内容主要包括用户在移动图书馆空间预约服务各环节的具体目标、行为、想法、感受等，访谈提纲如表5-3所示：

表5-3　　移动图书馆空间预约服务用户访谈提纲

访谈目的	收集目标用户在使用"移动图书馆空间预约服务"各环节的具体目标、行为、内心感受和想法，为绘制用户体验地图做准备。			
访谈人员	访谈人：		记录人：	访谈对象：
访谈对象背景信息	基本属性：性别、年龄、学历、职业、爱好等 服务使用环境：学习环境、生活环境、工作环境 使用动机：使用该服务的具体原因 用户期望：想要获得的服务功能和对服务效果的预期			

续表

访谈目的		收集目标用户在使用"移动图书馆空间预约服务"各环节的具体目标、行为、内心感受和想法，为绘制用户体验地图做准备。
访谈问题	了解空间预约服务	在了解空间预约服务环节，你的目标是什么呢？ 你是通过什么方式了解空间预约服务的？ 在图书馆微信公众号上，你会如何操作来了解预约服务？ 进入预约系统后跟你预期的一样吗？ 你在了解预约服务的过程中产生了什么想法和感受？
	查询座位	在查询自习座位环节，你的目标是什么呢？ 在通过微信公众号预约系统查询座位时，你一般是如何操作的？ 在查询座位的过程中你产生了什么想法和感受？ 在查询座位的过程中你的情绪变化了吗？原因是什么？ 你认为预约系统中的查询座位功能满足了你的需求吗？
	选择座位	在选择座位环节，你的目标是什么呢？ ……（其余问题与"查询座位"环节类似）
	预约座位	在预约座位环节，你的目标是什么呢？ ……（其余问题与"查询座位"环节类似）
	座位签到	在座位签到环节，你的目标是什么呢？ ……（其余问题与"查询座位"环节类似）
	使用座位	在使用座位环节，你的目标是什么呢？ ……（其余问题与"查询座位"环节类似）
	座位退签	在座位退签环节，你的目标是什么呢？ ……（其余问题与"查询座位"环节类似）
注意事项		以开放性问题为主； 客观准确地观察和感受用户的真实情感（表情、语气、肢体动作等）； 注意问题的逻辑性，根据用户行为询问感受和想法，引导用户说出自己的真实体验。

通过对用户访谈信息进行整合、去重、分析，可以明确用户在空间预约服务各环节的需求目标、行为路径、交互触点和情绪感受。满意度量表则是在用户访谈时，针对提到的具体服务环节，让被访者真实反映其满意程度（采用 Likert 五级量表进行测度），由此表征用户的情感体验，即满意度越高代表用户情感状态越积极，体验感受越好。在对测度结果进行统计分析的基础上，进一步通过公式（5-4）计算得到目标用户

在空间预约服务各环节的情感体验值，以此作为情感曲线绘制的参考依据。

$$S_i = \frac{\sum_{j=1}^{n} Q_i - j}{n} \quad (5-4)$$

其中，S_i 表示第 i 个服务环节的用户情感体验值，Q_i-j 表示第 i 个阶段的第 j 个交互触点上的用户情感体验平均值，n 表示第 i 个阶段的用户使用行为数。计算结果如表 5-4 所示。可以发现，用户在应用图书馆微信公众号选择自习座位环节的情感体验最差，到馆后实际使用座位环节的情感体验最好。

表 5-4　　移动图书馆空间预约服务用户情感体验度量结果

服务环节	用户行为	情感体验值	总值	服务环节	用户行为	情感体验值	总值
了解预约服务	关注公众号	3.69	3.04	座位签到	整理学习资料	2.48	2.72
	账号登录	2.33			去图书馆	2.23	
	进入预约系统	3.82			刷卡签到	4.18	
	查看预约流程	2.31			寻找座位	1.97	
查询座位	选择分馆	3.18	3.51	使用座位	学习	4.38	4.16
	浏览可用座位	4.27			休息	3.89	
	选择区域	3.09			暂离	4.21	
选择座位	查看座位平面图	2.03	2.42	座位签退	整理学习资料	2.47	3.24
	查看座位类型	2.11			刷卡签退	4.24	
	选定座位	3.11					
预约座位	选择时间	3.75	3.86		离开图书馆	3.02	
	确认预约	3.97					

（四）完成地图内容与可视化设计

将访谈得到的用户信息汇总梳理后，依次填入用户体验地图框架中的目标、行为、触点、想法模块，并根据表 5-4 的计算结果绘制用户情感曲线。曲线上的节点位置与交互行为逐一对应，节点的高低按照各项行为上对应的情感体验值进行绘制。在此基础上，根据情感曲线上的"峰值"和"低点"，结合访谈得到的用户感受信息，提炼出移动图书馆空间预约服务的用户痛点和服务机会点。例如，在挑选座位环节，用户的痛点主要是看不懂图书馆空间分布平面图，对应的机会点则是在移动终端的座位预览界面尽可能真实还原图书馆的空间景象，直观展现空间布局，方便用户选择合适的自习座位。最后，为了更加美观、形象地展现用户体验地图效果，需要选择合适的配色方案、字体、图标等元素进行可视化设计。根据本书的实证对象——武汉大学图书馆的风格特色，笔者选择该馆官网主色调作为用户体验地图配色方案，采用形象的图标表示用户服务使用行为，并通过 emoji 表情符号生动呈现用户情感状态，最终输出完整的移动图书馆空间预约服务用户体验地图，如图 5-10 所示。

四 实证结果及讨论

根据所绘制的移动图书馆空间预约服务用户体验地图，围绕其中的用户痛点和服务机会点，本书从服务流程、服务功能、服务环境 3 个维度，提出空间预约服务具体优化策略。

（一）服务流程优化

用户体验贯穿移动图书馆空间预约服务的整个流程。根据用户在各服务环节产生的真实想法与情绪感受，可以从预约前、预约中和预约后 3 个阶段进行流程优化，从而提高空间预约服务的质量和效率。

一是加强预约前的服务宣传力度，减轻用户认知压力。目前，众多图书馆陆续上线了移动端的空间（座位）预约系统，但由于缺乏广泛宣传与详细介绍，导致大多数用户对移动端的预约流程、操作方法、注意事项均不了解，经常出现操作失误、预约失败等情况，严重影响了用

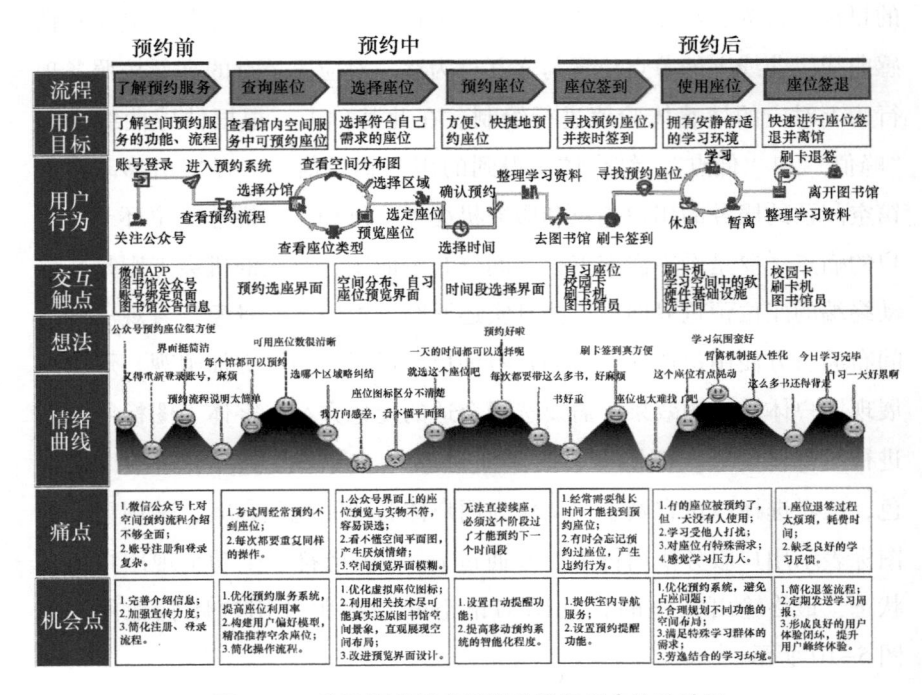

图 5-10　移动图书馆空间预约服务用户体验地图

户体验和移动预约服务的推广普及。对此，图书馆应加强对移动预约服务的宣传和介绍，充分利用移动终端信息发布和呈现方式的及时性、灵活性、多元性等特点，适时向空间预约服务使用频率较高的用户推送最新服务信息；并积极引入 H5、短视频、手游等移动端常用方式介绍空间预约服务操作流程，便于用户直观理解，提高服务使用意愿。例如，南京理工大学采用 H5 动画形式介绍移动图书馆服务的主要功能；美国宏谷州立大学通过手机游戏"Library Quest"帮助用户熟悉移动图书馆空间服务。

二是提高预约过程的智能化程度，简化系统操作流程。从移动图书馆空间预约服务的用户体验地图可知，由于预约流程较为烦琐，导致用户体验不佳。特别是对于频繁使用空间预约服务的用户而言，每次进行大量重复操作往往会产生厌烦情绪。对此，移动图书馆应根据用户注册信息和行为数据，利用数据挖掘、机器学习、情境感知等技术，建立用户偏好模型，分析用户预约习惯与服务使用行为，为用户精准推送空余座位信息或其他空间服务，并对用户常用操作步骤进行模块化设计，自动完成系统预约，简化服务流程，提高移动图书馆服务的智能化程度。

三是优化预约后的用户终值体验，形成完整体验闭环。在空间预约服务用户体验地图的终点环节，情绪曲线出现较多"低值点"，说明用户体验不佳。根据心理学家 Kahnema 提出的峰终定律，用户的体验感受主要由峰值时期和结束时期的体验决定，特别是用户在终点时刻的情绪会直接影响其对产品或服务的整体感受，因此需要精心设计"完美"的结束环节让用户拥有最佳"终值"体验①。在移动图书馆空间服务中，用户使用完自习座位后，图书馆可以通过短信息或微信公众号将用户本次学习时长、公共学习设备使用情况和文献借阅信息等及时发送给用户，并欢迎其下次预约；同时根据用户使用频次和时长适当提高其预约优先级，从而使用户产生愉悦感，形成良好的体验闭环。此外，还可以定期汇总用户在图书馆进行周学习、月学习的情况，自动生成空间使用报告推送给用户，增强用户的成就感和学习兴趣，从而激励其继续使用空间服务，形成正向反馈。

（二）服务功能优化

在进行移动图书馆空间预约服务流程优化的基础上，可以进一步根据各服务环节交互行为中的用户痛点，开展服务功能优化。

1. 创新交互方式，实现线上线下无缝衔接。完整的图书馆空间服务流程涵盖了在线预约和线下空间使用，涉及多类虚拟和物理服务触点，需要实现线上服务与线下服务的无缝对接，带给用户完整的服务体验。针对用户在线选择自习座位时存在的空间预览体验不佳以及线下实

---

① ［美］奇普·希思、丹·希思：《行为设计学：打造峰值体验》，靳婷婷译，中信出版社 2018 年版。

际寻找预约座位时耗时过长等"痛点",图书馆应更好地依托移动互联网的优势提升交互体验。例如,在移动端的预约系统增加 3D 全景视图模式,将抽象的空间座位分布平面图转换为立体直观的实景图,方便用户预览和选择;还可以在用户到达图书馆后,通过增强现实(Augmented Reality)功能引导用户快速找到预约座位,并用数字标签展现当前空间的使用情况。此外,还可以通过线上线下签到、社交网络分享等互动活动,提高用户使用空间预约服务的活跃度和愉悦感。

2. 丰富服务内容,提供多元化增值服务。优质的用户体验不仅来自从服务中获得的需求满足感,更来自超出需求的惊喜感。随着移动图书馆基础服务的日趋成熟,如何为用户提供多元化增值服务,正成为各大图书馆提升用户体验的重要方向。在不断完善移动端空间预约服务的基础上,图书馆可以同时开通掌上阅读设备、交互式电子白板、文献打印服务、在线协作系统、视频会议管理系统等预借(预约)服务,为使用空间提供配套软硬件支持;还可以根据用户实际使用需求和习惯,提供空间预约、参考咨询和文献借阅一站式服务,帮助用户在学习研讨的同时及时获取所需的知识资源,提高学习效率。

3. 优化操作界面,提高服务易用性。移动图书馆服务系统界面是引导用户顺利完成空间预约的重要保障,需要进行合理设计。根据人机交互专家 Nielsen 提出的环境贴切原则,界面上的元素符号应尽量贴近真实世界,才能更便于用户进行交互操作[①]。因此,移动端空间预约服务系统的界面设计应遵循用户共有认知,采用广泛接受的可视化元素,提高系统预览页面中空间位置、座位类型等图形符号与物理实体的相似度,并从用户视觉习惯和移动终端操作习惯出发,进行功能按钮、图标、文字的优化布局,降低用户操作失误率,提高空间预约服务的易用性。

---

① [美]尼尔森:《可用性工程》,刘正捷译,机械工业出版社 2004 年版。

第五章　移动图书馆用户信息交互行为中的情感体验演化

（三）服务环境优化

移动图书馆空间预约服务强调线上与线下紧密结合。在优化线上预约服务的同时，也要为用户建立良好的线下服务环境，才能保证用户在整个服务过程中获得良好体验。

1. 营造和谐的文化空间氛围。图书馆为用户提供了自习空间、研讨空间、创客空间等不同类型的空间服务，为了充分发挥各类空间的服务功能，满足不同用户的多元化需求，图书馆应在物理环境上进行合理规划，实现动、静空间分区以及空间功能互补，既为需要思维碰撞的人群提供交流场所，也避免对需要沉浸式学习的人群产生干扰，从而营造和谐的空间氛围，真正发挥图书馆作为重要知识文化中心的作用。

2. 打造个性化空间服务环境。符合用户个性化需求的空间环境能够让用户充分感受到服务温度，提升情感体验。例如，针对长时间使用自习座位的用户，图书馆可以通过短信息或微信公众号温馨提醒其适当站立活动；针对残障人士等特殊学习群体，可以设立专门的空间和座椅，方便其使用。此外，图书馆还可以在空间设计上融合环境美学，采用不同主题风格进行场景布置，使每个空间呈现不同文化特色，为用户提供更多选择，并在满足刚性空间需求的基础上，通过文物摆件、书画装饰等增添美学色彩和文化底蕴。

3. 建立劳逸结合的空间服务场景。由于使用图书馆空间预约服务的目标用户以科研、备考人群为主，图书馆可以依托微信公众号服务平台建立面向不同目标群体的微信学习群，实现从线上研讨和知识共享到线下面对面交流的延伸，并针对不同群组需求设置专门的学习空间，营造协同学习氛围。与此同时，图书馆还可以适当建设休闲娱乐空间，通过名曲欣赏、经典影视欣赏、文创作品展览等休闲娱乐活动让用户放松心情、激发灵感、陶冶情操，建立劳逸结合的空间服务场景，带给用户愉悦舒适的服务体验。

综上所述，本书以基于微信公众号的图书馆空间预约服务为例，绘制了完整的用户体验地图，揭示了服务全流程的用户情感体验变化及其影响因素，准确定位了用户痛点与服务机会点，进而提出可行性优化对策，验证了用户体验地图在移动图书馆用户情感体验研究中的适用性与有效性。未来的研究可进一步针对移动图书馆其他典型服务绘制用户体验地图，并面向更多细分目标用户群体，结合行为实验、神经科学实验等多种方法，从更细粒度层面观测用户信息交互行为与情感体验演化过程，提高用户情感曲线绘制的精确度，推动移动图书馆服务体系建设可持续发展。

第三节 移动图书馆用户情感体验演化监测模型构建

在一个交互周期中，持续监测用户情感体验的演化过程，有助于图书馆随时洞察移动服务平台的运行效果，及时发现用户负面情感的产生趋势，进而采取有针对性的服务调整与优化策略保持最佳服务水平，强化用户持续使用意愿，增进用户与移动图书馆之间的情感连接。

一 移动图书馆用户情感体验量化表征指标

用户情感体验表现为由内向外的动态发散过程，包含心理和行为两个方面：心理方面表现为主观的情绪感受变化；行为方面表现为交互频率、时长、模式、内容等的变化[①]。在进行移动图书馆用户情感体验演化监测中，我们的主要目的是及时发现和预测用户负面情感的产生趋势，因此，在参考已有文献的基础上，本书将用户负面情感体验界定为：用户在交互周期中受到不同阶段体验要素以及自身个体特征的影响，产生的一种消极心理状态，主要表现为情绪低落、成就感降低、信

---

① 陈家胜：《学习倦怠研究现状及展望》，《中国健康心理学杂志》2016年第6期。

息交互被动、交互频率减少等。

　　移动图书馆用户情感体验量化表征指标旨在基于用户主观态度与行为数据，对用户情感状态进行刻画，并将其用于负面情感预测。由于情感体验不仅包括态度、感受等心理活动，还表现为相关交互行为，因此，本书将用户心理情绪和交互行为作为表征用户情感体验的一级指标，两者构成相对独立又相互作用的有机整体，为全面洞察用户情感变化提供支持。其中，根据前文对用户情感体验的周期性研究，用户情感体验演化既包括情感极性的转变，也包括情感强度的变化，故本书将情感极性和情感强度作为心理情绪维度的二级指标；而用户交互行为可以通过交互积极性、深入性和规律性3个指标来反映，因此可将其作为二级指标。在此基础上，我们构建了移动图书馆用户情感体验量化表征指标体系，如表5-5所示。

表5-5　　　　　移动图书馆用户情感体验量化表征指标体系

一级指标	二级指标	量化说明
用户心理情绪	用户情感极性	用户情感状态的极性变化
	用户情感强度	用户情感状态的强度变化
交互行为表现	交互积极性	交互频率、主动交互频次……
	交互深入性	交互时长、交互维度、交互层次……
	交互规律性	平均使用间隔时间、交互路径……

　　需要说明的是，由于用户在各类移动图书馆服务平台（如APP、微信公众号、小程序、其他社交媒体等）上的信息交互行为存在一定差异性，因此，用户情感体验的具体量化指标可以根据服务平台的特性进行补充和细化。

二　移动图书馆用户情感体验演化模型技术路线

　　通过实时动态监测移动图书馆用户多维度情感表征指标数据，可以对其负面情感体验产生和变化趋势进行预测和评估，从而探明交互周期内不同阶段的体验要素与负面情感之间的关联机制，为图书馆制定相应预警规则、调整移动服务策略提供决策支撑。围绕这一目标，用户情感体验演化监测模型的构建应包括基础数据采集、负面情感测度、预警规则制定和服务策略调整四个环节。其中，基础数据采集是通过实时监测并记录情感体验表征数据和情感体验要素数据，生成情感体验演化预测所需的数据集与知识库；负面情感测度是基于所采集的数据，通过贝叶斯网络构建具体测度模型，生成涵盖负面情感程度与各项表征指标水平的计算结果；预警规则制定是基于情感体验测度结果，利用所构建的知识库进行机器学习训练，生成相应预警规则，实现负面情感预警触发、预警等级划分和预警信息发送等决策，并进行可视化呈现；服务策略调整则是根据情感体验演化监测的可视化结果，及时进行服务自适应优化，降低用户负面情绪出现的频率和程度。监测模型的整体框架如图 5-11 所示。

（一）基础数据采集

用户情感体验演化监测需要采集的基础数据主要包括：反映用户心理情绪的主观态度数据、用户交互行为数据、用户背景信息数据和演化周期各阶段的体验要素数据。采集方式包括：情感量表、访问日志、行为轨迹跟踪等。通过定期采集以上数据并进行规范化处理，能够为用户情感体验演化趋势分析提供必要数据支撑。一方面，根据表 5-5 构建的情感体验量化表征指标形成情感体验数据集，用于负面情感评估预测；另一方面，提取与情感体验演化相关的影响因素数据，存储于知识库中，以为后续负面情感预警以及服务决策调整提供重要依据。

（二）用户负面情感体验测度

用户负面情感体验测度主要包括：情感体验数据集处理、测度模型构建和负面情感程度分析，如图 5-12 所示。首先，从数据集中提取情感量化数据，通过差分运算得到情感体验表征指标变化特征值，实现数

第五章　移动图书馆用户信息交互行为中的情感体验演化

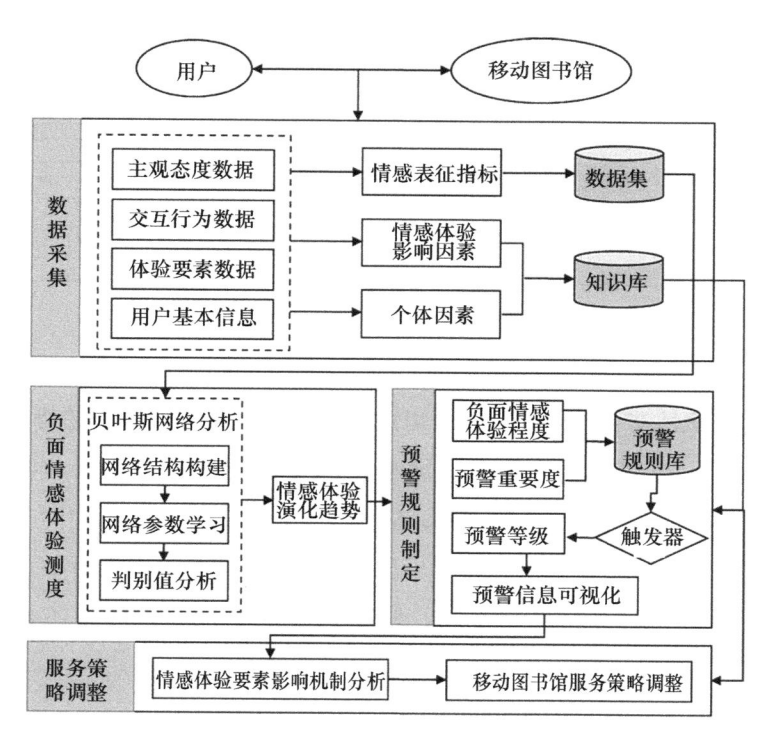

图 5-11　移动图书馆用户情感体验演化监测模型框架

据集重构；其次，将重构的数据集划分为训练集（80%）和测试集（20%），采用贝叶斯网络方法，根据情感体验极性分类进行机器学习模型训练与测试，从而构建具有良好拟合度和泛化能力的用户负面情感测度模型；最后，基于该模型，通过对用户情感体验演化过程进行实时监测和计算，得到用户心理情绪、交互行为两个维度的负面情感程度计算结果。

（三）负面情感体验预警规则制定

通过对各类情感体验要素与用户个体特征进行量化表示，并结合情感体验监测结果，可以进一步采用多元回归分析预测未来情感体验演化趋势，从而进行负面体验预警。根据用户负面情感程度计算结果，可以分为"严重""一般""正常"三种状态。"严重"表明用户已表现出

· 267 ·

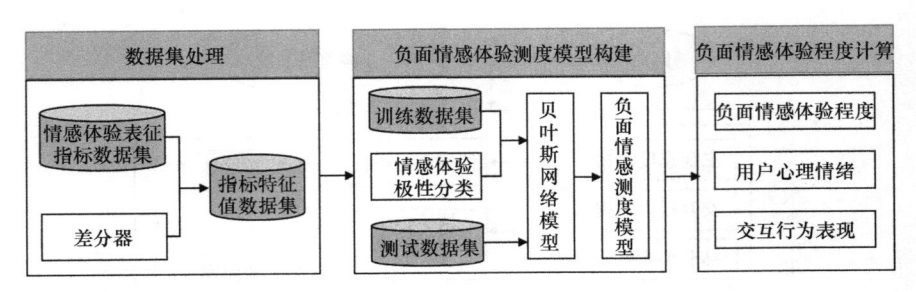

图 5-12　用户负面情感体验趋势预测

明显的负面情绪；"一般"表明用户已出现负面情感体验的趋势；"正常"表明用户情感状态稳定，没有产生负面情感倾向。据此，对于"严重"和"一般"状态的用户，应触发预警机制，及时帮助图书馆发现并解决问题。同时，为了直观呈现预警信息，可以通过良好的可视化设计对预警信息进行清晰展示，便于图书馆及时掌握情感体验监测结果。

（四）移动图书馆服务策略调整

按照预警程度，图书馆应采取相应的服务优化策略。例如，当用户在认知探索阶段表现出负面情感倾向时，图书馆应根据用户个性化需求，结合本阶段中的用户情感体验要素，着重对移动服务平台的信息丰富度、功能完整性、界面视觉感等进行优化完善。随着智能化时代的到来，以大数据驱动为核心的智慧移动图书馆能够更加有效地根据用户数据挖掘结果监测用户情感体验变化趋势，并根据情境感知实现服务策略创建与自适应调整。

三　移动图书馆用户情感体验演化监测的实现

按照上述提出的用户情感体验演化监测模型构建路径，本书分别从数据采集途径与方法、基于贝叶斯网络的负面情感测度模型构建、用户负面情感体验趋势预测、预警信息可视化设计等层面，详细阐述移动图书馆用户情感体验演化监测的实现过程。

(一) 数据采集途径与方法

由于用户心理情绪数据、交互行为数据、背景信息数据和情感体验要素数据的来源、类型、结构各不相同,因此,应根据数据分布情况和数据属性,采用对应方法进行有效采集和处理。其中,用户心理情绪数据通过情感量表采集,并依托移动图书馆服务平台或电子邮件每周向读者进行推送;用户信息交互行为数据根据移动服务系统后台访问日志数据进行实时采集,包括用户登录时间、使用时长、点击行为、搜索行为、阅读(视听)行为、社交行为等数据;用户背景信息数据根据用户注册信息获取;情感体验要素数据则以问卷调查的形式,将各类要素作为测度题项,采用 Likert 5 级量表评估用户对不同要素的满意度(1 表示"非常不满意";5 表示"非常满意"),每周向读者进行在线问卷推送。

(二) 基于贝叶斯网络的负面情感测度模型构建

基于贝叶斯网络的负面情感测度可以动态分析用户情感体验各项表征指标节点的概率变化及其与负面情感程度的关联关系,从而准确监测用户负面情感的产生倾向与变化程度。因此,本书采用贝叶斯网络作为用户负面情感测度模型的核心算法。

1. 贝叶斯网络结构。贝叶斯网络节点需要基于用户情感体验表征指标及其差分得到的变化特征指标,因此,需要在贝叶斯网络中加入差分器。第 k 个差分器的输入为第 k-1 周的采样 X_{k-1} 及第 k 周的采样 X_k,输出为差分结果 Y_{k-1} 和原特征向量 X_k 构成的新特征向量 Y_k。当 $k \geqslant 2$ 时,变量之间的关系满足公式 (5-5)。

$$Y_k = \begin{pmatrix} k \\ \Delta x_k \end{pmatrix} = \begin{pmatrix} x_k \\ x_k - x_{k-1} \end{pmatrix} \tag{5-5}$$

在此基础上,根据用户情感体验与各项指标变量间的关联关系构建贝叶斯网络结构,并由领域专家进行审核修改,以保证其具有较强的综合性和科学性。由此确定用户心理情绪、交互行为两个指标层节点，从而掌握用户在各维度的情感体验演化情况。指标层又与可细化该层的节点建立逻辑关系，最终形成指标层节点都指向情感体验值节点的贝叶斯网络拓扑结构，如图 5-13 所示。

2. 参数学习。贝叶斯网络拓扑结构确定后，采用 EM 算法进行参数学习，以确定网络节点属性及各属性概率。由于目前研究多以最大概率的指标属性作为预测值，无法考虑小概率事件，因此，本书在贝叶斯网络内部界定一个判别值以准确分析用户负面情感程度。首先，采用主次指标排队分类法和专家打分法确定节点状态各属性的相对重要程度，并赋予各属性概率权重，然后基于学习数据和系统实验分析，不断修正并确定判别值的阈值区间[①]。

（三）用户负面情感体验趋势预测

通过构建多元回归模型可以揭示各类情感体验要素和用户个体特征对情感体验的影响程度，从而预测负面情感的出现与演化趋势，如公式（5-6）所示。

$$F = \beta_1 y_1 + \beta_2 y_2 + \cdots + \beta_k y_k + \varepsilon \tag{5-6}$$

其中，F 表示用户情感体验值，y_k 表示不同体验要素量化值。经过模型训练可以得到各权重参数 β_k 的值，即各要素对用户情感体验的影响程度。根据负面情感体验预警规则触发预警信号，即根据预测结果推理分析用户目前所处时刻 T_i 关键事件，并结合该事件指标的敏感度 S_i 确定信号输出时机 T_o，详见算法 5-1。敏感度是指某些可能变化的要素对决策目标优劣性的影响程度，计算公式如公式（5-7）所示，M_0 为已训练好的贝叶斯网络删除第 i 个特征项后的输出预测值，M_i 为贝叶斯网络未删除特征项的输出预测值，X 为训练样本案例，n 为样本案例个数。

[①] 黄昌勤、涂雅欣、俞建慧、蒋凡、李明喜：《数据驱动的在线学习倦怠预警模型研究与实现》，《电化教育研究》2021 年第 2 期。

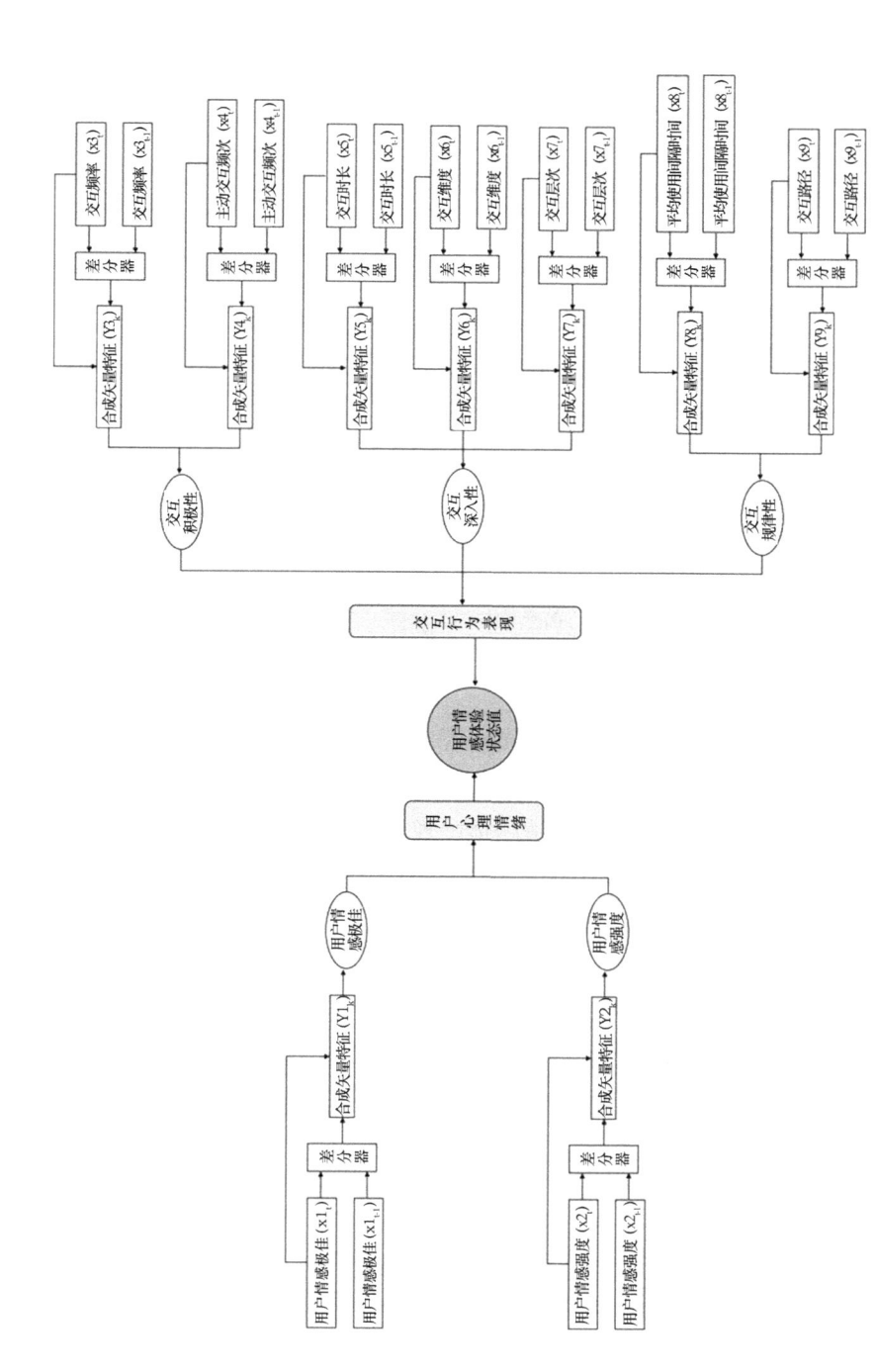

第五章 移动图书馆用户信息交互行为中的情感体验演化

图5-13 贝叶斯网络拓扑结构

```
算法5-1：用户负面情感体验预警信号触发算法
Begin
1.For each Tᵢ ∈ st；
2.获取Tᵢ时刻影响情感体验变化指标的敏感度Sᵢ；
3.If max (s) =Sᵢ Then
4.T₀=Tᵢ，立即输出预警结果；
5.Else if
6.Tᵢ ∈ xst Then
7.T₀=Tᵢ，输出预警结果；
8.End If
9.End For
End
```

$$S_i = \frac{\sum_X \frac{|M_0 - M_i|}{M_0}}{n} \quad (5-7)$$

（四）预警信息可视化设计

用户负面情感体验的预警信息内容主要包括：预警等级、负面体验程度、演化趋势、用户情感状态、交互行为表现，以及预警用户数量占比、发展趋势等。为了直观、清晰地呈现情感体验监测结果与负面情感预警信息，需要根据数据类型采用相适配的统计分析图表、文本词云图、趋势曲线等进行全面展示，并结合人机交互技术帮助图书馆及时掌握用户交互周期进展情况和移动服务使用情况，深入了解、追踪和分析用户情感体验演化过程，从而发现需要重点关注的用户，并采取有针对性的服务调整策略，优化用户情感体验。可见，通过可视化设计能够将用户信息交互全过程的情感状态变化和行为规律进行全景式展现，有利于图书馆更好地开展个性化移动服务。

四 情感体验演化监测模型应用及效果分析

为了评估本书构建的用户情感体验监测模型的适用性与有效性，我们以武汉大学图书馆微信公众号服务平台为研究对象，进行模型应用及效果分析。目前，国内各大图书馆陆续开通了自己的公众号（分为订阅号、服务号和企业号三种模式），为用户提供移动服务。关注人数和用户活跃度是评估图书馆微信公众号影响力的重要标准，但从实际情况来看，虽然大部分公众号能不断吸引新用户关注，但用户整体活跃度较低，潜水比例和流失比例较高，使得公众号未能充分在移动图书馆服务发展中发挥应有效用[①]。对于公众号用户而言，在经历了认知探索阶段的新鲜感之后，会进一步根据交互体验决定是否持续关注和使用该服务。因此，有效监测图书馆微信公众号的用户情感体验演化过程，对于提升移动图书馆服务质量和社会影响力均具有重要作用。

（一）实验设计

为了完整监测用户情感体验在一个周期内的演化过程，我们选择刚入校的 30 名大学本科一年级新生作为被试，由此体现新用户从认知探索到熟悉适应再到价值反馈的完整过程，实验周期为一个自然学期。将被试分为实验组和对照组，每组各 15 人。实验组采用本书提出的情感体验监测模型进行情感状态分析和预测，并在出现负面情感预警后及时采取干预措施（如通过公众号私信发送新书推荐、问候、提醒信息等）；对照组则不采用任何情感监测方法，也不采取任何服务策略，用户根据自身需求在图书馆公众号平台进行常规交互即可。

（二）数据分析与监测结果

参考该校图书馆微信公众号用户使用行为调查结果，本次实验按照认知探索（3 周）、熟悉适应（10 周）、价值反馈（3 周）进行体验周期阶段划分。每周定期通过电子邮件向实验组发送情感量表和阶段性情感体验要素问卷，邀请被试在规定时间内填写。同时，在被试同意授权的前提下，通过与图书馆合作，接入第三方数据采集程序获取单个被试的访问日志数据。应用本书所构建的用户情感体验演化监测模型和负面

---

① 郭顺利、张向先、相甍甍：《高校图书馆微信公众平台用户流失行为模型及其影响因素分析》，《图书情报工作》2017 年第 2 期。

情感测度算法，同时结合统计分析方法，计算得到不同阶段的用户情感体验动态演化结果和负面情感程度结果，并进行可视化呈现，如图5-14所示。根据用户负面情感状态和演化趋势自动向图书馆服务决策层发送预警信息，由图书馆采取相应服务策略及时进行干预和调整。

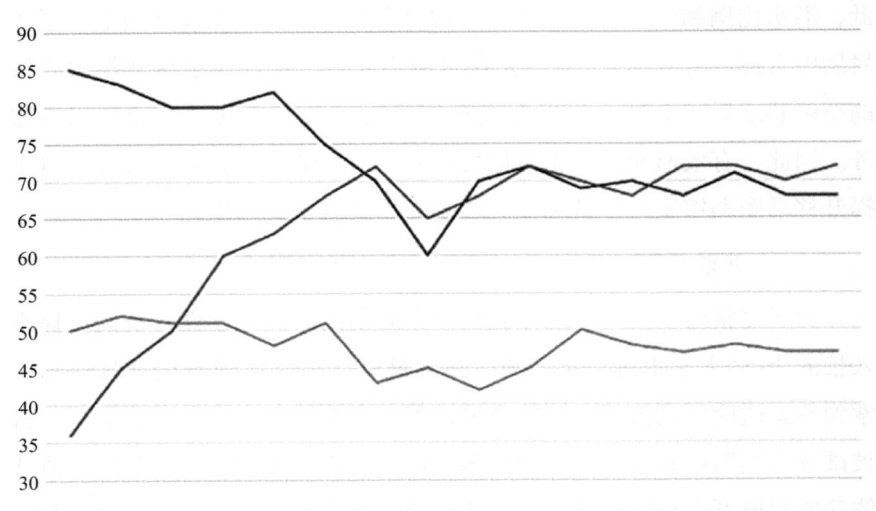

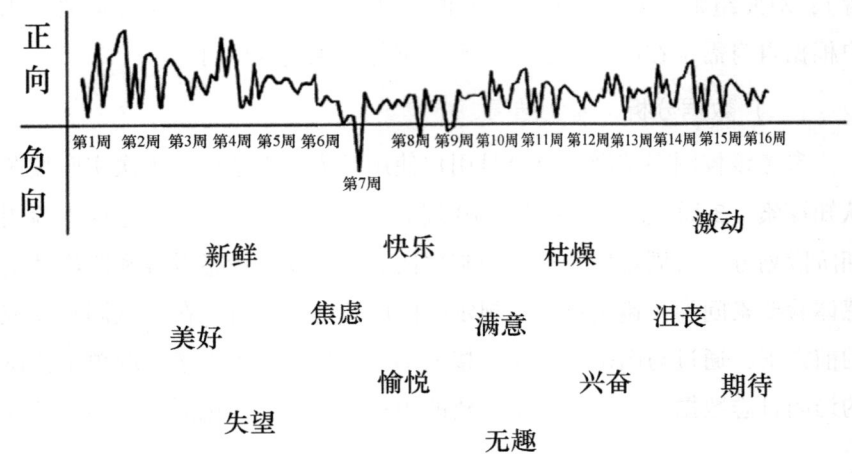

图 5-14 用户情感体验监测结果可视化（单个样本，部分视图）

（三）监测模型应用效果评估

对实验组和对照组的负面情感程度进行单因素协方差分析，结果如表 5-6 所示。在认知探索、熟悉适应和价值反馈 3 个阶段，两组被试的负面情感程度均存在显著性差异（$p<0.05$），对比 3 个阶段协方差分析修正后的均值，实验组均低于对照组。可见，通过情感体验动态监测和服务策略调整，可以有效控制用户负面情感体验演化趋势或降低负面情感程度，有助于图书馆更好地进行移动服务体系建设，促进用户持续开展多元化信息交互，提高移动服务平台使用效率。

表 5-6　　实验组与对照组的负面情感程度对比分析

组别	样本量	用户负面情感程度					
		认知探索阶段		熟悉适应阶段		价值反馈阶段	
		M	SD	M	SD	M	SD
实验组	15	25.32	3.51	31.27	4.56	23.10	3.26
对照组	15	27.63	4.76	33.68	5.72	26.78	4.52

第六章
基于情感体验的移动图书馆用户信息交互行为引导

　　用户情感体验的形成与演化既受到用户信息交互行为的影响,也会作为内在诱因反作用于用户的行为表现[①]。通过用户在信息交互过程中的情感体验引导用户高效开展各类信息交互活动,对提升移动图书馆服务效率和质量具有积极意义。本章根据用户情感体验与信息交互行为之间的相互作用关系,通过构建融合情感体验要素的用户信息交互行为画像,深入挖掘移动图书馆用户行为偏好;同时,基于"S-O-R"理论模型,揭示用户认知评估、情感体验与行为意图之间的内在关联,实现对用户信息交互行为的准确预测。在此基础上,以移动图书馆小程序为研究对象,采用埋点技术采集用户信息交互行为轨迹数据,由此探寻典型交互场景下用户行为路径中存在的关键问题,进而提出交互路径优化设计方案,从而实现对用户信息交互行为的合理引导。

第一节　融合情感体验的用户信息交互行为偏好挖掘

　　随着移动图书馆服务体系建设的日渐完善,传统服务模式不断向精

[①] Adam Marc T. P., Jan Krämer, et al., "Excitement Up! Price Down! Measuring Emotions in Dutch Auctions", *International Journal of Electronic Commerce*, Vol. 17, No. 2, Dec. 2012, pp. 7-40.

第六章　基于情感体验的移动图书馆用户信息交互行为引导

准化、个性化服务转型，力求更好地满足数字资源数量激增、智慧服务功能拓展背景下的用户多元化需求。精准化服务的有效实现必须基于对用户信息交互行为偏好的全面认知和洞察，因此，构建完整、准确的用户行为画像逐渐成为图书馆提升服务水平的重要方法。

近年来，用户画像被越来越多地应用于图书馆服务领域，成为精准描述用户行为特征、挖掘用户行为偏好的有力工具之一。用户画像可以勾勒出目标用户原型，清晰呈现特定业务情境下差异性群体的细分类型、行为习惯和偏好特征，从而推动个性化精准服务有效开展。但在已有研究中，基本是以属性数据和行为数据作为用户画像构建的基础，未能考虑情感体验表征数据的作用价值，因而无法揭示不同类型用户行为偏好与其情感体验之间的内在关联。鉴于此，本书将情感体验要素纳入用户画像构建，在建立多维度标签体系的基础上，通过因子分析、K-Means 聚类、文本分析和可视化设计，构建移动图书馆用户信息交互行为画像，以期为图书馆精准挖掘用户行为偏好提供新的思路与方法。

一　融合情感体验的用户交互行为画像构建方法

用户画像在移动图书馆领域的应用，为面向用户的精准化、智能化、个性化信息服务创造了必要条件。融合情感体验的用户信息交互行为画像构建，强调了情感要素对用户行为偏好的影响，丰富了用户画像的数据维度与标签体系。基于相关理论基础，本书首先提出移动图书馆用户信息交互行为画像的构建思路和主要流程，为后续实证分析提供理论支撑。

（一）理论基础

移动图书馆用户信息交互行为画像构建的理论基础主要包括：用户画像理论、"目标—行为—态度"三维关系理论和 VALS2 用户细分模型。

1. 用户画像。用户画像（User Personas）的概念最早由软件工程师

Cooper 提出，被定义为："基于用户真实的行为及动机，代表真实用户并在数据基础上形成综合原型（Composite Archetype）"，即"真实用户数据的虚拟代表"[1]。用户画像主要通过对用户社会属性、专业背景、行为数据等信息的收集、整理与分析，进行模型化构建，从而抽象出用户信息全貌，将真实的用户与数字化模型关联起来[2]。凭借多维度数据采集与融合，用户画像可以连续叠加产生丰富的用户标签来洞察各种属性特征，进而挖掘用户潜在需求、行为偏好和个性化差异等信息，为图书馆准确识别目标用户、实现个性化精准服务开创全新方式，并为服务质量管理提供可视化决策支持。近年来，用户画像被不断引入图书馆研究领域，取得了一系列理论与应用成果。例如，国外学者 Holt 和 Scott 利用用户画像和主成分分析法识别了杨百翰大学图书馆的 10 类用户角色及其需求，从战略规划层面创建了与用户多元需求匹配的服务内容[3]；Martijn 提出：从用户与图书馆之间的各类服务交互点采集用户行为数据，通过绘制用户画像并以可视化的方式呈现，可以帮助图书馆员实现服务优化[4]；Lewis 和 Jacline 则通过用户画像分析了远程教育用户在利用数字图书馆和科研方面的认知障碍，从而帮助图书馆设计出符合用户需求与能力的数字资源网站[5]。国内学者对图书馆用户画像的研究主要集中在构建方法和实践探索方面，面向图书馆阅读推广、

---

[1] Cooper Alan, Robert Remiann, et al., *About face* 3: *the essentials of interaction design*, New York: John Wiley & Sons, 2007.

[2] 于兴尚、王迎胜:《面向精准化服务的图书馆用户画像模型构建》，《图书情报工作》2019 年第 22 期。

[3] Holt Zaugg and Scott Rackham, "Identification and Development of Patron Personas for an Academic Library", *Performance Measurement and Metrics*, Vol. 17, No. 2, Jul. 2016, pp. 124 – 133.

[4] Martijn van Otterlo, "Project BLIIPS: Making the Physical Public Library More Intelligent through Artificial Intelligence", *Qualitative and Quantitative Methods in Libraries*, Vol. 5, No. 2, Jul. 2017, pp. 287–300.

[5] Lewis Cynthia and Jacline Contrino, "Making the Invisible Visible: Personas and Mental Models of Distance Education Library Users", *Journal of Library & Information Services in Distance Learning*, Vol. 10, No. 1–2, Apr. 2016, pp. 15–29.

个性化资源推荐、学科服务、资源布局和网站优化等领域展开了广泛探讨。

2."目标—行为—态度"三维关系理论。美国学者 Mulder 和 Yaar 在《赢在用户：Web 人物角色创建和应用实践指南》一书中提出了"目标—行为—态度"三维度用户角色创建思路，分别从目标、行为和态度三个方面探索用户画像标签维度，即把用户自身认知或已有经验作为划分依据，以三维视角研究用户画像，得到了学者们的广泛认同。他们指出："用户说了什么很重要，这可以揭示用户的目标和观点；用户做了什么同样重要，因为与用户说的相比，实际行为能显示出更多与用户相关的信息。因此，服务主体必须保证对这两方面都有清楚的认识，才能完全理解用户。"[1] 基于该理论，崔汉崟针对人物角色研究中的周期长短与角色应用问题，提出了成长型人物角色的概念及构建方法[2]；王毅和吴睿青则构建了公共图书馆数字文化资源用户画像，用于识别和描绘不同用户群体特征，进而提出符合目标用户期望的差异性服务策略[3]。

3. VALS2 用户细分模型。该模型源于市场细分理论，是由美国市场营销专家 Smith 于 1956 年提出的，其目的在于分析消费者的差异化需求，挖掘潜在的用户市场，从而促进资源配置优化，提高企业经济效益[4]。在 1989 年加入心理学等测量因素后，逐渐发展成为 VALS2（Value and Lifestyle Survey 2）模型，更充分地反映出用户人文心理特征和市场消费分众趋势。VALS2 模型的基本思想是：个体的生活方式

---

[1] ［美］穆德、亚尔：《赢在用户：Web 人物角色创建和应用实践指南》，范晓燕译，机械工业出版社 2007 年版。

[2] 崔汉崟：《关于产品生命周期缩短背景下人物角色应用的思考》，《设计》2016 年第 7 期。

[3] 王毅、吴睿青：《公共图书馆数字文化资源服务用户画像研究》，《图书情报工作》2021 年第 16 期。

[4] Smith Wendell R., "Product Differentiation and Market Segmentation as Alternative Marketing Strategies", *Journal of Marketing*, Vol. 21, No. 1, Jul. 1956, pp. 3–8.

和价值观都会影响其行为模式,因此,可以将人口统计学特征、生活方式、信仰以及价值观、态度和信念等因素综合编制成量表,从而全面洞察用户使用产品或服务的行为模式①。由于 VALS2 模型具备良好的适用性与测量效度,适用于用户画像构建和分群,逐渐受到图书馆领域学者们的广泛关注。例如,王登秀等基于 VALS2 模型构建了高校数字图书馆联盟的人物角色,从而精确定位不同用户群体并提出个性化营销策略②;王晓文等引入 VALS2 用户细分方法,从图书馆学科服务产品设计、服务推广、服务差异化三个层面提出了针对不同子市场的学科服务优化策略③;陈添源在总结图书馆用户画像实践现状的基础上,应用 VALS2 用户细分模型从使用心理偏好着手,探讨了移动图书馆服务情境下的用户画像标签体系构建方法④;王毅和吴睿青则在文献研究和用户访谈的基础上,参考 VALS2 用户细分态度量表,提取出用户利用公共图书馆数字文化资源服务的三个维度及其影响因素,进而聚类用户分型并构建用户画像⑤。

(二) 用户信息交互行为画像构建思路

用户画像契合了移动图书馆开展精细化服务的实践需求,但目前从情感体验视角构建用户行为画像的实证研究极为有限,更缺乏针对相关服务情境下用户行为画像构建流程、数据分析和对策建议的系统论述。鉴于此,本书基于前文对移动图书馆用户信息交互行为的研究基础,按照用户画像构建的规范性流程,综合应用"目标—行为—态度"三维

---

① 郭顺利、张宇:《基于 VALS2 的在线健康社区大学生用户群体画像构建研究》,《现代情报》2021 年第 10 期。

② 王登秀、张文德、林熙阳:《基于 VASL2 的高校数字图书馆联盟人物角色》,《图书情报工作》2011 年第 3 期。

③ 王晓文、沈思、崔旭:《基于 K-Means 聚类的学科服务用户市场细分实证研究》,《图书馆学研究》2017 年第 9 期。

④ 陈添源:《移动图书馆用户市场细分实证研究》,《图书情报工作》2016 年第 1 期。

⑤ 王毅、吴睿青:《公共图书馆数字文化资源服务用户画像研究》,《图书情报工作》2021 年第 16 期。

关系理论、VALS2 用户细分模型和情感体验理论，依次从标签体系构建、数据采集与挖掘、标签提取、可视化输出四个阶段，提出移动图书馆用户信息交互行为画像构建思路（见图 6-1），为图书馆掌握用户信息交互行为规律、优化移动服务质量提供决策支持。

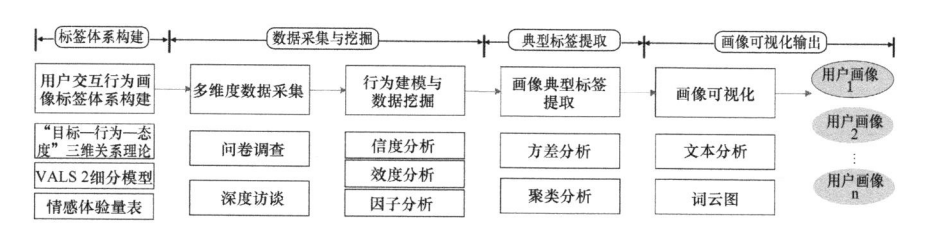

图 6-1　用户信息交互行为画像构建思路

（三）用户信息交互行为画像标签体系构建

用户信息交互行为画像构建的核心在于：通过多维度数据融合与分析，不断叠加产生丰富的属性标签来呈现用户各类交互行为特征。因此，需要首先建立全面、宽泛的标签体系（数据采集指标），然后通过对这些指标数据进行挖掘、聚类和抽取，得到能够表征用户差异性的典型标签作为用户画像的组成元素。本书以 Mulder 和 Yaar 提出的"目标—行为—态度"三维关系理论为基础，并将情感体验作为用户态度的具体表现，分别从"目标""行为"和"情感体验"三个维度建立移动图书馆用户信息交互行为画像标签体系。其中，行为维度是抽取用户典型标签的关键所在，我们参考 VALS2 用户细分态度量表，从隐性交互行为偏好（心理行为偏好）和显性交互行为偏好两个层面确立行为维度的具体指标。总体标签体系的维度框架如图 6-2 所示。

1. 目标维度。目标反映了移动图书馆用户进行信息交互的目的，而目的又源于用户需求。根据第二章中对用户信息交互需求的分析可知，用户与移动图书馆进行交互的目标包括：信息需求、服务需求、交

· 281 ·

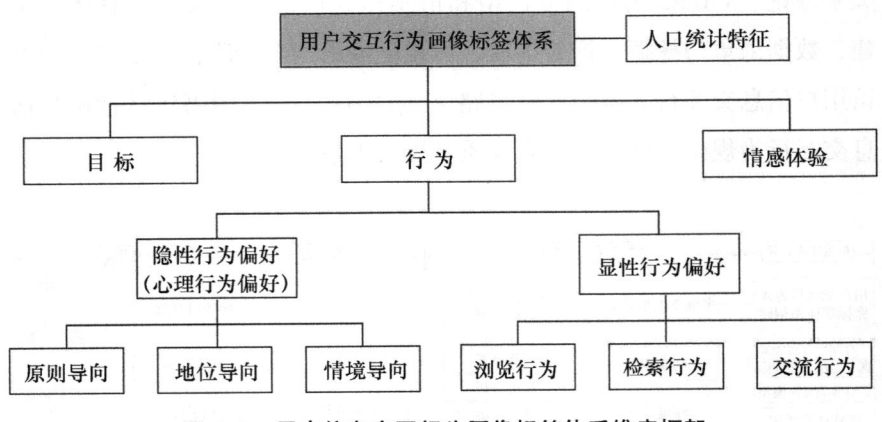

图 6-2　用户信息交互行为画像标签体系维度框架

互需求、社会需求和自我需求。其中，信息需求是用户对移动图书馆信息资源数量、内容、类型、格式等的需求；服务需求是对服务功能、模式、流程、环境等的需求；交互需求是对移动服务平台交互便利性、流畅性、及时性、精准性的需求；社会需求是对个人社会价值提升与他人认可的需求；自我需求则是提高自我认知和综合能力、得到社会尊重和赞许以及体现自身价值的需求。综上所述，目标维度的标签要素如表 6-1 所示。

表 6-1　　　　　　　　　目标维度的标签要素

维度	标签要素	具体内容	文献来源
目标	信息需求	我进行信息交互的目的是满足信息需求	本书提出；马斯洛需求层次理论
	服务需求	我进行信息交互的目的是满足服务需求	
	交互需求	我进行信息交互的目的是满足交互需求	
	社会需求	我进行信息交互的目的是满足社会需求	
	自我需求	我进行信息交互的目的是满足自我需求	

2. 行为维度。行为是人在外界刺激下做出的本能反应或经过大脑认知思考所表现的一种活动①。人的行为可以分成外显（显性）行为和内在（隐性）行为两大类。前者是做出行动、反应等能直接观察和注意到的行为表现；后者则是意识、思维等无法被他人直接观察到的行为活动，即通常所说的心理活动②。本书从显性行为和隐性行为两个方面，进一步将用户信息交互行为画像标签体系中的行为维度划分为"使用行为偏好"和"心理行为偏好"。

①使用行为偏好。根据前文所述，移动图书馆用户的信息交互行为主要表现为与不同交互对象之间的信息传递与交流，具体包括文献资源的移动检索、利用、分享、交流等。根据行为产生频次，本书着重选取检索行为、利用行为、交流行为进行用户使用行为偏好分析。其中，检索行为是用户基于自身需求而采取的文献搜寻策略，是通过相应的外在信息活动表现来获得所需知识资源的过程。根据用户需求调研发现：既存在目标明确、直接检索图书馆数据库的用户，也存在仅出于休闲放松、开拓视野等无特定目标，随意浏览知识资源的用户。利用行为是用户根据自身需求，与移动图书馆资源内容进行匹配并做出决策的一种行为过程，包括知识资源利用行为（如阅读、视听、下载等）以及熟悉内容后的再次选择行为。交流行为则包括文献资源的传递、分享、评论等，是由个体借助共同的符号系统所进行的信息行为③。在此基础上，本书提出"使用行为偏好"维度的标签要素和具体内容，如表6-2所示。

---

① 莫衡等主编：《当代汉语词典》，上海辞书出版社2001年版。
② 王毅、吴睿青：《公共图书馆数字文化资源服务用户画像研究》，《图书情报工作》2021年第16期。
③ Hemmig William, "An Empirical Study of the Information-Seeking Behavior of Practicing Visual Artists", *Journal of Documentation*, Vol. 65, No. 4, Jul. 2009, pp. 682–703.

表 6-2　　　　　　　　使用行为偏好维度标签要素

维度	子维度	标签要素	具体内容	文献来源
使用行为偏好	检索行为	自由浏览	我喜欢自由随意地浏览移动图书馆的各类资源	本书提出；Kuhlthau（1991）；Pirolli 和 Card S.（1999）
		分类查询	我喜欢通过分类目录来查询文献资源	
		简单检索	我喜欢在输入框直接输入关键词进行文献检索	
		高级检索	我喜欢通过高级检索功能更精准地检索文献资源	
		语音检索	我喜欢通过语音交互进行方便快捷的文献检索	
	利用行为	沉浸阅读	我喜欢不受外界干扰、详细地阅读需要的文献	本书提出；Fishbein 等（1975）；胡昌平等（2015）
		浅阅读	我喜欢粗略地浏览一遍所需的文献资源帮我节约时间，提高效率	
		收藏保存	看到感兴趣的文献资源后，我喜欢把它们都收藏保存起来，以备后用	
		关联查阅	阅读完所需的文献资源后，我会继续查看更多与之相关的资源，获取更多知识	
	交流行为	个性推送	我喜欢移动图书馆向我提供推荐、定制、推送等个性化服务	本书提出；王毅和吴睿青（2021）
		在线咨询	当使用移动图书馆服务遇到问题时，我喜欢向馆员寻求在线帮助	
		社会交互	我喜欢通过社交功能与其他读者进行知识交流与分享	
		交流反馈	我喜欢参与移动图书馆的用户调查与其他在线交流反馈活动	

②心理行为偏好。VALS2 基于人类社会基本价值观点的理论模式，具有适用性强、测量效度高、分群结果稳定等优势，适用于用户画像构建和分群。本书根据 VALS2 量表中提出的原则、地位和面向行为三种激励导向，结合移动图书馆用户需求特征，分别从原则导向、情境导向、价值导向三个维度提炼出相应的心理行为偏好标签要素，如表 6-3

所示。其中，以原则为导向是指通过用户的主观判断做出的认知反应，不会受到他人观点的影响；以情境为导向是指用户会因外界情境的变化做出心理行为改变并形成情境适应性偏好；以价值为导向则主要源于物质和精神层面的行为、活动、变化与刺激，是指用户容易被与自身利益相关的因素影响而产生相应的心理活动。

表 6-3　　　　　　　　心理行为偏好维度标签要素

维度	子维度	标签要素	具体内容	文献来源
心理行为偏好	原则导向	界面设计	我喜欢关注移动图书馆服务平台的界面设计，并容易受其影响	本书提出；Smith（1956）；陈添源（2016）
		资源内容	我喜欢关注移动图书馆的资源内容，并容易受其影响	
		服务功能	我喜欢关注移动图书馆的服务功能，并容易受其影响	
		交互设计	我喜欢关注移动图书馆的交互设计，并容易受其影响	
	情境导向	时间周期	我对使用移动图书馆的时间阶段非常在意	
		空间场所	我对使用移动图书馆的空间场所非常在意	
		环境氛围	我对使用移动图书馆的环境氛围非常在意	
		相关人物	我对使用移动图书馆时产生的各种社交关系非常在意	
	价值导向	奖励机制	我喜欢参加移动图书馆发布的在线有奖活动	
		个体价值	我喜欢移动图书馆带给我个人能力提升的成就感	
		社会价值	我喜欢通过移动图书馆创造更大的社会价值	

3. 情感体验维度。情感体验源自用户在信息交互过程中的生理和心理感受，是用户对移动图书馆资源内容、服务功能、交互设计、社交分享和自我实现需求被满足程度的一种主观判断。用户使用移动图书馆服务的过程，既是一个认知过程，也是一个情感体验过程，在认知和情

感的共同作用下最终形成用户满意度[1]。据此，本书以用户对目标达成度的满意程度作为情感体验评判标准，得到情感体验维度的标签要素，如表6-4所示。

表6-4　　　　　　　　　　情感体验维度标签要素

维度	标签要素	具体内容	文献来源
情感体验	信息满意度	我对移动图书馆的信息内容表示满意	本书提出；胡晓辉（2020）；王靖芸（2018）
	服务满意度	我对移动图书馆的服务功能表示满意	
	交互满意度	我对移动图书馆的交互设计表示满意	
	社会价值满意度	我对移动图书馆的社会价值表示满意	
	自我实现满意度	我对基于移动图书馆的自我实现表示满意	

二　用户交互行为偏好数据采集与挖掘

为了准确提取移动图书馆用户的个性化行为标签，需要根据所构建的用户行为画像标签体系进行数据采集与挖掘。本书采用问卷调查方法收集相关数据，问卷主体由三部分组成：第一部分测量用户的基本信息，包括性别、年龄、受教育程度、职业以及移动图书馆使用经验。第二部分测量移动图书馆用户信息交互的目标、行为、情感体验。其中，目标维度的测量采用多选题项形式，行为和情感体验测量采用Likert 7级量表形式。第三部分主要征集用户对目前移动图书馆服务的意见和建议，并邀请用户自愿留下联系方式以便后续进行回访。

正式调研通过图书馆微信公众号、官方微博、微信群、QQ群等途径，邀请具有移动图书馆使用经验的用户进行填答。共收回问卷730份，通过预处理去除选项单一、模糊的问卷，最终确定用于统计分析的有效问卷为627份，回收问卷有效率为85.9%。

---

[1] 沈军威、郑德俊：《移动图书馆服务质量优化模式的构建研究》，《图书情报工作》2019年第15期。

(一) 样本特征与信效度检验

对问卷样本进行描述性统计分析发现：男性用户与女性用户比例大致相当，18—25 岁和 26—35 岁年龄段的用户占比最高，分别为 37.6% 和 30.5%，说明目前使用移动图书馆服务的用户仍以青年群体为主。本科及以上学历的用户比例高达 78.7%，说明高学历用户对移动图书馆的采纳和使用率更高。此外，在参与调研的对象中，学生、教师、科研人员构成了用户主体，反映其存在大量知识需求，而老年用户群体也占据了一定比例，说明移动图书馆也日渐成为老龄群体开展持续学习的重要平台。从使用经历来看，大部分用户都具有 2 年以上的使用经历，且每周至少会使用 1 次。

为了确保后续用户行为特征标签化、集聚化和可视化的准确性，本书对行为维度和情感体验维度的 29 个测度题项进行了信度和效度检验，结果如表 6-5 和表 6-6 所示。检验结果显示：量表整体 Cronbach's α 信度系数为 0.873>0.8，各维度 Cronbach's α 值在 0.627—0.886，表明量表具有较好的内在一致性；KMO 值为 0.935>0.8，Bartlett 球形度检验结果的 p 值小于 0.01，表明样本适合进行因子分析。

表 6-5　　　　　　　　　信度分析结果

Cronbach's Alpha	基于标准化项的 Cronbach's Alpha	项数
0.873	0.873	29

表 6-6　　　　　　　　KMO 和 Bartlett 检验结果

KMO 值		0.935
Bartlett 球形度检验	近似卡方	3185.180
	df	28
	p 值	0.000

（二）因子分析与用户信息交互行为标签抽取

本书进一步通过探索性因子分析获取用户信息交互行为特征因子。应用 SPSS 软件将 24 个行为维度的标签要素纳入"降维"模块中的"因子分析"，采用主成分分析法，设置特征值大于 1，采用"最大方差旋转法"萃取因子，输出解释的总方差和旋转后的成分矩阵，分别如表 6-7 和表 6-8 所示。根据公因子提取原则，最终提取得到 4 个公因子成分，其旋转载荷平方和累积总方差解释达到 63.323%，符合研究要求。

表 6-7　用户信息交互行为偏好变量因子分析解释的总方差

成分	初始特征值 合计	方差的%	累积%	提取平方和载入 合计	方差的%	累积%	旋转平方和载入 合计	方差的%	累积%
1	10.305	46.813	46.813	10.305	46.813	46.813	5.281	26.622	26.622
2	1.866	6.372	53.185	1.866	6.372	53.185	4.305	16.732	43.354
3	1.528	5.357	58.542	1.528	5.357	58.542	3.577	13.683	57.037
4	1.012	4.781	63.323	1.012	4.781	63.323	1.605	6.286	63.323
5	0.933	3.562	66.885						
6	0.902	3.028	69.913						
…	…	…							
24	0.183	0.673	100						

表 6-8　旋转后的成分矩阵

	成分 1	2	3	4
自由浏览	0.768			
浅阅读	0.733			
个性推送	0.702			
界面设计	0.685			

续表

	成分			
	1	2	3	4
交互设计	0.670			
服务功能	0.656			
时间周期	0.642			
空间场所	0.601			
环境氛围	0.598			
资源内容		0.753		
简单检索		0.730		
分类查询		0.705		
高级检索		0.682		
语音检索		0.663		
沉浸阅览		0.651		
收藏保存		0.627		
关联查阅		0.583		
在线咨询			0.835	
社会交互			0.786	
交流反馈			0.735	
相关人物			0.722	
奖励机制				0.829
个体价值				0.795
社会价值				0.773

依据表6-8中各因子在原始变量上的载荷系数，提取出4个用户信息交互行为画像特征因子：

特征因子1：该特征因子与信息浏览、阅读、推送以及服务界面、功能、时间、场景等标签要素相关，体现了用户对移动图书馆服务的选择和使用。用户根据自身服务需求，能够主动地预判、评估移动图书馆的服务质量，并在长期使用中逐渐形成自身行为偏好。因此，将该公因子命名为"服务体验"因子。

特征因子 2：该特征因子与资源内容、文献检索、沉浸阅读、收藏保存、关联查询等要素相关，体现了用户对移动图书馆各类知识资源的需求与利用。用户能够根据自身工作、学习等需求，通过移动图书馆检索和使用所需的知识资源，达到相应目标。因此，将该公因子命名为"资源获取"因子。

特征因子 3：该特征因子与在线咨询、社会交互、交流反馈、相关任务等要素相关，反映了用户通过移动图书馆服务平台与图书馆员、其他读者之间进行交流互动。用户在获取知识、答疑解惑的同时，也将自身的知识经验、阅读感想等信息进行分享和传播，建立了广泛的知识社交网络。因此，将该公因子命名为"社交互动"因子。

特征因子 4：该特征因子与奖励机制、个体价值、社会价值等要素相关，反映了用户对移动图书馆物质与精神层面的追求。用户既注重移动图书馆提供与知识相关的物质奖励，也希望移动图书馆能帮助自己实现更大的个人价值，甚至使自己可以为社会创造价值。因此，将该公因子命名为"价值追求"因子。

（三）用户信息交互行为偏好特征聚类分析

在提取上述 4 个特征因子之后，本书采用 K-means 算法对所有样本进行聚类，从而确立用户信息交互行为画像的个数。K-means 是一种探索性的实证研究方法，需要事先指定聚类个数，根据相关学者提出的聚类算法在用户细分实证研究中的应用建议，聚类个数可选择范围为 3 类至 6 类[1][2]。而在最优聚类方案选择上，本书以移动图书馆用户的情感体验周期为特定情境，综合采用判别分析法与 Wilk's lambda 的选取规则确定最终聚类结果，如表 6-9 所示。

---

[1] 南英子：《聚类分析结果的有效性辨析》，《统计与决策》2008 年第 20 期。
[2] 郭顺利、张宇：《基于 VALS2 的在线健康社区大学生用户群体画像构建研究》，《现代情报》2021 年第 10 期。

第六章 基于情感体验的移动图书馆用户信息交互行为引导

表6-9 移动图书馆用户交互行为特征因子聚类方案及判别分析指标

特征因子	聚类数3 F值	Sig	聚类数4 F值	Sig	聚类数5 F值	Sig	聚类数6 F值	Sig
服务体验因子	1026.351	0.000	837.650	0.000	571.541	0.000	680.329	0.000
资源获取因子	887.630	0.000	667.293	0.000	932.446	0.000	538.291	0.000
社会交互因子	583.264	0.000	342.189	0.000	480.561	0.000	361.853	0.000
价值追求因子	261.102	0.000	225.343	0.000	136.457	0.000	167.258	0.000
Wilk's lambda	0.235	0.146	0.120	0.106				
正确分类概率	96.78	94.22	93.07	93.12				

从表6-9可以看到，当聚类个数为6时，表中各特征因子的F值之间差距最小，说明用户信息交互行为画像标签之间的差异不明显，故首先排除该聚类方案。当聚类个数分别为3、4、5时，Wilks' lambda值随着聚类个数的减少逐渐增加；特别是当聚类个数从4降至3时的增量最大，表明F值的差异性最佳，即用户交互行为画像分类效果最好。同时，聚类个数为3时正确分类概率高达96.78%，也体现了该方案的优势。据此，本书最终确定用户信息交互行为画像聚类个数为3。进一步从SPSS中抽取上述4个特征因子分别对应的最终聚类中心值，可以看到每一类用户交互行为画像在各个特征因子上均存在明显的差异性，如表6-10所示。

表6-10 聚类为3类时各特征因子的均值中心值

用户画像分类	服务体验因子	资源获取因子	社会交互因子	价值追求因子
第1类	0.35	−0.68	−0.52	−0.21
第2类	−0.23	0.71	−0.22	0.36
第3类	−0.37	−0.26	0.65	0.46

三 用户交互行为画像构建与偏好分析

通过聚类分析得到 3 类移动图书馆用户信息交互行为画像，但定量分析结果仅体现了用户行为维度的关键特征，未能反映用户的交互目标与情感体验差异。对此，本书进一步分析了用户的目标维度和情感体验维度调查结果。由于目标维度采用了多选项题目进行测度，可以通过计算选项百分比进行分析；情感体验维度采用了 Likert 7 级量表进行测度，可以取各题项平均值进行分析，结果如表 6-11 和表 6-12 所示。

表 6-11　移动图书馆不同用户群体的交互目标差异

交互目标	用户画像类型		
	第 1 类（%）	第 2 类（%）	第 3 类（%）
信息需求	36.35	78.23	31.58
服务需求	75.83	32.91	24.65
交互需求	56.70	53.28	45.76
社会需求	31.37	13.76	76.03
自我需求	22.56	38.82	46.25

表 6-12　移动图书馆不同用户群体的情感体验差异

情感体验	用户画像类型		
	第 1 类（%）	第 2 类（%）	第 3 类（%）
信息满意度	6.32	4.67	4.20
服务满意度	5.43	5.39	4.15
交互满意度	6.17	4.82	4.36
社会价值满意度	5.79	5.53	4.01
自我实现满意度	5.67	5.30	4.15

在此基础上，为了直观展现上述基于数据分析与挖掘获得的用户信息交互行为画像，本书通过词云图工具对 3 类用户行为画像进行可视化

第六章 基于情感体验的移动图书馆用户信息交互行为引导

展示。其中每个特征变量标签的字体大小由此类行为画像的对应均值决定，字体大则表示该特征显著。为了达到行为画像各属性在量纲上的一致，每类画像的行为偏好变量在计算均值后均采取 Z 转换，并再次转换为百分制表示权值。汇总以上各类标签信息，并根据提取的特征因子均值大小为每类行为画像命名，分别为：乐享体验型用户、求知若渴型用户和社交活跃型用户，如表 6-13 所示。

表 6-13　　移动图书馆用户信息交互行为画像描述与可视化

用户行为画像类型	乐享体验型	求知若渴型	社交活跃型
特征因子	服务体验、价值追求	资源获取、价值追求	社交互动
标签云			
性别比例（%）	男性 43.25； 女性 56.75	男性 58.63； 女性 41.37	男性 51.07； 女性 48.93
使用经验比例（%）	1 年以下 52.17； 1—2 年 33.25； 2 年以上 14.58	1 年以下 20.06； 1—2 年 36.68； 2 年以上 43.26	1 年以下 37.25； 1—2 年 21.07； 2 年以上 41.68
交互目标（前三项）	服务需求、交互需求、信息需求	信息需求、交互需求、自我需求	社会需求、交互需求、自我需求
情感体验	总体满意度高	总体满意度较高	总体满意度较低

根据上述构建的移动图书馆用户信息交互行为画像及其特征标签描述，可以对每类用户特征及其交互行为偏好进行详细分析：

（一）乐享体验型用户交互行为偏好分析

该类用户以体验移动图书馆各项服务为主要目的，大多为使用经验

· 293 ·

不长的新用户，或没有强烈知识获取需求、仅为陶冶情操和丰富个人生活的用户，以女性用户居多。这部分用户还未形成相对稳定的移动图书馆使用习惯，乐于尝试新功能，对服务平台的界面设计和交互效果较为关注，希望获得视觉美好、交互便捷的服务体验。在阅读内容上，一般没有明确的主题，喜欢随意浏览各种类型的知识资源，碎片化使用程度较高，但非常注重阅读场景与环境氛围，希望能够更好地享受知识学习过程。乐享体验型用户往往对自身要求较高，希望通过知识获取丰富自己的闲暇时光，拓展知识视野，从而更好地体现个人价值。对于移动图书馆服务的总体满意度很高。

（二）求知若渴型用户交互行为偏好分析

该类用户以满足知识需求为主要目标，旨在通过移动图书馆获取所需的知识资源，支撑自身专业学习、科学研究或日常工作，目的明确。其中男性用户比例较高，且大多具有2年以上移动图书馆使用经验，已形成较为稳定的使用习惯和依赖感。在具体信息交互行为上，偏向于使用高效便捷的信息检索和语音检索，更容易进入沉浸式阅读状态，并且喜欢收藏保存感兴趣或特别重要的知识内容，以便反复阅读，还常常根据实际情况追踪特定主题或感兴趣作者的最新成果，非常注重移动图书馆的知识资源数量、质量和组织方式。但该类用户更专注于自主学习与探究，较少进行交流分享。对于移动图书馆服务的总体满意度较高。

（三）社交活跃型用户交互行为偏好分析

该类用户以通过移动图书馆开展知识社交为主要目的，男女比例相当，且以1年以下的"尝新型"用户和2年以上的"资深型"用户为主。对于新用户而言，往往具有较强新奇感，喜欢分享自己接触到的新事物、新知识；对于老用户而言，在较好地满足自身服务体验与知识需求后，会进一步拓展交互范围，希望通过移动图书馆建立起自己的知识社交网络。这类用户更加注重移动图书馆的社交功能，会积极关注图书馆在社交平台上发布的最新动态，喜欢通过社交媒体发表自己的阅读感想,并与他人进行知识交流与经验分享,也通常会因为得到他人的认可(如点赞、回复等)、评价而获得自我价值实现上的满足,从而更加积极地参与图书馆的社交互动。但由于目前大部分移动图书馆并未充分重视知识社交服务,因此该类用户的总体满意度并不高。

综上所述,本书从用户画像视角挖掘了移动图书馆用户信息交互行为偏好,并完整描述了各类用户的信息交互行为特征,为移动图书馆提高服务质量和交互体验提供了有益参考。与此同时,人口统计属性和心理偏好都具有长期积累性,因此本书所构建的用户行为画像整体处于稳定状态。而通过融合情感体验要素,能够更加细粒度地展现不同用户群体在行为差异和情绪感受上的内在关联,从而为图书馆把握用户信息交互行为规律、开展情感化设计提供有力支撑。

第二节 基于情感体验的用户信息交互行为意图预测

"S-O-R"理论阐明了刺激(S)、情感与认知(O)以及个体行为意向(R)之间的关系[1]。基于该理论,可以通过分析和度量用户情感体验与认知评估结果,深入揭示情感与认知对用户行为意图的作用机理,从而准确预测用户信息交互行为意图,帮助图书馆更好地满足用户交互需求并对用户交互行为进行有效引导。

一 用户信息交互行为意图预测理论模型

基于第三章对用户情感体验与交互行为的内在关联分析可知:移动图书馆用户信息交互行为意图的产生,主要包括情感体验影响因素作用、情感体验形成和行为意向反应三个阶段。本书基于"S-O-R"理

---

[1] Mehrabian Albert, and James A. Russell, *An Approach to Environmental Psychology*, Cambridge: M. I. T. Press, 1974.

论模型，从这三个阶段构建移动图书馆用户信息交互行为意图预测研究框架。首先，第三章中已基于扎根理论从本能层、行为层、反思层提出了完整的用户情感体验影响因素框架，并通过定量分析揭示和验证了各项因素对用户情感体验的作用机制，因此，本节着重探讨情感体验对用户信息交互行为意图的影响。其次，认知心理学研究已经证实：认知评价也是情感体验产生的重要基础，而情感和认知的相互作用决定着个体行为[1]。鉴于此，本书将认知评估因素也纳入理论模型。此外，神经科学实验研究还发现：个体的一些情绪可以直接触发行为和反应，而不需要意识与认知的参与，即情感也可以直接决定个体行为[2]。最后，对于用户信息交互行为的具体反应形式，我们根据上一节中对用户交互行为偏好的分析结果，重点选取检索行为、利用行为、交流行为三个高频行为表现进行用户行为意图预测。在此基础上，本书提出基于情感体验的用户信息交互行为意图研究框架，如图6-3所示。

在所构建的理论模型框架中，外界刺激和行为反应阶段的要素已在前文中进行了充分讨论，故本节仅对有机体层面的认知评估要素和情感体验要素进行分析和阐释。

认知评估是人们根据自身感知到的外界刺激与信息，推测和判断客观事物的心理过程[3]。在特定情境下的事件对个人目标的当下有用性评估一直处于认知评估系统中的优先级别，即个体在进行决策前会首先考虑"完成这件事对我的意义是什么"[4]。从价值意义层面而言，移动图书馆用户开展信息交互的意义评估主要包括个人意义和社会意义。其

---

[1] Loewenstein, George F., et al., "Risk as feelings", *Psychological Bulletin*, Vol. 127, No. 2, Mar. 2001, pp. 267-286.

[2] LeDoux Joseph E., "Emotion Circuits in the Brain", *Annual Review of Neuroscience*, Vol. 23, No. 1, Mar. 2000, pp. 155-184.

[3] 李金波：《认知负荷的评估与变化预测研究——以 E-learning 为例》，武汉大学出版社2009年版。

[4] Sander David, Didier Grandjean, et al., "A Systems Approach to Appraisal Mechanisms in Emotion", *Neural Networks*, Vol. 18, No. 4, May 2005, pp. 317-352.

第六章　基于情感体验的移动图书馆用户信息交互行为引导

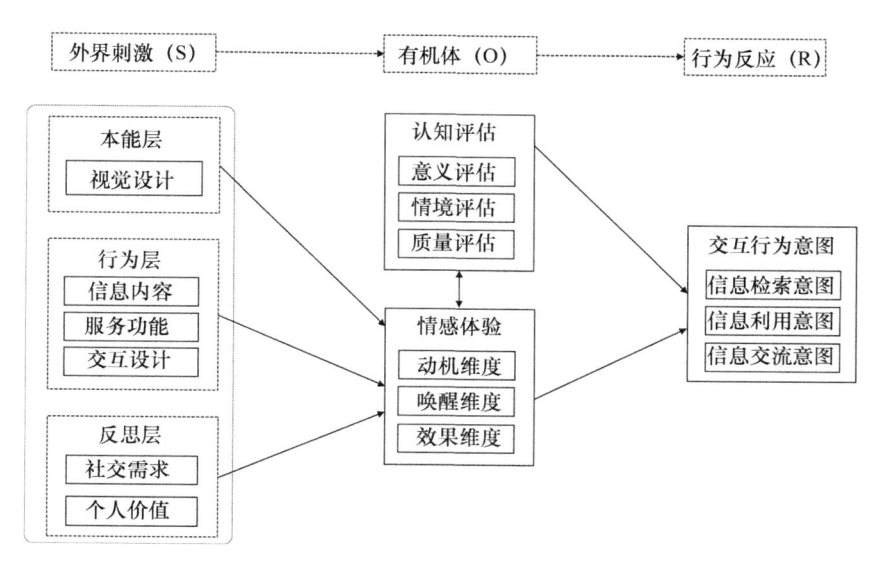

图 6-3　基于情感体验的用户信息交互行为意图预测理论模型

中，个人意义体现在完成学习或研究任务、提升个人能力、获取知识等方面；社会意义则更多是从他人视角评估信息交互在多大程度上与社会个体（群体）的规范要求相符。在明确了信息交互意义之后，用户会进一步评估交互情境，从而获取对交互过程和结果的控制感，保证信息交互顺利开展。情境因素主要包括：时间、场景、人物、事件等，用户会根据移动网络环境下的图书馆服务场景变化做出相应评估。最后，用户会在可适应的情境下开展信息交互，并对交互客体的质量以及交互模式、效率等做出评估。鉴于此，可以将认知评估细分为意义评估、情境评估和质量评估三个维度。

情感体验是用户在本能层、行为层和反思层影响因素作用下所产生的情感状态。第三章中对移动图书馆用户情感状态调查结果的频数分析显示：出现频率最高的 10 种情感状态分别是：愉悦、满足、惬意、失望、放松、惊喜、期待、困惑、焦虑、枯燥。其中，期待和焦虑反映了情感的动机性，即当用户产生期待或焦虑情绪时，往往会诱发交互意愿，从而唤醒（激活）深层次的情绪感受，类似于 PAD 情感维度模型

· 297 ·

中的唤醒度。按照唤醒程度，可以将惊喜、困惑、放松、惬意四种情绪纳入该维度。最终，用户会产生一个总体的情感体验效果，包括愉悦、满足、失望和枯燥。基于上述理解，本书提出一个"动机（Motivation）—唤醒（Arousal）—效果（Effect）"MAE模型，将用户情感体验细分为动机维度、唤醒维度和效果维度。

在明确了理论模型中各要素的组成结构后，我们进一步提出研究问题和假设：

研究问题1：不同认知评估因素与情感体验之间是否存在显著相关关系？

情感评估理论认为：个体对当前情境或事件的新颖性、有用性、紧急性等因素的认知评估诱发了用户不同的情感反应，这种情感反应会随着评估结果的转变而转变。用户对信息交互意义的评估表示了其情感重视程度。意义是人对事物的一种情感赋予，正如Nahl在社会生物信息技术理论中指出的："信息只有在被赋予一定程度的情感价值后才会被接收和利用。"[1]

移动网络环境下，情境的动态变化也是引发用户不同情感体验的重要因素。以用户情感需求为基础的移动图书馆信息交互情境创设，可以触及用户内心，唤起用户的情感共鸣，为用户创造愉悦、幸福、难忘的情感体验。

此外，感知质量对用户满意度的影响作用已在诸多研究文献中得以证实[2][3]。而满意度作为用户情感体验的直观表现，可以表征用户信息交互的体验感受，故本书将质量评估与满意度之间的作用关系拓展到与

---

[1] Nahl Diane, "Social-Biological Information Technology: An Integrated Conceptual Framework", *Journal of the American Society for Information Science and Technology*, Vol. 58, No. 13, Sep. 2007, pp. 2021-2046.

[2] Ping Ke and Fu Su, "Mediating effects of user experience usability: An empirical study on mobile library application in China", *The Electronic Library*, Vol. 36, No. 5, Oct. 2018, pp. 892-909.

[3] 古婷骅、陈忆金、曹树金：《信息行为领域中情感的核心概念及其演化路径分析》，《情报理论与实践》2021年第12期。

第六章 基于情感体验的移动图书馆用户信息交互行为引导

情感体验之间的关系。

据此，提出如下假设：

H1a-c：意义评估与用户情感体验三个维度均存在显著相关关系。

H2a-c：情境评估与用户情感体验三个维度均存在显著相关关系。

H3a-c：质量评估与用户情感体验三个维度均存在显著相关关系。

研究问题2：不同情感体验维度对移动图书馆用户3类信息交互行为意图是否均存在显著影响？

情感体验对行为意图和行为反应的影响是情感研究的重要内容，并且被众多的情感理论和实证研究证实。情感事件理论（Affective Events Theory，AET）探究了情感对于个体态度和行为的影响，认为稳定的环境特征会导致积极或消极事件发生，而对这些事件的体验会引发个体的情感反应并进一步通过两条路径影响个体的态度与行为：一是情感反应直接驱动个体行为；二是情感反应先影响个体的态度（行为意图），再进一步由态度驱动行为。在相关研究文献中，Savolainen指出："情感会使用户产生避免接触信息源和加速利用信息源两种行为"[1]；沈军威和郑德俊则从"S-O-R"模型出发，通过问卷调查收集数据构建模型，提出服务质量和情感体验会对用户持续使用意愿产生显著影响[2]。

据此，提出如下假设：

H4a-c：情感体验动机维度对用户信息检索意图、利用意图、交流意图均具有显著影响。

H5a-c：情感体验唤醒维度对用户信息检索意图、利用意图、交流意图均具有显著影响。

H6a-c：情感体验效果维度对用户信息检索意图、利用意图、交流意图均具有显著影响。

---

[1] Savolainen Reijo, "Emotions as Motivators for Information Seeking: A Conceptual Analysis", *Library & Information Science Research*, Vol. 36, No. 1, Jan. 2014, pp. 59-65.

[2] 沈军威、郑德俊：《移动图书馆服务质量优化模式的构建研究》，《图书情报工作》2019年第15期。

研究问题3：认知评估与情感体验对用户3类信息交互行为意图是否均存在共同显著影响？

用户的认知需求和情感体验是用户行为意图的内部情景条件，进而影响用户的行为决策。风险即情感理论指出：情感与认知之间的决定因素存在差异，情感和认知相互作用决定个体行为；特殊情况下，情感也可以直接决定个体行为；而本书在第三章探讨情感体验形成机理时也阐明：本能情感体验会激发用户的本能行为，认知情感体验则会影响用户的态度意愿，进而做出行为决策。

据此，提出如下假设：

H7：认知评估与情感体验对用户信息检索意图具有显著影响。

H8：认知评估与情感体验对用户信息利用意图具有显著影响。

H9：认知评估与情感体验对用户信息交流意图具有显著影响。

在以上假设基础上，本书还将进一步探寻移动图书馆用户的性别、年龄和使用经验对认知评估、情感体验与用户信息交互行为意图三者之间关系的调节作用。

二　测度量表开发与问卷调研

根据所构建的理论模型与研究假设，对模型中各类变量进行操作化定义，针对移动图书馆服务特征与用户信息交互过程，参考相关文献开发具体测度量表。在此基础上，形成调查问卷展开实证研究。

（一）认知评估变量测度题项

根据相关文献中对意义评估、情境评估和质量评估的测度，本书设置了认知评估因素的具体测度题项，如表6-14所示。采用Likert 5级量表（1表示"非常不同意"；5表示"非常同意"）度量被调查者对交互意义、交互情境和交互质量的认知评估结果。

第六章 基于情感体验的移动图书馆用户信息交互行为引导

表 6-14 认知评估变量测度题项

子变量	测度题项	来源
意义评估	移动图书馆可以帮助我很好地完成学习或科研任务	Vallerand 和 Blssonnette（1992）；Schiefele 和 Schaffner（2016）；Ke 和 Su（2018）；Tsagkias 等（2010）；本书提出
	移动图书馆可以帮助我拓展知识视野	
	移动图书馆可以帮助我建立更多社交关系	
	移动图书馆可以帮助我实现自我价值	
	移动图书馆可以使我得到他人对我科研能力的认可	
	移动图书馆可以使我得到他人对我知识水平的认可	
情境评估	我在移动图书馆信息交互过程中的网络状况十分良好	
	我在移动图书馆信息交互过程中的环境场景非常安静舒适	
	我在移动图书馆信息交互过程中的时间安排非常合适	
	我在移动图书馆中的信息交互对象（馆员、其他读者等）能给我提供很大帮助	
质量评估	我从移动图书馆获取的文献资源能帮助我解决当前的学术问题	
	我能够从移动图书馆获取丰富的文献资源	
	我能够从移动图书馆获取不同类型的文献资源（文本、音频、视频等）	
	我能够从移动图书馆获取不同类型的文献资源	
	我能够通过移动图书馆了解本领域前沿研究成果	
	我能够通过移动图书馆及时得到响应反馈	
	我能够通过多种交互方式（途径）与移动图书馆进行信息交互	
	我能够方便快捷地使用移动图书馆提供的各类服务	
	我能够通过移动图书馆得到个性化服务	

（二）情感体验变量测度题项

情感体验变量的测度，基于本书提出的"动机（Motivation）—唤醒（Arousal）—效果（Effect）"MAE 模型，分别从动机维度、唤醒维度和效果维度建立相应的测度题项，并采用 Likert 5 级量表（1 表示"非常不

· 301 ·

同意"；5表示"非常同意"）测度移动图书馆用户的情感体验强度，对于消极情感状态变量采用反向记分方式进行处理，如表6-15所示。

表6-15　　　　　　　　情感体验变量测度题项

子变量	测度题项	来源
动机维度	我对使用移动图书馆非常期待（期待）	Watson等（1988）； Verkijika和De Wet（2019）； 张可（2020）； 本书提出
	我认为使用移动图书馆可以缓解我的焦虑情绪（焦虑）	
唤醒维度	我在使用移动图书馆时，经常能带给我惊喜（惊喜）	
	我在使用移动图书馆时，经常感到很困惑（困惑）	
	我在使用移动图书馆时，经常感到很放松（放松）	
	我在使用移动图书馆时，经常感到很惬意（惬意）	
效果维度	我在使用移动图书馆后，经常感到很愉悦（愉悦）	
	我在使用移动图书馆后，经常感到很满足（满足）	
	我在使用移动图书馆后，经常感到很失望（失望）	
	我在使用移动图书馆后，经常感到很枯燥（枯燥）	

（三）行为意图变量测度题项

针对移动图书馆用户出现的高频信息交互行为，在参考相关文献的基础上，结合移动图书馆用户信息交互行为特征，提出相应的测度题项；同样采用Likert 5级量表（1表示"非常不同意"；5表示"非常同意"）测度行为发生频率，如表6-16所示。

表6-16　　　　　　　　行为意图变量测度题项

子变量	测度题项	来源
信息检索意图	我经常通过移动图书馆检索所需文献	
	我经常通过移动图书馆检索作者的最新著作	
	我经常通过移动图书馆检索不同类型的知识资源	

续表

子变量	测度题项	来源
信息利用意图	我会认真阅读（视听）从移动图书馆获取的各类资源	Lopatovska 和 Sessions（2016）；Falciani（2017）；张可（2020）；本书提出
	我会将从移动图书馆获取的知识资源用于学习和研究	
	我会将从移动图书馆获取的知识资源用于解决生活中的问题	
	我会对从移动图书馆获取的知识资源进行分析和再加工	
信息交流意图	我会把从移动图书馆获取的知识资源分享给他人	
	我会和其他移动图书馆读者开展知识交流与讨论	
	我会通过移动图书馆服务平台向图书馆员进行参考咨询	
	我会通过移动图书馆服务平台向他人传授（分享）我的知识经验	

根据以上测度题项设计调查问卷，通过问卷前测的信度与效度分析验证题项设置的合理性，形成正式调查问卷。正式调研采用在线方式进行，通过问卷星网站创建问卷链接，在多个图书馆的虚拟社区、社交平台上发放，邀请具有移动图书馆使用经验的用户填答（已在问卷开头语中进行说明）。在为期两个月的时间内，共收回617份问卷，剔除全部都是相同选项的问卷86份，最终获得有效问卷531份，有效率为86.1%。样本描述性统计结果如表6-17所示。

表6-17　　　　　　　样本描述性统计结果

变量		频数	百分比（%）
性别	男	283	53.30
	女	248	46.70
年龄	18岁以下	56	10.55
	18—25岁	127	23.92
	26—35岁	182	34.27
	36—45岁	113	21.28
	46—55岁	32	6.03
	55岁以上	21	3.95

续表

变量		频数	百分比（%）
学历	高中及以下	78	14.69
	专科	52	9.79
	本科	127	23.92
	硕士	186	35.03
	博士	88	16.57
职业	全日制学生	232	43.69
	教师/科研人员	178	33.52
	国企事业单位人员	25	4.71
	专业人士（律师、记者、医护人员等）	38	7.16
	其他企业组织人员	32	6.03
	自由职业者	26	4.90
移动图书馆使用经验	1年以下	56	10.55
	1—2年	136	25.61
	2—3年	278	52.35
	3—5年	48	9.04
	5年以上	13	2.45

三 数据分析

本书首先对问卷调查的样本数据进行信度与效度检验，评估调研结果的有效性与结果质量，然后分别采用相关分析、多元回归分析、中介效应分析和调节效应分析，深入揭示理论模型中各变量之间的关联关系，最后综合各项分析结果对研究假设进行验证。

（一）信度与效度检验

问卷信度分析结果显示：问卷整体信度的 Cronbach's α 系数为 $0.825>0.8$，说明问卷具有较高的内部一致性；各变量分量表的 Cronbach's α 系数也均介于 0.7—0.8 之间，说明问卷信度良好。问卷效度检验结果显示：KMO 指标值为 $0.837>0.8$，Bartlett 球形度检验的 p 值小于 0.01，各变量的 KMO 指标值也均介于 0.7—0.8 之间，Bartlett

球形度检验的 p 值均小于 0.01，说明适合进行因子分析。对各题项进行主成分分析，其标准化因子载荷均大于 0.6，平均抽取方差 AVE 值均大于 0.5，说明观测变量能够较好地表征所属维度，即调查问卷具有良好的结构效度水平，调查结果具有一定代表性。

（二）相关分析

为了验证用户认知评估与其情感体验之间的相关关系，本书采用 Pearson 相关分析法进行检验。通过依次计算意义评估、情境评估和质量评估 3 个因素与用户动机维度、唤醒维度、效果维度 3 个方面情感体验之间的相关系数，判断认知与情感两个变量之间的相互影响及其程度。计算结果如表 6-18 所示。

表 6-18　　用户认知评估与情感体验的相关分析结果

变量	动机维度	唤醒维度	效果维度
意义评估	0.633**	0.527**	0.115
情境评估	0.162	0.681**	0.623**
质量评估	0.507**	0.638**	0.726**

注：** 表示 $p<0.01$。

在 $p=0.01$ 的显著水平上，意义评估与用户情感体验的动机维度、唤醒维度呈显著正相关关系，但与效果维度之间的相关性并不显著；情境评估与情感体验的唤醒维度、效果维度均具有显著正相关关系，但与动机维度之间的相关性不显著；而质量评估与动机维度、唤醒维度和效果维度之间均呈显著正相关关系。由此说明：用户认知评估与情感体验之间存在一定相互影响。但具体而言，不同评估维度与情感维度之间的相互影响存在差异性，即用户情感体验的产生和变化是由不同层面的认知结果决定的。

（三）回归分析

本书进一步应用回归分析揭示认知评估、情感体验与用户信息交互行为意图之间的因果关系及解释程度，由此探寻认知评估和情感体验对用户信息交互行为意图的预测机理。

根据上文提出的研究假设,建立如下回归模型:

信息检索意图 = $\beta_0 + \beta_1 \times$ 意义评估 $+ \beta_2 \times$ 情境评估 $+ \beta_3 \times$ 质量评估 $+ \beta_4 \times$ 动机维度 $+ \beta_5 \times$ 唤醒维度 $+ \beta_6 \times$ 效果维度 $+ \varepsilon$ (6-1)

信息利用意图 = $\beta_0 + \beta_1 \times$ 意义评估 $+ \beta_2 \times$ 情境评估 $+ \beta_3 \times$ 质量评估 $+ \beta_4 \times$ 动机维度 $+ \beta_5 \times$ 唤醒维度 $+ \beta_6 \times$ 效果维度 $+ \varepsilon$ (6-2)

信息交流意图 = $\beta_0 + \beta_1 \times$ 意义评估 $+ \beta_2 \times$ 情境评估 $+ \beta_3 \times$ 质量评估 $+ \beta_4 \times$ 动机维度 $+ \beta_5 \times$ 唤醒维度 $+ \beta_6 \times$ 效果维度 $+ \varepsilon$ (6-3)

根据问卷调查结果,分别对信息检索意图、信息利用意图和信息交流意图进行回归分析,采用测度题项平均值进行计算,结果如表6-19至表6-21所示。其中,三个回归方程显著性检验的统计量F值分别为3.527、3.185和3.669,对应的 p 值均小于0.01,说明被解释变量的线性关系是显著的,模型具有合理性。在拟合优度检验中,模型(6-1)的 R^2 值为0.512,调整后的 R^2 值为0.498;模型(6-2)的 R^2 值为0.557,调整后的 R^2 值为0.532;模型(6-3)的 R^2 值为0.536,调整后的 R^2 值为0.508,说明3个回归模型中被解释变量可以被模型解释的部分较多,模型拟合优度较好。此外,变量的VIF值均小于5,且变量间Pearson相关系数不显著,故模型不存在多重共线性问题。

表6-19　　　　　　用户信息检索意图的回归分析结果

	非标准化系数 B	标准化系数 Beta	t	p	VIF	R^2	调整 R^2	F
常数	3.752	—	3.203	0.000**	—			
意义评估	0.278	0.253	1.511	0.000**	1.137			
情境评估	0.153	0.120	2.426	0.000**	1.322			
质量评估	0.162	0.142	2.189	0.000**	1.106	0.512	0.498	3.527**
动机维度	0.256	0.201	1.503	0.000**	1.227			
唤醒维度	0.133	0.108	2.529	0.000**	1.180			
效果维度	0.175	0.157	2.293	0.000**	1.175			

注:因变量为用户信息检索意图;** 表示 $p<0.01$。

表6-20　　　　　　　用户信息利用意图的回归分析结果

	非标准化系数 B	标准化系数 Beta	t	p	VIF	R^2	调整 R^2	F
常数	3.364	—	3.203	0.000**	—			
意义评估	0.162	0.135	2.327	0.000**	1.225			
情境评估	0.201	0.187	2.065	0.000**	1.021			
质量评估	0.356	0.323	1.781	0.000**	1.137	0.557	0.523	3.185**
动机维度	0.173	0.141	1.453	0.000**	1.108			
唤醒维度	0.182	0.157	1.867	0.001**	1.261			
效果维度	0.276	0.252	2.385	0.001**	1.066			

注：因变量为用户信息利用意图；** 表示 $p<0.01$。

表6-21　　　　　　　用户信息交流意图的回归分析结果

	非标准化系数 B	标准化系数 Beta	t	p	VIF	R^2	调整 R^2	F
常数	3.072	—	3.626	0.000**	—			
意义评估	0.235	0.201	2.350	0.000**	1.136			
情境评估	0.202	0.173	2.137	0.000**	1.508			
质量评估	0.180	0.152	1.462	0.000**	1.365	0.536	0.508	3.669**
动机维度	0.175	0.148	1.887	0.000**	1.150			
唤醒维度	0.227	0.203	2.035	0.000**	1.211			
效果维度	0.201	0.178	2.158	0.000**	1.163			

注：因变量为用户信息交流意图；** 表示 $p<0.01$。

从回归系数的显著性检验结果可以看到：意义评估、情境评估、质量评估、动机维度、唤醒维度和效果维度6个变量与用户信息交互行为意图之间的非标准化回归系数均在0.01水平下显著，验证了用户认知评估和情感体验对其信息交互行为意图具有显著影响。其中，表6-19的回归分析结果显示：回归模型（6-1）中的常数项约为3.752，意义评估、情境评估、质量评估、动机维度、唤醒维度和效果维度6个变量的标准化系数分别为 0.253、0.120、0.142、0.201、0.108、0.157。可见，意义评估和动机维度对用户信息检索意图的影响较大。表 6-20 的回归分析结果显示：回归模型（6-2）中的常数项约为 3.364，意义评估、情境评估、质量评估、动机维度、唤醒维度和效果维度 6 个变量的非标准化系数分别为 0.162、0.201、0.356、0.173、0.182、0.276。可见，情境评估、质量评估和效果维度对用户信息利用意图的影响较大。表 6-21 的回归分析结果显示：回归模型（6-3）中的常数项约为 3.072，意义评估、情境评估、质量评估、动机维度、唤醒维度和效果维度 6 个变量的非标准化系数分别为 0.235、0.202、0.180、0.175、0.227、0.201。可见，各变量对用户信息交流意图的影响作用均较明显，特别是意义评估、情境评估、唤醒维度和效果维度的影响作用更大。

（四）中介效应分析

本书进一步根据中介效应检验流程，分析情感体验在认知评估和信息交互行为意图之间的中介作用。表 6-22 是情感体验中介效应分路径回归结果，可以看到：在"认知评估—信息交互行为意图"回归模型中加入中介变量情感体验，模型 R^2 值由 0.327 提高至 0.571，即引入情感体验后，模型对用户信息交互行为意图的解释力增加了 24.4%。此外，由各路径的标准化回归系数可以看出：用户认知评估结果会显著影响其情感体验，而情感体验又对用户信息交互行为意图具有显著影响。综上所述，情感体验在认知评估和信息交互行为意图之间起到了中介作用，并且根据回归结果标准化系数和效应值显示，为部分中介效应。

表 6-22　　　　　　情感体验中介效应分路径回归结果

模型	模型 3 M		模型 2 Y		模型 1 Y	
	B	标准误	B	标准误	B	标准误
常数	0.000	0.023	0.000	0.017	0.000	0.020
X	0.163**	0.067	0.239**	0.063	0.185**	0.061

续表

模型	模型3 M		模型2 Y		模型1 Y	
	B	标准误	B	标准误	B	标准误
M	—	—	—	—	0.306**	0.063
R^2	0.533		0.327		0.571	
调整 R^2	0.520		0.316		0.553	
F	96.378**		43.653**		58.931**	
ΔR^2	0.527		0.328		0.035	
ΔF	96.356**		43.522**		30.769**	

注：** 表示 $p<0.01$。模型1：自变量 X 和因变量（Y）的回归分析；模型2：自变量 X、中介变量（M）和因变量（Y）的回归分析；模型3：自变量 X 和中介变量（M）的回归分析。

（五）调节效应检验

在分析认知评估、情感体验对用户信息交互行为意图的直接作用基础上，本书进一步对移动图书馆用户的性别、年龄、使用经验3个调节变量在情感体验与交互行为意图之间的调节效应进行检验。根据提出的研究假设，构建如下模型：

$$\text{交互行为意图} = \beta_0 + \beta_1 \times \text{情感体验变量} + \beta_2 \times \text{调节变量} + \beta_3 \times \text{情感体验变量} \times \text{调节变量} + \varepsilon \tag{6-4}$$

变量采用测度题项平均值进行计算。情感体验变量中，消极情感题项采用反向记分方式转换。调节效应的检验标准是：如果自变量与调节变量的交互项呈现出显著性则说明该调节变量对情感体验与交互行为意图之间的作用关系具有调节作用，反之则没有。基于此，本书分别对性别、年龄、使用经验3个调节变量对情感体验3个维度和交互行为意图之间关系的调节作用进行了分析，结果如表6-23至表6-25所示。

从调节效应检验结果可知：性别对情感体验与交互行为意图之间的关系存在调节作用，即移动图书馆男性用户与女性用户在情感体验驱动下，会在信息交互行为意图上表现出显著差异。而年龄和使用经验两个变量的调节效应则不显著。

表 6-23　　　　　　　　　　性别调节效应检验

	动机维度→行为意图		唤醒维度→行为意图		效果维度→行为意图	
	回归系数 B	t	回归系数 B	t	回归系数 B	t
常数	16.236	2.329	15.167	6.173	8.703	2.307
情感体验	0.308	3.161**	0.281	1.632**	0.266	2.386**
性别	0.011	1.153	0.061	4.512	0.140	1.306
情感体验×性别	0.157	3.605**	0.046	1.316**	0.217	2.503**

注：** 表示 $p<0.01$。

表 6-24　　　　　　　　　　年龄调节效应检验

	动机维度→行为意图		唤醒维度→行为意图		效果维度→行为意图	
	回归系数 B	t	回归系数 B	t	回归系数 B	t
常数	12.317	6.409	14.158	6.353	8.307	1.209
情感体验	0.218	4.311**	0.341	3.185**	0.186	2.988**
年龄	0.097	3.652	0.183	3.716	0.157	3.137
情感体验×年龄	0.128	3.272	0.675	4.825	0.325	6.873

注：** 表示 $p<0.01$。

表 6-25　　　　　　　　　　使用经验调节效应检验

	动机维度→行为意图		唤醒维度→行为意图		效果维度→行为意图	
	回归系数 B	t	回归系数 B	t	回归系数 B	t
常数	11.433	3.526	12.216	4.860	3.107	4.221
情感体验	0.236	3.762**	0.329	3.805**	0.421	4.935**
使用经验	0.221	3.614	0.588	4.186	0.387	3.875
情感体验×使用经验	0.562	4.533	0.265	5.527	0.463	6.363

注：** 表示 $p<0.01$。

四 结果讨论

本书基于"S-O-R"理论模型,通过定量分析揭示了用户认知评估与情感体验对其信息交互行为意图的作用机制,为准确预测移动图书馆用户行为意图提供了参考依据。通过实证研究,采用相关分析、回归分析、中介效应分析和调节效应分析,探寻了用户认知评估、情感体验与信息交互行为意图三者之间的关系,验证了情感体验的中介作用,以及性别、年龄、使用经验3个变量的调节作用。实证研究结果显示:假设 H1a-b、H2b-c、H3a-c、H4a-c、H5a-c、H6a-c、H7、H8、H9 成立,即认知评估因素中部分变量对用户情感体验具有显著影响,而认知评估和情感体验各维度均对用户信息交互行为意图具有显著影响。此外,情感体验在认知评估和行为意图之间起到中介作用;用户性别对情感体验与行为意图之间的关系具有调节作用,而年龄和使用经验的调节作用则不显著。具体结果如表 6-26 所示。

表6-26　假设检验结果汇总

序号	假设	是否成立	序号	假设	是否成立
1	H1a	成立	12	H4c	成立
2	H1b	成立	13	H5a	成立
3	H1c	不成立	14	H5b	成立
4	H2a	不成立	15	H5c	成立
5	H2b	成立	16	H6a	成立
6	H2c	成立	17	H6b	成立
7	H3a	成立	18	H6c	成立
8	H3b	成立	19	H7	成立
9	H3c	成立	20	H8	成立
10	H4a	成立	21	H9	成立
11	H4b	成立	—	—	—

从相关分析结果来看：认知评估与情感体验存在相互影响，但引发用户不同维度情感体验的认知因素却存在一定差异。进一步通过回归分析发现：用户认知评估与情感体验均对信息交互行为意图具有显著正向影响，说明用户使用移动图书馆服务的过程既是一个认知过程，也是一个情感体验过程，两者交互作用决定了用户不同行为意图的强度。其中，信息检索意图主要受到意义评估和动机维度的影响；信息利用意图主要受到情境评估、质量评估和效果维度的影响；而信息交流意图则更多受到意义评估、情境评估、唤醒维度和效果维度的影响。由此可见，用户与移动图书馆进行信息交互是多方因素共同作用的结果。

由中介效应分析可知：情感体验既能直接影响用户的行为意图，又能强化认知评估对行为意图的影响。结合不同认知因素与情感体验维度之间的相互作用关系，图书馆可以有针对性地采取不同策略，促进用户积极开展信息交互，提高信息检索、利用与交流意图，增进移动服务持续使用意愿。具体而言：一方面，图书馆可以通过积极宣传与引导，使读者树立终身学习的理念，领会使用移动图书馆的长远意义是汲取知识、开拓视野、创新思维、实现自我价值，从而增强使用移动图书馆的期待感，缓解焦虑情绪，提高信息交互频率；另一方面，则要构建良好的移动服务环境，包括改善软硬件基础设施，营造轻松有趣的文化氛围，提供高效便利的知识工具等，从而激发用户的求知欲望，以轻松惬意的心情开展移动阅读、文献检索、资料收集和知识分享等活动，提高信息利用与交流意图。此外，图书馆作为知识服务主体，其服务质量和资源质量是决定用户整体体验效果和持续使用意愿的关键因素。因此，图书馆应在树立价值理念、优化服务环境的同时，更加重视服务质量控制与馆藏资源建设，及时洞察用户知识需求变化，丰富文献资源类型与呈现方式，并积极引入数字化与智能化技术，增强用户对移动图书馆的信任感与依赖感。

最后，通过调节效应分析发现：用户性别对情感体验与信息交互行为意图之间的关系起到调节作用。再次验证了男性用户与女性用户在情感体验上的差异性，而这一差异又会进一步决定用户产生不同的行为意图。对于男性用户而言，更容易在意义评估驱动下产生强烈的情感动机，从而开展广泛的信息交互；而女性用户则更容易受到情境评估结果的影响，被激发和唤醒相应的情绪状态，并在较为感性的状态下做出交互决策判断。鉴于此，图书馆可以分别针对男性用户与女性用户的认知特点与使用习惯，采用差异化服务策略更好地提升用户信息交互意愿，促进用户对移动图书馆的持续使用。

第三节 情感体验驱动的用户信息交互行为路径设计

为了使用户能够流畅、愉悦地在移动图书馆服务平台上开展各项信息交互活动，图书馆需要在准确理解用户行为偏好和预测用户行为意图的基础上，通过交互路径设计来有效引导用户的交互行为。用户产生的交互行为轨迹数据是揭示用户交互行为规律的重要基础，也是开展交互路径设计的关键依据。目前，对用户行为轨迹数据的采集主要基于系统后台服务器端的访问日志，难以全面准确地洞察应用端的交互行为过程。鉴于此，本书以湖北省图书馆微信小程序为研究对象，在复刻该馆小程序系统的基础上，采用前端埋点技术实现用户信息交互行为轨迹数据的采集，进而通过事件分析、归因分析、留存分析、路径分析等方法，揭示用户信息交互行为特征与规律，并进行可视化展示，从而明确用户信息交互过程中存在的关键问题，提出有效的交互路径优化设计方案。

一 基于埋点技术的用户行为轨迹数据采集

"埋点"是一种重要的数据采集方式，包括对特定用户的行为、事件进行监听、处理和发送的相关技术及其运行过程[①]。埋点技术的基本原理是：通过监听软件运行过程中所触发的各种点击事件，捕获事件发生时的相关信息并将其发送至服务器端，从而有效监测和跟踪用户的信息交互行为，发现关键问题。在小程序应用中采用埋点技术能够实时、准确、便捷地采集用户行为数据，使运维人员快速定位和诊断系统存在的关键问题，进而开展小程序迭代优化。

埋点技术的应用包括埋点需求提交、埋点设计、埋点实现、无用埋点下线等诸多环节，常用的方法主要有手动埋点、自动埋点、可视化埋点和无埋点。其中，手动埋点是指开发者直接在应用端指定控件中植入触发代码，当用户与该控件发生交互时，代码就会执行，从而捕获用户交互行为数据；自动埋点是指引入SDK对页面中的所有行为事件进行追踪上报；可视化埋点是通过可视化工具配置数据采集节点，指定需要监测的事件元素和属性；无埋点也称为"全埋点"，是指在前端自动采集全部事件埋点数据并上报，然后在后端计算时再过滤出有用数据。各类埋点方法的对比如表6-27所示。

表6-27　　　　　　　　　常用埋点方法的比较

方法	特点	优势	劣势	场景
手动埋点	在代码中对应事件手动插入埋点逻辑	对采集的数据可控，可以自定义上传各种数据	①侵入性代码，使代码变得难以阅读 ②难以维护，需要耗费大量人力和时间进行埋点	对信息精确性要求较高，需要自定义每个事件上传的属性
自动埋点	引入SDK，对页面中的所有事件进行追踪上报	方便快捷，可以很好地对埋点信息进行统一管理	①无法自定义一些事件上传的数据 ②传输数据量大	对信息有全面的把控，不要求精细到某个特定事件的数据

---

① 蔡榆榕：《运用埋点技术实现高校应用服务平台过程监控》，《中国管理信息化》2021年第15期。

续表

方法	特点	优势	劣势	场景
可视化埋点	通过可视化工具配置采集节点，指定需要监测的元素和属性。核心是查找dom然后绑定事件	操作简单、透明，可以让非开发人员进行埋点	①只针对一些可交互事件，如点击等 ②对可视化配置有较多限制，比如相同页面、相同文本	分析或统计一些简单数据，不需要对事件有特殊传参，可以由业务人员进行
无埋点	前端自动采集全部事件并上报埋点数据，后端数据计算时过滤出有用数据	可以收集用户在终端上的所有行为，非常全面	无效数据较多、上报数据量很大	无特殊要求

一个完整的埋点方案需要具备以下四个要素：确认事件与变量、明确事件的触发时机、规范命名和明确优先级。

1. 确认事件与变量。事件是指用户对产品的操作，即需要分析的关键行为指标；变量则是对事件属性的描述。在确认事件与变量时，可以按照具体使用流程设计关键事件。譬如，以"文献检索"这一典型应用场景为例，需要通过埋点追踪的关键行为指标就包括点击搜索栏、输入关键词、浏览检索结果、浏览文献详情页等。而在移动终端界面上输入关键词可以通过文字、语音、图片等多种方式，不同方式均可视为事件的变量。

2. 明确事件的触发时机。事件触发时机是影响数据准确性的重要因素。不同触发时机代表不同的数据统计口径，要尽量选择与移动图书馆服务最贴合的统计口径，并在可行性与贴合度之间找到最优解。此外，由于移动图书馆服务平台可能有多个入口进入文献阅读界面（如通过分类索引、检索结果等），因此，触发入口是否罗列完整会对数据的准确性造成重要影响。对此，可以采用"MECE原则"，即相互独立、完全穷尽、不重复列举，但应包含所有触发入口。

3. 规范命名。对事件进行统一规范的命名有助于提高数据的实用性及数据管理效率。在埋点方案设计中，一般使用"动词+名称"或者

"名词+动词"的规则进行命名,比如,"加入收藏夹"事件,就可以命名为"addToFavorites"。因此,在图书馆相关部门内需要建立统一的认知,使用同一套埋点命名规则。

4. 明确优先级。考虑到埋点技术方案的实现成本以及资源的局限性,在方案设计时应明确埋点事件的优先级。例如,将"文献检索"作为最高优先级场景,可以围绕该场景了解每个行为环节的具体情况,从而找到优化机会点,再对优化机会点作进一步的监控与验证分析,形成最终优化方案。

在方案执行环节,需要在后台的数据管理模块中对埋点事件以及相关变量进行配置,部署相应代码,开展具体开发与测试工作。当埋点方案正式上线应用后,可以使用数据分析平台对上报的埋点数据(用户信息交互行为轨迹数据)进行监测和分析。

二 图书馆小程序开发与后台监控系统搭建

由于埋点代码一般需要开发者事先植入小程序应用中,所以本书以湖北省图书馆微信小程序为研究对象,首先根据研究需求复刻了该馆小程序前端的关键内容(包括首页、文献检索页、检索结果页和详情展示页等),并重建了部分数据库。在此基础上,为了实现对埋点数据的实时监测与有效采集,还利用 Ant Design Pro 技术同步开发了小程序后台监测系统。

(一) 移动图书馆小程序复刻开发

湖北省图书馆小程序的复刻和二次开发工作采用了 uniapp+vue2 技术架构。具体而言,我们通过反编译技术得到小程序的基础页面代码,结合其呈现效果进行调试,还原了小程序前端结构和相应功能;同时采用直接写入资源数据的方式复刻前端界面布局及交互设计,并利用原型设计工具"墨刀"对页面进行修改和完善。

图 6-4 是 index 页面中跳转看书(视频)、听书(音频)的部分代码。Uniapp 中跳转页面可以使用 uni.navigateTo(),它的作用是保留当

前页面，跳转到应用内的某个页面，使用 uni.navigateBack 可以返回到原页面。

```
goVideo: function () {
    var e = this.playHistory,
        n = e.productType,
        r = e.productId,
        o = e.resourceId,
        i = e.title;
    t.cNavigateTo('/pages/video/index', {
        productType: n,
        productId: r,
        resourceId: o,
        title: decodeURIComponent(i),
    });
},
goAudio: function (e) {
    if ('video' == this.playHistory.productType)
        return this.goVideo();
    ['audio', 'audiocourse'].includes(
        this.playHistory.productType
    ) &&
        (t.utils.config.audio.settingParams(
            l(
                {
                    pageSize: 50,
                    url: t.$http.url.product_selectProductResourceById,
                    resourceNum: 1111111111,
                },
                this.playHistory
            )
        )
```

图 6-4　小程序首页开发代码（部分）

首页"推荐""看书""视频"几个 tab 页通过 swiper 来实现。swiper 是滑块视图容器，一般用于左右滑动或上下滑动，如 banner 轮播图。但由于性能问题，用 swiper 做复杂长列表需要较高的优化技巧并接受一些限制。因此，这里只用于 3 个至 4 个 tab 页的切换，不会产生明显的性能问题。同时，为了保障小程序各页面之间共用的部分可以复用，我们采用组件的形式封装页面间的公共部分。

图 6-5 是小程序中的样式文件。样式是在组件内编写 Less 样式代码，由 uniapp 编译为 wxss。在编写样式时，使用 vue 自带的 scoped 属性可以实现组件样式的私有化。基本原理为：通过观察 DOM 结构，发现 vue 通过在 DOM 结构以及 CSS 样式上加上唯一标记，保证唯一性，从而达到样式私有化、不污染全局的目的。

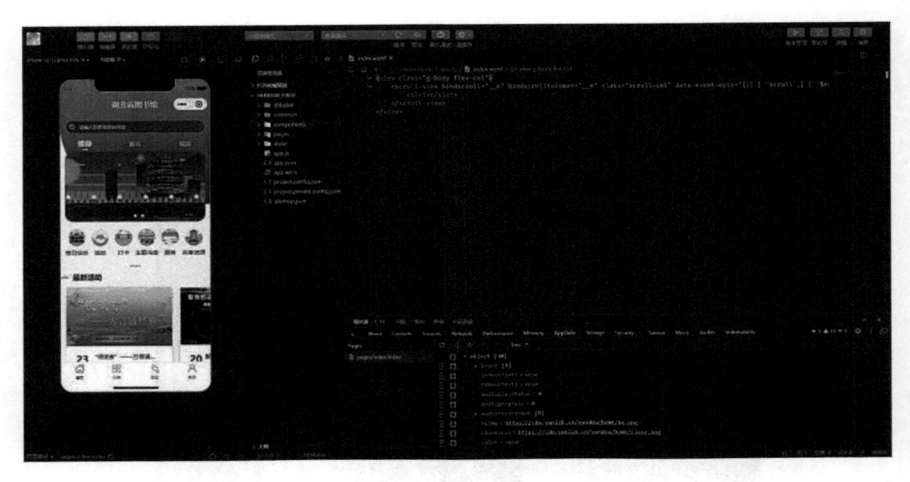

图 6-5　小程序样式文件

（二）后台监测系统搭建

小程序的后台监控系统主要采用 Ant Design Pro 模板进行开发。Ant Design 是一套组件库，包括一些 Web 开发中常用的组件。图 6-6 是基

图 6-6　基于 Ant Design Pro 模板的 umi 相关设定

于 Ant Design Pro 模板的 umi 相关设定。Ant Design 主要基于 React 框架进行开发，其优点在于：速度快、跨浏览器兼容，并能编写独立的模块化 UI 组件。React 提供了两种形式的组件：函数式组件和类组件。本书以蚂蚁开源模板为基础，使用 React 的函数式组件搭建了图书馆小程序后台监测系统，用于实时监测和分析复刻开发并经过优化设计的湖北省图书馆小程序的用户交互行为轨迹数据，部分代码如图 6-7 所示。监测结果的可视化呈现（部分）如图 6-8 所示。

```
import { useIntl } from 'umi';
import { GithubOutlined } from '@ant-design/icons';
import { DefaultFooter } from '@ant-design/pro-layout';
export default () => {
  const intl = useIntl();
  const defaultMessage = intl.formatMessage({
    id: 'app.copyright.produced',
    defaultMessage: '蚂蚁集团体验技术部出品',
  });

  const currentYear = new Date().getFullYear();

  return (
    <DefaultFooter
      copyright={`${currentYear} ${defaultMessage}`}
      links={[
        {
          key: 'Ant Design Pro',
          title: 'Ant Design Pro',
          href: 'https://pro.ant.design',
          blankTarget: true,
        },
        {
          key: 'github',
          title: <GithubOutlined />,
          href: 'https://github.com/ant-design/ant-design-pro',
          blankTarget: true,
        },
        {
          key: 'Ant Design',
          title: 'Ant Design',
          href: 'https://ant.design',
          blankTarget: true,
        },
      ]}
    />
```

图 6-7　后台监测系统开发代码（部分）

移动图书馆用户信息交互行为中的情感体验研究

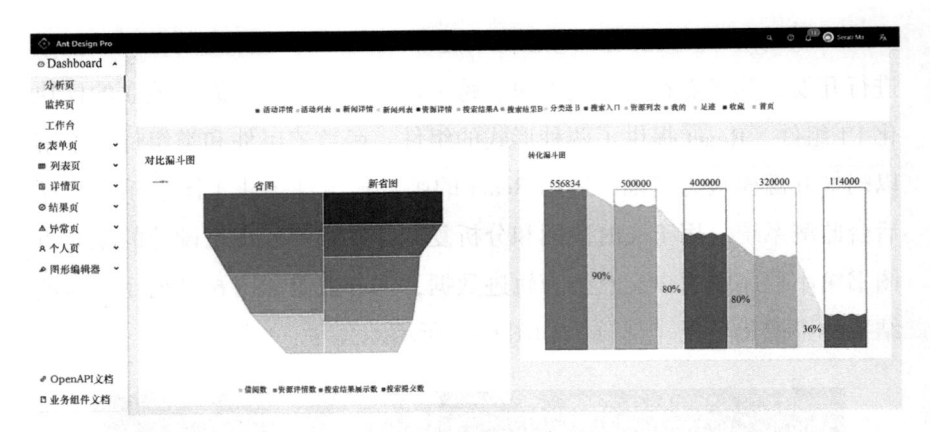

图 6-8 后台监测系统可视化界面

三 埋点实验设计与结果分析

在复刻图书馆小程序的基础上,本书进一步根据用户信息交互的主要目的,选择典型交互场景部署埋点方案,通过设计具体实验任务监测用户交互行为轨迹并进行可视化分析。

(一) 典型交互场景选取

为了明确用户使用移动图书馆小程序的主要交互场景,我们采用深度访谈和行为观察法对具有相关使用经验的 20 名用户展开了详细研究。其中,男性用户 9 名(45%),女性用户 11 名(55%);具有本科及以上学历的用户 15 名(75%);且以 18—35 岁用户居多(80%),符合移动图书馆典型读者特征。研究结果显示:用户使用移动图书馆小程序的主要场景为图书借阅、文献查询、数字资源浏览和活动报名(见图 6-9)。基于此,本书重点围绕以上交互场景进行埋点部署与用户行为轨迹监测。

(二) 埋点方案部署

根据上述确定的 4 个典型交互场景(涉及 12 个页面),同时考虑埋点方案的可行性,本书采用"手动+自动"埋点方式对用户行为轨迹数

· 320 ·

第六章 基于情感体验的移动图书馆用户信息交互行为引导

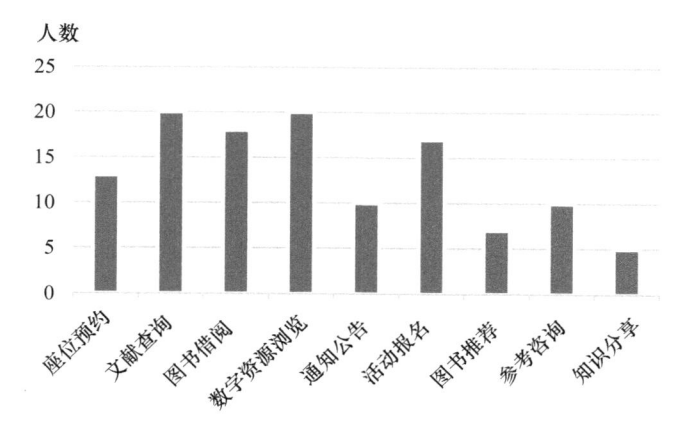

图 6-9 移动图书馆用户典型交互场景

据进行采集。首先，按照用户一般操作过程和行为习惯，对移动图书馆小程序首页、检索结果页和详情展示页的主要功能点位进行全面、细致的埋点设计，具体埋点方式与事件描述如表 6-28 所示。其次，通过前端埋点代码实现对用户点击、滑动、输入、跳转等各类交互行为的捕捉与上报，并存储于用户行为数据库中。最后，对数据库中的用户行为数据进行挖掘分析并按照统一标准传给后台监测平台，利用 AntV G2 插件在后台监测系统进行埋点可视化图表绘制。

（三）埋点监测结果与可视化分析

对于通过埋点设计所采集的用户信息交互行为轨迹数据，选择点击率分析、停留时长分析、路径分析、漏斗模型分析等方法进行数据分析挖掘，并通过 AntV G2 组件在后台监测系统实现分析结果的可视化展示。

1. 点击率分析。点击率是指页面上某个内容被点击的次数与显示的次数之比，反映了页面上被点击内容的受关注程度，通常用于衡量内容的吸引力[1]。本实验中通过如下代码执行计算：

---

[1] 杨游云、周健作：《Python 广告数据挖掘与分析实战》，机械工业出版社 2021 年版。

· 321 ·

表 6-28　埋点方式与事件描述（部分）

事件描述	Event	Event_id	私有属性	私有属性描述	私有属性传值
浏览访问首页	PageView	home_view	—	—	—
点击类别菜单	Click	home_cato_click	—	—	—
点击 banner	Click	home_banner_click	banner_home_id banner_id	记录 banner 编号 0-2 记录 banner 在 banner 库中的编号	0-2 banner 一共 3 个 —
点击功能 icon	Click	home_function_click	function_id	记录 function 编号 0-5	0=每日快听，1=活动，2=打卡，3=主题书单，4=服务，5=共享资源
点击活动图片	Click	home_activity_click	activity_home_id activity_id	记录活动编号 记录活动在活动库中的编号	0-2 activity 首页一共显示 3 个 —
点击信息内容	Click	home_news_click	news_home_id news_id	记录内容编号 记录内容在数据库中的编号	0-2 news 首页一共显示 3 个 —
点击 menu	Click	home_menu_click	menu_bar_id	记录 menu 编号 0-3	0=首页，1=选书，2=书架，3=我的
点击搜索	Click	home_search_click	—	—	—
点击选择搜索资源类型	Click	search_type_click	search_type_id	搜索资源的类型	0=看书，1=听书，2=视频
点击提交搜索	submit	search_submit	search_input	获取搜索的内容	input 内容
点击选择一级类目	Click	cato_first_class_click	cato_first_class_id	一级类目序号	0=看书，1=听书，2=视频
点击选择三级类目	Click	cata_third_class_click	cato_third_class_id	三级类目序号	0-9=文学……
点击选择搜索结果	Click	searchResult_click	searchResult_type_id	搜索结果的资源类型编号	0=看书，1=听书，2=视频

第六章　基于情感体验的移动图书馆用户信息交互行为引导

$$click\_rate = click\_num\_sum / view\_num\_sum$$

> SELECT home_cato_click，home_cato_show FROM HOME_PAGE
> GROUPBY（uid）
> COUNT（home_cato_click）/COUNT（home_cato_show）

点击率分析结果显示：在图书馆小程序首页导航栏上，"看书""听书""视频""推荐"4个图标的点击率大致相当，这些都是移动图书馆的主要服务，使用频次较高。而"艺术温润心灵"版块的点击率相对较低，该版块主要展示馆藏特色资源，可能由于定位欠清晰且与其他版块缺乏关联性导致用户点击率不高。

2. 停留时长分析。页面停留时长的计算逻辑是：用户离开这个页面的时间减去进入该页面的时间。但是，由于用户页面浏览行为的特殊性，以及目前埋点数据采集的局限性，无法准确获知用户离开页面的准确时间。因此，可以采取替代方案：以用户打开下一个新页面的时间作为离开这个页面的时间。执行代码如下：

$$waiting\_time = pre\_time - next\_time$$

> SELECT time FROM BEHAVE_TIME_ORDER
> GROUPBY（uid）

具体停留时长的统计结果如表6-29所示。可以看到：用户在不同页面的停留时长基本介于11分20秒至11分50秒之间。其中，首页平均停留时长最短，搜索页和详情展示页的平均停留时间较长。

表6-29　　　　　　页面停留时长记录（部分结果）

用户ID	访问页面ID	访问页面名称	访问时间
12398123	0	Home_page	2022-04-24 11：23：20
12534252	3	Search_input	2022-04-24 11：24：20
10384628	1	Search_result_out	2022-04-24 11：23：20

· 323 ·

续表

用户 ID	访问页面 ID	访问页面名称	访问时间
12398123	2	Search_result_in	2022-04-24 11：24：20
12534252	3	Search_input	2022-04-24 11：26：20
10384628	7	Cato_booking	2022-04-24 11：35：23
12398123	6	Video_details	2022-04-24 11：33：51
12534252	2	Search_result_in	2022-04-24 11：27：27
10384628	1	Search_result_out	2022-04-24 11：37：48
12398123	3	Search_input	2022-04-24 11：40：26
12534252	5	News_list	2022-04-24 11：42：50
10384628	4	News_details	2022-04-24 11：45：40

3. 路径分析。根据用户对页面访问的时间序列和操作行为数据分析，可以绘制总路径分析图和典型应用场景路径图，进而梳理得到用户在各页面之间的跳转与访问轨迹，如图 6-10 至图 6-13 所示。分析结果显示：大部分用户都是通过直接搜索关键词（即搜索入口）查询所

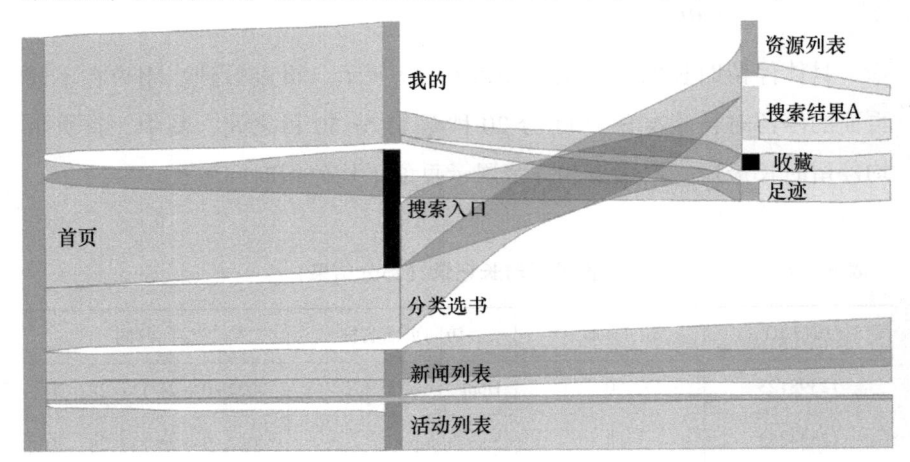

图 6-10 总路径分析图

需的馆藏资源，可见搜索功能的交互设计对提升用户情感体验具有非常重要的作用。此外，研究还发现，在查询图书馆最新活动时，大部分用户是通过点击导航栏的"活动"版块查看"活动列表"中的最新信息，极少通过点击首页的活动海报直接进入活动详情页面，可见活动海报的设计并未引起用户的视觉关注与认知注意。

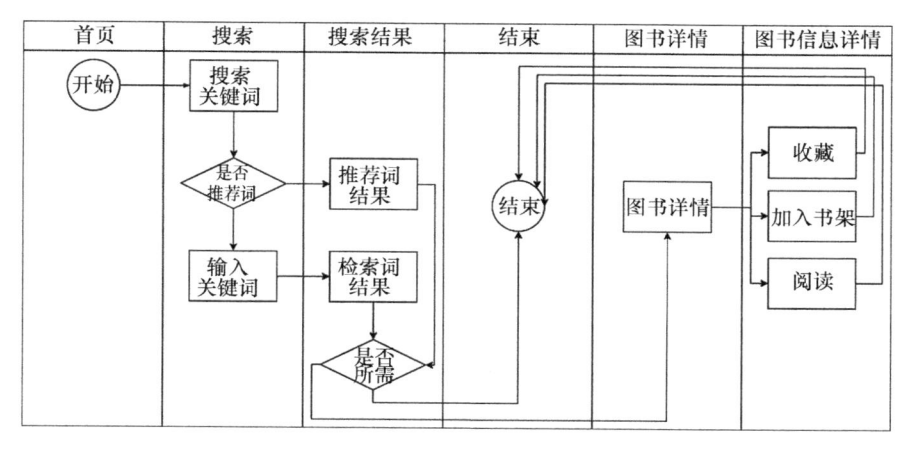

图 6-11　文献检索路径图

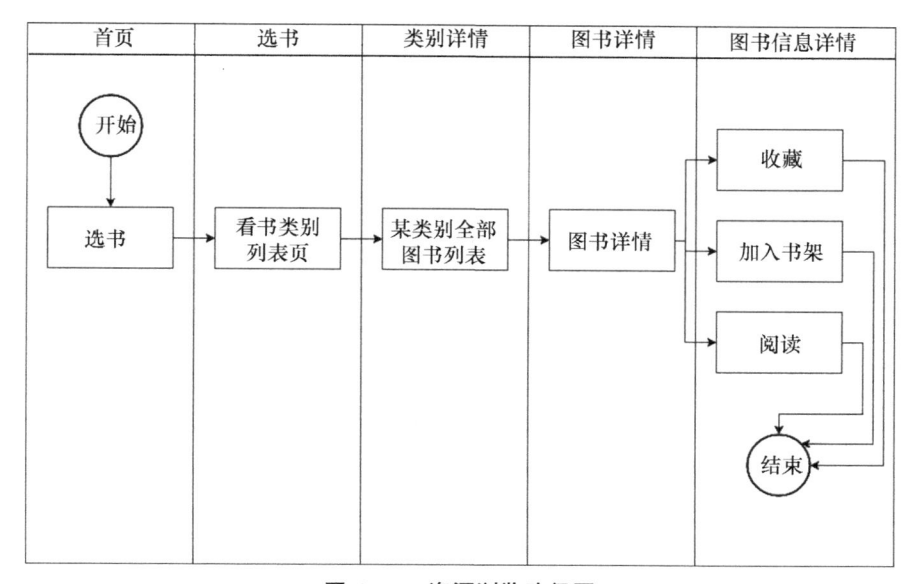

图 6-12　资源浏览路径图

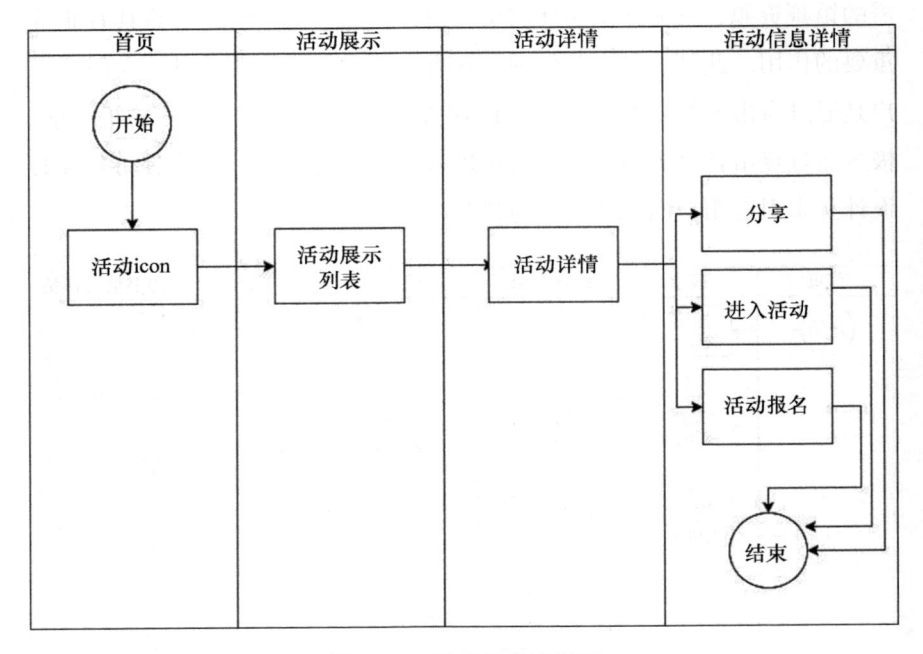

图 6-13　活动报名路径图

4. 漏斗模型分析。漏斗模型主要用于研究某一交互路径中，不同页面之间的用户流失情况（见图 6-14）。漏斗模型中的各个层次对应不同页面，从上至下层层缩小，表示在某一交互过程中不断有用户离开页面，终止浏览或使用服务①。通过漏斗模型分析可以帮助商品或服务提供方准确定位关键问题，优化交互路径。由后台监测数据的漏斗模型分析结果可以看出：从文献"检索结果页"到"详情展示页"存在很高的用户流失率。通过观察法发现，"检索结果页"采用纵向排列方式，依次按照"听书""看书"和"视频"的分类顺序展示所有文献检索结果，导致用户需要不断滑动页面才能找到所需的文献资源，极大降低了交互效率。

---

① 齐港：《社会科学理论模型图典》，经济管理出版社 2012 年版。

第六章 基于情感体验的移动图书馆用户信息交互行为引导

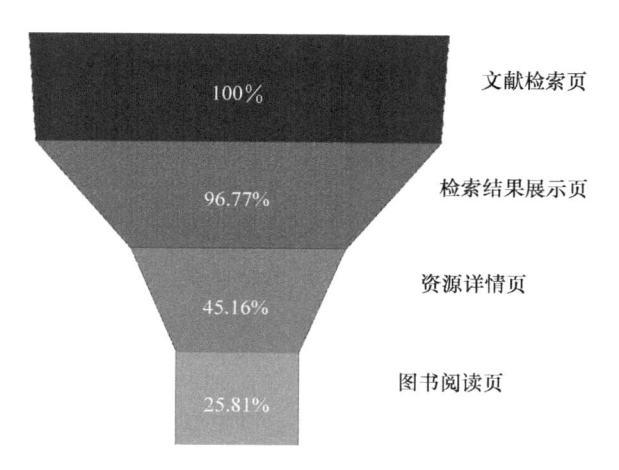

```
100%      文献检索页
96.77%    检索结果展示页
45.16%    资源详情页
25.81%    图书阅读页
```

图6-14 用户流失率分析结果

四 用户信息交互行为路径优化设计

根据埋点实验分析结果，用户在文献检索和活动报名两个场景下的交互路径存在可优化之处。而路径优化的目的是建立用户与移动图书馆之间更紧密的连接，有效满足用户日益增长的精神文化需求，打造良好的交互服务体验。这不仅需要通过界面设计实现视觉上的有序引导，还要通过信息架构设计为用户提供明确的交互指引和积极的交互反馈。对此，本书提出如下优化设计建议：

一是优化界面视觉设计，提升用户感官体验。微信小程序作为移动图书馆对外宣传的重要窗口，其界面视觉效果决定了用户对图书馆服务质量与品牌形象的初步感知。在界面设计中，应根据用户视觉加工机制，基于系列位置效应、菲茨定律和格式塔心理学等理论，通过清晰且符合逻辑的界面布局、版块设置、图标设计带给用户良好的感官体验，激发用户浏览和点击的兴趣，并从视觉层面降低用户认知偏差，使其能够流畅地进行页面内容识别、浏览和定位。

二是优化界面信息架构，提升用户交互体验。小程序集成了丰富的服务功能与知识资源，如何在有限的界面空间中有序呈现移动图书馆的各项功能与内容，方便用户浏览与使用，是路径优化设计中需要关注的重点[1]。根据交互设计理论，应按照用户行为习惯，通过合理的信息架构设计进行界面元素整合与分类，突出显示需要用户重点关注的特色功能与版块，降低用户认知负荷。同时，根据用户行为共性规律，设置合理的信息架构层级，优化交互路径，提高操作效率。

三是优化界面功能效用，提升用户情感体验。图书馆作为社会文化服务与知识传播的主体，不仅需要满足公众知识获取的基本需求，更要从精神文化层面建立与读者的情感连接[2]。因此，在优化路径的同时，应进一步根据情感化设计理论，强化移动图书馆的功能价值，满足用户的情感诉求。譬如，通过创建积极的交互反馈激发用户知识学习的探索欲和愉悦感，实现情感上的共鸣。

基于以上优化设计原则，本书针对图书馆小程序用户交互路径中存在的主要问题，重点围绕"文献检索"和"图书馆活动报名"两个路径进行优化设计，具体方案如下：

（一）文献检索路径优化设计

在小程序原有界面布局中，文献检索结果的呈现采用纵向式页面布局，没有进行对应分类，导致用户无法聚焦于自己需要的文献结果。对此，我们基于格式塔心理学理论中的相似性、延续性、封闭性、邻近性等原则[3]，按照"看书""听书""视频"进行结果分类展示。同时，考虑到分区会导致页面展示内容减少，我们还专门设计了每类搜索结果的详情页，帮助用户快速定位到自己所需的文献。此外，为了方便读者借阅，还在搜索结果中增加了图书"在馆信息"。文献检索是用户主动

---

[1] 冯春英：《基于响应式 Web 设计的新型图书馆门户网站构建》，《图书馆学研究》2015 年第 15 期。

[2] Carter Benjamin T., and Steven G. Luke, "Best Practices in Eye Tracking Research", *International Journal of Psychophysiology*, Vol. 155, Sep. 2020, pp. 49-62.

[3] 韩静华、牛菁：《格式塔心理学在界面设计中的应用研究》，《包装工程》2017 年第 8 期。

第六章 基于情感体验的移动图书馆用户信息交互行为引导

的信息交互行为，目的是从海量馆藏资源中精准找到所需的知识内容。图书馆通过页面设计、信息架构设计、交互设计等层面的优化，可以减少用户操作环节，缩短交互路径，提升服务效率。优化前后的对比效果和路径设计分别如图 6-15 和图 6-16 所示。

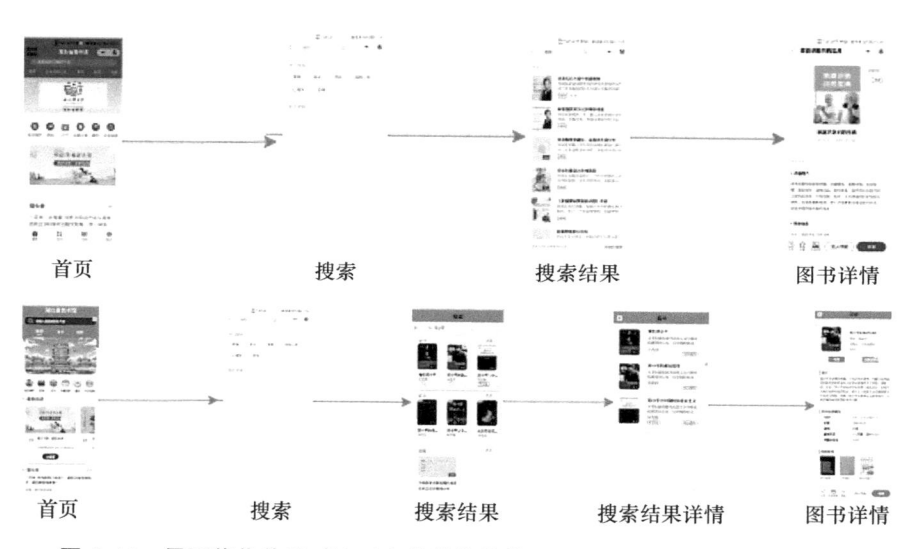

首页　　　　　　　搜索　　　　　　　搜索结果　　　　　　　图书详情

首页　　　　　搜索　　　　搜索结果　　　搜索结果详情　　　图书详情

图 6-15　界面优化前后对比（上为优化前的页面流，下为优化后的页面流）

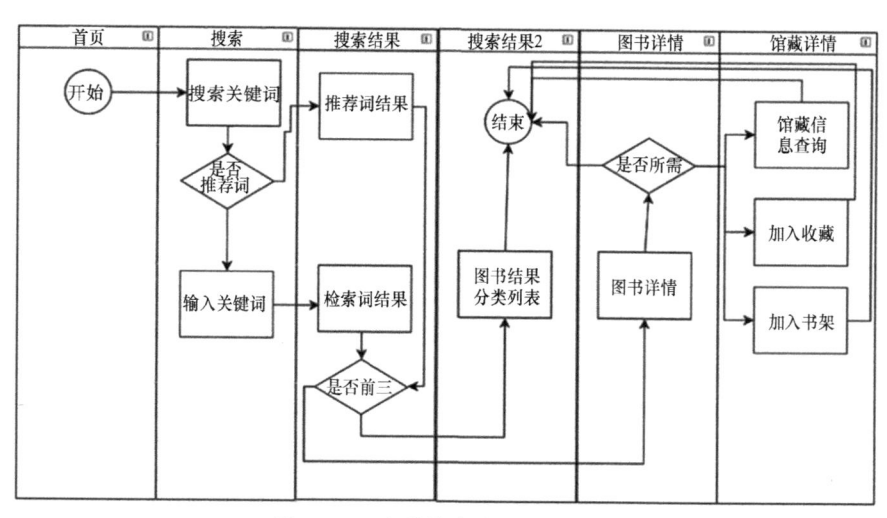

图 6-16　文献检索路径优化设计

（二）图书馆活动报名路径优化设计

通过用户交互行为数据分析发现，小程序原有首页的活动版块并未起到良好的交互行为引导作用，存在内容呈现不清晰、展示信息匮乏等问题。对此，我们首先将原有的海报设计转变为卡片形式，通过边框线、阴影、背景色等元素形成独立的内容结构，并通过边距与其他内容进行区分，从而形成特有的活动栏目布局。相较于无边框的海报设计或者分割线布局，卡片形式可以实现页面要素的归纳组合，呈现出更加清晰的信息结构，降低用户认知成本。其次，通过边界设计可以体现出整体性，使用户感知到内容的归属层级。而在活动详细信息呈现上，增加了"最新活动"大标题以及"活动主题""举办时间"等信息，能够有效引导用户点击首页活动卡片直接进入最新活动列表，并开展后续操作，由此缩短了用户浏览和报名参与最新活动的交互行为路径。优化前后的对比效果和路径设计分别如图6-17和图6-18所示。

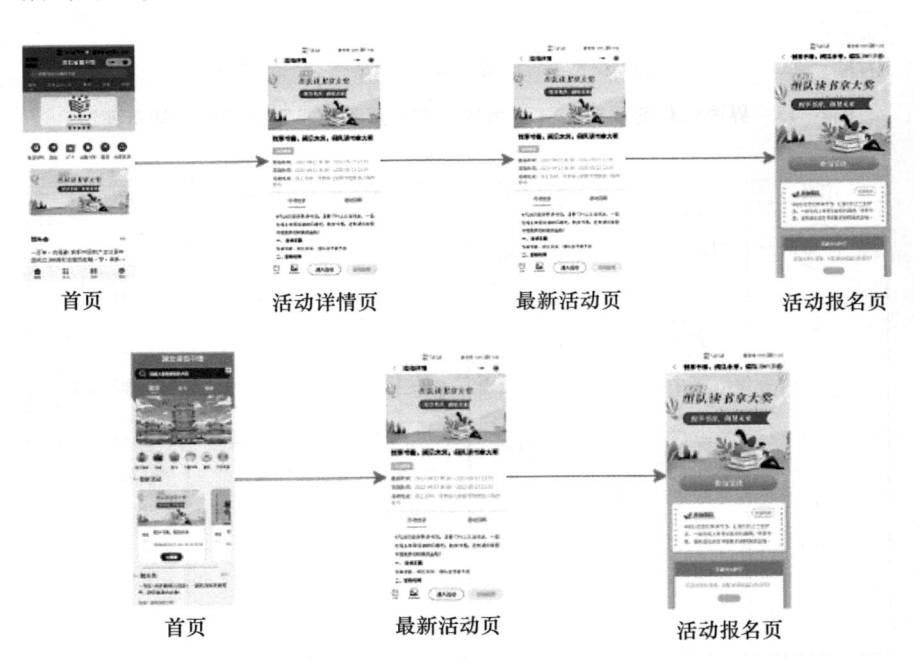

图6-17 界面优化前后对比图（上为优化前的页面流，下为优化后的页面流）

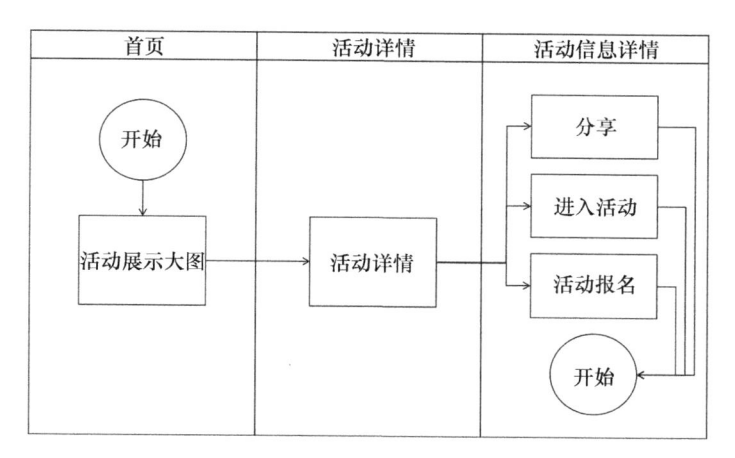

图 6-18 图书馆活动报名路径优化设计

第七章
移动图书馆用户信息交互行为中的情感体验优化

移动图书馆用户情感体验优化是提升用户信息交互质量的必要基础，也是推动数智化环境下图书馆可持续发展的重要驱动力。本章面向数智时代的移动图书馆情感化设计趋势，基于前文揭示的用户信息交互行为中的情感化需求，并结合情感体验影响因素、度量结果和演化机理，提出情感体验优化目标、原则与思路。在此基础上，遵循情感体验设计规范，构建移动图书馆用户情感体验优化框架，进而从感知反应、认知理解、行为交互、价值认同四个维度提出具体优化策略。最后，以课题组自主开发的移动图书馆 APP 应用——"书航"为研究对象，综合应用体验地图和服务蓝图工具，对其情感体验优化问题进行系统的案例分析。

第一节 移动图书馆用户情感体验优化目标与原则

随着用户对移动图书馆的使用需求逐渐从基本功能层面上升到情感价值层面，情感体验正成为图书馆增进用户交互、提升服务满意度的重要基础。越来越多的图书馆开始围绕用户情感需求积极开展情感化设

第七章　移动图书馆用户信息交互行为中的情感体验优化

计。数智化时代的来临，给移动图书馆建设带来了新的机遇和挑战，也对移动图书馆情感化设计提出了新的要求。在这一背景下，应立足于图书馆的数智化转型趋势与用户交互中的情感诉求，确立情感体验优化目标与原则，为移动图书馆开展情感化设计指明方向。

一　数智化环境下的移动图书馆情感化设计趋势

在 2022 年 5 月发布的《关于推进实施国家文化数字化战略的意见》中，我国政府对统筹推进全国智慧图书馆体系建设提出了明确要求：要增强公共文化数字内容的供给能力，提升公共文化服务的数字化水平。在国家政策引导下，以数智化转型推动我国图书馆高质量发展的思想已见端倪，业界和学界纷纷强调图书馆数智化发展的必要性和紧迫性。饶权指出："中国图书馆事业在百余年的发展历程中，实现了图书馆数字化网络化转型发展，面向智能化的图书馆事业转型迫在眉睫"[①]；李国新提出："'十四五'时期公共图书馆高质量发展应持续创新和提升数字服务能力。"[②] 王惠君论述了公共图书馆事业必须创新技术促进图书馆转型以适应高质量发展的需要[③]。魏珊和马海群从数智赋能视角探讨了我国图书馆的观念变革以及转型的现实逻辑，提出了图书馆数智化转型的实现路径[④]。由此可见，数智化转型是推动我国图书馆高质量发展的大势所趋。

从信息技术驱动的图书馆转型历程来看，信息化是图书馆转型的初级阶段，数字化和智能化是转型的发展及进化阶段，而数智化则是图书馆在智能技术加持下以数据为中心的数字化升级。近年来，大数据、云

[①] 饶权：《中国图书馆事业的历史经验与转型发展》，《中国图书馆学报》2019 年第 5 期。
[②] 李国新：《"十四五"时期公共图书馆高质量发展思考》，《图书馆论坛》2021 年第 1 期。
[③] 王惠君：《面向未来　创新发展——公共图书馆事业高质量发展思考》，《图书馆论坛》2021 年第 2 期。
[④] 魏珊、马海群：《数智赋能图书馆转型的现实逻辑与实现路径研究》，《图书馆工作与研究》2022 年第 11 期。

计算、物联网、人工智能、5G 等新兴技术在传统图书馆中的普及应用，推动了智慧图书馆的产生与发展。随着数智技术与图书馆深度融合，图书馆的智慧服务能力得以快速提升和优化，各项智能业务也日渐成熟。自 2021 年底开始，以 ChatGPT 为代表的生成式 AI 技术（AIGC）的涌现，为各行业的数智化变革带来了新的契机，也对智慧图书馆的发展产生了深远影响，将会引发由底层技术变革驱动的服务模式创新与体系重构，进一步推动图书馆智能化转型升级。在图书馆行业整体践行数智化转型的大趋势下，移动图书馆作为未来图书馆的重要表现形式之一，也显现出新的功能与特征，如表 7-1 所示。

表 7-1　　　　新兴技术驱动的移动图书馆变革与发展

	传统移动图书馆	智慧移动图书馆	基于 AIGC 技术的移动图书馆
技术支撑	以移动通信技术、移动网络、智能化移动终端设备为核心的技术支撑体系	硬件设备（摄像头、传感器、移动终端、可穿戴设备、GPS 定位器、RFID 芯片、服务器等）、机器学习算法（贝叶斯、回归模型、决策树、支持向量机、神经网络等）	软硬件设备（传统智慧图书馆硬件设备、云平台、超算中心等）、预训练大模型（GAN、Transformer、CLIP、DALL-E2、Diffusion、GPT-4）
服务模式	以图书馆和馆员为主导的泛在性移动信息服务	以图书馆和馆员为主导的个性化、精准化、泛在性服务	基于人智协同的多维交互服务
资源建设	数字图书馆资源在移动应用端的格式转化与有效呈现	馆藏文献、电子文献、多媒体文献、特色数据库、资源库、知识库、文化方阵等其他网络资源	基于更多生成式数字内容的多模态资源矩阵
应用场景	移动检索、移动阅读、移动视听、信息推送、空间位置预约等	智慧预约、智能检索、智能认证、智慧借阅、移动阅读、精准推送、智慧书房、机器人馆员、有声读物、虚拟体验等	满足读者更多元个性化需求的知识组织、知识生成、知识创造与知识应用

移动图书馆的数智化转型，也使面向新技术和服务场景的情感化设计呈现出新的发展趋势：

第七章　移动图书馆用户信息交互行为中的情感体验优化

一是面向数智化服务的设计体系重构。数智技术在移动图书馆中的深度应用，催生了智能检索、机器人/数字人馆员、3D 馆内导览、知识内容自动生成与创作、多模态数字资源聚合等一系列新兴服务，呈现出更强的人机交互性、情境感知性和服务智能性。在强调智能技术赋能的同时，更加注重"以人为本"的服务理念，实现基于"人本人工智能（Human Centered AI，HCAI）"的图书馆情感化设计。HCAI 是智能系统设计的一种全新理念，强调 AI 与人（用户、操作人员等）共同处于一个更大的生态体系之中，不仅能使 AI 更好地从情感化、社会化角度理解人类行为，也能帮助人类更好地利用 AI 技术[1]。这需要推进移动图书馆智能服务的可解释性、可理解性、有用性和可用性的人因设计，更好地创造积极、信任、愉悦的情感体验，同时也对面向隐私安全与数字包容的情感化设计提出了更高要求。

二是数据驱动的实时性情感反馈响应。新兴技术的普及应用增加了移动图书馆大数据的来源和类型，既包括图书馆的书目数据、科学数据、网络数据、机构知识库数据、开放存取资源数据和网络资源数据等，也包括感知设备、机器人、云平台、移动互联网等基础设施采集的各类信息数据[2]。应用先进的大数据挖掘技术和深度学习、自然语言处理、AIGC 等人工智能技术，可以帮助移动图书馆更好地开展自动推荐、知识图谱等服务，并深化基于大数据分析的用户画像、热点追踪等服务[3]。此外，通过射频识别设备、可穿戴设备、智能终端设备可以及时感知和采集读者情境数据与行为数据，更好地实现基于情境感知的实时智慧服务，提升用户交互的积极性与满意度。

三是技术赋能带动设计效率提升。依托先进的数据分析模型与智能

---

[1] Riedl Mark O., "Human-Centered Artificial Intelligence and Machine Learning", *Human Behavior and Emerging Technologies*, Vol. 1, No. 1, Jan. 2019, pp. 33-36.
[2] 苏云：《大数据与人工智能双驱动的图书馆智慧服务研究》，《图书与情报》2018 年第 5 期。
[3] 王晰巍、罗然、刘宇桐：《AI 在智慧图书馆应用趋势：机遇与挑战》，《情报科学》2021 年第 9 期。

化设计工具，可以有效连接需求梳理、原型设计、UI 设计、系统开发、服务运作等各项环节，使系统开发者、体验设计者等不同主体更高效地开展协同合作。例如，通过用户反馈数据智能采集工具面向各类移动图书馆应用场景，高效准确地描述用户需求，进而自动生成高保真原型；或利用 AI 辅助内容生成技术，快速自动地完成内容创作、界面设计、图像处理、音视频素材加工等复杂任务，减少重复性人力工作；以及通过"自适应设计"实现 Web 网站、APP、微信小程序的跨平台转化，从而加快移动图书馆迭代更新。

四是基于人智交互的情感体验新场景创设。虚拟现实、AIGC 技术在图书馆的应用，拓展了以人智交互为核心的服务场景，打造了虚拟空间数字阅读、想象世界呈现、数字人智慧咨询等全新场景，带动了图书馆数字藏品、数字记忆等创新应用的兴起[1]。同时，依托 AIGC 技术逐步实现多模态、多类型、细粒度知识元的服务场景创设，为图书馆构建虚拟空间、再造组织架构、重塑互动关系、挖掘特藏价值和扩展服务功能提供了重要支撑[2]。传统图书馆在不断推进数智化变革的进程中正朝着元宇宙图书馆形态演进，为用户创造更多新奇有趣的交互模式与体验场景，带来更加沉浸式的体验感受与多维立体的服务应用。

二 移动图书馆用户情感体验优化目标

图书馆作为重要的社会化知识服务主体，承担着传承人类文明、推动知识传播的神圣使命[3]。移动图书馆的情感体验优化设计，应以建立图书馆与用户之间深度的、持续的情感连接为目标，实现用户对移动图书馆服务的有效利用，从而更好地发挥图书馆在信息聚合、知识服务与

---

[1] 赵志耘、林子婕：《元宇宙与智慧图书馆：科技赋能文化新路径》，《图书情报知识》2022 年第 6 期。

[2] 蔡子凡、蔚海燕：《人工智能生成内容（AIGC）的演进历程及其图书馆智慧服务应用场景》，《图书馆杂志》2023 年第 4 期。

[3] 范并思：《图书馆元宇宙的理想》，《中国图书馆学报》2022 年第 6 期。

第七章　移动图书馆用户信息交互行为中的情感体验优化

智慧凝结中的重要作用，促进全社会精神文化建设与创新发展。

对于移动图书馆而言，按照从顶层设计到规划布局再到具体实施的情感体验优化路线，首先，应在服务理念上坚守"以人为本"的初心，通过情感化设计体现人文关怀，并立足于我国文化教育事业的发展，充分发挥图书馆"滋养民族心灵、培育文化自信"的重要使命；其次，在服务体系规划建设上，通过情感化设计实现"资源""服务""空间""人"四个核心要素有机融合，从而针对不同空间场景、不同读者群体提供相适配的知识资源和服务，促进数字包容，缩小数字鸿沟①；最后，在实施层面，则需要通过美学设计、情境创设、兴趣激发、情感共鸣、沉浸式体验等一系列情感化设计元素，从平台建设、技术融合、资源配置、服务创新等维度为用户创造舒适、愉悦、满足的情感体验。

对于用户而言，根据信息交互需求，应通过情感体验优化设计分别满足信息需求层面、服务需求层面、交互需求层面、社会需求层面和自我需求层面的情感诉求。其中，在信息需求层面，移动图书馆应及时提供丰富、多元、前沿的信息资源，消除或缓解用户因知识匮乏而引起的紧张焦虑情绪；在服务需求层面，应通过更丰富的服务模式选择、更便捷的服务流程以及更稳定的网络环境满足用户信息获取和利用的需求，使其产生轻松、愉快的情绪感受；在交互需求层面，应通过流畅、高效的交互模式方便用户使用图书馆资源和服务，创造积极的情感体验；在社会需求层面，应通过情感化设计充分体现图书馆的精神文化属性，为用户建立更加稳固的社会信任机制，并在信息交互中获得文化归属感，获得更广泛的社会支持与他人认同；在自我需求层面，则要通过反思设计实现精神激励，使用户能在与移动图书馆的持续交互中为社会进步做出积极贡献，实现自我价值。

---

① 卜淼：《公共图书馆促进数字包容的国际进展与我国对策》，《图书馆理论与实践》2023年第2期。

三 移动图书馆用户情感体验优化原则

根据用户情感体验优化目标定位，需要进一步明确优化原则，从而引导移动图书馆情感化设计工作有序开展。具体包括：全局性视角、设计点平衡、多主体协同和持续性推进原则。

1. 全局性视角。情感体验作为用户体验的有机组成部分，并不是孤立存在的，而是感知体验、认知思考、行为交互、记忆联想等相互作用的结果。因此，围绕用户情感体验优化的设计工作涉及视觉呈现、界面设计、功能规划、信息架构、交互设计、价值激励等环节，需要立足于移动图书馆数智化发展总体目标，从全局性视角出发，实现各项设计环节紧密衔接，从而使用户在信息交互全流程中都能保持良好的情绪感受，在整体上提升用户体验。

2. 设计点平衡。在开展情感体验设计时，需要根据用户情感化需求与行为习惯对移动图书馆的服务功能、模式、流程等进行相应优化与调整。当优化内容与图书馆业务目标存在矛盾时（如精简首页内容版块以提高用户浏览效率，但可能会降低馆藏资源的利用率），需要通过全方位考量，找到情感化设计的平衡点。此外，图书馆在积极引入新兴技术的同时，也要兼顾不同用户群体的认知能力与行为能力差异，真正做到数字包容与数字惠民。

3. 多主体协同。情感体验优化设计是一项系统性工作，既需要图书馆员的全力参与，也需要数字服务平台开发商、数据库服务提供商、移动网络运营商、移动应用开发商、移动系统集成商和移动终端设备生产商等主体的广泛支持与密切配合；同时，还需要用户及时给予体验反馈和建议。从而通过多主体协同保障情感体验优化工作有序开展，逐步实现系统规划、多元参与、联合发展、互利共赢的良好模式。

4. 持续性推进：在数智化发展新格局、图书馆高质量发展的复合背景下，移动图书馆情感体验优化是一项长期性、渐进性工作。随着信息技术的快速发展和用户知识文化需求不断演变，移动图书馆的表现形态、服务模式和交互机制会不断呈现新变化、新特征，因而存在需要持续探索和优化的新问题。鉴于此，情感体验设计应以图书馆总体战略目标为引导，逐步实现从理念渗透到技术升级、从功能拓展到全面更新的演进，提升移动图书馆的服务优势。

第二节 移动图书馆用户情感体验优化思路与框架

按照移动图书馆用户情感体验优化目标和原则，本书遵循"以人为本"的设计理念，基于经典的情感体验设计模型，遵循情感化设计理论与规范，提出完整的情感体验优化思路与框架。

一 移动图书馆用户情感体验优化思路

总体而言，数智化时代的移动图书馆用户情感体验优化，应在目标与原则引导下贯穿用户信息交互全过程，根据用户情感需求、行为规律以及情感与行为之间的相互作用机理，对情感体验进行准确度量与评估，明确交互过程中存在的主要痛点，从而发现优化机会点，开展具体设计工作，进一步推动移动图书馆创新发展。具体设计思路如图7-1所示。

二 情感体验优化设计模型

在情感体验理论研究与实践探索中形成了一系列经典的情感化设计模型，阐释了产品（服务）优化与用户情感之间的内在关联，从感知、认知、情感、行为、价值等不同视角揭示了设计效果如何影响情感的产生与变化，为移动图书馆用户情感体验优化设计提供了有益参考。

移动图书馆用户信息交互行为中的情感体验研究

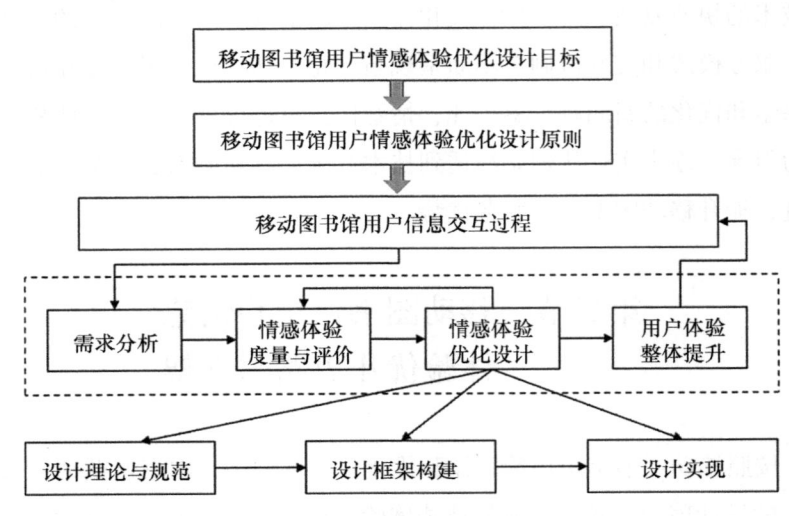

图 7-1 移动图书馆用户情感体验优化思路

（一）用户体验设计层次模型

美国著名的用户体验专家詹姆斯·加瑞特将用户体验设计要素分为战略层、范围层、结构层、框架层和表现层五个层次，形成了从抽象到具体的层次模型（见图 7-2），被广泛应用于互联网产品设计中，也为情感体验设计奠定了重要的理论基础①。在该模型中，战略层旨在明确产品的战略定位，是开展用户体验设计的必要前提；范围层主要根据可行性分析对用户需求进行取舍并合理排列优先级，从而确定具体设计范围；结构层的任务是进行交互设计和信息架构设计，目的是确定各类体验要素的呈现方式和顺序，从而建立起用户与产品之间有意义的连接；框架层则是通过界面设计、导航设计和信息设计，实现对产品组成元素的体验设计，包括：让用户通过界面交互控件顺利完成各项操作任务，让用户在使用产品时有明确的位置感，以及让用户更好地理解和使用产品。最后，通过表现层完成整个用户体验设计效果的视觉传达，以符合

---

① ［美］加瑞特：《用户体验要素：以用户为中心的产品设计》，范晓燕译，机械工业出版社 2011 年版。

产品特性的设计风格进行完美的视觉呈现,让用户产生美好的感官体验。

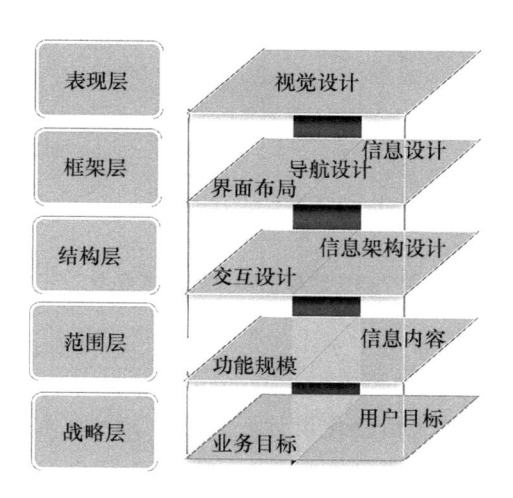

图 7-2 用户体验设计层次模型

(二) 产品情感设计基本模型

荷兰代尔夫特大学的研究者基于"认知—情感反应"机理,构建了赋予产品情感体验的设计模型,如图 7-3 所示[①]。该模型立足于用户认知与情感评估来阐释用户在产品体验过程中的情感反应产生机制,包括用户关注、产品刺激和情感评估三个阶段。其中,情感评估是核心环节,由初级评估与次级评估组成。初级评估的重点在于判断产品是否有助于实现个体目标,即情感价值评估;次级评估则侧重于判断个体是否拥有必要的内外部资源与产品进行交互,即唤醒评估。该模型强调了情感评估在产品体验设计中的关键作用,不同的情感评估会激发不同的情感体验(烦恼、喜悦、失望、满意),从情感价值和唤醒两个维度可以清晰地描述产品刺激要素与用户情感反应之间的内在关系。

---

① Demir E., Desmet P. M., and Hekkert P., "Appraisal Patterns of Emotions in Human-Product Interaction", *International Journal of Design*, Vol. 3, No. 2, Aug. 2009, pp. 41-51.

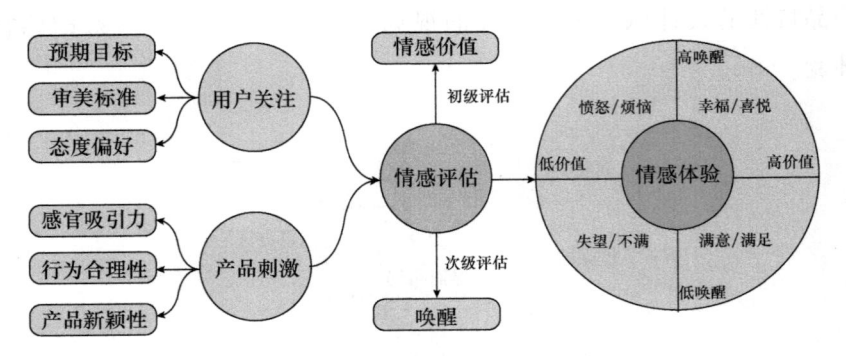

图 7-3 产品情感设计基本模型

（三）情感认知三层次模型

唐纳德·诺曼在《情感化设计》一书中提出了经典的情感化设计三层次模型，阐述了如何将情感效应有效融入产品设计之中，如图 7-4 所示①。在本能层情感设计中，由于该阶段人脑对信息的认知和情感处理处于基本状态，通过潜意识对周围的事物和环境进行快速判断并做出本能反应，因此在该层面主要侧重于产品的外观、触感、音效等元素的设计，关注产品带给用户的感官刺激和第一印象。在行为层设计中，出于人脑对日常行为的控制，由复杂的大脑认知活动分析周围事物和环境并做出相应的行为模式调整，从而获得情感体验。因此，该层面主要关注设计要素对用户交互行为的引导，着重传达产品功能的可见性、易用性和使用感受，提升用户使用效率和愉悦情绪。在反思层设计中，根据人脑借助有意识的思维和后天习得的价值观念所进行的深层次思考，主要关注产品带给用户的价值认同和情感记忆，使用户获得精神上的享受与情感共鸣。

（四）CUE 情感设计系统模型

德国科技大学的 Manfred 和 Sascha 教授在 2007 年提出了 CUE

---

① [美] 唐纳德·A. 诺曼：《情感化设计》，张磊译，中信出版社 2015 年版。

第七章 移动图书馆用户信息交互行为中的情感体验优化

图 7-4 情感化设计层次模型

（Components of User Experience）情感设计系统模型，整合了情感体验的外部影响因素与内部构成因素，揭示了内外因素作用下的情感体验形成与行为决策机制，为情感体验设计提供了理论指导，如图 7-5 所示[1]。其中，外部影响因素主要包括：系统特征、用户特征、场景与任务，它们共同作用于产品（服务）的交互特征，进而影响用户对产品的实用性认知（可控、高效、易学）与审美性感知（享受、品质、趣味、认可），并激发用户的主观感受、表情行为与生理反应等不同维度的情感体验，最终影响用户对产品的满意度评价，决定用户的使用意图与行为决策。

图 7-5 CUE 情感设计系统模型

三 情感体验优化设计理论与规范

移动图书馆用户情感体验优化需要遵循相应的理论规范，本书通过

---

[1] 杨丽丽：《基于用户体验 CUE 模型的产品情感化设计方法及其应用》，《创意与设计》2019 年第 2 期。

· 343 ·

阐释视觉设计、交互设计和认知心理学领域的经典理论，为后续优化设计实践工作的有效开展提供了理论支撑。

（一）系列位置效应

系列位置效应反映了用户对一系列处于不同位置的记忆材料具有不同的回忆效果[1]。在进行界面浏览时，用户往往对最先出现和最后出现的内容印象深刻，这分别对应着系列位置效应中的首因效应和近因效应[2]。其中，首因效应表明：用户对事物的初始印象会对其后续认知产生重要影响，并持续较长时间。因此，首因效应常用于首页界面设计，通过建立良好的"第一印象"提高用户的使用意愿；近因效应则显示，用户在接受连续视觉刺激时，会对最新出现（即最后看到）的刺激物留下更深印象，因而在界面设计中会将一些重要功能或内容设置在页面底部最后呈现，由此提高用户关注度。

（二）菲茨定律

菲茨定律是交互设计领域的重要理论，揭示了用户在进行移动端交互操作时，手指移动到界面中某一目标物（图标、按钮等）的时间取决于手指距离目标物的远近以及目标物的大小[3]。距离越近、目标物越大，越便于用户进行快速准确的操作。因此，在移动端界面优化设计中，往往根据用户行为习惯，将一些常用功能按钮设置在距离用户手指悬停位置较近的区域，并将具有关联性的功能组件排列在一起，提高用户交互操作效率；同时，通过改变控件的大小，放大需要突出显示的常用或重要功能，方便用户精准点击，提高交互操作的容错率。

（三）格式塔理论

格式塔理论从认知心理学视角反映了视觉系统对界面元素的感知过

---

[1] 崔佳、宋耀武：《"金课"的教学设计原则探究》，《中国高等教育》2019年第5期。
[2] 马燕：《浅析"首因效应"》，《科教文汇》2009年第31期。
[3] 尤乾、吕健、李阳、金昱潼、赵子健：《基于Fitts定律的虚拟现实小目标选择模型》，《工程设计学报》2019年第4期。

程和信息构建机理，能够使界面设计更好地切合用户使用习惯，主要包括接近性、相似性、闭合性、连续性和对称性等多项原理①。其中应用较多的是接近性与相似性原理。接近性强调界面空间位置设计，通过将需要关联的界面元素紧密排列在一起，使用户从视觉感知上将其归为一类，从而减少用户在界面浏览时的视觉凌乱感，更快定位目标②；相似性则强调界面视觉特征设计，通过对需要关联的元素设置相同或相近的颜色、形状、结构，使用户产生整体性视觉效果，从而提升对界面的认知理解能力，优化交互体验③。

（四）色彩心理学

色彩心理学是研究色彩如何通过对人视觉上的刺激而引发心理和情感变化的一种理论，通过分析日常生活中人们对色彩应用经验的积累，归纳总结出人们对色彩心理上的预期感受④。在用户体验设计领域，色彩是对人们的一种视觉刺激，并通过认知、感情传递到记忆、思想、意志和象征。因此，为了更直观、形象地表达产品（服务）蕴含的理念，带给用户积极的情绪感受，需要采用与产品风格、意境相应的配色方案。此外，色彩对人的复杂影响存在极大的个体差异，通过准确的颜色应用可以有效提升产品的大众效应，传递产品的情感信息。

（五）席克定律

席克定律能够解决用户使用产品中的决策效率问题，有效降低用户流失率。席克定律用数学公式可表达为：$RT=a+b\log2（n）$。其中，RT 表示反应时间，a 表示与做决定无关的总时间，b 表示根据对选项认知

---

① 温希祝：《应用软件系统人机界面设计的探讨》，《贵州大学学报》（自然科学版）2005 年第 3 期。

② 韩静华、牛菁：《格式塔心理学在界面设计中的应用研究》，《包装工程》2017 年第 8 期。

③ 权雯欣、梁艳霞、严文杰：《格式塔心理学在产品人机界面设计中的应用研究》，《科技资讯》2020 年第 4 期。

④ 李敏、曹军：《色彩心理学》，中国华侨出版社 2016 年版。

的处理时间实证衍生出的常数，n 表示同样可能的选项数①。在情感体验设计中，可以通过席克定律优化信息架构，根据用户阅读习惯将信息分类组合，降低用户对海量阅读文献的选择成本，提高阅读效率，使用户在碎片化阅读时间更快获取所需的知识内容，提升情感体验。

四 情感体验优化设计框架构建

本书立足于前文对移动图书馆用户情感需求的分析结果，根据用户信息交互行为与情感体验之间的相互作用机理，针对当前我国移动图书馆数智化发展中存在的用户体验问题，基于相关理论与规范，从情感化设计视角提出情感体验优化设计框架，如图 7-6 所示。该框架主要从 4 个维度进行优化设计：感知反应、认知理解、行为交互和价值认同。

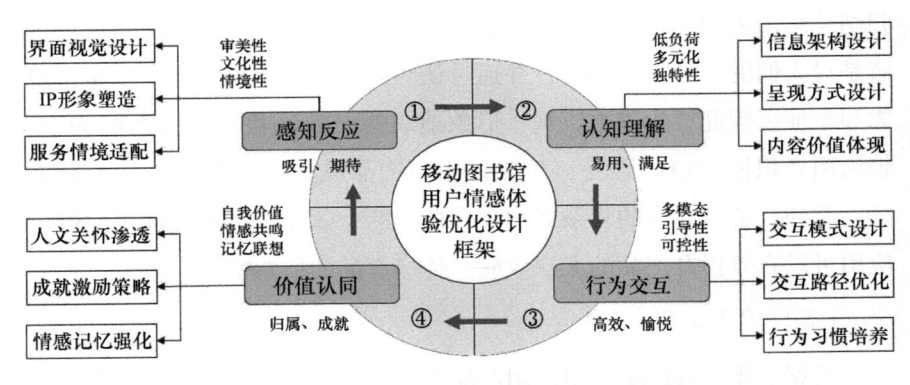

图 7-6 移动图书馆情感体验优化设计框架

（一）感知反应维度

该维度主要是从用户初始接触移动图书馆时产生的本能感知反应层面，通过服务平台界面视觉设计、图书馆 IP 形象塑造和移动网络情境适配，满足用户在视觉审美、文化氛围和情境感知方面的需求，强化对用户的感官吸引力，使用户在初始使用时就能对移动图书馆建立起良

---

① 单美贤：《人机交互设计》，电子工业出版社 2016 年版。

好、深刻的"第一印象",从而对后续使用充满期待感,并在持续使用过程中能始终获得美好、舒适的视觉享受与氛围感知。

(二) 认知理解维度

当用户对移动图书馆的外观界面、设计风格、情境氛围等产生本能感知后,会进一步对信息要素、知识内容等进行浏览与使用,从而在认知理解层面产生更丰富的情感体验。因此,该维度需要通过合理的信息架构设计和多元化的知识内容呈现方式,降低用户在移动终端浏览图书馆海量知识资源时的认知负荷,提高用户知识获取的易用性、便捷性,从而缓解学习与科研的焦虑感。同时,通过对馆藏资源尤其是特藏资源价值的有效体现,增强用户对图书馆文化内容的认知深度及核心价值的把握,满足不同用户群体的精神文化需求。

(三) 行为交互维度

用户在认知理解的基础上完成对信息的加工从而产生决策意图,并最终付诸行为表现。行为层面偏重于用户与移动图书馆服务平台的交互,因此,应侧重于交互模式、交互路径的优化设计。在智能化环境下,通过文字、语音、生物特征、手势动作等多模态方式进行灵活交互已成为必然趋势。与此同时,还需要通过符合用户使用习惯的交互路径设计实现对用户行为的有效引导,提高用户对移动图书馆的使用效率与可控性,并在使用过程中融入情感化元素,减少用户长时间使用的乏味感与疲劳感,保持愉悦的心情。而通过持续的交互引导,可以潜移默化地培养用户的行为习惯,从而增强对移动图书馆的信任感与依赖感。

(四) 价值认同维度

该维度是用户与移动图书馆进行较长时间交互后,在对移动图书馆的界面布局、服务功能、资源特色熟悉了解的基础上,所形成的整体感受。用户情感从本能层面、认知层面和行为层面逐渐上升到价值观层面,需要通过精神上的人文关怀加强与用户之间的情感共鸣,让用户获得更多的归属感，并积极借助成就激励手段深化用户进行自我价值实现的成就感。此外，还应通过合理的记忆点设置让用户留下美好难忘的"交互瞬间"，从而增进对移动图书馆的价值认同，提高持续使用意愿和分享推广意愿。

第三节 移动图书馆用户情感体验优化对策

基于移动图书馆用户情感体验优化思路与框架，本书分别从感知反应、认知理解、行为交互和价值认同四个维度提出具体优化对策。

一 感知反应维度优化

感知反应维度侧重对移动图书馆的视觉表达、IP形象和情境氛围进行优化设计，旨在通过良好的感官体验带给用户愉悦、美好的情绪感受，从而唤起用户的使用兴趣。

（一）界面视觉设计

视觉元素（如配色、字体、图标、界面布局等）影响着用户对移动图书馆最直观的感受和印象。在界面视觉设计上，不仅需要满足用户的审美情感需求，还要突出图书馆的文化属性和地方（领域）特色。

1. 配色风格。色彩心理学研究表明：色彩中蕴含着丰富的情感要素，能影响人的情绪并带来不同的生理感受。为了实现图书馆文化理念的传递，营造视觉美感并减少用户在移动阅读过程中的视觉疲劳，可以考虑使用简洁明快、清新柔和的界面配色，并适当融合朱砂红、青金色、松石绿等表现中国传统文化特色的颜色。同时，在主色调选择上应尽量与图书馆官网主页或图书馆建筑空间色调保持一致。

2. 图标设计。图标是界面中最具代表性的视觉设计元素之一，起着表意、指示、引导的作用①。图标一般由图形、图形+文字或文字演化的符号构成。图标的设计既要符合用户应有的审美意趣,也要凸显图书馆的文化特色,具有良好的辨识度。因此,图标设计可以尝试从图书馆的文化属性、建筑形制、书籍文献、地域特色等事物中解构、提炼出相关符号要素,并与图书馆所承载的资源内容、服务功能相融合。图 7-7 展示了部分具有代表性的移动图书馆界面图标。

图 7-7 移动图书馆界面的图标样例

3. 界面布局。界面布局也会直接影响用户感知层面的情感体验。由于移动图书馆的界面内容具有较强的延展性和交互性,因此,应根据系列位置效应、菲茨定律、格式塔理论等设计规范,对内容模块及其呈现位置、顺序等进行合理安排,使其能够更好地符合用户浏览习惯与交互偏好。目前,常用的移动图书馆界面布局格式主要有宫格式、列表式和模块式②。其中,宫格式布局最为常见,较多用于文献资源分类;列表式布局在连续切换操作上更为平滑,可以使用户产生更加流畅的视觉体验;模块式布局的扩展性较强,可以给界面设计提供更广阔的发挥空间。

---

① 李道源、孙立、吴丹:《UI 图标设计》,华中科技大学出版社 2018 年版。
② 优逸客科技有限公司:《移动界面设计-视觉营造的风向标》,机械工业出版社 2017 年版。

因此，在进行界面布局设计时应结合需要呈现的具体内容进行合理选择。

（二）IP 形象塑造

近年来，越来越多的图书馆开始打造自己的 IP 形象，提升品牌影响力，帮助用户具象化感知图书馆的知识服务，使用户产生持续的亲近感，增强使用意愿。IP 形象的塑造，切合了图书馆以"人"为中心的人本化服务理念，并能有效改善数智化环境下图书馆服务日益"机器化"的印象，突出情感化特点。对于移动图书馆情感化设计而言，需要进一步结合移动网络特性与智能化终端设备的功能，使图书馆的 IP 形象在移动端发挥更大作用。

一方面，强化 IP 形象的"人设感"塑造，增进与读者的情感连接。由于图书馆具有天然的文化服务属性，其 IP 形象往往具有鲜明的拟人化特征。因此，可以从文化知识传播主体间的连接关系出发，确定 IP 形象的具体角色，如虚拟图书馆员、学习伙伴、阅读助手等。同时，应与图书馆的服务理念、行为识别形成统一的整体形象，凸显品牌文化内涵，让读者对图书馆形象产生深刻印象和情感共鸣。例如，深圳图书馆的新媒体 IP 形象"深图布克家族（BOOK FAMILY）"就以阅读伙伴的身份为读者提供相关服务（见图 7-8）。该 IP 富有拟人化的性格和故事背景，形象特点鲜明，造型生动，能够有效增强图书馆移动阅读推广的吸引力、传播力和影响力。

图 7-8　深圳图书馆"布克家族"IP 形象

另一方面，丰富 IP 形象在移动端的表现形式，加强与读者的互动交流。基于人工智能、5G、物联网等技术，可以使图书馆的 IP 形象与读者在移动服务平台进行高质量的人机对话，发挥其在智能问答、VR 应用、无障碍阅读等服务场景下的潜能。此外，还应面向未来元宇宙图书馆的发展，积极打造图书馆虚拟人/数字人 IP 形象，增强用户使用移动图书馆时的代入感，营造新奇有趣的服务体验，充分体现移动图书馆服务创新与智慧生态的发展趋势。

（三）服务情境适配

情境氛围设计也是优化移动图书馆用户情感体验的重要手段，能够增强用户的临场感与代入感，打造更加沉浸式、个性化的情感体验。对于移动图书馆而言，首先，在可视化设计上可以从图书馆丰富多样的文化元素中获取灵感，并通过有效的设计途径实现文化意象与界面视觉的关联映射，从而塑造浓厚的场景氛围，带给用户视觉冲击，使用户能更好地从视觉元素中获取与主题相关的信息，从而引起情感共鸣。例如，苏州市图书馆 APP "书香苏州" 的开屏页就是一张汇聚了苏杭地域特色和图书馆建筑元素的插画，色彩清新，文化氛围浓郁，引发了读者对江南水乡文人墨客的无限遐想，由此激发读者求知探索和文化交流的欲望，如图 7-9 所示；国家数字图书馆 APP 的首页界面则以轮播图的方式动态展现古往今来各大名家的诗词书画作品，使读者一进入移动服务平台就能充分感受到国图所承载的中华上下五千年悠久历史。

其次，充分利用移动终端的情境感知特性，实现移动图书馆服务的情境自适应。移动图书馆服务平台可以通过传感器技术、协同计算、人机交互技术获取用户周围环境、计算设备

书香苏州

V4.5.6

图 7-9 "书香苏州" APP 开屏页

· 351 ·

及所处的社会状态等情境信息，经过实时处理与分析后，有针对性地改变人机交互界面或行为逻辑，为用户提供个性化服务。例如，不同环境光线下阅读界面亮度的自动调整，不同环境噪声下听书音量的自动调整等。未来，随着对用户实时情感状态监测和情感数据采集技术的不断升级，还可以根据用户情感变化动态调整界面配色、推荐内容，从而为用户营造亲切且具有情境感的使用氛围和情感空间。

二 认知理解维度优化

认知理解维度主要通过合理的信息架构设计、多元化的知识内容呈现以及充分的资源内容价值体现，降低用户使用移动图书馆的认知负荷，提高用户的感知易用性，使用户获得知识获取与利用的满足感。

（一）信息架构设计

信息架构是一项专注于以有效、可用的方式对内容和数据进行结构化组织与分类的工作，在移动图书馆体验设计中起着承上启下的作用。理想的信息架构能够使移动图书馆服务平台建立起有序、立体的信息内容空间，从而帮助用户高效、便捷地获取所需的知识资源。移动图书馆信息架构优化设计可以从导航设计、信息元素设计和信息层级设计三个方面展开。

1. 导航设计。移动图书馆要在有限的移动终端上呈现丰富的信息内容，必须通过清晰、简明的导航设计指引用户快速完成相应操作。合理的导航设计可以帮助用户快速获取所需信息，实现注意力的有效聚焦。目前移动端常用的导航类型主要包括标签式导航、抽屉式导航和桌面式导航。其中，标签式导航又称为 Tab 导航，通常分为底部、顶部、顶+底混合三种模式。一般由 3—5 个"文字+图标"的标签组成，适合在相关信息类别之间频繁切换使用，使用户可以迅速地实现页面之间的切换且不会迷失方向；抽屉式导航则是将一些导航按钮隐藏在当前页面之后，点击入口或侧滑即可像拉抽屉一样拉出导航菜单，适用于不需要频繁切换的一些次要功能，如"设置""会员""规则条例"等，其优

第七章　移动图书馆用户信息交互行为中的情感体验优化

点在于可以很好地节省页面展示空间，使用户将更多注意力聚焦于当前页面；桌面式导航则类似于操作系统界面，其特点是由多个功能模块排列组合而成，布局均衡，适用于信息内容（栏目）较多的移动端应用。结合不同导航类型的特点，一些移动图书馆进行了综合设计。如首都图书馆 APP、苏州独墅湖图书馆 APP（书香园区）等，就在导航设计中对信息内容进行了合理的分组梳理，采用桌面式、标签式导航对移动阅读、馆藏查询、图书借阅、读者服务、活动信息等进行引导展示（见图 7-10），提升了用户使用移动图书馆的舒适感和灵活性。

首都图书馆 APP 导航设计　　书香园区 APP 导航设计

图 7-10　移动图书馆导航设计案例

· 353 ·

2. 信息元素设计。移动图书馆天然承载着丰富的信息要素。在进行信息架构设计时，需要仔细考量图书馆物理空间与数字信息之间的连接关系，采用整体统一、逻辑清晰、生动形象的信息要素设计原则。一方面，将信息内容恰当合理地转化为具有代表性的视觉元素符号，以用户容易读懂且熟悉的视觉元素来表现信息内容，并在保证信息准确表达的基础上，根据图书馆的地域文化特点，增加信息元素的生动性与趣味性；另一方面，要合理规划页面中呈现的信息元素类型和数量，使其在有限的页面空间中发挥应有的价值效用。以大部分移动图书馆包含的"书架"展示页为例，图 7-11 比较了四款 APP "书架"页面包含的信息元素。可以看到，"搜索""分组""移出书架""批量操作"等元素是各大 APP 都包含的基础元素。此外，不同 APP 还会根据自身功能与特点，加入一些有特色的元素，如微信读书 APP 的"私密阅读"、掌阅 APP 的"猜你喜欢"等。

	微信读书	网易蜗牛读书	豆瓣读书	掌阅
搜索	☑（书架书籍+书城书籍）	☑（书架书籍）	☑（书架书籍）	☑（书城书籍）
批量操作	☑（按钮+手势）	☑（按钮+手势）	☑（按钮隐藏）	☑（手势）
自动分类	☑（按钮）			
分组	☑		☑	☑
包书皮		☑		
私密阅读	☑			
下载到本地	☑		☑	
移出书架	☑	☑		☑
加入书评书单	☑（加入书单）	☑		
浏览记录			☑	
购买记录			☑	
阅读历史		☑		
猜你喜欢				☑
商业广告				☑

图 7-11 四款移动阅读 APP 页面信息元素设计对比

3. 信息层级设计。信息层级设计是对庞杂无序的信息内容构建起一个清晰的逻辑关系，结合组合、层次、分割等信息设计手段，使界面中不同层级的元素主次分明、关系清晰。在设计时，既要保证信息层级架构具有合理的幅度，也要保证其具有合适的深度。如果层级太深，用户往往需要点击浏览多个页面才能找到所需的内容，容易影响用户信息检索与浏览效率，降低用户满意度。以主流的移动阅读类 APP 应用为例，其"书架"的信息层级一般均未超过 4 层（见图 7-12）。例如，微信读书"书架"页面的信息层级为：书架>搜索>书单>toast，用户的核心操作路径是"书架—卡片—操作"，按照信息架构自上而下进行，非常清晰明了。为了使用户体验到合适的层级感，应根据优化设计目标、服务功能以及用户核心需求，明确信息内容的隶属关系与优先级，然后在具体设计过程中，通过模态设计使页面在视觉上分层，并在不同页面层级之间使用动效衔接，使层级跳转更加新颖有趣。

（二）呈现方式设计

随着移动图书馆服务内容的不断拓展和知识资源的日渐丰富，移动端的信息内容呈现方式也日益多元，不仅有文本、符号、图像、音频、视频，还有动效、3D 立体、虚实融合等多模态表现形式。因此，图书馆应积极发挥智能移动终端设备与大数据、人工智能技术的特性，在充分挖掘用户需求、行为和期望的基础上，给予灵活的信息呈现方式，不仅使用户可以迅速理解信息的表象含义，开展相应的交互操作，还要引发用户共鸣，使其产生强烈的认同感和情绪体验。譬如，以页面瀑布流的方式呈现新近到馆书籍。适当的页面动效也会提升用户浏览信息时的兴趣和愉悦感。例如，当用户在微信读书 APP 上点击"书籍"和"返回"时，会产生和现实生活中打开与闭合书籍一样的动态效果；网易蜗牛读书 APP"包书皮"的操作也采用了现实中包书的效果。

随着增强现实（AR）、虚拟现实（VR）和混合现实（MR）等新兴技术在移动图书馆中的广泛应用，还可以通过虚实场景融合增强文献

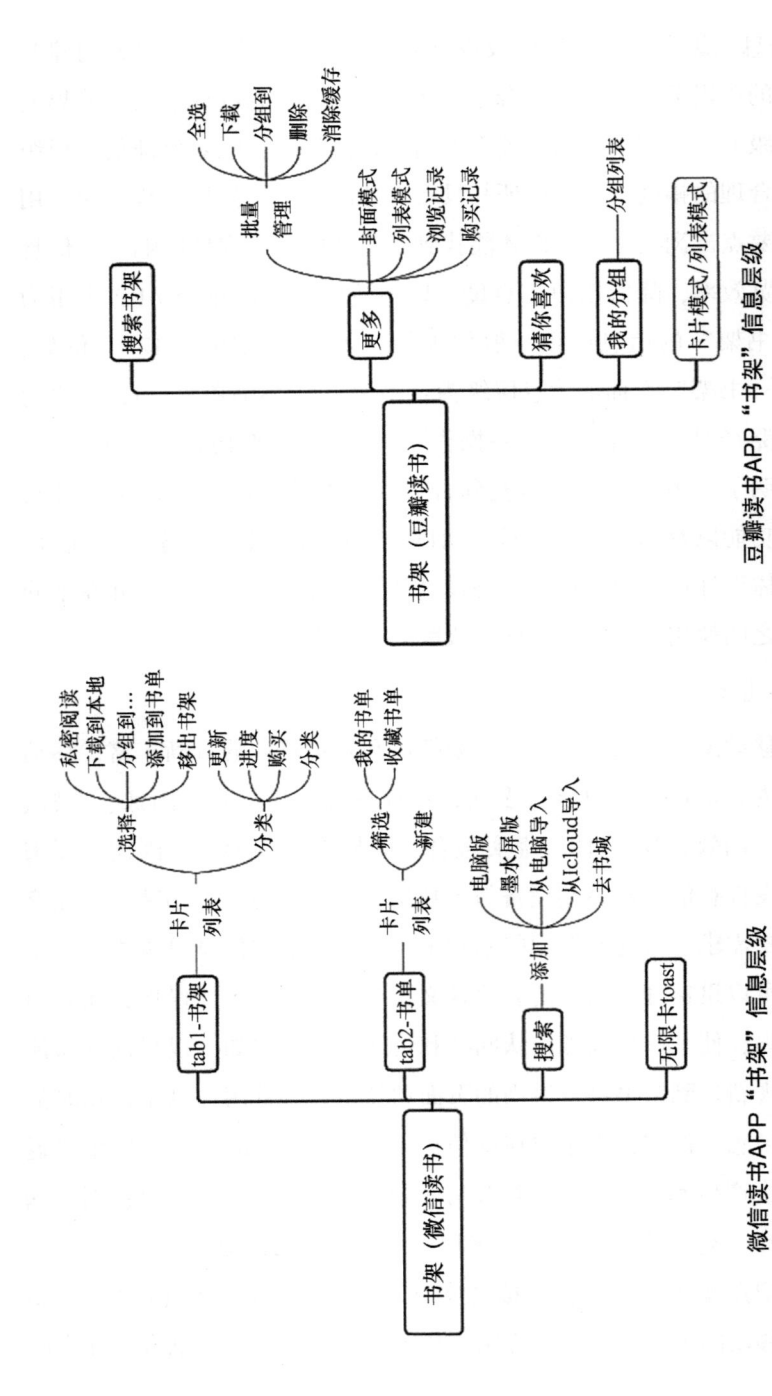

移动图书馆用户信息交互行为中的情感体验研究

图7-12 移动阅读类APP信息层级设计案例

第七章　移动图书馆用户信息交互行为中的情感体验优化

内容在 3D 建模下的画面感与真实感，使得抽象的文字描述变得生动立体，从而提升用户的阅读兴趣和学习积极性。图书馆在 VR 内容题材选择上也应以传统文化、红色经典、古籍文献等资源为核心，打造故事情节生动、场景画面震撼的沉浸式体验，从而帮助读者更加深入地理解文献内容。例如，2020 年，国家图书馆启动了"全景文化典籍"项目，选定了国图四大专藏之一《永乐大典》作为主题，利用虚拟现实技术打造了"《永乐大典》VR 全景文化典籍"，对中华典籍的聚散流变进行了宏观式的全景式呈现，取得了良好的社会反响，如图 7-13 所示①。

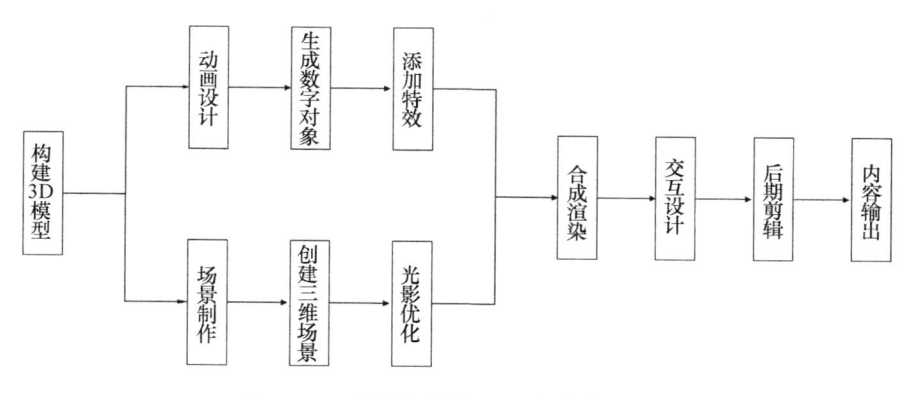

图 7-13　《永乐大典》VR 内容建设流程

此外，图书馆还可以将虚拟现实与可视化知识图谱技术相结合，利用三维立体方式展现知识关联图谱的树状结构、散点关系、发展趋势、内容聚类等，从而在视觉上更加清晰地呈现图书馆知识资源之间的关联性，帮助读者探索和发现深层次知识关系。例如，美国北卡罗来纳州立大学图书馆开发的 WolfWalk 应用，就可以通过用户的地图定位动态展示学校知名人物、场景和历史事件等相关信息②。

---

①　周笑盈：《国家图书馆"〈永乐大典〉VR 全景文化典籍"实践探索——虚拟现实赋能图书馆沉浸式阅读推广的创新路径》，《国家图书馆学刊》2022 年第 6 期。
②　王姗姗、方向明：《增强现实技术对图书馆的意义和作用》，《图书情报工作》2015 年第 3 期。

(三) 内容价值体现

图书馆汇聚了海量高价值的文献资源，同样需要通过移动图书馆服务平台向用户传递这些资源的价值，增强用户的认同感与满足感。对此，移动图书馆应提升数字资源的可见性与可获取性，提高内容推送的情境化、个性化与精准化程度。在此基础上，依托新兴技术持续开展资源建设与价值挖掘工作，将生成式 AI、知识图谱等技术与图书馆文化场景、文化吸引物对接，坚持"以内容为本""以人为本"的理念，优化阅读推广的内容本源，挖掘数字文献的内在价值。例如，利用生成式 AI 技术生成以 AI 问答机器人和图书馆新闻撰写为主的应用型知识内容，或生成文学创作素材、联想语段的辅助型知识内容等。同时，围绕特色馆藏制作形式丰富的知识图谱、介绍短视频、数字孪生模型、周边文创产品等衍生内容，激发用户的探索兴趣与期待感。在此基础上，融合多模态内容，建立丰富的移动图书馆知识内容矩阵，如图 7-14 所示。

移动图书馆内容矩阵

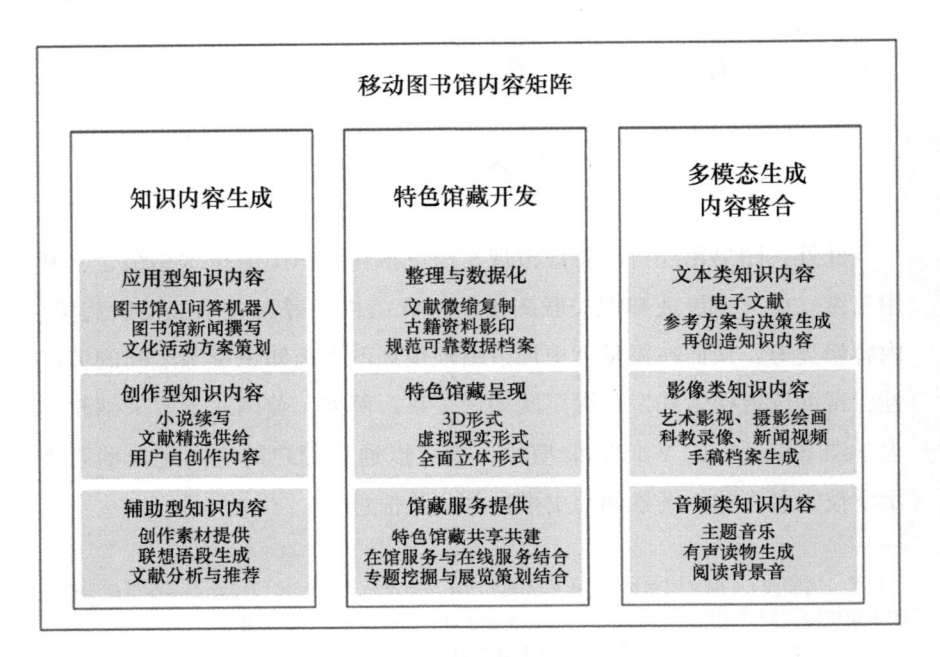

知识内容生成	特色馆藏开发	多模态生成内容整合
应用型知识内容 图书馆AI问答机器人 图书馆新闻撰写 文化活动方案策划	整理与数据化 文献微缩复制 古籍资料影印 规范可靠数据档案	文本类知识内容 电子文献 参考方案与决策生成 再创造知识内容
创作型知识内容 小说续写 文献精选供给 用户自创作内容	特色馆藏呈现 3D形式 虚拟现实形式 全面立体形式	影像类知识内容 艺术影视、摄影绘画 科教录像、新闻视频 手稿档案生成
辅助型知识内容 创作素材提供 联想语段生成 文献分析与推荐	馆藏服务提供 特色馆藏共享共建 在馆服务与在线服务结合 专题挖掘与展览策划结合	音频类知识内容 主题音乐 有声读物生成 阅读背景音

图 7-14 移动图书馆知识内容矩阵

三　行为交互维度优化

行为交互维度主要基于用户与移动图书馆服务平台、图书馆员、服务场景之间的多维交互过程，通过交互模式、交互路径的优化设计有效引导用户提高移动图书馆使用效率，获得愉悦的情感体验，并在此过程中培养用户行为习惯，增强与图书馆的情感连接。

（一）交互模式设计

交互模式决定着用户使用移动图书馆的具体操作方式，对用户行为习惯、交互效率和体验感知都有着至关重要的影响。对于移动图书馆而言，应基于用户在移动端的操作习惯，发挥移动平台多模态交互的特点，采用多通道交互模式促进人机情感交流，并为用户打造良好的沉浸式体验。

1. 采用多通道交互。多通道交互（Multi-modal Human-computer Interaction，MMHCI）已成为智能化场景下人机交互的重要方式，支持用户通过手势、语音、扫码、触控、眼动、体感甚至脑机接口等多维交互方式对服务应用进行各类操作[1]。相较于传统的单一通道交互，更符合人类自然行为，也为移动图书馆更好地开展信息交互提供了广阔空间。目前，大部分移动图书馆均支持语音对话、扫码识别和手势操作，一些移动阅读类APP/小程序还基于视觉、触觉和听觉建构了全新的多重感官交互系统。多通道交互可以在很大程度上降低因信息传递单一、用户认知负担等造成的操作失误，有效提升用户在复杂信息处理情境下的交互体验，为移动图书馆智能化发展提供有力支撑。

2. 促进人机情感交互。通过多通道进行"人—机"和"人—人"信息交互，不仅蕴含着数字、文本、语音、图像等各类信息，还包含了反映用户理性和感性特征的信号。语言文字是理解用户意图的本体，语

---

[1] 吴晓莉、方泽茜、刘潇、韩炜毅、杜婧银、陈玉风、李琦桉：《工业系统的智能交互模式及人因工效研究综述》，《包装工程》2022年第4期。

音语调、面部表情、肢体动作等传递的情感信息则可以起到消歧作用，对提升智能化环境下的移动服务应用理解能力、反馈能力和沟通能力至关重要。因此，在实现多通道交互的同时，也要通过情感计算设计有亲和力的交互方式，使移动图书馆服务平台具备感知、记忆、理解和智慧反馈的能力，更好地促进人机交互生态的构建①。

  3. 打造沉浸式交互体验。沉浸式体验能让人更快进入心流状态，有助于改变传统图书馆信息单向传播的方式，将用户被动的信息接受过程转化为主动的信息探寻过程，并产生高度的兴奋感与充实感②。促进心流体验产生是打造最优情感体验的目标之一，一些图书馆已在该领域开展了积极探索。例如，上海图书馆利用馆藏红色文献，根据整理的千余个红色经典故事编列行程路线，用户可以戴上 VR 设备在 APP 上选择骑行动感单车的红色之旅路线，沉浸式体验实景并进行交互，如图 7-15 所示③；湖北省移动图书馆则把"读万卷书"和"行万里路"有机结合起来，通过 3D 场景带给孩子们穿越的乐趣和眼见为实的亲身体验。此外，一些图书馆还充分利用虚拟环境作为服务特殊群体的文化空间，让残障人士在安全的环境中学习、阅读、体验，充分体现了图书馆

图 7-15 上海图书馆馆藏红色文献的 VR 交互应用

---

  ① 裴冠雄：《情感计算引领人机交互模式变革》，《社会科学报》2023 年 1 月 23 日。
  ② [美] 米哈里·契克森米哈赖：《心流——最优体验心理学》，张定绮译，中信出版社 2017 年版。
  ③ 赵志耘、林子婕：《元宇宙与智慧图书馆：科技赋能文化新路径》，《图书情报知识》2022 年第 6 期。

的公益性质与责任使命。

(二) 交互路径优化

移动图书馆用户信息交互路径优化应体现以"愉悦互动"为核心的知识信息服务承载力和引导力。在智能化发展趋势下，用户期望的理想状态是不需要在移动端费时搜寻感兴趣的文献资源，只需要告知系统自己的需求、兴趣等，移动图书馆就可以在资源库中主动检索并生成符合需求的知识内容推荐给用户。对此，移动图书馆应从智慧设计视角切入，使服务平台能更准确地理解用户意图并提供有效率、有温度的服务。

对于移动图书馆这类知识获取与文献阅读应用，用户往往不会耗费大量时间和精力去了解其信息架构、导航方式与操作路径，在每一个行为决策节点，用户的注意力往往只被核心信息和推荐内容吸引。正如注意力选择理论指出：人脑会对接收的信息进行高度选择，以限制信息数量，方便进行有效加工。而在人脑的信息加工过程中，只要所需资源不超过可获得资源的数量，人便可以同时关注多件事物。因此，在移动图书馆交互路径优化中，应尽可能采用扁平化信息架构，对核心信息要素进行精练和凸显。同时，对信息要素过多的页面进行归并和分区，在交互路径上设置合理的"捷径"，由此提升交互的便捷性和愉悦感。此外，正如第六章中所述，可以依托埋点技术实时获取用户交互行为轨迹数据并进行可视化分析，根据用户交互共性与行为习惯设计出最优交互路径，提升移动图书馆服务的感知智能性。

(三) 行为习惯培养

培养用户对移动图书馆的使用习惯是提升用户留存率的重要基础，其目的是通过设计手段引导用户按照合理的使用频次重复使用移动图书馆的核心功能，并使其逐渐成为生活、学习或工作习惯的一部分。

《上瘾：让用户养成使用习惯的四大产品逻辑》一书中提出："上瘾模型（Hook Model）"即通过触发、行动、奖赏、投入四个方面来培养用户的使用习惯①。国内学者进一步提出了基于交互设计的用户行为习惯养成模型,包括触发用户、渠道触达、完成行为和用户奖励四个环节,如图7-16所示。

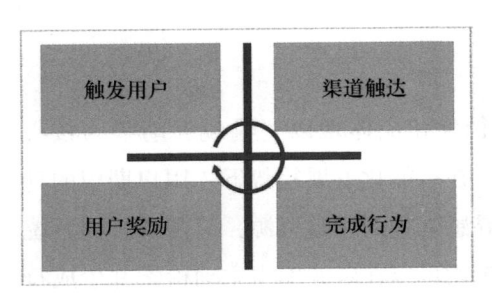

图7-16 用户行为习惯养成模型

"触发用户"是诱导用户对产品产生交互行为,可以分为外部触发和内部触发两种模式。外部触发主要通过分析目标用户的需求,设定可感知的实质性刺激来诱发用户进行交互,如在首页显著位置显示最新活动海报或推送用户感兴趣的书籍,吸引用户点击浏览;内部触发则是通过满足用户的心理诉求与情感需求来实现行为诱导,如通过闲暇时的阅读帮助用户放松身心。

"渠道触达"是通过各种可能接触到用户的方式将能够引发用户行为的信号准确传递给用户。随着网络交互渠道不断拓展,用户触达方式也日益多元。图书馆可以通过官方网站、APP、小程序、社交公众号等平台推广相关文化内容,引发读者兴趣与关注。同时,结合移动网络场景下的情境化推荐特点,可以基于大数据分析在合适的场景、时间、地点向目标用户精准推送其感兴趣的内容或服务,刺激交互行为产生。

"完成行为"的目的是提高用户完成产品预设行为的概率。用户完成交互行为所付出的成本越小,完成行为的概率就会越大。这里可以通过福格行为模型分析如何降低用户的行为成本。福格行为模型表示为:B=MAT,其中B代表行为(Behavior),M代表动机(Motivation),A代表能力(Ability),T代表触发(Triggers),表明行为的发生首先需要行为者具备充足的动机和能力来施行既定行为,然后才会在一定诱导条

---

① Eyal and Nir, *Hooked: How to build habit-forming products*, New York: Penguin, 2014.

第七章　移动图书馆用户信息交互行为中的情感体验优化

件下触发相应行为①。显然，移动图书馆可以通过降低用户的交互操作难度和认知成本使其拥有充分掌控各项操作功能的能力。譬如，简化用户交互路径、通过隐喻图标直观显示交互方式等。

"用户奖励"是通过一定的物质或精神奖励进一步激发用户的持续使用意愿，从而逐渐固化其行为习惯，对移动图书馆产生强烈的依赖感。针对习惯型用户的共有行为，图书馆可以梳理出用户完成这些行为的路径，找到路径上的所有关键节点，检查是否需要优化对应的行为闭环或者设计新的行为闭环，然后通过行为闭环反复刺激用户，让其不断经历这些交互路径，最终形成自身行为习惯。

四　价值认同维度优化

价值认同维度主要通过移动图书馆的人文关怀使用户获得更多归属感，唤起用户的情感共鸣，并借助有效的成就激励手段提升用户实现自我价值的成就感。此外，通过在信息交互过程中设置能够引发美好回忆的记忆点，加深用户对使用移动图书馆的美好感受，在精神层面增强对图书馆的价值认同。

（一）人文关怀渗透

弘扬人文精神，倡导以人为本的服务理念，营造人性化的服务环境，优化以人为主体的服务资源，是现代图书馆的服务宗旨。移动图书馆也应贯彻这一宗旨，在情感化设计中融入人文关怀，体现对人的尊严、价值和命运的维护。在数智化发展趋势下，应充分发挥图书馆弥合"数字鸿沟"的作用，积极开展适老化设计、无障碍阅读，推动数字包容社会建设，通过精神文化层面的慰藉满足不同群体的知识需求，实现人的价值，追求人的发展②。

1. 适老化设计。老年读者是移动图书馆的重要服务对象之一，但

---

① ［美］福格：《福格行为模型》，徐毅译，天津科学技术出版社 2021 年版。
② 肖希明：《图书馆呼唤科学精神与人文精神的融合》，《图书馆》2000 年第 1 期。

由于目前诸多老年读者信息素养缺位，以及移动服务平台适老化设计不足，制约了老年群体对移动图书馆的使用。鉴于此，在人口老龄化和服务智慧化的双重背景下，移动图书馆应承担起填补"数字鸿沟"、实现老有所学的社会责任，通过构建老年读者画像，在APP、小程序、微信公众号等官方服务平台上推出适老化版本，尽量简化操作流程与页面层级，为老年读者提供更加适宜的服务场景和应用环境（见图7-17）。在服务过程中还可以利用智能化手段及时识别老年读者的情绪变化，通过图书馆员或机器馆员进行实时交互，满足老年群体的文化需求，有效提升情感体验。以首都图书馆为例，为切实解决"数字鸿沟"、帮助老年群体乐享智慧生活，该馆不断优化服务方式，升级服务内容，在页面字号、听书音量、屏幕亮度、操作流程难易度上积极开展适老化改造，使其更符合老年群体使用习惯；并广泛开展老年群体智能技术使用培训，

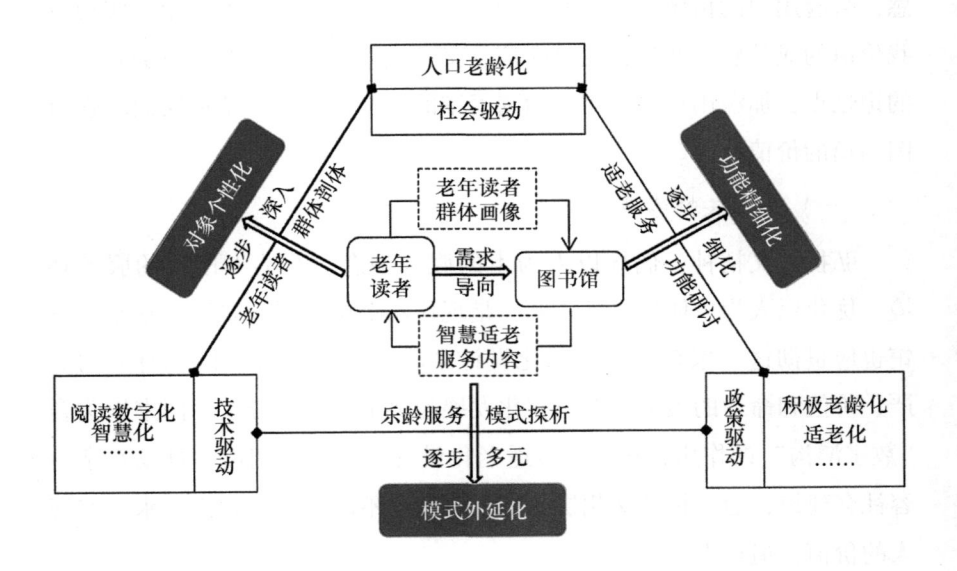

图7-17 移动图书馆适老化设计框架①

① 陈丹、岳小楠、张凌：《智能技术背景下我国图书馆适老化服务研究综述》，《图书馆工作与研究》2022年第11期。

切实保障老年用户获取公共文化服务的基本权益①。

2. 无障碍阅读。2021年7月，国务院发布的《"十四五"残疾人保障和发展规划》中明确提到：要重点关注和提升残疾人的公共文化服务。随着智能化时代的来临，移动图书馆可以依托生成式AI技术将电子文本资源生成有声读物或知识类视频，为有文字阅读障碍的人士提供知识服务；还可以利用AIGC技术生成虚拟馆员（数字馆员），为听障读者提供可视化咨询、知识讲解等互动服务，从而有效提升知识服务效能，实现科技文化向善②。

3. 精神慰藉。用户在精神文化上的满足是激发其愉悦情感的重要因素。因此，移动图书馆应积极丰富用户的精神文化生活，使其通过浓厚的文化氛围和有趣的知识交流得到精神慰藉，提升文化品质。具体而言，图书馆可以充分利用资源优势、品牌优势和技术优势，通过用户在服务全流程中的标注、评价、行为轨迹等，进行资源优化配置，留下有价值的知识，引进用户更需要的资源，让知识利用效率最大化。同时，就用户关注的热点问题推送前沿知识、制作专题视频与公开课程，并实时监测用户的情绪状态与精神需求，发起能触动用户知识交流和社交互动的话题，激发其文化交往活力。在情感体验塑造中，进一步搭建以文化主题为聚合点的线上社群，以不断创新的文化活动、历久弥新的人文故事和丰富多元的文献资源为聚合点、吸引点，维系社群内文化受众的互动关系，给予其不断升华的精神文化体验。

（二）成就激励策略

成就激励源自对人们成就动机与成就需求的满足，这一满足则出于人们对自身所取得成就的社会性行为和心理体验。心理体验包括两部分：一部分是成就中凝结的个人贡献体验；另一部分是将个人贡献与他

---

① 谢春花：《公共图书馆填补"数字鸿沟"推动老年服务的实践探索——以首都图书馆为例》，《图书馆研究与工作》2022年第9期。
② 储节旺、杜秀秀、李佳轩：《人工智能生成内容对智慧图书馆服务的冲击及应用展望》，《情报理论与实践》2023年第5期。

人比较所获得的优势体验。对移动图书馆用户而言,其成就渴望主要体现在广泛阅读各类书籍、学习文化知识以及发表自身感悟和得到他人认同等方面。鉴于此,可以从以下几个方面实施相应的成就激励策略:

一是通过可视化方式直观放大用户对个人成就的感知。移动图书馆可以引导用户根据自身兴趣和需求制订个性化阅读计划,并划分成若干个阶段节点(譬如读完3本书、完成一天的阅读量等),然后赋予每一阶段任务完成后的可视化进度效果,并附上激励人心的美好文案(如"图书馆典藏云集,走进文字,华美的文采是知识殿堂的钥匙"),从而使用户对成就满足途径和个人体验收获有更加清晰的预期,促进其成就感持续提升。

二是通过具体激励表征物强化用户对成就感的认同。移动图书馆可以通过虚拟徽章奖励、新书预留借阅、阅读明星评选等具体激励手段,使不同用户能够对各自获取的成就达成一致认同。显然,这类激励表征物要具备显性化、仪式感的特征,使用户获得情感上的共鸣。例如,当用户完成某一阶段的阅读计划时,在界面上就会立刻呈现出精美的奖励徽章,并结合流畅炫酷的动效和场景化氛围烘托成就获得的仪式感。同时,激励表征物还要兼具一定的代表性,实现对用户能力提升与价值创造的具像化表达。此外,图书馆还应积极促进用户进行成就表现展示与分享,使其进一步放大自身成就感和满足感。

三是通过划分不同等级激发用户对成就感的渴望。通过对用户完成任务(阶段性目标)后的成果进行逐级递进的激励呈现,可以进一步激发用户对更高成就感的渴望。同时,通过设立成就等级排行榜,使用户从与他人的比较中获得优势情感体验,强化持续使用移动图书馆服务的动力。而这种成就等级划分也能及时给予用户阶段性反馈,使其明确接下来该做什么、怎么做并付诸实际行动,从而更好地促进用户与移动图书馆之间的信息交互,提高服务使用效率。

(三)情感记忆强化

高层次情感体验是人们内心深处的愉悦感、满足感和幸福感。通过

第七章　移动图书馆用户信息交互行为中的情感体验优化

令人印象深刻的情感记忆能够更长久地固化用户对移动图书馆的使用感受，并在之后与相关事物的交互中产生记忆联想，体会文化照进生活的深远意义。对此，图书馆可以基于用户阅读记录，在一些特殊时间节点为用户提供专属化、故事性的复盘总结（如年度阅读书单等），帮助用户完整回忆与移动图书馆交互获得的所有喜悦，凸显图书馆用心连接用户、关怀用户、服务用户的价值魅力，从而增进用户对图书馆文化价值的认同与情感记忆，提高分享与传播意愿。

从心理学层面而言，缺乏惊喜与意外的体验很难成为一段令人记忆深刻的经历。惊喜，作为人们在使用数字产品过程中收获的超出预期的体验，能够提升用户对移动图书馆的整体印象，并激发交互过程中的积极情绪。神经科学研究发现：当人产生惊喜情绪时，大脑会释放一定剂量的多巴胺，从而获得短暂的快感[1]。因此，可以在用户与移动图书馆的信息交互过程中，适时设置惊喜"彩蛋"，如生成专属读书分享海报、制作听书专属语音包等，并借助丰富的视觉元素和抓人眼球的动态效果，强化用户的获得感和期待感，使用户与移动图书馆的情感连接伴随着时间推移和使用程度的加深而不断加强。

第四节　移动图书馆情感体验优化实践案例

本书以课题组自主开发的移动图书馆APP应用——"书航"为例，进行用户情感体验优化设计实践。该APP主要面向武汉大学图书馆用户提供配套移动服务，不仅包括图书借阅、馆藏查询、座位预约等基本功能，还紧跟图书馆数智化发展趋势，加入了馆内3D导航、云游图书馆、人机智能对话等功能（见图7-18）。目前，该APP已进入内测阶

---

[1] 周加仙：《教育神经科学与信息技术的跨学科整合研究——访英国著名教育神经科学家保罗·霍华德·琼斯教授》，《开放教育研究》2016年第6期。

段，着重进行功能完善与用户体验优化。本书通过实践探索，利用用户体验地图与服务蓝图工具对"书航"APP的用户情感体验痛点与优化机会点进行深入挖掘与分析，在此基础上提出具体优化方案，并进行可用性测试。

图 7-18 "书航"APP 进入页面和首页面

一 移动图书馆服务蓝图绘制

服务蓝图是以系统性视角洞察用户需求，通过对有形和无形的服务触点进行有组织脉络的梳理和挖掘，对服务资源进行高效率整合与配置，从而实现服务流程、组织、功能等环节的全面优化，提升用户体验[①]。服务蓝图可以从服务使用者和提供者双方交互的视角系统性梳理整个服务流程，可视化呈现资源配置、交互触点、用户情绪变化等具体情况，从前台、中台、后台各个设计层面对服务链路进行动态观察与追踪，在厘清交互主体之间的关联与逻辑链路后，根据服务流程中用户的情感变化到具体痛点，由此发现用户体验优化机会点，进而提出综合性解决方案，为各交互主体创造新的价值。

服务蓝图的绘制流程主要包括五个阶段：目标用户定位、用户画像构建、用户信息采集、用户体验地图构建和服务蓝图可视化输出，如图7-19所示：

目标用户定位	用户画像构建	用户信息采集	用户体验地图构建	服务蓝图可视化
·问卷调研 ·实地观察 ·问卷数据分析	·用户使用场景 ·目标用户细分 ·用户画像绘制	·用户访谈 ·用户行为观察 ·访谈数据分析 ·行为数据梳理 ·整理角色关系	·用户行为确立 ·流程阶段划分 ·行为交互触点 ·情感体验量化 ·情感曲线绘制	·利益相关者梳理 ·服务系统分析 ·服务蓝图绘制 ·用户痛点梳理 ·服务机会点提取

图 7-19 移动图书馆服务蓝图绘制流程

（一）目标用户定位与画像构建

通过前期问卷调研对移动图书馆 APP 用户的属性数据、行为数据和需求信息进行统计分析后，确定了目标用户的典型标签特征；利用聚类分析方法抽象概况出两类典型用户画像，如图 7-20 所示，具体包含：用户基本属性信息、特征信息、服务需求信息三大类，并描述了其兴趣爱好、行为习惯和使用需求。根据问卷调研获取的用户描述统计信息可知，本科生和研究生是目前高校移动图书馆 APP 的两大目标群体，可作为"书航"APP 情感体验优化的主要服务对象，而具体用户画像则进一步细化了典型目标群体特征，可作为体验地图和服务蓝图绘制的重点观测对象。

[①] 倪梦婷、曲敏、熊兴福：《基于服务设计理念的景区垃圾箱分类探析》，《包装工程》2019 年第 22 期。

角色模型1

姓名：张悦　　**性别**：女
年龄：22　　　**年级**：研一

兴趣：看小说、泡图书馆、追剧、手机党、刷短视频

习惯：①每月借阅2—5次；②容易忘记还书期限；③一般找书会耗费大量时间；④经常借助移动端设备馆藏查询；⑤空闲时间比较碎片化，需要高效利用

需求：①安静舒适的阅读环境；②便捷高效的借阅方式；③大量在线知识资源的使用需求；④希望节约大量选书、找书环节时间成本

角色模型2

姓名：陈浩　　**性别**：男
年龄：20　　　**年级**：大三

兴趣：熬夜党、科技迷、游戏党、手机党、小说迷

习惯：①每月借阅1—2次；②喜欢纸质书；③不了解图书馆馆内构造；④借书需求随机性强，看兴趣；⑤空闲时间较多，期末期间有大量借阅需求

需求：①简单明了的找书方式；②辅助书籍筛选或推荐相关；③书籍线上部分预览或内容概要；④书籍开放讨论分享区

图 7-20　目标用户画像实例

（二）服务流程梳理

"书航"APP 提供的移动服务场景非常丰富，本书重点针对用户使用频次较高、需求较大的"图书馆 3D 室内导航"服务进行深入分析。

根据对用户使用行为的详细观察，同时参考图书馆员对服务阶段的描述介绍，本书将用户通过 3D 室内导航查找馆藏文献的过程划分为八个主要阶段，分别为：①"了解 APP 功能并触达"：具体行为包括打开主页界面、了解导航功能、体验尝试等；②"馆藏查询"：用户行为包括找到查询入口、选择书籍类型、选择查询方式、检索书籍等；③"选择目标书籍"：用户行为包括浏览书籍信息、查看目标书籍位置信息等；④"前往寻找书籍"：用户行为主要包括进入馆内、打开 3D 导航服务、开始导航、找到目标书架等；⑤"找到目标书籍"：用户行为包括书籍内容预览、检查书籍质量等；⑥"前往服务机办理借阅"：用户行为包括找寻借阅服务机、书籍扫描、刷卡借阅等；⑦"沉浸阅读"：用户行为包括寻找座位、进行阅读等；⑧"续借/还书"：用户行为包括找到续借入口、选择续借时间、前往馆内服务机还书等。

通过对移动图书馆 3D 室内导航服务流程进行梳理，能够帮助我们厘清服务各阶段涉及的用户交互行为与具体触点，进而搭建起符合逻辑的服务流程框架，便于后续观测用户操作行为，获取相关数据，准确绘制用户体验地图与服务蓝图。

（三）用户行为观测

服务蓝图的内容要素主要包括：用户交互操作行为、互动接触路径、前台交互行为、后台交互行为、内部互动路径、系统支持流程、用户痛点和服务优化机会点。接下来，需要通过用户行为观测对移动图书馆服务蓝图要素进行挖掘梳理，从而记录、分析用户可视/不可视服务路径、操作流程及交互触点信息。本书通过观察用户使用"书航"APP 测试版 3D 馆内导航服务的完整过程，记录了主要操作任务和特定操作任务的行为流程及"卡点"，具体观测方法及结果如表 7-2 和表 7-3 所示。

根据以上观测结果，初步总结出 3D 馆内导航服务存在的五大问题，包括：界面设计问题、馆藏查询问题、操作流程问题、导航画面呈现问题以及书籍借阅问题。

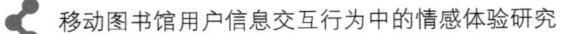

表 7-2　　　　　　　　用户信息交互行为观测流程与方法

人员	观察者 1 人、被观察者 5 人（典型目标用户）
地点	武汉大学图书馆
观察对象	本科生 2 名、研究生 3 名
观察方法	非参与式观察
目的	了解用户操作过程和行为卡点

表 7-3　　　　　　　　　用户信息交互行为观测结果

服务流程阶段	行为目标	行为"卡点"
了解 APP 并触达	·可用性测试 ·打开主页界面 ·了解导航功能 ·尝试体验功能服务	·模拟操作不流畅 ·色彩过多，主次不明显 ·功能版块缺乏逻辑性 ·没有新手引导
馆藏查询	·找到查询入口 ·选择书籍类型 ·选择查询方式 ·检索书籍	·查询入口不明显 ·功能位置不明显，无引导 ·查询方式只有三种 ·关键词搜索方式不准确
选择目标书籍	·浏览书籍信息 ·查看目标书籍位置信息	·书籍信息匮乏，无简介 ·无法很快理解位置信息
寻找目标书籍	·进入图书馆内 ·打开 3D 室内导航服务 ·开始导航 ·找到目标书架	·馆内路线复杂，分不清方向 ·需要重新检索再选导航服务 ·画面不够真实准确 ·书架过于密集，无法快速找到
找到目标书籍	·书籍内容预览 ·检查书籍品质	·缺少基本介绍，无法快速决策 ·书籍存在破损
办理借阅	·找寻借阅服务机 ·书籍扫描 ·刷卡借阅	·借阅机器很少 ·反应慢，易卡顿，故障频发 ·机器操作流程烦琐
沉浸阅读	·找座位阅读 ·开始阅读	·没有安静的阅读环境
续借/还书	·找到续借入口、选择续借时间 ·前往服务机还书	·无快捷入口 ·没有还书期限提醒

(四) 用户情感体验量化

为了准确度量用户使用"书航"APP 的情感体验，绘制用户情感曲线，本书采用"结构化访谈+问卷调查"的方式深入了解目标用户在服务过程中的情绪变化和态度想法。首先，根据设计好的访谈提纲对 5 名典型用户进行 1 对 1 访谈，每位被访者的时间控制在 1 小时以内。访谈过程中，根据用户的回答情况及时调整提问顺序和方式，并针对用户的情境描述适当追问。访谈结束后，根据所有被访者的信息记录去除重复信息和与访谈问题无关的信息，合并同一问题的回答内容，并进行分析梳理，提炼出典型用户在各项服务环节的行为目标、交互触点、主要想法和态度感受等信息。

在此基础上，进一步采用测度量表对典型用户的满意度进行量化分析。分别向使用过"书航"APP 测试版本的用户发放调查问卷，根据问卷中用户属性信息的统计分析，筛选出 78 名符合用户画像特征的典型用户，并对其调查数据进行分析挖掘。通过公式 $S_i = \dfrac{\sum_{j=1}^{n} Q_{i\text{-}j}}{n}$ 计算出典型用户在各项服务环节的情感体验（满意度）数值。公式中的 S_i 表示用户在使用 3D 馆内导航服务时第 i 个环节的情感体验值，n 表示某一环节产生的交互触点数量，$Q_{i\text{-}j}$ 表示第 i 个环节中第 j 个触点的情感体验平均值。具体计算结果如表 7-4 所示。

表 7-4　　　　用户在各项服务环节的情感体验测度结果

服务流程阶段	行为目标	情感体验值	均值
了解 APP 并触达	·可用性测试 ·打开主页界面 ·了解导航功能 ·尝试体验功能服务	3.19 4.34 3.12 3.53	3.55

续表

服务流程阶段	行为目标	情感体验值	均值
馆藏查询	·找到查询入口 ·选择书籍类型 ·选择查询方式 ·检索书籍	3.41 2.83 3.13 3.23	3.15
选择目标书籍	·浏览书籍信息 ·查看目标书籍位置信息	2.63 3.51	3.07
寻找目标书籍	·进入目标图书馆内 ·打开3D室内导航服务 ·开始目标书籍导航 ·找到目标书架	3.10 3.95 4.37 4.83	4.06
找到目标书籍	·书籍内容预览 ·检查书籍品质	2.67 2.33	2.50
办理借阅	·找寻借阅服务机 ·书籍扫描 ·刷卡借阅	2.23 2.47 2.37	2.36
沉浸阅读	·找座位阅读	3.23	3.23
续借/还书	·找到续借入口、选择续借时间 ·前往目标馆内服务机还书	3.89 3.02	3.46

通过定性与定量分析发现，用户在初始体验3D导航服务时的情感愉悦度最高；在找到目标书籍以及办理借阅时的情感体验值最低，由此可以进一步绘制用户情感曲线，了解用户在不同服务环节和行为触点上的情绪变化，为发现用户痛点、寻找体验优化机会点奠定必要基础。

（五）用户体验地图绘制

在绘制服务蓝图前，需要通过用户体验地图梳理出服务阶段及具体环节，清晰描述用户操作行为路径，厘清实际交互过程中的有形/无形触点，并将体验过程中的用户情感状态变化进行可视化展现，便于后续通过服务蓝图进一步探究用户痛点产生的深层次原因，准确定位优化机会点，为最终优化解决方案的制定提供重要依据。基于前述问卷调查、

第七章　移动图书馆用户信息交互行为中的情感体验优化

用户访谈、情感度量的分析结果，依次将用户目标、交互行为、交互触点、用户想法等信息录入用户体验地图中对应的模块，并将情感体验测度结果中各环节的情感值与具体交互行为一一对应，由此绘制出完整的情感曲线，用以表征用户在使用"书航"APP 3D 馆内导航服务时的情感体验变化，如图 7-21 所示。

（六）服务蓝图可视化输出

服务蓝图的绘制需要首先对服务系统中利益相关者（交互主体）进行分析，通过资料调查与访谈厘清服务使用者和服务提供者等利益相关者之间的关联，根据每个角色的需求进行分类，考虑角色的重要性、定位以及互相之间的影响状态，将利益相关者的信息可视化呈现出来，找到当前服务系统存在的潜在问题。对移动图书馆 3D 导航服务系统而言，多重角色参与构成了复杂的交互模式。从结构上看，读者、移动服务平台、图书馆员、智能服务设备、馆藏信息资源、服务环境等构成了整体框架，如图 7-22 所示。在以用户为中心的融合式多维交互模式下，用户通过移动服务平台和移动网络环境对图书馆各项服务功能进行体验与感知；从信息流层面来看，用户通过智能化终端设备的交互界面与图书馆产生信息交互，实现了资源互联互通，系统中已具备丰富的信息流通链路、一站式信息资源访问渠道，可获取多模态、多类型的知识资源，使用户需求基本能通过服务平台得以满足；从服务流层面来看，用户可以通过线上+线下的咨询方式与图书馆员进行实时交互，并得到相应的服务指导，同时，图书馆员也会与用户服务环境、移动服务平台进行信息交互；从物质流层面来看，主要是书籍资源的流动，用户可以通过 APP、自助服务机、终端接口等多个渠道获取书籍信息，并快速实现借阅、续借、还书等流程。

可见，移动图书馆 3D 导航服务系统中的信息交互过程较为复杂烦琐，并在服务环境、服务主体、服务资源等多重因素的影响下不断变化。根据服务蓝图基本框架和前文研究结果，本书绘制了"书航"APP

· 375 ·

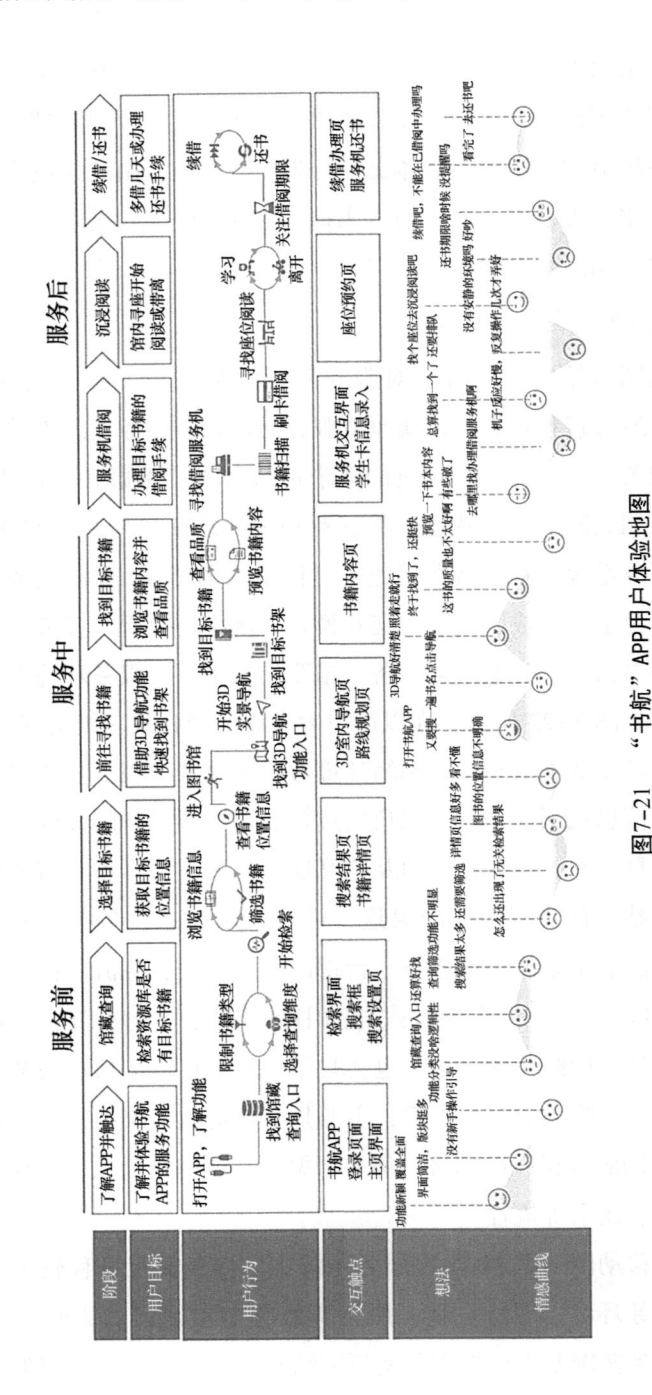

移动图书馆用户信息交互行为中的情感体验研究

图7-21 "书航"APP用户体验地图

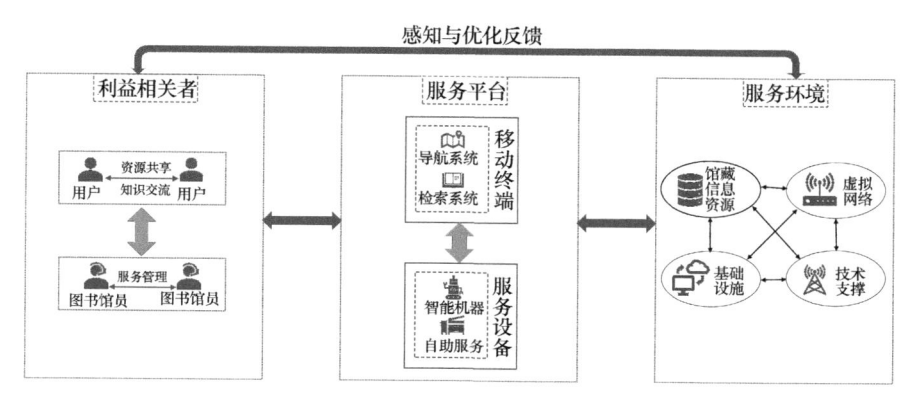

第七章 移动图书馆用户信息交互行为中的情感体验优化

图 7-22 移动图书馆服务系统多主体关联交互模型

3D 馆内导航的服务蓝图，如图 7-23 所示。整体框架包括：有形展示、用户行为、前台交互行为、后台交互行为、系统支持过程等多个模块。

二 用户情感体验痛点与机会点分析

基于所绘制的服务蓝图可以准确定位用户情感体验痛点与优化机会点，进而提出情感体验优化方案。

（一）用户情感体验痛点分析

根据用户体验地图中情感曲线的"峰值"与"低值"，并结合服务蓝图中的用户交互行为信息、想法感受信息，可以挖掘出用户情感体验的关键痛点，明确各项服务环节中交互触点对用户情感体验的影响，汇总结果如表 7-5 所示。其中，大多数有待优化的触点类型为"数字触点"，即需要将情感体验优化的关注点和设计方向聚焦于数字链路方面。服务前，用户痛点主要集中在"馆藏查询"环节；服务中，用户痛点主要集中在"通过 3D 室内导航找书"环节；服务后，用户痛点则集中在"借阅服务办理"和"信息通知触达"环节。由此反映出各层级关键触点的运作效率和资源配置效果，便于图书馆判断服务系统中复杂的隐性因素及其影响程度，精益化提升服务质量，优化用户情感体验。

· 377 ·

图7-23 "书航"APP服务蓝图

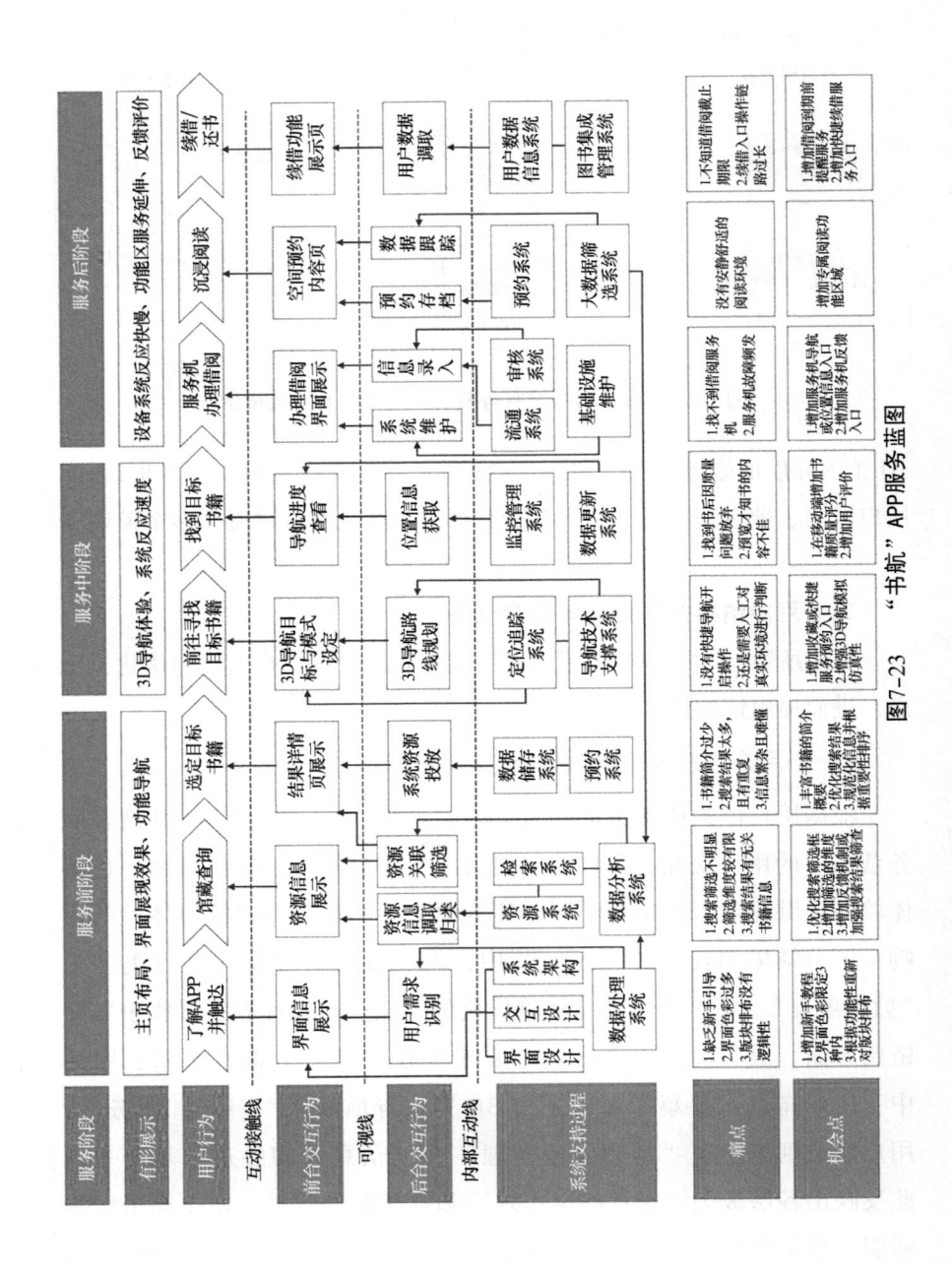

第七章　移动图书馆用户信息交互行为中的情感体验优化

表7-5　　　　　　　　　用户情感体验痛点梳理与汇总

服务阶段		用户需求描述	优化机会点	服务触点类型
服务前	了解APP并触达	1. 缺乏新手引导 2. 界面布局缺乏逻辑性	1. 增加新手教程 2. 重新设计信息架构	增加数字触点 优化数字触点
	馆藏查询	1. 筛选维度有限 2. 频繁出现无关结果 3. 查无此书时也没有关联推荐 4. 没有个性化推荐 5. 没有书籍可借阅预订或可借通知	1. 精细化筛选漏斗 2a. 优化完善资源筛选处理系统机制 2b. 增加负反馈机制 3a. 通过数据分析系统增加关联书籍推荐 3b. 增加建议购买反馈 4. 通过用户数据存储系统和大数据分析挖掘系统构建用户偏好模型，推送感兴趣的内容或建立主题书籍排行热榜 5. 借助图书集成管理系统增加书籍预订功能或可借通知提醒	优化数字触点 优化数字触点 增加数字触点 增加数字触点 增加数字触点 增加数字触点 增加数字触点
	选定目标书籍	1. 书籍简介信息匮乏 2. 信息繁杂且难懂 3. 没有书籍预留功能	1. 丰富内容介绍并结构化 2a. 根据用户习惯对信息重要性排序 2b. 规范化信息 3. 增加书籍预留机制	优化数字触点 优化信息触点 优化信息触点 增加数字触点
服务中	寻找目标书籍	1. 需要再次检索找到目标书籍导航入口 2. 没有历史搜索模块 3. 仍需要人工对真实环境进行判断	1. 增加收藏或快捷服务预约入口 2. 增加用户历史搜索数据 3a. 增强仿真性如结合VR/AR虚拟场景技术 3b. 增加数字参照物标识 3c. 借助馆内机器人定位导航指引	增加数字触点 增加数字触点 优化数字触点 增加物理触点 增加数字触点 优化物理触点
	找到目标书籍	1. 找到书后发现质量差 2. 预览后书籍与预期不符	1. 增加多维度的书籍质量评分 2. 增加用户评价和互动分享交流机制	增加数字触点 增加情感触点
	办理借阅	1. 找不到借阅服务机 2. 服务机故障频发	1. 提供服务机位置信息和导航服务 2a. 增加反馈和故障报修入口 2b. 增加服务机智能问答咨询机制	增加信息触点和数字触点 增加数字触点 增加数字触点
	沉浸阅读	缺少安静舒适的阅读环境	1. 增加专属阅读的多类型功能区域 2. 增加座位推荐功能	增加物理触点 优化情感触点 增加数字触点

· 379 ·

续表

服务阶段		用户需求描述	优化机会点	服务触点类型
服务后	续借/还书	1. 不确定借阅截止期限 2. 续借入口链路过长	1. 增加借阅到期/逾期通知提醒功能 2. 增加快捷续借服务入口，如个人借阅信息查询入口	增加数字触点 增加数字触点

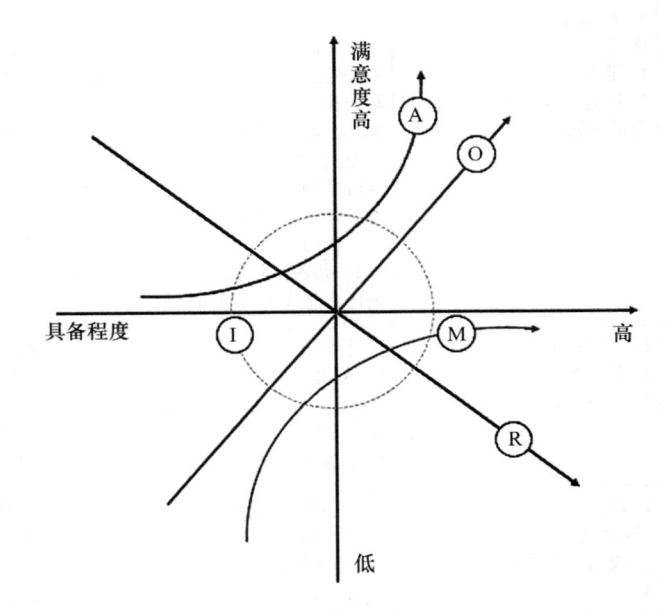

■A魅力型 ■O期望型 ■M必备型 ■I无差异型 ■R反向型

图 7-24 Kano 模型图（纵轴用来衡量用户的满意程度）

（二）情感体验优化机会点分析

根据用户情感体验痛点可以初步提出对应的优化机会点，如表 7-6 所示。为了更加有效地开展移动图书馆 3D 导航服务情感体验优化，本书进一步基于 Kano 模型对提出的优化机会点进行分类和优先级排序，并通过混合类分析方法和 Better-Worse 系数分析方法对分类结果进行评估修正，从而更好地聚焦于关键问题的解决。

表 7-6　　Kano 指标评价要素

序号	指标
1	新手引导（视频教学或交互指引）
2	具备逻辑性的界面布局设计
3	搜索结果筛选漏斗（如综合排序、最相关、最新、最热）
4	在书籍卡片上打上标签（如文学、政治等）
5	在搜索结果页增加用户反馈入口（搜索结果报错、购买建议等反馈）
6	精准搜索关联推荐机制（若无目标结果则触发）
7	书籍排行热榜（可通过主题进行热榜筛选）
8	书籍预定/预留功能
9	书籍信息卡片丰富并规范化，并根据用户关注度进行排序
10	收藏功能并提供快捷入口
11	历史搜索数据版块
12	AR（增强现实）实景图书馆室内导航
13	智能机器人导航引导且可原地办理借阅服务
14	云游图书馆 3D 模型
15	多维度的书籍使用后评分机制和反馈机制（包括书籍质量、描述相符等）
16	用户评价和互动交流机制
17	提供借阅服务机导航或位置信息
18	借阅服务机反馈和故障报修入口
19	馆藏阅读专属空间
20	座位推荐功能（根据所在位置和需求筛选推荐）
21	通知提醒功能（借阅逾期、上架可借通知等）
22	个人借阅信息快捷入口（可方便查询和续借）
23	在线智能问答咨询机制
24	基于用户历史偏好数据推荐书籍
25	用户反馈数据自动判定类别机制

Kano模型是东京理工大学狩野纪昭教授在1984年提出的一个理论框架，通过构建多维度的质量满意度感知体系，从非线性角度来研究系统功能对用户满意度的影响[①]。其理论基础建立于双因素理论所构建的用户满意度模型，主要作用是根据评价指标体系对用户需求进行分类和优先级排序，进而评估用户满意度。Kano模型将影响用户满意度的需求类型划分为五种，分别是：必备型需求（M）、魅力型需求（A）、期望型需求（O）、无差异需求（I）和反向型需求（R）。

必备型需求（M）是指用户认为产品必须具备的功能或服务。当该类需求无法充分满足时，用户会非常不满意；但当其得到充分满足时，用户也可能不会非常满意。因为对用户而言，这些需求是理所当然、必须满足的。所以一旦未能满足，便会显著影响用户的情感体验，产生强烈的负面情绪。

魅力型需求（A）是指产品中会让用户感到惊喜的内容。当产品或服务的魅力型功能属性逐渐升高时，用户的满意度也会随之提升。且魅力型需求被满足程度越高，用户满意度也会提升越高。但当产品不具备魅力型功能时，用户的满意度也不会产生明显的下降。因此，魅力型功能有助于提升产品在市场竞争中的核心优势。

期望型需求（O）是指用户期待产品具备的功能或服务，其满足程度与用户满意度呈线性关系，当满足程度越高，用户的满意度就会越强。因此，当产品具备满足用户期望的功能时，用户就会非常满意；若不具备，用户的满意度就会显著下降。显然，该类需求是产品设计者和开发者需要重点关注的需求。

无差异需求（I）指的是该类需求是否被满足都不会对用户满意度产生显著影响。所以，无论产品是否具备这类满足用户需求的功能，都不会影响用户满意度体验，因而在产品开发设计时可以减少对这类功能

[①] 魏丽坤：《Kano模型和服务质量差距模型的比较研究》，《世界标准化与质量管理》2006年第9期。

第七章　移动图书馆用户信息交互行为中的情感体验优化

的资源投入。

反向型需求（R）与期望型需求（O）正好相反，即用户不希望产品具备的功能，一旦产品提供该功能，用户的满意度便会显著下降，表现出强烈不满。所以在产品设计时需要反复斟酌，避免加入这类需求功能。

根据上述五类需求的属性特征，可以进行需求优先级排序：必备型需求（M）>期望型需求（O）>魅力型需求（A）>无差异需求（I）>反向型需求（R）。

根据 Kano 模型的基本原理，本书首先将初步提取的用户情感体验优化机会点归纳为 25 项 Kano 评价指标，如表 7-6 所示。然后，采用问卷调查方式根据用户偏好和使用习惯了解其对各项优化机会点满足程度的体验感受，具体问题示例如表 7-7 所示。最后，根据表 7-8 所示的 Kano 模型需求属性分析和重要度排序确定优化机会点的类型。该表格中每一个优化机会点在 6 个维度［魅力型、期望型、必备型、无差异型、反向型、可疑结果（Q）］上均可能有得分，将相同维度的比例相加后，可以得到各个属性维度的占比总和，总和最大的一个属性维度即为该项功能的属性归属[①]。

表 7-7　　　　　　　　　　Kano 问卷题项示例

1. 首次使用移动图书馆 3D 导航时，"新手引导"功能可以帮助您快速掌握操作流程

题项	不满意	勉强接受	无所谓	应当具备	满意
当 APP 具备该功能时，您的感受是	□	□	□	□	□
当 APP 不具备该功能时，您的感受是	□	□	□	□	□

---

① 曾祥俊、叶晓庆、刘盾：《基于细粒度观点挖掘和 Kano 模型的用户满意度分析研究》，《计算机工程与科学》2023 年第 4 期。

表 7-8 需求分类规则

用户需求		不具备该功能				
		不满意	勉强接受	无所谓	应当具备	满意
具备该功能	不满意	Q	R	R	R	R
	勉强接受	M	I	I	I	R
	无所谓	M	I	I	I	R
	应当具备	M	I	I	I	R
	满意	O	A	A	A	Q

正式问卷通过问卷星平台面向在校大学生发放。共计回收 360 份有效问卷，利用 SPSSAU 平台对问卷结果进行信效度检验，其中 Cronbach's α 系数为 0.752，正向与反向题项的 KMO 值分别为 0.734 和 0.747，Bartlett 球形度检验的 p 值小于 0.05，表明问卷的信度与效度较优，适合做进一步统计分析。在此基础上，本书根据 Kano 模型分类规则对优化机会点进行初步分类，结果如表 7-9 所示，根据最大频数值可以确定优化机会点所属类型。表中 Q（可疑结果）代表同一问题中互相矛盾的结果，当 Q 值不为零时，该分类视为无效结果。

表 7-9 基于 Kano 模型的优化机会点初步分类结果

序号	机会点	A	O	M	I	R	Q	合计	Kano 类型
1	新手引导	93	55	25	179	8	0	360	I
2	具备逻辑性的界面布局设计	42	91	201	23	3	0	360	M
3	搜索结果筛选漏斗	157	89	13	94	7	0	360	A
4	在书籍卡片上打上标签	149	101	21	78	11	0	360	A
5	在搜索结果页增加用户反馈入口	102	142	41	69	6	0	360	O
6	精准搜索关联推荐机制	35	176	97	43	9	0	360	O
7	书籍排行热榜	122	91	36	96	15	0	360	A

第七章 移动图书馆用户信息交互行为中的情感体验优化

续表

序号	机会点	A	O	M	I	R	Q	合计	Kano类型
8	书籍预定/预留功能	134	71	78	68	9	0	360	A
9	书籍信息卡片丰富并规范化，并根据用户关注度进行排序	91	99	27	135	8	0	360	I
10	收藏功能并提供快捷入口	83	82	137	56	2	0	360	M
11	历史搜索数据版块	132	102	26	92	8	0	360	A
12	AR实景图书馆室内导航	143	108	11	93	5	0	360	A
13	智能机器人导航引导且可原地办理借阅服务	145	88	61	62	4	0	360	A
14	云游图书馆3D模型	127	81	31	118	3	0	360	A
15	多维度的书籍使用后评分机制和反馈机制	142	94	28	91	5	0	360	A
16	用户评价和互动交流机制	95	116	83	60	6	0	360	O
17	提供借阅服务机导航或位置信息	117	101	34	101	7	0	360	A
18	借阅服务机反馈和故障报修入口	73	94	136	54	3	0	360	M
19	馆藏阅读专属空间	73	73	128	81	5	0	360	M
20	座位推荐功能	147	84	13	107	9	0	360	A
21	通知提醒功能	109	54	119	65	13	0	360	M
22	个人借阅信息快捷入口	73	82	129	71	5	0	360	M
23	在线智能问答咨询机制	125	99	27	101	5	0	360	A
24	基于用户历史偏好数据推荐书籍	139	102	25	83	11	0	360	A
25	用户反馈数据自动判定类别机制	81	73	167	39	0	0	360	M

在上述25个用户情感体验优化机会点中，2、10、18、19、21、22、25为必备型；5、6、16为期望型；3、4、7、8、11、12、13、14、

15、17、20、23、24 为魅力型；1、9 为无差异型；反向型暂无。但由于 Kano 模型分类方法存在一定局限性，即当最大频数相同或差距不明显时，会影响分类结果的准确性。因此，需要在传统 Kano 模型的基础上进一步结合混合类分析方法和 Better-Worse 用户满意度指数分析方法对初始分类结果进行评估修正，从而更加精准地确定情感体验优化机会点的类型及其优先级[①]。

混合类分析结果如表 7-10 所示。其中，14、16、17、21 的类别发生了变化，例如，14 由魅力型调整为魅力型+无差异型的混合类，说明该机会点可能在现阶段尚未引起用户关注，但不能忽视其魅力型需求的潜力；16 由期望型调整为魅力型+期望型的混合类，意味着在后续优化阶段不仅要满足用户这类需求还应注重功能服务质量水平提升。

表 7-10　　　　　各项优化机会点混合类分析结果

序号	机会点名称	初始类别	Ts	Cs	混合类分析改进
1	新手引导	I	0.481	0.239	I
2	具备逻辑性的界面布局设计	M	0.928	0.306	M
3	搜索结果筛选漏斗	A	0.719	0.175	A
4	在书籍卡片上打上标签	A	0.753	0.133	A
5	在搜索结果页增加用户反馈入口	O	0.792	0.111	O
6	精准搜索关联推荐机制	O	0.856	0.219	O
7	书籍排行热榜	A	0.692	0.072	A
8	书籍预定/预留功能	A	0.786	0.156	A

① 易明、宋进之、李梓奇：《基于 Kano 模型的高校智慧图书馆功能需求研究》，《图书情报工作》2020 年第 14 期。

续表

序号	机会点名称	初始类别	Ts	Cs	混合类分析改进
9	书籍信息卡片丰富并规范化，并根据用户关注度进行排序	I	0.603	0.1	I
10	收藏功能并提供快捷入口	M	0.839	0.15	M
11	历史搜索数据版块	A	0.722	0.083	A
12	AR（增强现实）实景图书馆室内导航	A	0.728	0.097	A
13	智能机器人导航引导且可原地办理借阅服务	A	0.817	0.158	A
14	云游图书馆3D模型	A	0.664	0.025	H（A+I）
15	多维度的书籍使用后评分机制和反馈机制	A	0.733	0.133	A
16	用户评价和互动交流机制	O	0.817	0.058	H（A+O）
17	提供借阅服务机导航或位置信息	A	0.7	0.044	H（A+O+I）
18	借阅服务机反馈和故障报修入口	M	0.842	0.117	M
19	馆藏阅读专属空间	M	0.761	0.131	M
20	座位推荐功能	A	0.678	0.111	A
21	通知提醒功能	M	0.783	0.028	H（A+M）
22	个人借阅信息快捷入口	M	0.789	0.131	M
23	在线智能问答咨询机制	A	0.697	0.067	A
24	基于用户历史偏好数据推荐书籍	A	0.739	0.103	A
25	用户反馈数据自动判定类别机制	M	0.892	0.239	M

Better-Worse 系数分析方法是通过计算 Better 满意系数值和 Worse 不满意系数值来反映用户的相对满意程度。Better 值表明某一优化机会点对用户满意度的正向影响程度，一般为正数，且数值越大表示用户的满意度越显著；Worse 值表明某一机会点对用户满意度的负向影响程

度，一般为负数，数值越大表明用户的不满意程度越显著。据此，分别计算出 25 个情感体验优化机会点的满意度系数 Better 值和不满意度系数｜Worse｜值，如表 7-11 所示。然后，将 Better 值作为纵坐标，｜Worse｜值作为横坐标，两个系数各自的平均值作为坐标轴原点，划分出 4 个象限，分别为期望型、魅力型、无差异型和必备型，如图 7-25 所示。

表 7-11　优化机会点的 Better-Worse 系数分析结果

序号	机会点名称	Better 值	｜Worse｜值
1	新手引导	0.42	0.227
2	具备逻辑性的界面布局设计	0.373	0.818
3	搜索结果筛选漏斗	0.697	0.289
4	在书籍卡片上打上标签	0.716	0.35
5	在搜索结果页增加用户反馈入口	0.689	0.517
6	精准搜索关联推荐机制	0.601	0.778
7	书籍排行热榜	0.617	0.368
8	书籍预定/预留功能	0.584	0.425
9	书籍信息卡片丰富并规范化，并根据用户关注度进行排序	0.54	0.358
10	收藏功能并提供快捷入口	0.461	0.612
11	历史搜索数据版块	0.665	0.364
12	AR（增强现实）实景图书馆室内导航	0.707	0.335
13	智能机器人导航引导且可原地办理借阅服务	0.654	0.419
14	云游图书馆 3D 模型	0.583	0.314
15	多维度的书籍使用后评分机制和反馈机制	0.665	0.344
16	用户评价和互动交流机制	0.596	0.562

第七章 移动图书馆用户信息交互行为中的情感体验优化

续表

序号	机会点名称	Better 值	|Worse| 值
17	提供借阅服务机导航或位置信息	0.618	0.382
18	借阅服务机反馈和故障报修入口	0.468	0.644
19	馆藏阅读专属空间	0.411	0.566
20	座位推荐功能	0.658	0.276
21	通知提醒功能	0.47	0.499
22	个人借阅信息快捷入口	0.437	0.594
23	在线智能问答咨询机制	0.636	0.358
24	基于用户历史偏好数据推荐书籍	0.691	0.364
25	用户反馈数据自动判定类别机制	0.428	0.667

综合以上分类修正结果，该移动图书馆 APP 的 3D 导航服务用户情感体验优化机会点的最终分类及排序结果如图 7-26 所示。

三 情感体验优化方案设计

通过服务蓝图对用户体验痛点与优化机会点的挖掘分析，可以针对具体服务环节和交互触点提出情感体验优化策略。基于前文理论研究基础以及实践分析结果，本书将基于 Kano 模型评估修正后的情感体验优化机会点分别与感知反应、认知理解、行为交互和价值认同 4 个维度一一对应，针对移动图书馆用户使用场景和体验痛点，依据优化机会点的类型和优先级，对"书航"APP 的 3D 馆内导航服务提出情感体验优化策略（见图 7-27）。

（一）感知反应维度优化设计

为了增强用户的熟悉感和亲切感，同时符合大学生群体青春活力、求知欲强的特点，可以在 APP 界面设计中采用与图书馆官方主页一致

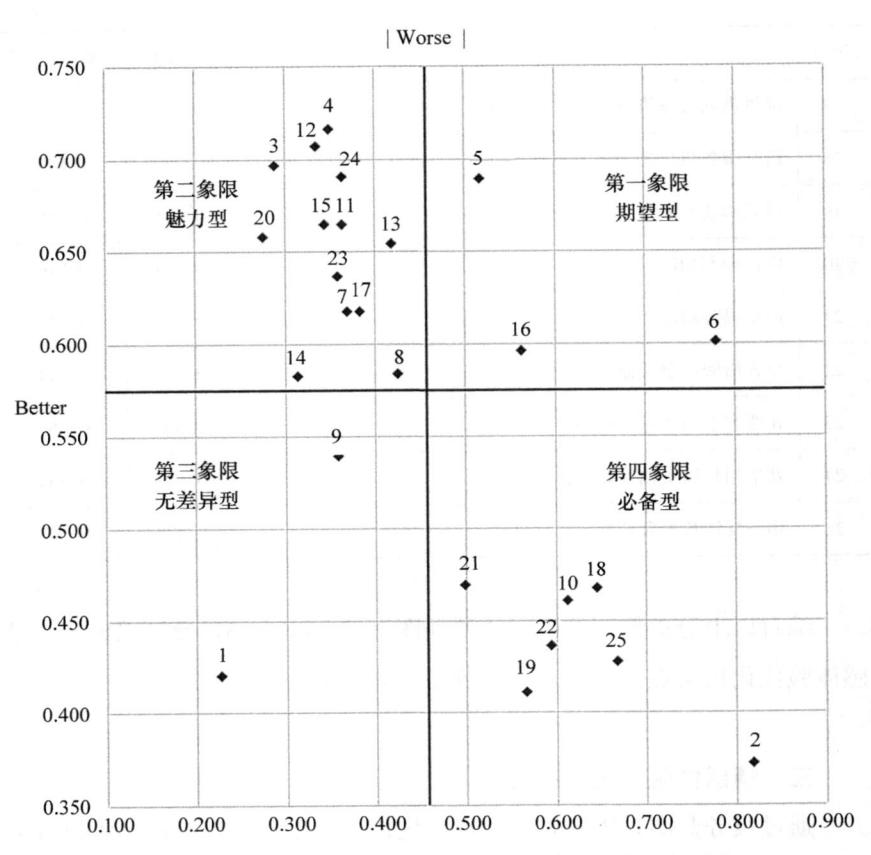

图 7-25 优化机会点的 Better-Worse 满意度系数坐标分布

的色彩搭配、凸显校园文化的图标符号、丰富新颖的动效展示以及趣味生动的插图元素等激发用户的情感反应，提高 APP 中 3D 导航功能对用户的吸引力。除了在界面视觉设计上满足用户的必备型需求，还应在版块布局上满足用户的心理预期和审美要求。鉴于此，我们针对在试用阶段存在的体验痛点，对界面设计进行了改版，如图 7-28 所示。首先，在界面主色调上选择与图书馆建筑物和官方主页一致的配色，并融入校园文化特色元素，使其与用户使用习惯相适配。同时，在 3D 导航界面通过虚拟梦幻的色彩元素减少用户的审美疲劳，避免因界面单调同质化

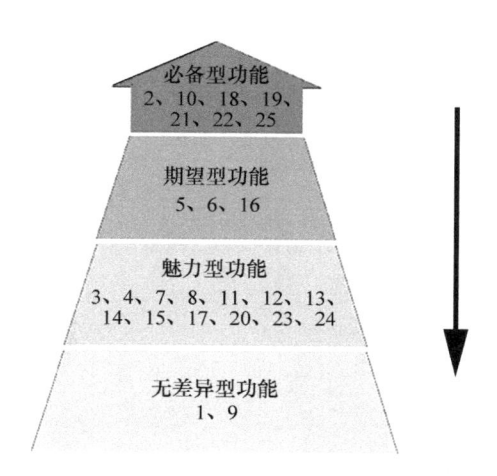

第七章 移动图书馆用户信息交互行为中的情感体验优化

```
         必备型功能
         2、10、18、19、
          21、22、25

        期望型功能
         5、6、16

       魅力型功能
      3、4、7、8、11、12、13、
       14、15、17、20、23、24

     无差异型功能
         1、9
```

图 7-26　优化机会点分类及优先级排序（从上至下降序排列）

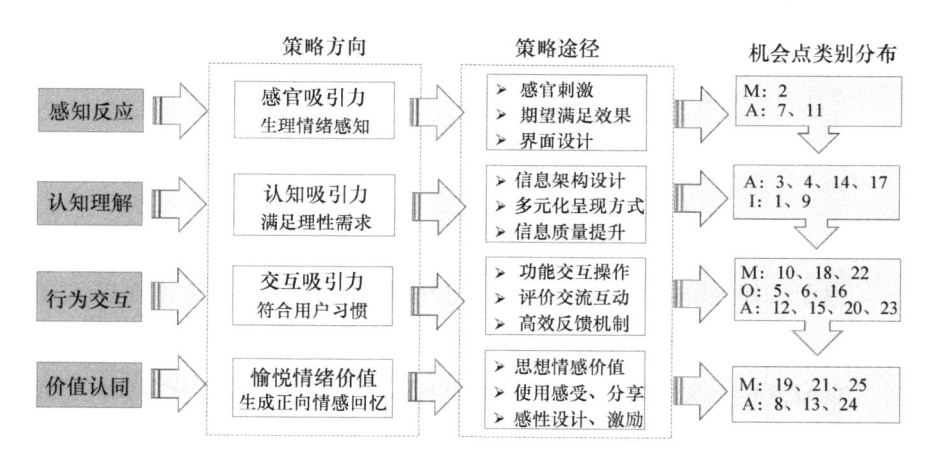

策略方向		策略途径	机会点类别分布
感知反应	感官吸引力 生理情绪感知	➢ 感官刺激 ➢ 期望满足效果 ➢ 界面设计	M：2 A：7、11
认知理解	认知吸引力 满足理性需求	➢ 信息架构设计 ➢ 多元化呈现方式 ➢ 信息质量提升	A：3、4、14、17 I：1、9
行为交互	交互吸引力 符合用户习惯	➢ 功能交互操作 ➢ 评价交流互动 ➢ 高效反馈机制	M：10、18、22 O：5、6、16 A：12、15、20、23
价值认同	愉悦情绪价值 生成正向情感回忆	➢ 思想情感价值 ➢ 使用感受、分享 ➢ 感性设计、激励	M：19、21、25 A：8、13、24

图 7-27　用户情感体验优化机会点在各维度的分布

的设计影响用户的使用兴趣。其次，根据功能属性及使用频次进行图标设计与版块布局优化，解决 APP 界面布局逻辑欠清晰、内容吸引力低等诸多问题；此外，还通过图书馆虚拟馆员拟人形象的设计增进与用户的情感连接，并根据用户所处环境进行屏幕光线和导航语音动态调整，满足用户的魅力型需求。

移动图书馆用户信息交互行为中的情感体验研究

改版前界面　　　　　　　　　　　改版后界面

图 7-28　APP 界面设计优化方案

（二）认知理解维度优化设计

根据认知理解维度对应的情感体验优化机会点，我们着重在以下方面进行了优化与完善：

1. APP 信息架构优化。根据对用户使用"书航"APP 及其 3D 导航功能的行为观察，我们对用户交互行为触点进行了拆解和梳理，根据用户使用习惯和交互主路径对 APP 整体信息架构进行了优化，使其更符合产品定位与用户习惯，如图 7-29 所示。优化后的一级导航包括"首页""导航""我的"三个版块。其中，"首页"包括"通知提醒""用户月度报告""常用应用""话题热榜"和"热点资讯"5 个部分。此外，我们还将 3D 云游功能提到首页"常用应用"版块中，将原本复杂、层次较深的信息结构进行了简化，用户只需三步点击就可以快速开启云游服务体验，极大降低了交互操作过程中的决策成本，提高了用户持续使用意愿。

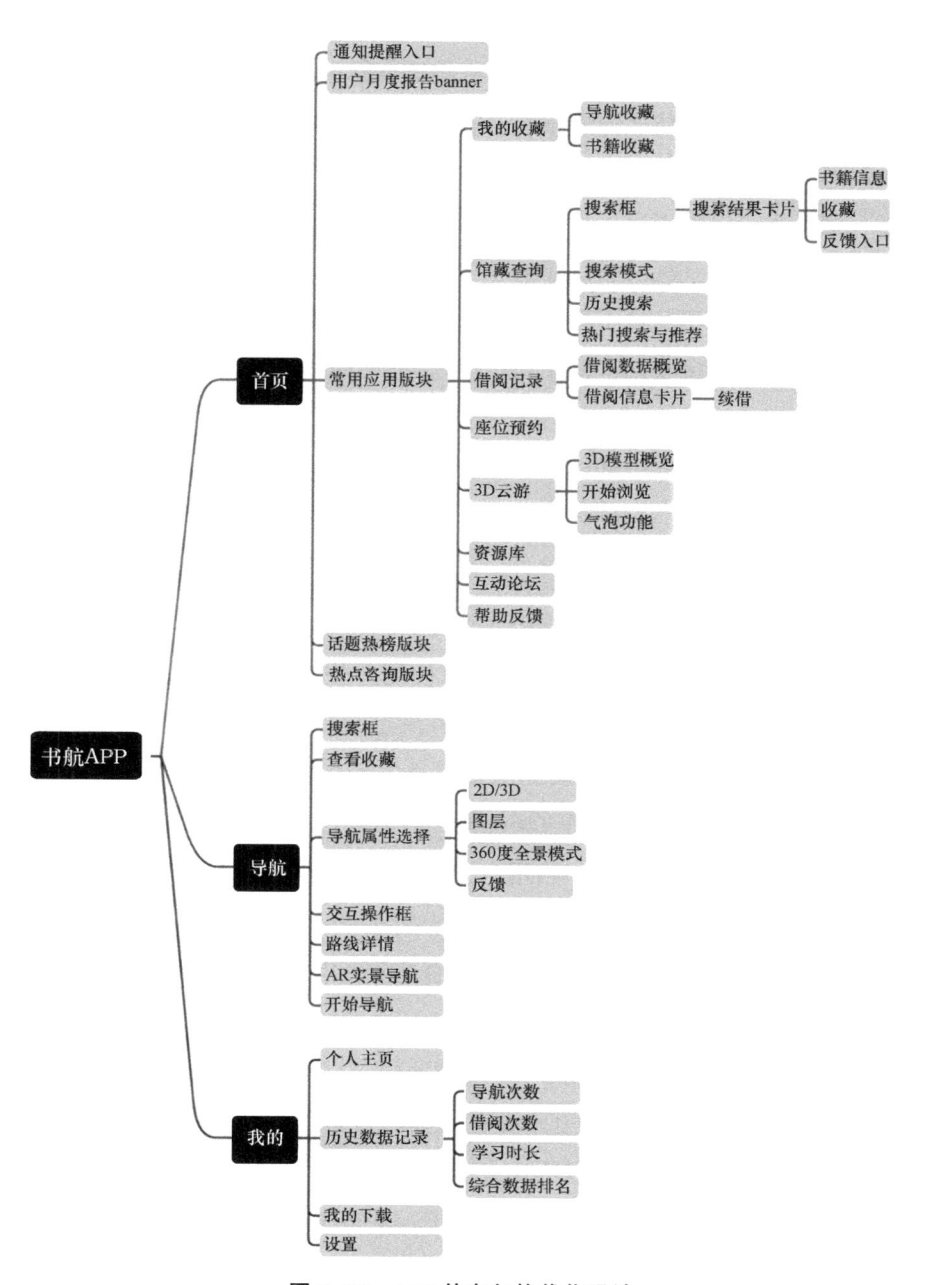

第七章 移动图书馆用户信息交互行为中的情感体验优化

```
书航APP
├── 首页
│   ├── 通知提醒入口
│   ├── 用户月度报告banner
│   ├── 常用应用版块
│   │   ├── 我的收藏
│   │   │   ├── 导航收藏
│   │   │   └── 书籍收藏
│   │   ├── 馆藏查询
│   │   │   ├── 搜索框 ── 搜索结果卡片
│   │   │   │   ├── 书籍信息
│   │   │   │   ├── 收藏
│   │   │   │   └── 反馈入口
│   │   │   ├── 搜索模式
│   │   │   ├── 历史搜索
│   │   │   └── 热门搜索与推荐
│   │   ├── 借阅记录
│   │   │   ├── 借阅数据概览
│   │   │   └── 借阅信息卡片 ── 续借
│   │   ├── 座位预约
│   │   ├── 3D云游
│   │   │   ├── 3D模型概览
│   │   │   ├── 开始浏览
│   │   │   └── 气泡功能
│   │   ├── 资源库
│   │   ├── 互动论坛
│   │   └── 帮助反馈
│   ├── 话题热榜版块
│   └── 热点咨询版块
├── 导航
│   ├── 搜索框
│   ├── 查看收藏
│   ├── 导航属性选择
│   │   ├── 2D/3D
│   │   ├── 图层
│   │   ├── 360度全景模式
│   │   └── 反馈
│   ├── 交互操作框
│   ├── 路线详情
│   ├── AR实景导航
│   └── 开始导航
└── 我的
    ├── 个人主页
    ├── 历史数据记录
    │   ├── 导航次数
    │   ├── 借阅次数
    │   ├── 学习时长
    │   └── 综合数据排名
    ├── 我的下载
    └── 设置
```

图 7-29　APP 信息架构优化设计

2. 3D 导航信息呈现方式优化。在用户使用 3D 导航服务的过程中，通过增加清晰直观的箭头指引和目标物遮罩标识减少用户额外的信息判断，提高用户对该功能的依赖性。同时，通过对用户实时位置信息和操作数据的动态采集，结合计算机视觉、时空计算、场景建模、增强现实等关键技术，保障用户在视觉交互层面的最佳效果，并通过趣味性的功能引导让用户更具沉浸感。在信息呈现上，应用直观鲜明的色彩和图标让用户对导航标识一目了然，最大限度降低用户的认知门槛，并积极借助区域位置信号接收技术，使用户进入某一空间区域时，系统就能自动展示该区域的详情介绍，让用户对美观的画面和动态效果产生浓厚兴趣，从心理层面建立与移动图书馆的情感连接。

（三）行为交互维度优化设计

在行为交互维度，重点针对服务系统的快捷功能、推荐机制、虚拟交互模式、反馈响应和互动交流几个方面进行了优化设计：

1. 快捷功能优化。快捷功能可以使用户快速访问所需服务，缩短界面操作路径，提高信息传递效率，并满足用户的自定义交互需求。针对用户在使用 3D 导航服务时无法快速查看历史轨迹、需要再次重复操作整个流程的痛点，我们通过增加线路收藏功能、个人借阅历史查询功能加以解决（见图 7-30）。当用户搜索到目标书籍信息但无法立刻开始导航时，可以选择先收藏后续再直接从收藏入口前往寻找目标书籍。同时，当用户需要续借时，也可以直接通过个人借阅历史查询入口，点击续借按钮，由此缩短用户在实际操作过程中的链路流程，提高交互流畅度，使用户在交互过程中能够保持轻松愉悦的心情。

2. 推荐机制优化。当用户没有明确的搜索目标或系统中没有与用户需求匹配的资源时，可以依托大数据分析挖掘、情境感知等技术，建立专门的移动图书馆智能感应推荐系统，从多维度对用户潜在需求进行感知预测，找到具备共性场景特征的其他用户，根据关联分析和偏好过滤实现精准内容推送。同时，基于数据储存服务系统对用户数据进行精

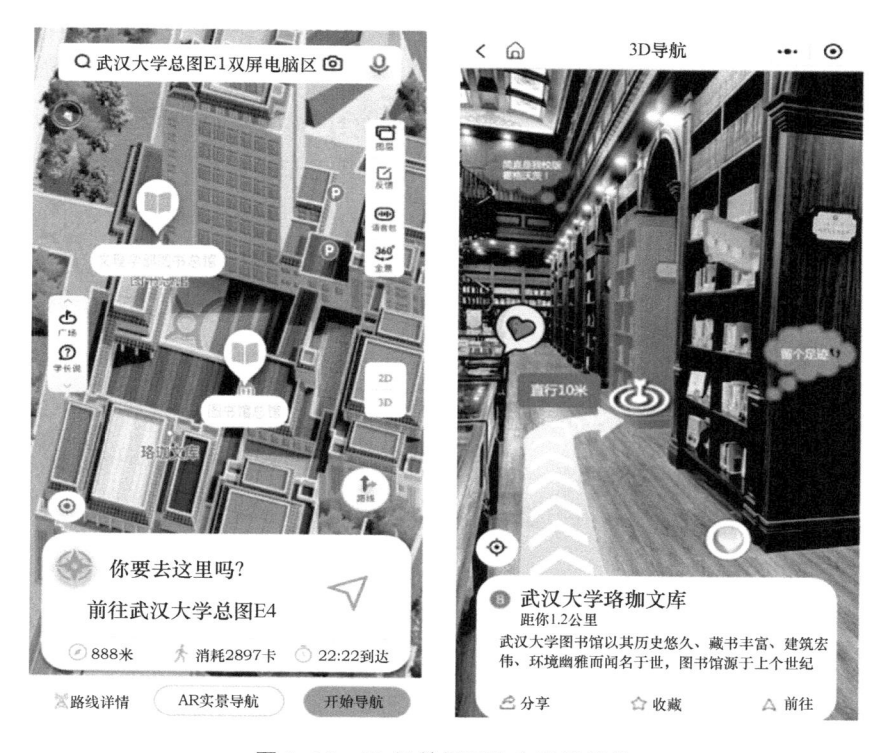

第七章　移动图书馆用户信息交互行为中的情感体验优化

图 7-30　3D 导航界面信息设计优化

细化管理分类，不断优化迭代推荐算法，更好地根据用户需求偏好和知识水平推荐与其相符的文化资源。此外，推荐机制并不局限于图书搜索，还能辐射到座位预约、导航线路推荐等领域。

3. 虚拟交互模式优化。3D 导航是以 3D 建模的方式深度还原真实的图书馆场景并提供导航服务，但在实际操作过程中，用户仍然需要耗费大量的时间和精力将真实环境和 3D 画面进行匹配判断。针对这一痛点，我们加入"最近参照物"标识来辅助用户对周围真实环境的判断，并融入 AR 实景导航功能到 3D 导航系统，通过数字箭头指引或参照物数字标识等，使用户基本可以完全依赖移动端的画面，减少对真实环境的识别判断，甚至实现全视角维度的沉浸式体验。此外，我们还对一些关键交互指令设置了自然敏捷的交互方式，用户只需进行手动缩放、拖拽等行为即可轻松完成相应操作，如图7-31所示。

4. 系统反馈机制设计。目前，"书航"APP尚未形成完善的用户反馈机制，面对用户遇到的系统卡顿、点击无反应、导航线路不准确等问题，无法及时提供解决方案。对此，需要通过反馈机制设计来加强移动图书馆对用户需求的反馈响应，依托完整高效的复杂问题解决链路保障用户良好的交互体验，并借助新兴技术完善用户反馈数据自动判定机制，通过智能感知精准定位用户需求和特定场景信息，并基于自然语言处理技术对用户的需求语义进行理解和延伸，从而在学术科研、专业学习中提供精准便捷的知识服务。

图7-31 用户虚拟交互模式示例

5. 互动交流机制设计。社交互动是提高用户愉悦情绪的关键因素，通过移动图书馆服务满足用户的社交互动需求，有利于提升用户持续使用意愿和满意度。对此，可以通过热门话题、社交场景等引发读者交流讨论，鼓励大家积极表达自己的想法和情感，促进社交愉悦与心理愉悦双螺旋提升。同时，基于用户的归属需求、情感需求和兴趣图谱形成社交网络交流机制，通过网络节点之间的关联关系将用户有效聚集起来，不断触发场景化知识资源的传播和利用。

第七章　移动图书馆用户信息交互行为中的情感体验优化

（四）价值认同维度优化设计

价值认同维度主要体现在用户成就感和情绪价值传递方面，强化用户对移动图书馆服务的信任度。图书馆可以通过有效的触达机制设计，利用 APP 及时通知用户办理还书、续借等手续，并提供续借入口，用细心的触达服务提高用户的情感体验。与此同时，根据用户历史行为数据分析结果，当用户长期未产生学习、借阅行为时，可以通过适时的触达服务将其召回，提高用户的归属感。

此外，图书馆还可以通过激励机制增强用户在服务使用过程中的成就感，提高用户的学习动力。尤其是在用户完成整个服务体验的最后阶段，可以根据此次使用 3D 导航服务的行为表现给予相应奖励，鼓励用户持续使用。譬如，我们在"书航" APP 中加入了"寻宝路线"和"用户成就等级系统"，将 3D 导航服务视为知识寻宝的过程，通过有趣的奖励元素设计和文案设计向用户提供"虚拟徽章"，促进用户成就感持续积累。同时，我们还结合情感监测与情景分析方法，对用户需求进行动态预测，通过感知用户真实的知识应用场景并洞察分析，自动调整服务内容与模式，将最能激励用户的资源主题、学科知识以场景化、深度交互的形式与用户进行关联，促进用户成就感提升。

而通过挖掘用户的期望型需求，则能使用户产生好奇心并进一步强化持续使用意愿，有效唤醒多感官刺激体验，产生愉悦情绪。比如，用户在使用图书馆 3D 导航服务时，可以看到以悬浮气泡形式留下的导航足迹，并采用极具视觉感的动效方式呈现，使用户在完成服务体验后能够产生独特的回忆和丰富的联想。同时，结合具有科技感和文化氛围的数字场景进一步深化情感体验，由此逐步强化用户正向情绪价值，提高用户对移动图书馆的价值认同。

四　优化方案可用性测试

可用性测试是对优化方案效果进行验证的一种必要手段，通过测试结果能够验证方案的可行性与有效性，以及是否符合用户预期和使用需求。测试形式主要是通过观察用户在操作过程中的交互行为，真实记录使用情况并询问用户的态度与想法，了解用户的使用偏好与习惯，从而帮助图书馆分析移动服务现状，由此针对用户情感体验方面的问题进行交互逻辑优化和功能迭代，在信息设计、交互设计、视觉设计等方面全面提升用户体验。

可用性测试评估指标一般包括五个维度：①可学习性，即用户初次接触产品时，完成核心功能操作任务的难易程度；②效率，即用户完成操作任务的速度；③可记忆性，即用户在一段时间内未使用产品后能否快速找回熟悉感的程度；④容错率，即用户能否从错误操作中迅速恢复正常使用；⑤满意度，即用户对产品的主观满意程度。可用性测试的实施步骤主要包括四个阶段：阶段一是设计操作任务。用户在测试中的操作表现对测试结果的准确性具有直接影响，因此，需要对优化方案进行任务设计，选择最具代表性的核心功能或操作流程作为可用性测试任务并符合用户常规操作习惯。阶段二是招募被试。参与测试的用户来源和数量也会对最终测试结果的准确性与可靠性产生直接影响，所以在被试类型和数量上要保证科学性。阶段三是观察与记录用户行为。除了对用户操作过程进行观察与记录之外，还要通过事后访谈了解用户认知层面、需求层面的想法感受，由此验证优化方案是否真正满足用户的实际需求和预期。阶段四是输出数据分析报告。通过数据分析和可视化工具评估用户满意度，直观呈现用户对优化方案的满意效果[①]。

为了评估本书提出的移动图书馆用户情感体验优化方案，我们依据可用性测试基本流程及规范，按照用户画像特征筛选了 20 位典型用户对 15 项评价指标进行打分，这些指标主要基于我们对 25 项优化机会点的实际完成情况提取得到。用户根据自身对 APP 优化版本的真实使用体验进行打分（各项指标满分为 10 分），由此验证优化设计方案是否

---

① 由芳、王建民：《可用性测试》，中山大学出版社 2017 年版。

符合预期。可用性测试结果如表 7-12 和图 7-32 所示。

表 7-12　　　　　　**情感体验优化方案可用性测试结果**

序号	评价指标	评分均值
1	移动界面美观度	8.4
2	平台操作易用度	8.2
3	情感元素设计吸引度	9.4
4	开始使用意愿	7.8
5	界面信息准确	7.4
6	特殊功能惊喜程度	9.4
7	月度报告活动吸引度	8.4
8	愿意查看热榜信息	8.0
9	愿意查看资讯内容	8.3
10	愿意使用打卡功能	8.5
11	3D 导航体验效率	9.6
12	专属功能空间体验感	9.2
13	互动交流满足情况	8.2
14	愿意持续使用	8.3
15	服务体验满意度	9.0

根据可用性测试结果可知，用户的整体满意度在 8.5 分左右，表明用户对整体优化方案的完成度较为满意。其中，用户在情感元素设计吸引度、特殊功能惊喜程度、3D 导航体验效率、专属功能空间体验感等方面的满意度最高。总体而言，通过感官层面的反应刺激，在感知阶段全面洞察用户情感需求，使用户建立了良好的初始印象；进而基于信息架构优化与信息呈现设计，降低了用户认知负荷，提升了用户在服务使用过程中的易用感与满足感，使用户进一步从认知心理层面产生愉悦的情绪；然后，通过功能创新和交互设计触发了用户的好奇心理，基于用

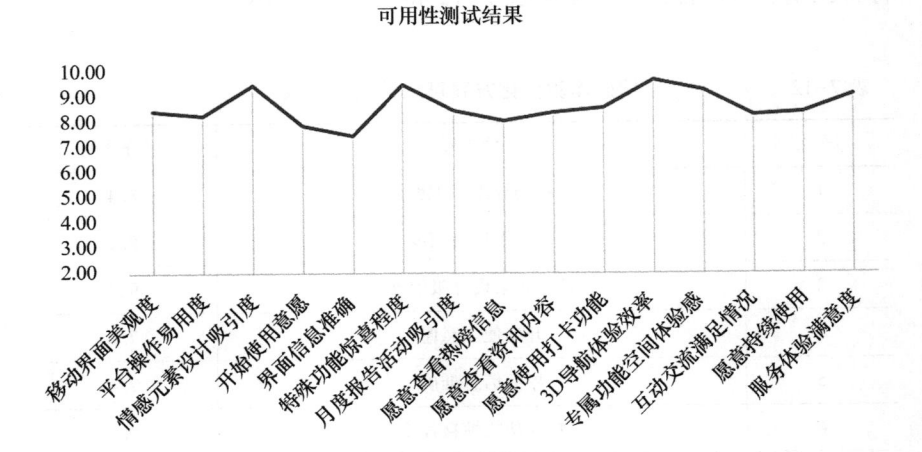

移动图书馆用户信息交互行为中的情感体验研究

图 7-32　可用性测试结果的可视化

户与移动图书馆之间的互动关联和情感共鸣，培养用户使用习惯，提高用户黏性。最后，在使用结束阶段通过情感化设计引发用户反思、回忆和联想，使用户在精神层面形成价值认同感、成就感和归属感，并在交互过程中不断促进自我价值实现与表达，最终与移动图书馆形成稳固深厚的情感连接。

· 400 ·

参考文献

中文著作：

程时伟：《人机交互概论——从理论到应用》，浙江大学出版社 2018 年版。

单美贤：《人机交互设计》，电子工业出版社 2016 年版。

邓胜利：《基于社交问答平台的用户知识贡献行为与服务优化》，武汉大学出版社 2018 年版。

丁锦红、张钦、郭春彦：《认知心理学》（第 3 版），中国人民大学出版社 2022 年版。

孔维民：《情感心理学新论》，吉林人民出版社 2002 年版。

李道源、孙立、吴丹：《UI 图标设计》，华中科技大学出版社 2018 年版。

李金波：《认知负荷的评估与变化预测研究——以 E-learning 为例》，武汉大学出版社 2009 年版。

李敏、曹军：《色彩心理学》，中国华侨出版社 2016 年版。

林崇德、杨治良、黄希庭：《心理学大辞典》，上海教育出版社 2003 年版。

罗仕鉴、朱上上：《用户体验与产品创新设计》，机械工业出版社 2010 年版。

毛峡、薛雨丽：《人机情感交互》，科学出版社 2011 年版。

明均仁、郭财强、张俊、操慧子、陈蓉：《基于多维动态数据的移动图书馆用户使用行为研究》，武汉大学出版社 2021 年版。

莫衡：《当代汉语词典》，上海辞书出版社 2001 年版。

庞金玲：《成就感》，中国纺织出版社 2019 年版。

齐港：《社会科学理论模型图典》，经济管理出版社 2012 年版。

孙科炎、李婧：《行为心理学》，中国电力出版社 2011 年版。

王金柱：《HTML5 移动网站与 App 开发实战》，清华大学出版社 2022 年版。

魏群义、许天才：《移动图书馆的用户体验模型与服务质量提升研究》，中央编译出版社 2021 年版。

武秀波：《认知科学概论》，科学出版社 2007 年版。

萧浩辉：《决策科学辞典》，人民出版社 1995 年版。

杨游云、周健作：《Python 广告数据挖掘与分析实战》，机械工业出版社 2021 年版。

杨治良、郝兴昌：《心理学辞典》，上海辞书出版社 2016 年版。

殷继彬、钱谦、王锋、娄泽华、陈苗云、程国军、左亚敏：《笔+触控交互界面的设计策略与研究》，云南大学出版社 2016 年版。

优逸客科技有限公司：《移动界面设计-视觉营造的风向标》，机械工业出版社 2017 年版。

由芳、王建民：《可用性测试》，中山大学出版社 2017 年版。

张毕西：《运营管理》，机械工业出版社 2019 年版。

赵杨：《移动图书馆服务质量控制研究》，科学出版社 2017 年版。

中文译著：

［美］唐纳德·A. 诺曼：《情感化设计》，张磊译，中信出版社 2015 年版。

［美］芭芭拉·弗雷德里克森：《积极情绪的力量——缔造当代积极心

理学最新巅峰》，王珺译，中国人民大学出版社 2010 年版。

［美］贝恩特·施密特：《顾客体验管理——实施体验经济的工具》，冯玲、邱礼新译，机械工业出版社 2004 年版。

［美］福格：《福格行为模型》，徐毅译，天津科学技术出版社 2021 年版。

［美］加瑞特：《用户体验要素：以用户为中心的产品设计》，范晓燕译，机械工业出版社 2011 年版。

［美］米哈里·契克森米哈赖：《心流——最优体验心理学》，张定绮译，中信出版社 2017 年版。

［美］穆德、亚尔：《赢在用户：Web 人物角色创建和应用实践指南》，范晓燕译，机械工业出版社 2007 年版。

［美］尼尔森：《可用性工程》，刘正捷译，机械工业出版社 2004 年版。

［美］奇普·希思、丹·希思：《行为设计学：打造峰值体验》，靳婷婷译，中信出版社 2018 年版。

［美］汤姆·图丽斯、比尔·艾博特：《用户体验度量：收集、分析与呈现》，周荣刚、秦宪刚译，电子工业出版社 2020 年版。

［美］约翰·华生：《行为心理学》，倪彩译，中国纺织出版社 2019 年版。

中文期刊：

卜森：《公共图书馆促进数字包容的国际进展与我国对策》，《图书馆理论与实践》2023 年第 2 期。

蔡迎春、郑莘泽、汪蕾、李瑾颢：《我国图书馆理论与实践进展述评：2016—2020 年》，《大学图书馆学报》2022 年第 3 期。

蔡榆榕：《运用埋点技术实现高校应用服务平台过程监控》，《中国管理信息化》2021 年第 15 期。

蔡子凡、蔚海燕：《人工智能生成内容（AIGC）的演进历程及其图书馆智慧服务应用场景》，《图书馆杂志》2023年第4期。

曹锦丹、王畅、刘鑫、王丽伟、吴正荆：《用户信息焦虑影响因素及其干预模式研究》，《情报科学》2010年第10期。

曹琦佳：《图书馆微信平台用户心流体验及其对阅读行为的影响——以PAT模型为视角》，《图书情报导刊》2020年第7期。

曾祥俊、叶晓庆、刘盾：《基于细粒度观点挖掘和Kano模型的用户满意度分析研究》，《计算机工程与科学》2023年第4期。

曾子明、万品玉：《基于双层注意力和Bi-LSTM的公共安全事件微博情感分析》，《情报科学》2019年第6期。

陈传夫、陈一：《新时代图书馆发展的中国实践及其理论贡献》，《中国图书馆学报》2023年第1期。

陈丹、岳小楠、张凌：《智能技术背景下我国图书馆适老化服务研究综述》，《图书馆工作与研究》2022年第11期。

陈家胜：《学习倦怠研究现状及展望》，《中国健康心理学杂志》2016年第6期。

陈龙、管子玉、何金红、彭进业：《情感分类研究进展》，《计算机研究与发展》2017年第6期。

陈尚书、李虹：《基于用户体验的主流智能手机操作系统比较研究》，《软件导刊》2017年第9期。

陈添源：《基于用户体验的移动图书馆构建研究》，《新世纪图书馆》2013年第3期。

陈添源：《移动图书馆用户市场细分实证研究》，《图书情报工作》2016年第1期。

陈向明：《扎根理论的思路和方法》，《教育研究与实验》1999年第4期。

陈越红、王烁尧：《UI设计中的视觉心理认知与情感化设计分析》，《艺术设计研究》2021年第2期。

参考文献

程文英、曹锦丹、卢时雨：《信息焦虑量表的修订》，《情报科学》2014年第1期。

储节旺、杜秀秀、李佳轩：《人工智能生成内容对智慧图书馆服务的冲击及应用展望》，《情报理论与实践》2023年第5期。

崔汉崟：《关于产品生命周期缩短背景下人物角色应用的思考》，《设计》2016年第7期。

崔佳、宋耀武：《"金课"的教学设计原则探究》，《中国高等教育》2019年第5期。

邓小昭：《试析因特网用户的信息交互行为》，《情报资料工作》2003年第5期。

刁雅静、何有世、王念新、王志英：《商品类型对消费者评论认知的影响：基于眼动实验》，《管理科学》2017年第5期。

丁俊武、杨东涛、曹亚东、王林：《情感化设计的主要理论、方法及研究趋势》，《工程设计学报》2010年第1期。

范并思：《图书馆元宇宙的理想》，《中国图书馆学报》2022年第6期。

范昊、徐颖慧、曾子明：《智慧图书馆AI服务用户接受行为影响因素研究》，《图书馆学研究》2021年第2期。

冯春英：《基于响应式Web设计的新型图书馆门户网站构建》，《图书馆学研究》2015年第15期。

古婷骅、陈忆金、曹树金：《信息行为领域中情感的核心概念及其演化路径分析》，《情报理论与实践》2021年第12期。

郭顺利、张向先、相甍甍：《高校图书馆微信公众平台用户流失行为模型及其影响因素分析》，《图书情报工作》2017年第2期。

郭顺利、张宇：《基于VALS2的在线健康社区大学生用户群体画像构建研究》，《现代情报》2021年第10期。

韩静华、牛菁：《格式塔心理学在界面设计中的应用研究》，《包装工程》2017年第8期。

何俊、张彩庆、李小珍、张德海：《面向深度学习的多模态融合技术研究综述》，《计算机工程》2020年第5期。

胡昌平、张晓颖：《社会化推荐服务中的用户体验模型构建》，《情报杂志》2014年第9期。

黄昌勤、涂雅欣、俞建慧、蒋凡、李明喜：《数据驱动的在线学习倦怠预警模型研究与实现》，《电化教育研究》2021年第2期。

黄佳佳、李鹏伟、彭敏、谢倩倩、徐超：《基于深度学习的主题模型研究》，《计算机学报》2020年第5期。

黄务兰、张涛：《基于结构方程模型的移动图书馆用户体验研究——以常州大学移动图书馆为例》，《图书馆杂志》2017年第4期。

江波、覃燕梅：《我国移动图书馆五种主要服务模式的比较研究》，《图书馆论坛》2014年第2期。

江山：《智慧图书馆要素研究及建设思考》，《图书馆工作与研究》2022年第2期。

蒋丽平、郑红月、易安宁：《移动社交媒体环境下的图书馆信息服务研究——国内图书馆微信公众服务平台现状调查》，《现代情报》2014年第10期。

蒋旎、李然、刘春尧、房慧：《PAD情感模型在用户情感体验评估中的应用》，《包装工程》2021年第22期。

蒋知义、郑洁洵、邹凯：《主题图书馆服务用户满意度实证研究——以广州图书馆语言学习馆为例》，《图书馆杂志》2022年第1期。

柯平、彭亮：《图书馆高质量发展的赋能机制》，《中国图书馆学报》2021年第4期。

匡文波：《"知识焦虑"缘何而生》，《人民论坛》2019年第3期。

赖璨、欧石燕：《移动图书馆App可用性测评研究》，《图书馆学研究》2020年第10期。

赖茂生、李爱新、梅培培：《信息生命周期管理理论与政府信息资源管理创新研究》,《图书情报工作》2014 年第 6 期。

李斌阳、韩旭、彭宝霖、李菁、王腾蛟、黄锦辉:《基于情感时间序列的微博热点主题检测》,《中国科学:信息科学》2015 年第 12 期。

李国新:《"十四五"时期公共图书馆高质量发展思考》,《图书馆论坛》2021 年第 1 期。

李洁、毕强、马卓:《数字图书馆微服务情境交互功能的开发与设计策略研究》,《情报资料工作》2017 年第 4 期。

李玲梅、左丽华:《连通与流动:面向学习者个体的知识空间重构——联通主义视阈下的高校图书馆发展路径》,《新世纪图书馆》2022 年第 5 期。

李双双、李永明、朱彦:《移动图书馆用户间歇性中辍行为影响因素》,《图书馆论坛》2024 年第 3 期。

李彤彤、郭栩宁、周彦丽、李坦:《新冠肺炎疫情下大学生情感状态及其影响因素分析——基于微博文本挖掘的证据》,《开放学习研究》2022 年第 5 期。

李小青:《基于用户心理研究的用户体验设计》,《情报科学》2010 年第 5 期。

李晓明、傅小兰、邓国峰:《中文简化版 PAD 情绪量表在京大学生中的初步试用》,《中国心理卫生杂志》2008 年第 5 期。

李学龙:《多模态认知计算》,《中国科学:信息科学》2023 年第 1 期。

李雅洁:《倾斜角手势与传统界面导航技术在移动数字图书馆中的应用对比研究》,《图书情报工作》2018 年第 19 期。

李宇佳、张向先、张克永:《用户体验视角下的移动图书馆用户需求研究——基于系统动力学方法》,《图书情报工作》2015 年第 6 期。

梁兴堃、陈诺:《图书馆用户的信息素养对借阅行为的影响机理研究》,《图书情报工作》2022 年第 21 期。

刘继明、张培翔、刘颖、张伟东、房杰:《多模态的情感分析技术综述》，《计算机科学与探索》2021年第7期。

刘鲁川、孙凯：《社会化媒体用户的情感体验与满意度关系——以微博为例》，《中国图书馆学报》2015年第1期。

陆洋：《跨周期调节下智慧图书馆听书服务创新思考》，《图书馆界》2022年第5期。

马翔宇、余磊、赵文娟：《人格特质、情感状态和工作满意度动态关系研究》，《甘肃科学学报》2014年第2期。

马燕：《浅析"首因效应"》，《科教文汇》2009年第31期。

茆意宏：《面向用户需求的图书馆移动信息服务》，《中国图书馆学报》2012年第1期。

孟昭兰：《体验是情绪的心理实体——个体情绪发展的理论探讨》，《应用心理学》2000年第2期。

明均仁、张俊、杨艳妮、陈康丽：《基于UTAUT的移动图书馆用户行为模型及实证研究》，《图书馆论坛》2017年第6期。

明均仁、张俊：《高校移动图书馆APP用户满意度的影响因素》，《图书馆论坛》2018年第4期。

南英子：《聚类分析结果的有效性辨析》，《统计与决策》2008年第20期。

倪梦婷、曲敏、熊兴福：《基于服务设计理念的景区垃圾箱分类探析》，《包装工程》2019年第22期。

潘煜、万岩、陈国青、胡清、黄丽华、王刊良、王求真、王伟军、饶恒毅：《神经信息系统研究：现状与展望》，《管理科学学报》2018年第5期。

裴冠雄：《情感计算引领人机交互模式变革》，《社会科学报》2023年1月23日。

齐向华、刘小晶：《高校图书馆员服务能力对图书馆用户关系质量的影响研究》，《图书馆学研究》2019年第9期。

钱广斌：《用户体验在时间维度上的周期性研究》，《设计》2017年第12期。

钱蔚蔚、王天卉：《数字图书馆信息交互服务中用户情绪体验的实验研究》，《图书情报工作》2021年第20期。

乔红丽：《移动图书馆用户体验的结构方程模型分析》，《情报科学》2017年第2期。

乔建中：《当今情绪研究视角中的阿诺德情绪理论》，《心理科学进展》2008年第2期。

权雯欣、梁艳霞、严文杰：《格式塔心理学在产品人机界面设计中的应用研究》，《科技资讯》2020年第4期。

冉从敬、何梦婷：《智慧图书馆资源服务模式及其实施策略》，《数字图书馆论坛》2018年第6期。

饶权：《全国智慧图书馆体系：开启图书馆智慧化转型新篇章》，《中国图书馆学报》2021年第1期。

饶权：《中国图书馆事业的历史经验与转型发展》，《中国图书馆学报》2019年第5期。

饶元、吴连伟、王一鸣、冯聪：《基于语义分析的情感计算技术研究进展》，《软件学报》2018年第8期。

沈军威、倪峰、郑德俊：《移动图书馆平台的用户体验测评》，《图书情报工作》2014年第23期。

沈军威、郑德俊：《移动图书馆服务质量优化模式的构建研究》，《图书情报工作》2019年第15期。

施国洪、夏前龙：《移动图书馆研究回顾与展望》，《中国图书馆学报》2014年第2期。

施国洪、樊欣荣、夏前龙、赵庆：《移动图书馆交互质量影响因素研究》，《情报科学》2017年第2期。

施雨、茆意宏：《新一代信息技术环境下的阅读服务国内外研究综述》，

《图书馆杂志》2023 年第 6 期。

司娟：《移动图书馆 APP 读者使用意图及影响因素研究》，《图书馆研究与工作》2023 年第 4 期。

宋美琦、陈烨、张瑞：《用户画像研究述评》，《情报科学》2019 年第 4 期。

宋世俊、晏华、王浩先：《我国移动图书馆高校用户接受行为影响因素 Meta 分析》，《图书情报工作》2019 年第 10 期。

苏云：《大数据与人工智能双驱动的图书馆智慧服务研究》，《图书与情报》2018 年第 5 期。

孙嘉琪、王晓晔、杨鹏、温显斌、高赞、于青：《基于时间序列模型和情感分析的情感趋势预测》，《计算机工程与设计》2021 年第 10 期。

孙利、吴俭涛：《基于时间维度的整体用户体验设计研究》，《包装工程》2014 年第 2 期。

孙影影、贾振堂、朱昊宇：《多模态深度学习综述》，《计算机工程与应用》2020 年第 21 期。

王博文、许占民：《文化创意产品的用户体验地图模型构建》，《工业设计》2021 年第 1 期。

王灿荣、张兴旺：《移动图书馆中移动用户体验质量评价机制的构建分析》，《图书与情报》2014 年第 4 期。

王登秀、张文德、林熙阳：《基于 VASL2 的高校数字图书馆联盟人物角色》，《图书情报工作》2011 年第 3 期。

王惠君：《面向未来　创新发展——公共图书馆事业高质量发展思考》，《图书馆论坛》2021 年第 2 期。

王建明、吴龙昌：《亲环境行为研究中情感的类别、维度及其作用机理》，《心理科学进展》2015 年第 12 期。

王靖芸、魏群义：《移动图书馆用户体验影响因素 Meta 分析》，《国家图书馆学刊》2018 年第 5 期。

王娟、曹树金、谢建国：《基于短语句法结构和依存句法分析的情感评价单元抽取》，《情报理论与实践》2017 年第 3 期。

王姗姗、方向明：《增强现实技术对图书馆的意义和作用》，《图书情报工作》2015 年第 3 期。

王天泥：《当图书馆遇上微信小程序》，《图书与情报》2016 年第 6 期。

王晰巍、罗然、刘宇桐：《AI 在智慧图书馆应用趋势：机遇与挑战》，《情报科学》2021 年第 9 期。

王晰巍、任明铭：《移动阅读工具对用户体验的影响因素研究》，《现代情报》2019 年第 2 期。

王晰巍、韦雅楠、邢云菲、王铎：《新媒体环境下企业与用户信息交互行为模型及特征研究》，《图书情报工作》2018 年第 18 期。

王晓文、沈思、崔旭：《基于 K-Means 聚类的学科服务用户市场细分实证研究》，《图书馆学研究》2017 年第 9 期。

王秀红、高敏：《基于 BERT-LDA 的关键技术识别方法及其实证研究——以农业机器人为例》，《图书情报工作》2021 年第 22 期。

王毅、吴睿青：《公共图书馆数字文化资源服务用户画像研究》，《图书情报工作》2021 年第 16 期。

魏丽坤：《Kano 模型和服务质量差距模型的比较研究》，《世界标准化与质量管理》2006 年第 9 期。

魏群义、李艺亭、姚媛：《移动图书馆用户体验评价指标体系研究——以重庆大学微信图书馆平台为例》，《国家图书馆学刊》2018 年第 5 期。

魏珊、马海群：《数智赋能图书馆转型的现实逻辑与实现路径研究》，《图书馆工作与研究》2022 年第 11 期。

温希祝：《应用软件系统人机界面设计的探讨》，《贵州大学学报》（自然科学版）2005 年第 3 期。

吴丹、刘春香：《交互式信息检索研究中的眼动追踪分析》，《中国图书馆学报》2019 年第 2 期。

吴建中：《国内外图书馆转型与创新动态》，《大学图书情报学刊》2018 年第 1 期。

吴晓莉、方泽茜、刘潇、韩炜毅、杜婧银、陈玉凤、李琦桉：《工业系统的智能交互模式及人因工效研究综述》，《包装工程》2022 年第 4 期。

肖希明：《图书馆呼唤科学精神与人文精神的融合》，《图书馆》2000 年第 1 期。

谢春花：《公共图书馆填补"数字鸿沟"推动老年服务的实践探索——以首都图书馆为例》，《图书馆研究与工作》2022 年第 9 期。

徐承欢：《基于创新扩散理论的移动图书馆采纳实证研究——性别和学科背景的调节作用分析》，《图书馆学研究》2015 年第 7 期。

徐芳、金小璞：《基于用户体验的数字图书馆用户交互模型构建》，《情报理论与实践》2015 年第 8 期。

徐恺英、崔伟、洪旭东、王晰巍：《图书馆移动阅读用户接纳行为影响因素研究》，《图书情报工作》2017 年第 15 期。

徐琳宏、林鸿飞、杨志豪：《基于语义理解的文本倾向性识别机制》，《中文信息学报》2007 年第 1 期。

徐上谋、解仑、韩晶、刘欣、王志良：《基于情感状态转移模型的外界刺激影响分析》，《工程科学学报》2015 年第 11 期。

杨涔、邵波：《移动端图书馆系统评价指标体系构建》，《图书情报工作》2021 年第 12 期。

杨丽丽：《基于用户体验 CUE 模型的产品情感化设计方法及其应用》，《创意与设计》2019 年第 2 期。

杨友娣、邓胜利：《新媒体环境下企业与用户信息交互行为模型及特征研究》，《图书情报工作》2018 年第 18 期。

姚媛、许天才：《移动图书馆用户体验评价结构模型研究》，《国家图书馆学刊》2018 年第 5 期。

易明、宋进之、李梓奇：《基于 Kano 模型的高校智慧图书馆功能需求研究》，《图书情报工作》2020 年第 14 期。

易明、余非凡、冯翠翠：《文化自信视域下的公共图书馆服务满意度影响因素研究》，《图书馆论坛》2022 年第 3 期。

尤乾、吕健、李阳、金昱潼、赵子健：《基于 Fitts 定律的虚拟现实小目标选择模型》，《工程设计学报》2019 年第 4 期。

于兴尚、王迎胜：《面向精准化服务的图书馆用户画像模型构建》，《图书情报工作》2019 年第 22 期。

袁静、杨娜：《高校图书馆情景感知移动服务用户体验模型构建及优化研究》，《河南图书馆学刊》2021 年第 1 期。

岳立春：《全民阅读时代移动图书馆建设浅析——以天津市东丽区图书馆移动 APP》，《图书馆工作与研究》2017 年第 S1 期。

张涵、余雅林：《基于时间维度的智能互联产品体验设计研究》，《设计》2020 年第 24 期。

张敬伟：《扎根理论研究法在管理研究中的正确运用》，《国外经济管理》2010 年第 3 期。

张明霞、祁跃林、李丽卿、金美玲：《图书馆用户体验的内涵及提升策略》，《新世纪图书馆》2015 年第 7 期。

张荣、李伟平、莫同：《深度学习研究综述》，《信息与控制》2018 年第 4 期。

张思：《社会交换理论视角下网络学习空间知识共享行为研究》，《中国远程教育》2017 年第 7 期。

张耀辉、卢爽、刘冰：《用户信息交互过程中影响信息质量的因素分析》，《情报理论与实践》2012 年第 35 期。

张永彩、程超、凌征强：《基于情景化用户偏好的移动图书馆服务模式构建》，《数字图书馆论坛》2021 年第 8 期。

赵琨：《基于 RDA 的图书馆音像电子资源编目工作创新研究》，《图书馆杂志》2021 年第 11 期。

赵力、王治平、卢韦、邹采荣、吴镇扬：《全局和时序结构特征并用的语音信号情感特征识别方法》，《自动化学报》2004 年第 3 期。

赵杨、班姣姣：《移动图书馆用户体验地图构建与服务优化研究》，《图书情报工作》2021 年第 24 期。

赵杨、宋倩、高婷：《高校图书馆微博信息传播影响因素研究——基于新浪微博平台》，《图书馆论坛》2015 年第 1 期。

赵杨：《数字图书馆移动服务交互质量控制机制研究——基于用户体验的视角》，《情报杂志》2014 年第 4 期。

赵志滨、刘欢、姚兰、于戈：《中文产品评论的维度挖掘及情感分析技术研究》，《计算机科学与探索》2018 年第 3 期。

赵志耘、林子婕：《元宇宙与智慧图书馆：科技赋能文化新路径》，《图书情报知识》2022 年第 6 期。

郑远攀、李广阳、李晔：《深度学习在图像识别中的应用研究综述》，《计算机工程与应用》2019 年第 12 期。

钟佳娃、刘巍、王思丽、杨恒：《文本情感分析方法及应用综述》，《数据分析与知识发现》2021 年第 6 期。

周纲、孙宇：《开创性的下一代图书馆服务平台解决方案——FOLIO》，《中国图书馆学报》2020 年第 1 期。

周加仙：《教育神经科学与信息技术的跨学科整合研究——访英国著名教育神经科学家保罗·霍华德·琼斯教授》，《开放教育研究》2016 年第 6 期。

周涛、陈可鑫：《基于 SOR 模型的社会化商务用户行为机理研究》，《现代情报》2018 年第 3 期。

周笑盈：《国家图书馆"〈永乐大典〉VR 全景文化典籍"实践探索——虚拟现实赋能图书馆沉浸式阅读推广的创新路径》，《国家图书馆学刊》2022 年第 6 期。

周一萍：《数字图书馆门户网站设计研究——以四川大学图书馆门户为例》，《图书馆学研究》2011 年第 4 期。

周瑛、李楠：《5G 环境下移动图书馆信息服务质量评价研究》，《农业图书情报学报》2022 年第 3 期。

外文著作：

加拿大（Canada）：

Kumar Vijay, 101 *Design methods：A structured approach for driving innovation in your organization*, Canada：John Wiley & Sons, 2013.

美国（USA）：

Cooper Ala, *About face 3：the essentials of interaction design*, New York：John Wiley & Sons, 2007.

Ekman Paul, and Richard J. Davidson, *The Nature of Emotion：Fundamental Questions*, New York：Oxford University Press, 1994.

Eyal and Nir, *Hooked：How to build habit-forming products*, New York：Penguin, 2014.

Fidel Raya, *Human Information Interaction：An Ecological Approach to Information Behavior*, MIT Press, 2019.

Fishbein Martin, and Icek Ajzen, *Belief, Attitude, Intention, and Behavior：An Introduction to Theory and Research*, Reading, MA：Addison Wesley Publishing Company, 1975.

Izard Carroll E., *Human Emotions*, New York：Plenum Press, 1977.

James William, *The Principles of Psychology*, New York：Cosimo Classics, 1890.

Kuniavsky Mike, *Observing the user experience：a practitioner's guide to user research*, San Francisco：Elsevier, 2003.

Lazarus Richard S., *Emotion and Adaptation*, New York: Oxford Univ. Press, 1991.

NOMAN D. A., *The emotional design*, Berkeley USA: Basic Books, 2005.

Shaw Colin, Ivens John, *Building great customer experiences*, New York: Macmillan, 2002.

Stickdorn, Marc, et al., *This is service design thinking: Basics, tools, cases*, Hoboken: John Wiley & Sons, 2012.

Watson, J. B., *Behavior: An introduction to comparative psychology*, New York: Henry Holt and Co., 1914.

Wilhelm Max Wundt, Charles Hubbard Judd, *Outlines of Psychology*, Miami, Fl: Hardpress Publishing, 1902.

英国（UK）：

Dalgleish, Tim, et al., *Handbook of Cognition and Emotion*, Chichester: Wiley, 1999.

Fox, Elaine, *Emotion Science*, Red Globe Press, Jun. 2008.

Mehrabian Albert, and James A. Russell, *An Approach to Environmental Psychology*, Cambridge: M. I. T. Press, 1974.

Ortony A., Clore G. L. and Collins A., *The cognitive structure of emotions*, Cambridge, England: Cambridge University Press, 1988.

Picard R. W., *Affective Computing*, London, UK: MIT Press, 1997.

Thayer, Robert E., *The Biopsychology of Mood and Arousal*, New York: N. Y. Oxford University Press, 1990.

外文期刊：

Adam Marc T. P., Jan Krämer, et al., "Excitement Up! Price Down! Measuring Emotions in Dutch Auctions", *International Journal of Electronic Commerce*, Vol. 17, No. 2, Dec. 2012.

参考文献

Adan Ana, Simon N. Archer, et al., "Circadian typology: A comprehensive review", *Chronobiology International*, Vol. 29, No. 9, Sep. 2012.

Alloway, Catherine Suyak, "The Electronic Bookmobile", *Electronic Library*, Vol. 8, No. 2, 1990.

Alvarez Juliana andrea, Léger Pierre-Majorique, et al., "An enriched customer journey map: How to construct and visualize a global portrait of both lived and perceived users' experiences", *Designs*, Vol. 4, No. 3, Aug. 2020.

Bandura Albert, "Self-Efficacy: Toward a Unifying Theory of Behavioral Change", *Psychological Review*, Vol. 84, No. 2, 1977.

Barrett Lisa Feldman, Mesquita Batja, et al., "The Experience of Emotion", *Annual Review of Psychology*, Vol. 58, No. 1, Jan. 2007.

Baumeister Roy F., Vohs Kathleen D., et al., "How Emotion Shapes Behavior: Feedback, Anticipation, and Reflection, rather than Direct Causation", *Personality and Social Psychology Review*, Vol. 11, No. 2, May 2007.

Beaudry, Anne and Alain Pinsonneault, "The Other Side of Acceptance: Studying the Direct and Indirect Effects of Emotions on Information Technology Use", *MIS Quarterly*, Vol. 34, No. 4, Dec. 2010.

Bebko Charlene, Sciulli Lisa M., et al., "Using eye tracking to assess the impact of advertising appeals on donor behavior", *Journal of Nonprofit & Public Sector Marketing*, Vol. 26, No. 4, Dec. 2014.

Bhattacherjee Anol, Perols Johan, et al., "Information technology continuance: a theoretic extension and empirical test", *Journal of Computer Information Systems*, Vol. 49, No. 1, Sep. 2008.

Bitner Mary Jo, "Servicescapes: The Impact of Physical Surroundings on Customers and Employees", *Journal of Marketing*, Vol. 56, No. 2,

Apr. 1992.

Blei David M. , Y. Ng Andrew, et al. , "Latent dirichlet allocation", *Journal of Machine Learning Research*, Vol. 3, Jan. 2012.

Bower Gordon H. , "Mood and Memory", *American Psychologist*, Vol. 36, No. 2, 1981.

Bradley, Margaret M. , and Peter J. Lang. , "Measuring emotion: the Self-Assessment Manikin and the Semantic Differential", *Journal of Behavior Therapy and Experimental Psychiatry*, Vol. 25, No. 1, Mar. 1994.

Brown S. A. , Fuller R. M. , et al. , "WHO'S AFRAID OF THE VIRTUAL WORLD? Anxiety and Computer-Mediated Communication", *Journal of the Association for Information Systems*, Vol. 5, No. 2, Feb. 2004.

Cao Haibin, Li MingChu, et al. , "A Method of Micro-Blog Sentiment Analysis Based on PAD Model", *Advanced Materials Research*, Vol. 659, Dec. 2012.

Carbone Lewis P. , Haeckel Stephan H. , "Engineering Customer Experiences", *Marketing Management*, Vol. 3, No. 3, Jan. 1994.

Carter Benjamin T. , and Steven G. Luke, "Best Practices in Eye Tracking Research", *International Journal of Psychophysiology*, Vol. 155, Sep. 2020.

Chen Li and Pu Pearl, "Experiments on user experiences with recommender interfaces", *Behaviour & Information Technology*, Vol. 33, No. 4, Apr. 2014.

Chen Yu-Hui, "Testing the Impact of an Information Literacy Course: Undergraduates' Perceptions and Use of the University Libraries' Web Portal", *Library & Information Science Research*, Vol. 37, No. 3, Jul. 2015.

Chiu Chao-Min, Meng-Hsiang Hsu, et al. , "Understanding Knowledge Sharing in Virtual Communities: An Integration of Social Capital and Social Cognitive Theories", *Decision Support Systems*, Vol. 42, No. 3, Dec. 2006.

Choshaly Sahar Hosseinikhah, Marva Mirabolghasemi, "Using SEM-PLS to Assess Users Satisfaction of Library Service Quality: Evidence from Malaysia", *Library Management*, Vol. 40, No. 3/4, Aug. 2018.

Cimtay Yucel, Ekmekcioglu Erhan, et al., "Cross-Subject Multimodal Emotion Recognition Based on Hybrid Fusion", *IEEE Access*, Vol. 8, 2020.

Corbin, Juliet M., and Anselm Strauss, "Grounded Theory Research: Procedures, Canons, and Evaluative Criteria", *Qualitative Sociology*, Vol. 13, No. 1, 1990.

Cress Ulrike, Joachim Kimmerle, et al., "Information Exchange with Shared Databases as a Social Dilemma: The Effect of Metaknowledge, Bonus Systems, and Costs", *Communication Research*, Vol. 33, No. 5, Oct. 2006.

Deci, Edward L., and Richard M. Ryan, "The 'What' and 'Why' of Goal Pursuits: Human Needs and the Self-Determination of Behavior", *Psychological Inquiry*, Vol. 11, No. 4, 2000.

Dimoka Angelika, "What Does the Brain Tell Us About Trust and Distrust? Evidence from a Functional Neuroimaging Study", *Management Information Systems Quarterly*, Vol. 34, No. 2, Jun. 2010.

Erfanmanesh Mohammadamin, A. Abrizah, et al., "Development and validation of the Information Seeking Anxiety scale", *Malaysian Journal of Library & Information Science*, Vol. 17, No. 1, Jan. 2012.

Eroglu Sevgin A., Machleit Karen A., et al., "Atmospheric Qualities of Online Retailing: A Conceptual Model and Implications", *Journal of Business Research*, Vol. 54, No. 2, Nov. 2001.

Foster, Clifton Dale. "PDAs and the Library without a Roof", *Journal of*

Computing in Higher Education, Vol. 7, No. 1, 1995.

Haeckel, Stephan H., "About the Nature and Future of Interactive Marketing", *Journal of Interactive Marketing*, Vol. 12, No. 1, 1998.

Hassenzahl, Marc, "The Interplay of Beauty, Goodness, and Usability in Interactive Products", *Human - Computer Interaction*, Vol. 19, No. 4, Dec. 2004.

Hemmig William, "An Empirical Study of the Information-Seeking Behavior of Practicing Visual Artists", *Journal of Documentation*, Vol. 65, No. 4, Jul. 2009.

Hey Jonathan, Sandhu Jaspal S., et al., "Designing Mobile Digital Library Services for Pre - Engineering and Technology Literacy", *International Journal of Engineering Education*, Vol. 23, No. 3, 2007.

Huang Changqin, Han Zhongmei, et al., "Investigating students' interaction patterns and dynamic learning sentiments in online discussions", *Computers & Education*, Vol. 140, Oct. 2019.

Ping Ke and Fu Su, "Mediating effects of user experience usability: An empirical study on mobile library application in China", *The Electronic Library*, Vol. 36, No. 5, 2018.

Kim Eojina, Tang Liang (Rebecca), et al., "Optimization of menu-labeling formats to drive healthy dining: An eye tracking study", *International Journal of Hospitality Management*, Vol. 70, Mar. 2018.

Kudielka, Brigitte M., et al., "Why Do We Respond so Differently? Reviewing Determinants of Human Salivary Cortisol Responses to Challenge", *Psychoneuroendocrinology*, Vol. 34, No. 1, Jan. 2009.

Kumar, Anil and Preeti Mahajan, "Evaluating Library Service Quality of University of Kashmir: A LibQUAL+Survey", *Performance Measurement and Metrics*, Vol. 20, No. 1, Feb. 2019.

LeDoux Joseph E. , "Emotion Circuits in the Brain", *Annual Review of Neuroscience*, Vol. 23, No. 1, Mar. 2000.

Lewis Cynthia and Jacline Contrino, "Making the Invisible Visible: Personas and Mental Models of Distance Education Library Users", *Journal of Library & Information Services in Distance Learning*, Vol. 10, No. 1 – 2, Apr. 2016.

Loewenstein, George F. , et al. , "Risk as feelings", *Psychological Bulletin*, Vol. 127, No. 2, Mar. 2001.

Loomes Graham, and Robert Sugden, "Disappointment and dynamic consistency in choice under uncertainty", *Review of Economic Studies*, Vol. 53, No. 2, 1986.

Loomes Graham, and Robert Sugden, "Regret Theory: An Alternative Theory of Rational Choice under Uncertainty", *The Economic Journal*, Vol. 92, No. 368, Dec. 1982.

Lund Haakon, "Eye tracking in library and information science: a literature review", *Library Hi Tech*, Vol. 34, No. 4, Nov. 2016.

Marsella, Stacy C. and Jonathan Gratch, "EMA: A Process Model of Appraisal Dynamics", *Cognitive Systems Research*, Vol. 10, No. 1, Mar. 2009.

Martijn van Otterlo, "Project BLIIPS: Making the Physical Public Library More Intelligent through Artificial Intelligence", *Qualitative and Quantitative Methods in Libraries*, Vol. 5, No. 2, Jul. 2017.

Maslow, A. H. , "A Theory of Human Motivation", *Psychological Review*, Vol. 50, No. 4, 1943.

Matschke Christina, Moskaliuk Johannes, et al. , "Motivational Factors of Information Exchange in Social Information Spaces", *Computers in Human Behavior*, Vol. 36, Jul. 2014.

McLean, Graeme, et al. , "Developing a Mobile Applications Customer Experience Model (MACE) - Implications for Retailers", *Journal of Business Research*, Vol. 85, Apr. 2018.

Mehrabian, Albert, "Comparison of the PAD and PANAS as Models for Describing Emotions and for Differentiating Anxiety from Depression", *Journal of Psychopathology and Behavioral Assessment*, Vol. 19, No. 4, Dec. 1997.

Mehrabian, Albert, "Framework for a Comprehensive Description and Measurement of Emotional States", *Genetic Social and General Psychology Monographs*, Vol. 121, No. 3, Aug. 1995.

Mehrabian, Albert, "Pleasure-Arousal-Dominance: A General Framework for Describing and Measuring Individual Differences in Temperament", *Current Psychology*, Vol. 14, No. 4, Dec. 1996.

Mehraei Mani, and Akcay Nimet Ilke, "Pleasure, Arousal, and Dominance Mood Traits Prediction Using Time Series Methods", *IAFOR Journal of Psychology & the Behavioral Sciences*, Vol. 3, No. 1, Aug. 2017.

Mellers Barbara, Schwartz Alan, et al. , "Emotion-Based Choice", *Journal of Experimental Psychology: General*, Vol. 128, No. 3, 1999.

Mischel Walter and Yuichi Shoda, "A Cognitive-Affective System Theory of Personality: Reconceptualizing Situations, Dispositions, Dynamics, and Invariance in Personality Structure", *Psychological Review*, Vol. 102, No. 2, 1995.

Moore Jay, "Tutorial: Cognitive Psychology as a Radical Behaviorist Views It", *The Psychological Record*, Vol. 63, No. 3, Jul. 2013.

Nahl Diane, "Social-Biological Information Technology: An Integrated Conceptual Framework", *Journal of the American Society for Information Science and Technology*, Vol. 58, No. 13, 2007.

Page, Kelly, et al., "How Does the Web Make Youth Feel? Exploring the Positive Digital Native Rhetoric", *Journal of Marketing Management*, Vol. 26, No. 13-14, Dec. 2010.

Plutchik Robert, "A Psychoevolutionary Theory of Emotions", *Social Science Information*, Vol. 21, No. 4-5, Jul. 1982.

Popp Mary Pagliero, "An Imperative for Libraries", *Reference & User Services Quarterly*, Vol. 52, No. 4, Jun. 2013.

Rafique Hamaad, Anwer Fozia, et al., "Factors Affecting Acceptance of Mobile Library Applications: Structural Equation Model", *Libri*, Vol. 68, No. 2, Jun. 2018.

Riedl Mark O., "Human-Centered Artificial Intelligence and Machine Learning", *Human Behavior and Emerging Technologies*, Vol. 1, No. 1, Jan. 2019.

Riedl René, Hubert Marco, et al., "Are there neural gender differences in online trust? An fMRI study on the perceived trustworthiness of eBay offers", *Management Information Systems Quarterly*, Vol. 34, No. 2, Jun. 2010.

Russell James A., "Core Affect and the Psychological Construction of Emotion", *Psychological Review*, Vol. 110, No. 1, 2003.

Russell, J. A., "Affective space in bipolar", *Journal of Personality and Social Psychology*, Vol. 37, No. 3, 1979.

Sander David, Didier Grandjean, et al., "A Systems Approach to Appraisal Mechanisms in Emotion", *Neural Networks*, Vol. 18, No. 4, May 2005.

Savolainen Reijo, "Emotions as Motivators for Information Seeking: A Conceptual Analysis", *Library & Information Science Research*, Vol. 36, No. 1, Jan. 2014.

Schachter Stanley, and Jerome Singer, "Cognitive, Social, and Physiological Determinants of Emotional State", *Psychological Review*, Vol. 69, No. 5, 1962.

Scherer, Klaus R., "What Are Emotions? And How Can They Be Measured?", *Social Science Information*, Vol 44, No. 4, Dec. 2005.

Shamsie, Jamal, et al., "In with the Old, in with the New: Capabilities, Strategies, and Performance among the Hollywood Studios", *Strategic Management Journal*, Vol. 30, No. 13, Dec. 2009.

Siitonen Leena, "Mobile Library Services as a Functional Unit in Public Library Systems: The United States Context", *Resource Sharing & Information Networks*, Vol. 7, No. 1, 1992.

Smith Wendell R., "Product Differentiation and Market Segmentation as Alternative Marketing Strategies", *Journal of Marketing*, Vol. 21, No. 1, Jul. 1956.

Straub, Detmar, et al., "Validation Guidelines for IS Positivist Research", *Communications of the Association for Information Systems*, Vol. 13, 2004.

Temkin Bruce D., "Mapping the customer journey", *Forrester Research*, Vol. 3, No. 20, Feb. 2010.

Vraga Emily, Bode Leticia, et al., "Beyond Self-Reports: Using Eye Tracking to Measure Topic and Style Differences in Attention to Social Media Content", *Communication Methods and Measures*, Vol. 10, No. 2-3, Apr. 2016.

Walton Kerry, Childs Gary M., et al., "Testing Two Discovery Systems: A Usability Study Comparing Student Perceptions of EDS and Primo", *Journal of Web Librarianship*, Vol. 16, No. 4, Sep. 2022.

Want Penny, "The History and Development of Mobile Libraries", *Library Management*, Vol. 11, No. 2, Feb. 1990.

Watson, David, et al., "Development and Validation of Brief Measures of

Positive and Negative Affect: The PANAS Scales", *Journal of Personality and Social Psychology*, Vol. 54, No. 6, Jun. 1988.

Westbrook, Robert A., et al., "The Dimensionality of Consumption Emotion Patterns and Consumer Satisfaction", *Journal of Consumer Research*, Vol. 18, No. 1, Jun. 1991.

Westbrook, Robert A. and Richard L. Oliver, "The Dimensionality of Consumption Emotion Patterns and Consumer Satisfaction", *Journal of Consumer Research*, Vol. 18, No. 1, Jun. 1991.

Whissell, Cynthia, "Using the Revised Dictionary of Affect in Language to Quantify the Emotional Undertones of Samples of Natural Language", *Psychological Reports*, Vol. 105, No. 2, Oct. 2009.

Wöllmer M., Kaiser M., et al., "LSTM-Modeling of continuous emotions in an audiovisual affect recognition framework", *Image & Vision Computing*, Vol. 31, No. 2, Feb. 2013.

Wolpaw, Jonathan R., Birbaumer Niels, et al. "Brain–Computer Interfaces for Communication and Control", *Clinical Neurophysiology: Official Journal of the International Federation of Clinical Neurophysiology*, Vol. 113, No. 6, 2002.

Yang T. H., Wu C. H., et al., "Coupled HMM-based multimodal fusion for mood disorder detection through elicited audio-visual signals", *Journal of Ambient Intelligence & Humanized Computing*, Vol. 8, No. 6, Jul. 2016.

Zaugg Holt and Scott Rackham, "Identification and Development of Patron Personas for an Academic Library", *Performance Measurement and Metrics*, Vol. 17, No. 2, Jul. 2016.

Zhao Sicheng, Jia Guoli, et al., "Emotion Recognition from Multiple Modalities: Fundamentals and Methodologies", *IEEE Signal Processing Magazine*, Vol. 38, No. 6, Nov. 2021.

Zhu Chen, Zhu Hengshu, et al., "Tracking the evolution of social emotions with topic models", *Knowledge & Information Systems*, Vol. 47, No. 3, Jul. 2015.

外文会议论文：

Forlizzi Jodi and Battarbee Katja, "Understanding experience in interactive systems", *Conference on Designing Interactive Systems: Processes, Practices, Methods, and Techniques*, ACM, Cambridge, MA, USA, Aug. 1-4, 2004.

Karapanos Evangelos, Zimmerman John, et al., "User experience over time: An initial framework", *Proceedings of the 27th International Conference on Human Factors in Computing Systems*, ACM, Boston, MA, USA, Apr. 4-9, 2009.

Li Xiaoming, Zhou Haotian, et al. "The reliability and validity of the Chinese version of abbreviated PAD emotion scales", *Affective Computing and Intelligent Interaction*, ACII 2005, Beijing, China, Oct. 22-24, 2005.

后　　记

　　图书馆是一个国家和民族的文化窗口，是国家文化发展水平的重要标志。加快以移动图书馆为代表的新时期图书馆建设，是增强图书馆文化凝聚力和引导力、服务国家重大战略和推动数字中国建设的重要基础。移动图书馆的普及应用与创新发展不仅需要政策层面的扶持引导和技术层面的有力驱动，更需要深入贯彻"以人为本"的知识服务理念，在不断优化用户体验的基础上，进一步满足人们持续增长的精神文化与情感需求，实现图书馆功能迭代与服务"升温"协同发展，在日益智能化的时代背景下凸显图书馆的人文关怀。

　　本书围绕移动图书馆用户信息交互行为中的情感体验进行了系统研究，针对用户交互行为中的情感化需求以及情感体验形成机理、影响因素、度量方法、演化规律、作用机制、优化对策等关键科学问题展开了深入的理论探讨与实证分析，主要研究结论与创新之处如下：

　　（1）通过"需求挖掘—机理分析—量化测度—规律揭示—优化设计"，构建了完整的移动图书馆用户情感体验理论框架

　　本书立足于数智化背景下的移动图书馆发展要求，从用户信息交互行为中的情感需求出发，基于多学科交叉视角探寻了用户交互过程中的情感体验形成机理，应用混合研究方法分析了影响用户情感体验的关键因素，进而在实现情感体验量化的基础上揭示了情感体验演化规律，由此针对移动图书馆数智化转型目标，提出情感体验优化对策，形成了完整的研究脉络和理论体系，为移动图书馆用户体验优化和服务质量提升奠定了坚实的

理论基础，并为图书馆智慧服务生态体系建设提供了理论指导。

（2）针对移动图书馆用户情感体验表征数据的复杂性与多样性，采用多元化度量方法实现了多模态情感数据融合与分析

本书通过文献调研与问卷调查，探寻了移动图书馆用户信息交互行为中出现的主要情感状态，并在系统阐述和对比经典情感分类模型与情感度量方法的基础上，通过实证研究，分别应用PAD情感量表、在线评论主题挖掘、眼动实验和多模态情感计算等方法，对用户信息交互行为中的情感体验进行了度量与分析；基于实证结果验证了不同度量方法对多模态情感体验表征数据挖掘的有效性与适用性，从而为精准衡量用户情感状态、预测情感变化趋势提供了科学方法。

（3）根据用户交互过程与情感体验演化规律，揭示了用户信息交互行为与情感体验之间的相互作用机制

本书基于移动图书馆用户信息交互过程中的行为表现，以及情感体验产生及演化机理，通过绘制用户体验地图，可视化呈现了用户信息交互中的情感体验变化过程；通过构建融合情感体验要素的用户交互行为画像，揭示了移动图书馆用户交互行为偏好；应用"S-O-R"理论探究了用户认知评估、情感体验与交互行为之间的内在关联；采用埋点技术实现了用户行为轨迹数据采集与分析，建立了情感体验作用下的用户交互行为引导机制。在此基础上，清晰揭示了用户信息交互行为与情感体验之间的内在关联与相互作用关系，为用户交互效率提升和情感体验优化提供了理论依据。

（4）采用问卷调查、原型设计、行为实验、系统开发和可用性测试等方法，选择有代表性的移动图书馆开展了广泛深入的实证研究与案例分析

本书针对移动图书馆用户情感需求、情感体验影响因素、情感演化规律和用户信息交互行为偏好等关键问题，采用问卷调查方法进行了数据采集与分析验证；围绕移动图书馆用户情感体验度量，采用原型设计

后 记

与行为实验方法测度了不同交互情境下的用户情感体验变化；针对移动图书馆用户情感体验优化问题，采用系统开发与可用性测试方法对本书提出的优化方案进行了实践应用与效果测试，从而实现了理论研究与实证案例的有机融合、相互促进，为业界和学界推进移动图书馆用户信息交互行为和用户情感体验研究提供了完整思路与有效方案。

用户体验一直是图书馆服务领域的研究热点，从信息交互行为与情感化视角深入研究当前移动网络环境下的图书馆用户情感体验问题，切合图书馆数智化转型与体验升级目标。用户情感的多维性、动态性与演化性决定了面向移动图书馆用户信息交互行为的情感体验研究是一项复杂的系统工程，需要从概念、特征、机理、应用等不同层面，应用多学科交叉知识进行理论探讨与实证检验。尽管本书围绕用户信息交互行为中的情感体验形成机理、影响因素、演化规律、作用机制和优化设计等关键问题展开了深入、系统的研究，形成了具有可推广性的理论与应用成果，但随着移动图书馆服务的持续创新和用户精神文化需求的不断增长，仍存在继续深化与拓展的课题。鉴于此，今后的研究可从以下三个方面进一步开展：

一是采用更多元的研究方法对移动图书馆用户情感体验进行更精准、全面的度量。情感体验涉及图书馆与情报学、心理学、管理学、设计学、信息科学等交叉领域的知识内容，其有效度量与评估需要从多学科视角展开。本书主要应用问卷调查、文本挖掘、眼动实验、情感计算、原型设计等方法进行情感体验量化分析，未来，可进一步综合脑电实验、虚拟仿真、场景实验等多元化方法，针对不同服务情景下的用户信息交互行为与情感体验进行更加全面的分析，不断提高度量结果的精准性。

二是进一步丰富研究样本，开展更广泛的案例与实证研究。移动图书馆用户情感体验研究具有很强的实践性。尽管本书对公共图书馆、高校图书馆等不同主体展开了较为全面的案例与实证研究，但在样本类型和规模上仍有待丰富和拓展。未来，可进一步针对社区图书馆、特色图书馆、主题图书馆、虚拟图书馆等多元主体展开更广泛的实践探索，提高研究结果的普适性。同时，针对图书馆用户群体的特征差异与需求差异，开展更细粒度的对比分析，并重点关注老龄群体、特殊人群的情感体验问题，积极开展移动图书馆适老化设计与无障碍实证研究，提高研究成果的现实意义与社会价值。

三是紧跟数智化时代的图书馆发展趋势，针对移动服务模式演进中不断涌现的新问题展开前沿性研究。用户情感体验的产生与演化是一个动态过程，随着移动服务模式与情境变化不断呈现新的内涵与特征。在数智化技术驱动下，移动图书馆的服务功能不断推陈出新，服务场景不断延伸拓展，由此衍生出情感体验研究的新领域、新问题。因此，后续研究应以国家文化强国战略为引导，结合我国智慧图书馆发展规划，在广泛借鉴和吸收国内外先进成果的基础上，针对虚拟现实、生成式人工智能、元宇宙等新兴技术理念驱动下产生的图书馆新模式、新业态，积极开展情感体验前沿问题探讨，促进移动图书馆服务与用户体验领域的理论创新和实践发展。

本书是笔者主持的国家社会科学基金项目"移动图书馆用户信息交互行为中的情感体验研究"（项目批准号：18BTQ061）的最终成果，在撰写过程中得到了课题组成员的全方位支持，其中，张雪、范圣悦、余思佳参与了第二章、第四章的资料查找；王玮航、蒋昌峻、邢杨雯、沈棋琦、谢丹参与了第四章的实证案例分析；班娇娇参与了第五章的撰写；林玉琴、秦维、邴龙志参与了第六章的原型开发；杨涛参与了第七章的撰写。与此同时，本书参考和引用了国内外相关研究成果，并得到多位评审专家在项目结项评审中给予的较高评价以及非常宝贵的修改补充意见。在此，对以上人员表示由衷感谢。

对于本书存在的不足，敬请各位专家和读者批评指正。

赵 杨

2023 年冬于武汉大学